21世纪公共管理类系列规划教材编委会

顾　问：朱立言 ⊙ 全国MPA教育指导委员会原秘书长

　　　　　　　　中国人民大学教授　博士生导师

主　任：邓大松 ⊙ 全国MPA教育指导委员会委员

　　　　　　　　武汉大学政治与公共管理学院教授　博士生导师

　　　　徐晓林 ⊙ 全国MPA教育指导委员会委员

　　　　　　　　华中科技大学公共管理学院教授　博士生导师

　　　　赵　曼 ⊙ 中南财经政法大学教授　博士生导师

编　委：（以姓氏笔画排序）

马培生 ⊙	山西财经大学	李春根 ⊙	江西财经大学
许晓东 ⊙	华中科技大学	张立荣 ⊙	华中师范大学
郑志龙 ⊙	郑州大学	陶学荣 ⊙	南昌大学
崔运武 ⊙	云南大学	湛中乐 ⊙	北京大学
楚明锟 ⊙	河南大学	廖清成 ⊙	中共江西省委党校

电子政务

（第二版）

主　编　徐晓林　杨　锐
副主编　张　节　杨兰蓉

21世纪公共管理类系列规划教材

华中科技大学出版社
http://www.hustp.com
中国·武汉

图书在版编目(CIP)数据

电子政务/徐晓林,杨锐主编.—2版.—武汉:华中科技大学出版社,2018.9(2024.1 重印)
21世纪公共管理类系列规划教材
ISBN 978-7-5680-4524-7

Ⅰ.①电… Ⅱ.①徐… ②杨… Ⅲ.①电子政务-高等学校-教材 Ⅳ.①D035-39

中国版本图书馆 CIP 数据核字(2018)第 193148 号

电子政务(第二版)
Dianzi Zhengwu(Di-er Ban)

徐晓林　杨　锐　主编

策划编辑:周晓方	
责任编辑:苏克超	
责任校对:何　欢	
封面设计:原色设计	
责任监印:周治超	
出版发行:华中科技大学出版社(中国·武汉)	电话:(027)81321913
武汉市东湖新技术开发区华工科技园	邮编:430223
录　排:华中科技大学惠友文印中心	
印　刷:武汉科源印刷设计有限公司	
开　本:787mm×1092mm　1/16	
印　张:18.5　插页:2	
字　数:448 千字	
版　次:2024 年 1 月第 2 版第 5 次印刷	
定　价:58.00 元	

本书若有印装质量问题,请向出版社营销中心调换
全国免费服务热线:400-6679-118　竭诚为您服务
版权所有　侵权必究

内容提要
Abstract

电子政务理论是一个交叉领域,其相关知识涉及信息技术、公共管理等多学科,不同的学科在阐述电子政务知识和原理时有不同的角度和侧重点。

从公共管理的角度,介绍与剖析当前世界各国最新的电子政务理论研究和实践成果是编写本书的根本宗旨。在编写过程中,我们始终坚持电子政务的国际化基本特征,在充分借鉴和总结国内外丰富的电子政务理论和实践成果的基础上,结合编者多年的研究心得,力图为读者呈现出一个较为完整的电子政务管理框架。全书以理论为纲、行动为本,详细阐述电子政务管理中涉及的重要理论、思想和方法,并通过丰富的案例使它们具体化和形象化,增强可读性和启发性。

依据"业务重组、流程再造、信息共享、组织虚拟是电子政务的4个基本特征"这一思想,全书分为9章,分别用于阐述与上述4个特征相关的内容,包括信息社会的政府管理创新、电子政务的基本概念、电子政务的发展理论、电子政务应用系统关键技术概述、电子政务环境下的政府管理模式创新、政府信息资源管理、电子政务环境下的政府流程变革、电子政务公共服务以及电子政务绩效评估等。

本书结构合理、逻辑清晰、案例翔实、时代感强,适合公共管理学科各专业的学生以及MPA(公共管理硕士)研究生作为教材使用,也适合公务员、CIO(首席信息官)作为学习资料和培训教材。

总序
Preface

《领导科学与艺术》、《社会保障概论》、《电子政务》、《行政法》、《公共部门人力资源管理》、《公共政策分析》、《公共管理学》、《政治学》、《公共经济学》、《定量分析方法》作为"21世纪公共管理类系列规划教材"第一批书目的出版,是在MPA专业教育取得长足发展和公共管理类学科获得进一步深入拓展的基础上应运而生的。

一、编写原则

"21世纪公共管理类系列规划教材"在编写上主要遵循以下原则。

第一,科学性与思想性相结合的原则。科学性是思想性的基础,思想性是科学性的灵魂。教材编写坚持以马克思列宁主义、毛泽东思想、邓小平理论、"三个代表"及科学发展观的重要思想为指导,贯彻科学发展观,以正确的观点、方法揭示事物的本质规律,建立科学的知识体系,形成正确的概念。

第二,理论联系实际的原则。教材编写注重联系学生的生活经验,已有的知识、能力、志趣、品德的实际,联系理论知识在实际工作和社会生活中的实际,联系本学科最新学术成果的实际,通过理论知识的学习和专题研究,培养学生独立分析问题和解决问题的能力。

第三,创新性原则。教材注意吸收国内外最新理论研究与实践成果,特别是我国公共管理教育的理论研究与实践的经验、教训,力求在编写上有所突破、有所发展、有所创新,形成特色。

二、特色定位

"21世纪公共管理类系列规划教材"的特色定位主要涵盖以下几个方面。

(1) 国际化与本土化的平衡,注重本土化。吸收和借鉴国际上比较成熟的理论、方法、概念、范式、案例,切忌照本宣科、拿来就用,脱离中国具体国情和社会现实,而应该与中国的国情和实际情况密切结合,体现本土化特色,在此基础上进行研究才能发现问题、解决问题,有所发展、有所创新。

(2) 全面加强案例分析。公共管理学科需要坚实的学术底蕴作为基础,但它更是实践性与应用性很强的学科。只有通过对大量典型的、成熟的案例进行分析、研讨、模拟训练,才能帮助学生拓展眼界、积累经验,培养学生独立分析问题、解决问题、动手操作的能力。

(3) 寻求编写内容上的突破与创新。结合当前已经出版的公共管理系列教材存在的不足之处,结合当前学生在学习和实践中存在的困难、亟须解决的问题,积极寻求内容上的突破与创新。

"21世纪公共管理类系列规划教材"的读者对象定位在公共管理硕士研究生层次,同时可供公共管理类学科或专业高年级本科生阅读参考,也可供公务员培训、相关专业本科生使用。

"21世纪公共管理类系列规划教材"的出版除了得到主编及参编此套教材的重点院校及单位的大力支持与帮助外,以下院校及单位的领导、老师对我们的工作不仅给予了较大的支持与帮助,而且提出了中肯的建议与意见(以汉语拼音为序):

安徽大学管理学院

东北大学文法学院

贵州大学管理学院

国防科学技术大学人文与社会科学学院

合肥工业大学管理学院 MPA 中心

湖北大学政法与公共管理学院 MPA 教育中心

湖南大学政治与公共管理学院

湖南师范大学公共管理学院行政管理学系

华南理工大学政治与公共管理学院

暨南大学公共管理学院行政管理系

兰州大学管理学院

南京农业大学科研处、人文社会科学学院

内蒙古大学公共管理学院

清华大学公共管理学院

山西财经大学公共管理学院

山西大学政治与公共管理学院

四川大学公共管理学院行政管理系

苏州大学政治与公共管理学院
武汉理工大学经济学院
湘潭大学公共管理学院
新疆大学 MPA 教育中心
浙江理工大学法政学院公共管理系
浙江师范大学 MPA 教育中心
中国科学技术大学管理学院 MPA 中心
中国政法大学法学院行政法研究所
中南大学公共管理学院

谨向以上这些院校及单位的领导、老师表示最诚挚的谢意！

需要说明的是，伴随着社会的发展和进步，信息变化日新月异，MPA 专业教育和公共管理各学科专业知识点也将发生相应的变化，为保持"21 世纪公共管理类系列规划教材"更长久的生命力，希望广大高等院校的教师、学生和其他读者能关心和支持本套规划教材的发展，及时向每种教材的编写者提出使用本套教材过程中发现的问题和修改建议，以便我们及时修订、完善。

"21 世纪公共管理类系列规划教材"编委会
2018 年 2 月

目录

第一章　信息社会的政府管理创新/1
第一节　信息社会的来临/1
第二节　新公共管理改革/8
第三节　西方政府再造运动/12
第四节　电子政务的兴起和发展/20
本章重要概念/27
本章思考题/27
本章推荐阅读书目/27

第二章　电子政务的基本概念/28
第一节　电子政务的概念、组成和效益/28
第二节　电子政务的本质/34
第三节　电子政务相关概念辨析/38
第四节　电子政务的体系框架和基本内容/43
本章重要概念/52
本章思考题/52
本章推荐阅读书目/52

第三章　电子政务的发展理论/53
第一节　电子政务发展的一般模式/53
第二节　电子政务的发展障碍与发展阶段/61
第三节　信息技术的价值及其实现/69
第四节　政府CIO制度与IT外包/75
第五节　电子政务2.0/86
本章重要概念/90
本章思考题/90
本章推荐阅读书目/90

第四章　电子政务应用系统关键技术概述/91
第一节　电子政务应用系统技术基础/91
第二节　电子政务协同工作技术/98
第三节　电子政务智能决策技术/104
第四节　电子政务安全技术/113
本章重要概念/126
本章思考题/126
本章推荐阅读书目/126

第五章　电子政务环境下的政府管理模式创新/127

　　第一节　电子政务与政府管理模式/127
　　第二节　电子政务推动政府职能创新/131
　　第三节　电子政务推动政府组织创新/137
　　第四节　电子政务推动政府运行创新/142
　　本章重要概念/150
　　本章思考题/150
　　本章推荐阅读书目/150

第六章　政府信息资源管理/151

　　第一节　政府信息资源概述/151
　　第二节　政府信息资源管理/158
　　第三节　政府信息资源整合/165
　　第四节　电子政务中的知识管理/170
　　本章重要概念/177
　　本章思考题/178
　　本章推荐阅读书目/178

第七章　电子政务环境下的政府流程变革/179

　　第一节　政府流程与电子政务/179
　　第二节　政府流程再造/185
　　第三节　政府流程再造的实施/192
　　第四节　政府流程优化/199
　　本章重要概念/213
　　本章思考题/213
　　本章推荐阅读书目/213

第八章　电子政务公共服务/214

　　第一节　电子政务与公共服务/214
　　第二节　客户关系管理思想在电子政务中的应用/221
　　第三节　电子政务一站式服务/227
　　第四节　政府门户网站/233
　　本章重要概念/242
　　本章思考题/243
　　本章推荐阅读书目/243

第九章　电子政务绩效评估/244
　　第一节　电子政务绩效评估概述/244
　　第二节　当前电子政务评估模式/251
　　第三节　电子政务绩效评估的依据和内容/256
　　第四节　电子政务绩效评估的方法和工具/262
　　本章重要概念/277
　　本章思考题/277
　　本章推荐阅读书目/277

主要参考文献/278

第二版后记/284

第一章
信息社会的政府管理创新

——本章导言——

在人类社会发展的历史进程中,信息技术对人类社会带来的冲击最为巨大,影响最为深刻。随着信息技术在生产和生活中普遍而深入的应用,人类加快了向信息社会迈进的步伐。在此过程中,为了摆脱传统政府面临的财政危机、信任危机和管理危机,以英国和美国为代表的西方政府先后在全球掀起了新公共管理和政府再造的改革热潮。电子政务作为一种理念和改革措施在政府的管理变革和创新中得到了孕育、兴起和发展。本章重点介绍电子政务产生的背景、缘由及其目的,揭示政府发展电子政务的历史必然性。

第一节 信息社会的来临

在人类社会发展的历史长河里,每一次技术革命都为人类社会向更高层次发展打下了深刻的烙印,都给人类展示自己的聪明才智提供了广阔的舞台。如今,信息和通信技术越来越无孔不入、无所不在、无所不能,计算机和互联网已经与老百姓的日常工作、学习及生活息息相关。由于计算机与网络技术的普遍应用,人类社会发生了重大的变革,地理的距离已不再是人与人之间的屏障,时间的不同步也不是活动的终结,因特网使人类不受时间与空间的限制,人类社会正由高度的工业化时代迈向信息化时代。2005年,第60届联合国大会通过决议:每年的5月17日为"世界信息社会日"。这标志着人类社会正向信息社会的新纪元大步迈进。

一、信息技术对人类社会的影响

信息通信技术是信息技术和通信技术的总称。信息技术是以提供信息为主要目标的信息系统的技术,包括硬件、数据库、软件网络和其他设备。通信技术是指将人们联系到一个小组、社区或文化的共享的标志和手段。将通信一词应用于信息技术的目的是构建一个利用信息技术的网络[①]。信息技术在信息社会的形成和发展中扮演着关键角色,它正在深刻地改变人类社会的思维方式、经济增长方式、管理方式和生活方式。总而言之,信息技术将对社会生活的各个方面产生重大的影响和冲击,将会引起社会生产和生活的

---

① 由于信息技术是信息系统的核心内容,同时信息技术同通信技术密不可分,因此,本书如无特殊说明,信息技术也指信息通信技术。

革命性变化，推动人类文明向更高阶段发展。

(一) 对思维方式的影响

思维主体、思维客体和思维中介系统三者相结合，构成特定时代的思维方式。在以大机器生产为主的工业社会，思维主体以个人和人脑为主，思维客体受思维主体及社会关系的影响，主要以现实世界为主。思维中介主要由工业技术中介系统和工业文明所产生的各种物化的思维工具构成。随着信息技术在全社会范围内的广泛应用，思维主体由以个人为主发展到以群体为主，以人脑为主发展到以人-机系统为主，思维客体由现实性为主进入以虚拟为主，思维中介系统转变为网络技术中介系统和信息技术所产生的各种物化的思维工具构成，从而实现思维方式由现实性思维转换为虚拟性思维。它在思维空间中又创造出了虚拟空间、数字空间、视听空间和网络世界，使不可能的可能在人类历史上第一次成为一种真实性。虚拟性激发了人们创造能力的巨大发展，现实只是许多可能性中的一种，在虚拟空间中，还有别的可能性，虚拟使现实中的不可能在虚拟空间中复活、再生、创造性发展，从而使人的潜能得到充分发挥。

(二) 对经济增长方式的影响

在工业社会中，经济发展的主要方式是靠资源投入来实现的。工业化加工资源的方式是一种高消耗、高污染的实现方式，这种方式必然会引起自然资源的日益枯竭、工业污染的加剧、环境退化的失控。而信息技术的出现，为各国摆脱高投入、高消耗、高污染的经济发展方式提供了技术可能。信息技术的普遍应用开创了经济增长的新方式，即依靠科技进步而不是高消耗、高投入来促进经济增长。在互联网的联系和沟通下，各种信息传播的速度将加快，企业和个人对网络信息的依赖程度也将不断加深，信息需求程度相对较大的部门将成为未来社会中创造高附加值的行业，并通过他们带动相关知识产业的进步和发展，甚至带动全社会经济结构的优化调整，推动社会经济的全面进步。信息技术的发展也将推动与信息相关产业的进步与发展，如生物技术和电子技术等，而一些新材料、新能源的开发和利用技术也都将在这一过程中获得较大发展，从而促使科技作为人类社会第一生产力的地位显得更为突出，甚至可能会让科学技术逐渐上升为一种独立的力量而进入物质生产过程，并成为决定生产力水平的决定性要素。

(三) 对管理方式的影响

计算机技术将开辟电子化管理的新时代，计算机和网络的广泛应用，将会给社会组织的管理工作带来新的方式和方法。以政府为例，未来电子化的政府管理模式将得以广泛实现。上到高级政府职能部门，下到地方各级政府部门都可以通过网络，以电子方式来履行管理职能。可以建立专门的政府管理的电子系统，发布管理通告，颁布新的法律法规和相关政策。各级政府和部门可以从自身的管理方向出发，建立起电子数据库，为政策的出台和查询提供有效帮助。通过网络，有关部门可以及时了解相关信息和基层群众反映的情况，从而比较及时地做出政策调整。通过电脑网络的发展，可以使政府中职能不清的管理工作更加清晰，也能增强政府管理对于社会普通群众的透明度，使政府行为更好地接受群众监督，保障社会稳定。另外，还可以通过网络投票的方式决定相关政策的出台和重大决议的推出，提高公民参政议政的积极性，保证政府与群众的有效联系。

(四) 对生活方式的影响

由于信息化建立了一个规模庞大、四通八达的网络通信系统，从而信息作为最有效、最有价值的资源,改变了传统的生活方式。首先,通过网络体系,人类的思想得以广泛交流、渗透并互相影响,这将有利于人们按照共同利益协调行为。其次,网络技术的发展,使人们的工作方式发生了很大的变化,由以前的按时定点上班变为可以在家上班,通过网络处理各种资料和信息。最后,人们的访友、购物、会议、娱乐等许多事情都可以通过网络进行;在不远的将来,人们还可能通过住网络住宅、用网络冰箱、乘网络汽车等,进入科技家庭的生活模式,体验科技带给人们的便利。

信息技术的日新月异给社会生产和生活的方方面面带来了巨大的影响,人们对信息技术的利用必将渗透到社会生产和生活的各个角落。信息技术在推动人类社会向更现代化的方向发展的同时,加速了信息化社会的到来。

二、信息化的内涵和特征

自20世纪70年代开始,西方学者就开始了对"信息社会"的研究。信息社会是"信息化"的社会,即"信息化"对人类社会发展产生巨大影响的社会。因此,要想正确地认识和理解信息社会,首先必须深刻地理解"信息化"的内涵。

信息化(informationization)的概念是20世纪60年代末由日本人最先提出的,并作为此后20多年日本政府的重要政策内容。所谓信息化是指以信息为主要资源、以信息技术为支撑、以信息处理为主要生产方式的过程。这里的信息一般是指消息、情报、指令、数据、信号等有关周围环境的知识。"信息化"概念的提出标志着人类在新技术革命中又一次质的飞跃,短短几十年间,信息化浪潮席卷全球,它是信息革命的产物,是知识与技术进步积累的结果。世界各国都将加速信息化进程视为新型发展战略:发达国家希望通过信息化战略保持自己的科技领先地位和实现经济的快速增长;发展中国家则渴望通过推进信息化进程,用信息化促进现代化,加速本国经济社会发展,缩小同发达国家在科技与经济发展上的差距。

关于"信息化"的内涵,有代表性的观点主要有以下几种。

观点一:信息化是一种过程,是指随着人们受教育程度的提高而引起的知识信息的生产率的提高过程,其本质就是知识化。

观点二:信息化就是在政治、经济、文化和社会生活的各个领域中普遍采用信息技术。

观点三:信息化是指经济发展从以物质和能源为基础向以信息为基础转变的过程。

观点四:信息化是指从事信息处理的部门以及各部门的信息活动(包括信息的生产、传输、交换和利用)的作用在国民经济中相对扩大,并最终超过农业、工业、服务业的过程。

观点五:信息化是指信息产业高度发达并且在国民经济中占优势地位的动态过程,它体现了由物质产品起主导作用向信息产品起主导作用的根本性转变。

观点六:信息化是指利用现代信息技术实现比较充分的信息资源共享,以解决社会和经济发展中出现的各种问题。

根据信息化的丰富内涵,人们将信息化的特征归纳为"四化"和"四性"。

1. 信息化的"四化"

1) 智能化

"智能化"应当包括两个方面的含义:其一是采用"人工智能"的理论、方法和技术处理信息与问题;其二是具有"拟人智能"的特性或者功能,例如自适应、自学习、自校正、自协调、自组织、自调整或自修复等。

2）电子化

光电和网络代替工业时代的机械化生产，人类创造财富的方式不再是工厂化的机器作业。有人称之为"柔性生产"。

3）全球化

信息技术正在淡化时间和距离的概念，信息技术及发展大大加速了全球化的进程。随着因特网的发展和全球通信卫星网的建立，国家概念将受到冲击，各网络之间可以不考虑地理上的联系而重新组合在一起。

4）非群体化

在信息时代，信息和信息交换遍及世界各个角落，人们的活动更加个性化。信息交换除了在社会之间、群体之间进行外，个人之间的信息交换日益增加，以至将成为主流。

2. 信息化的"四性"

1）综合性

信息化在技术层面上指的是多种技术综合的产物。它整合了半导体技术、信息传输技术、多媒体技术、数据库技术和数据压缩技术等；在更高层次上，它是政治、经济、社会、文化等诸多领域的整合。人们普遍用"synergy"（协同）一词来表达信息时代的这种综合性。

2）竞争性

信息化与工业化的进程不同的一个突出特点是，信息化是通过市场和竞争推动的。政府引导、企业投资、市场竞争是信息化发展的基本路径。

3）渗透性

信息化使社会各个领域发生全面而深刻的变革，它同时深刻影响物质文明和精神文明，已成为经济发展的主要牵引力。信息化使经济和文化的相互交流与渗透日益广泛而加强。

4）开放性

创新是高新技术产业的灵魂，是企业竞争制胜的法宝。参与竞争，在竞争中创新，在创新中取胜。开放不仅是指社会开放，更重要的是心灵的开放。开放是创新的心灵开放，开放是创新的源泉。

■ 三、信息社会的特征

对于信息社会最早提出前瞻见解的首推贝尔（Bell），他在1973年所撰的专著《后工业社会的来临：对社会预测的一项探索》中提出"后工业社会"这一名词，它就是今天人们认为的"信息社会"。根据贝尔的描述，工业社会与后工业社会的主要区别体现在以下几个方面。

（1）工业社会的经济部门以制造业为主，是以第二产业即工业为主的社会，经济的支柱是对于能源和机械的使用，其生产对象是有形的物质产品。后工业社会是以第三产业、第四产业为主的社会，是以知识、信息的生产、传输、加工、处理为主要价值来源的社会，其主要资源是无形的知识和信息。

（2）工业社会的主要职业是熟练工人和工程师，后工业社会的主要职业是专业性、技术性和科学研究性的职业。

（3）工业社会的主要技术是机械技术,后工业社会的主要技术是信息技术。

（4）工业社会使用的主要是经验性的方法和试验性的方法;后工业社会使用的主要是抽象理论方法,如模型方法、模拟方法、决策论、系统论等。

（5）工业社会以经济增长为轴心。后工业社会以理论知识为轴心,主要社会机构是大学、研究所、研究公司,人及其所掌握的知识、技术、信息成为社会的主要资源。

贝尔运用社会预测的方法,从以下5个层面描述后工业社会的全貌。①经济层面:从生产商品的经济转为服务业经济。②职业分布:专业与技术人员阶层处于主导地位。③轴心原则:理论知识的首要性,是社会革新与制定政策的源泉。④未来取向:控制技术发展,对技术进行鉴定与评价。⑤制定政策:新智能技术(intellectual technologies)产生。

贝尔对后工业社会的阐述已成为最有影响的说法。他所提出的"后工业社会"主要是对未来社会发展的某种预测。然而,在20世纪80年代以后,它已经成为一种活生生的现实。

1988年,马丁在其著作《信息社会》中给出了信息社会的明确定义:信息社会是一种生活质量、社会变迁、经济发展均大量依赖信息及其利用的社会。因此,信息是信息社会的重要特征。随着社会信息化程度的日益发展和深入,人们对信息社会的描述不断赋予新的内容。20世纪80年代,人们头脑中浮现的是以自动化技术为主的社会,如工厂自动化、办公自动化、家庭自动化、计算机辅助制造、计算机辅助设计等。20世纪90年代以来,随着多媒体技术和互联网的发展,人们开始更深入、全面地认识信息社会的诸多特征。英国信息专家摩尔(Moore)通过长期对信息社会的观察而发现下列重要特征。①信息密集型组织的形成。社会组织机构利用信息与相关科技来提升工作效率与从事革新,同时致力于产品与服务的质量改良而增进效能与竞争力。各组织机构进行重新组织以增进价值与国民所得。②信息机构的角色日益重要。信息社会已发展出许多信息机构并将其纳入经济体系中,这些重要信息产业包括信息服务业、信息传递业、信息处理业3部分。③社会重视信息的利用。社会大众重视信息使用,致力于提升信息利用水平,并且注重知识产权保护、个人隐私保护以及利用信息权利的保护。④学习社会的到来。为迎接信息社会,公民认识到知识是重要的资产并且需要终生学习。

尽管学术界对构成一个信息社会的基本标准还存在争议,但是,对于一个真正的信息社会大致应该满足的条件存在着一定的共识:

（1）信息技术的进步;

（2）计算机的普及使有能力通过计算机获得和处理信息的人数增加;

（3）网络技术的成熟使信息传输变得快速、廉价,并能够提供信息交流与共享的可靠平台;

（4）信息处理是政治、经济、文化、社会交往的主要内容;

（5）信息产业(或知识经济)在GDP中所占的份额超过50%,知识成为推动生产力提高的主要因素,而信息则成为财富的主要来源。

■ 四、数字鸿沟

信息技术对人类的影响是相当怪异的,它一方面打造了全球信息社会,另一方面却又造成数字鸿沟。对于信息社会所展现的美好前景,人们梦寐以求,但公平的信息使用机会也是人们必须应对和解决的重要课题与挑战。

案例 1-1
2017 城市数字鸿沟情况调查报告

IHS Markit 和 Wireless Broadband Alliance 发布了新报告《城市未连接——网络社会的挑战、努力和机遇》。数字鸿沟仍然是全球各国面临的一个重要挑战。报告调查了巴西、中国、德国、印度、日本、俄罗斯、英国和美国,平均有 31.46% 的人没联网。其中,英国没联网的人数最少(838.4 万人),印度没联网的人数最多(8.53 亿人)。

虽然城市互联网普及速度比农村更快,但并不意味着城市不存在数字鸿沟。除了中国和印度,其他国家城市没联网的人数都高于农村。

23.76∶44.17,这是这些国家城市没联网人口比例与农村没联网人口的比例。

伦敦在消除数字鸿沟方面领先于其他地区,伦敦只有 7.11% 的人口没联网。

即使是在国际性都市,联网情况也有很大差异,德里和圣保罗没联网人数最多,分别是 533.1 万人和 434.9 万人,莫斯科没联网人数是 123.1 万人,纽约没联网人数是 160 万人。

数字融合面临着多重障碍,如财政、互联网技术的可用性等。

消除数字鸿沟对于创建真正的智慧城市至关重要,人人联网不是最终目标,最终目标是创造更多的机会。

(参见:凤凰新闻,2017 年 7 月)

思考与提示

试阐述消除数字鸿沟的目标和途径。

"数字鸿沟"(digital divide)一词,创造于 20 世纪 90 年代中期,是美国政府论辩应否通过 1996 年电信传播法案以管制信息基础建设中出现的新兴市场力量而提出的。"数字鸿沟"又称为信息鸿沟。美国商务部把数字鸿沟概括为:"在所有的国家,总有一些人拥有社会提供的最好的信息技术。他们有最强大的计算机、最好的电话服务、最快的网络服务,也受到了这方面的最好的教育。另外有一部分人,他们出于各种原因不能接入最新的或最好的计算机、最可靠的电话服务或最快、最方便的网络服务。这两部分人之间的差别,就是所谓的'数字鸿沟'。"

数字鸿沟的真正内涵可解读为由于信息技术的资源分配不均,及其造成的对于信息技术运用的不平等,导致国与国、族群与族群、甚至个人与个人之间产生"拥有(have)"与"未拥有(have-not)"信息技术资源的情形逐渐增加。也就是说,数字鸿沟是因地理、族群、经济状况、性别以及技术、知识和能力等在使用因特网等信息技术资源应用上的差异所造成的差距。客观上,信息技术将人们区分成为两种不同的群体——"信息富者"(information rich)以及"信息贫者"(information poor)。所谓的"信息富者",是指那些在教育程度与取得各种信息的通道上较具优势的人。所谓的"信息贫者",是指那些在教育程度及取得各种信息的通道上都处于劣势的人,他们在经济上同时也处于贫穷的状况中。当新信息技术引进后,对于这两种群体都会产生利益,但是它带给信息富者的利益要比信息贫者来得多,因为信息富者在各方面的条件都较具优势,因而能够更快地主宰此项新技术。新的信息技术的引进,除了能够让那些信息富者变得更富有之外,也可以使得信息贫者更为富裕,但是由于信息富者会更迅速地增加财富,因此会造成信息差距日益扩大。

总体而言,数字鸿沟的形成原因可以概括为以下5个方面。

□ 1. 访问渠道

这是最基本的数字鸿沟,主要是个人或家庭计算机拥有率及因特网访问渠道。

□ 2. 计算机使用能力

在讨论数字鸿沟时,计算机使用能力的重要性常被计算机及网络访问渠道所掩盖。试想:如果每个家庭、小区都连上因特网,数字鸿沟的问题是否就解决了呢?计算机使用能力是许多工作的前提条件,不论工作场所中的谋职,或是家用计算机的运用,必须具备一些基本的计算机能力。计算机使用能力包括软件的操作能力、简单的故障排除、上网和软件运行环境设置等。

□ 3. 信息能力

信息时代是信息爆炸的时代,意味着信息的获取和有效使用。信息能力绝非限于上网而已,它是取得原始信息并转换成有用知识的能力。尤其是在网络上充斥着大量信息,几乎任何人都可以在网络上搜寻信息数据的时代,区分信息的好坏与价值更具挑战性。信息能力包括信息获取能力、信息搜寻能力、信息甄别能力、信息取舍能力等。

□ 4. 网络内容

适合的网络内容和网络技术渠道同等重要,越来越多的研究显示,在线内容并不符合低收入者及传统弱势群体的需求。一项针对贫民及少数民族的在线信息需求的深度访谈报告发现,网络内容的相关障碍,使弱势群体为了提高生活水平必须缴纳相应的通行费。

□ 5. 个人偏好

个人偏好主要体现在人们对于信息技术的兴趣和主观接受程度以及由此产生的使用动机和意愿上。

调查显示,在信息技术较为普及的今日,全球仍有33%的人选择不使用因特网,其主要原因包括无连接网络的需要、缺乏计算机、无兴趣、缺乏应有的相关知识,以及因特网涉及的成本花费过高等。由此可见,数字鸿沟问题的解决是一个综合性问题,涉及经济、人口、政治、传播、教育及许多其他社会科学,没有任何单一领域可以提供完整答案。近年来,数字鸿沟问题引起了国际社会的广泛关注,消除数字鸿沟的呼声在全球日益高涨。缩小乃至消除数字鸿沟问题,需要全社会的共同努力,政府在此过程中,具有责无旁贷的义务和责任。

第二节　新公共管理改革

信息社会要求人们在更高层次上面对新的生活和环境,同时不断改变思想和行为,要求政治生活及社会意识形态与之相适应。当西方发达国家占主导地位的经济形态已经从制造业转变为知识经济的时候,其建立在工业社会基础上的官僚体制已经不能适应新形势和新条件了。20世纪80年代中后期,为迎接全球化、信息化、国际竞争加剧的挑战以及摆脱财政危机和提高政府效率,西方各国相继掀起了政府改革的热潮。其基本取向是以采用企业管理理论、方法和技术,引入市场竞争机制,强调顾客导向以及提高服务质量为特征的"新公共管理"(new public management,NPM)。这场改革也常常被人们描述为一场政府追求"3E"(economy,efficiency,effectiveness,即经济、效率和效能)目标的管理改革运动,它使支配了20世纪大部分时间的传统公共行政模式向新公共管理模式转变,即形成政府治理的新模式。

一、新公共管理改革的起源

新公共管理是英国现代行政改革的代表产品。一般认为,新公共管理的一些理念在20世纪初期就已产生,但作为一种大规模的改革模式,新公共管理在20世纪80年代才兴起于英国、美国、澳大利亚和新西兰,并逐步扩展到西方各国乃至全世界。正如著名公共管理学者胡德(Hood)所说,新公共管理并不是由英国单独发展起来的,而是20世纪70年代中期以后公共管理领域中出现的一种显著的国际性趋势。可以说,这一政府改革浪潮席卷了西方乃至全世界。而代表这一股潮流、全面推动行政改革的既有君主立宪制国家,也有民主共和制国家;既有单一制国家,也有联邦制国家。在政府制度上,既有内阁制政府,也有总统制政府。在市场体制上,既有自由型市场经济,也有政府导向型经济;高举改革旗帜的,既有右翼政党,也有左翼政党。

案例 1-2

西方发达国家的新公共管理计划

1979年,撒切尔夫人上台后,英国保守党推行了西欧最激进的政府改革计划。它具有以下3种基本要素:①根源于管理主义或新泰勒主义的观念;②采用企业部门的管理实务和技术;③新公共管理是一种手段,企图将官僚的、权威式的管理风格转换成有效率的、响应性的、顾客导向型的、以顾客为导向的新治理范式。

英国新公共管理的发展包含两个主要的方向:一是管理主义,二是新制度经济学。管理主义强调以下原则:①实时服务;②专业管理;③明确标准及绩效测量;④产出结果管理;⑤金钱价值的重视;⑥顾客服务。管理主义的落实,出现在1979年。由于管理主义的落实,在1979—1982年,政府大约节省了1 700万英镑及16 000个职务;到1988年,节省了超过10亿英镑。而新制度经济学的实践,是更为激进的管理改革风潮。它强调以下内容:①诱因结构与公共服务提供的结合;②官僚体制的分化;③签约外包;④准市场操作;⑤顾客选择;⑥竞争机制。随后,在英国行政革新中出现的《质量竞赛白皮书》和《公民宪章白皮书》均是以新制度经济学为基础产生的。

美国的"新公共管理"改革尽管不像英国那样有明确的起点和目标,但似乎开始得更早,并且带有更明显的管理主义或"新泰勒主义"倾向。里根政府大规模削减政府机构和收缩公共服务范围,当时负责推行改革的格鲁斯(Grace)委员会的基本职责是将私营部门成功的管理方法("最好的实践")引入公共部门管理领域中,以提高政府效率。克林顿政府在《从过程到结果:创造一个少花钱多办事的政府》报告(简称《戈尔报告》)中指出,当代迅速变化着的世界、闪电般的信息技术,以及全球性竞争和需求式的顾客,使得庞大、自上而下的官僚体制已经失效。

新西兰、澳大利亚与英国一起被人们视为新公共管理改革最为迅速、系统、全面和激进的国家。特别是新西兰,因其改革的深度、广度、持续时间和成效而被许多西方国家奉为典范。按照波斯顿(Boston)在《转变中的新西兰公共服务》一文中的说法,新西兰的公共部门管理改革有3个基本趋向:一是政府已使许多由公共组织履行的功能商业化;二是只要有可能,就将商业活动与非商业活动分开,并将交易活动转移至公共公司;三是人力资源管理政策上的变化,尤其是引入合同制、绩效工资制和新的责任机制。

思考与提示

为了改变传统官僚体制,适应信息社会发展需要,西方发达国家采取了哪些管理创新和变革?

二、新公共管理改革的特征和内容

新公共管理是由企业管理途径(又称"B途径")衍生出的公共管理理念。所谓企业管理途径,就是为取得绩效而强调企业管理的理论、方法和技术在公共部门中的运用,它重视汲取私营部门管理的新经验(例如授权式参与、顾客导向、绩效标准、质量管理等)。它有不同的名称,如公共管理主义(或管理主义)、企业型政府、后官僚体制模式、市场导向的公共行政等。新公共管理既是解决西方社会现实问题的产物,也是公共管理响应信息时代要求的产物,它体现了国家与社会、政府与市场关系的新格局,反映了政府职能定位发生根本转变的趋势。

经济合作与发展组织(OECD)在关于发达国家政府改革的研究报告中,对新公共管理的主要内涵作了总结归纳。OECD强调政府在社会公共事务管理中的角色应该重新定位,政府应该通过"再造"来实现以下转变:由划桨政府向掌舵政府转变,由权力政府向责任政府转变,由审批政府向服务政府转变,由指挥政府向协调政府转变,由无限政府向有限政府转变。根据OECD的描述,新公共管理具有以下特征。

（1）从效率、效能及服务质量的观点来看，新公共管理注重"结果"。

（2）高度集权的层级制组织结构被分权管理的大环境所取代。即资源的分配及提供服务的对象更接近原定目标，并向顾客及其他利益团体提供回馈的空间。

（3）以多种不同的方式弹性监督公共法规，产生更具成本效益的政策结果。

（4）强调"效率"是政府提供服务的重点。

（5）加强政府内部核心领导人员的策略能力：在面对外在环境冲击时，能以最小的成本，主动、有弹性地做出响应。

新公共管理的核心思想是：把私营部门的管理手段和市场激励结构引入公共部门和公共服务之中，其目标不只是在公共行政内部作技术上的专业化努力，也不只是对公共部门进行改革，而主要是让公共部门由转换机制入手，从根本上改变政府与社会的关系，最终以新的公共管理模式取代传统的官僚制模式。新公共管理的核心内容主要包括以下几个方面。

1. 引入私营部门成功的管理手段和竞争机制

与传统公共行政排斥私营部门的管理方式不同，新公共管理强调政府广泛采用私营部门成功的管理手段，如成本-效率分析、全面质量管理、目标管理等，同时引入竞争机制，取消公共服务供给的垄断性，采用政府业务合同出租、竞争性招标等方式。政府应根据服务内容和性质的不同，采取相应的供给方式。新公共管理认为，应让更多的私营部门参与公共服务的供给。与传统公共行政热衷于扩展政府干预、扩大公共部门规模不同，新公共管理主张对某些公共部门实行私有化，让更多的私营部门参与公共服务的供给，即通过扩大对私营市场的利用面，替代政府公共部门。

2. 以顾客为导向

新公共管理改变了传统公共行政模式下政府与社会之间的关系，重新对政府职能及其与社会的关系进行定位。政府不再是高高在上、自我服务的官僚机构，政府公务人员应该是负有责任的"公共企业经理和管理人员"，市政管理者应将自己定位为企业主或者CEO。社会公众是向政府提供税收的纳税人和享受政府服务的"顾客"或"客户"，政府服务应以顾客为导向，增强对社会公众需要的响应力。

3. 注重结果与产出

传统的公共行政强调公共机构必须按照一系列正式规则和一整套固定程序工作，投入人力、财力、物力，容易导致公共机构僵化、反应慢、效率低。新公共管理则转而注重工作结果和产出，即明确规定公共机构应达到的工作目标，对其最终工作结果予以测量，并对达到甚至超额完成预期目标的机构及其人员实行奖励。

4. 改善公共部门的工作

在传统的科层制组织结构中，权力集中，上级发号施令，下级依令而行。第一线人员往往缺乏自行处置的权力，难以适应快速多变的外部环境。新公共管理则主张通过授权来改进公共部门的工作。

5. 绩效目标控制

新公共管理反对传统公共行政重遵守既定法律法规而轻绩效测定和评估的做法，主张放松严格的行政规制，实行严明的绩效目标控制，即确定组织、个人的具体目标，并根据绩效目标对完成情况进行测量和评估,从而追求"经济、效率和效益"目标。新公共管理运动更重视运用成本效益分析的方法对政府项目进行测评。在强调社会公共利益的同时,加强对政府预算投入的计算和控制。

□ **6. 文官与政务官之间密切互动**

在看待文官与政务官的关系上,新公共管理明显改变了传统公共行政的做法。传统公共行政强调政治与行政的分离,强调文官(包括高级文官)保持政治中立和匿名原则。新公共管理则正视行政所具有的浓厚的政治色彩,强调文官与政务官之间存在着密切的互动和渗透关系,特别是对部分高级文官应实行政治任命,让他们参与政策的制定过程,并承担相应的责任,以保持他们的政治敏锐性。

□ **7. 重视公共人力资源管理**

与传统公共行政模式下僵硬的人事管理体制不同,新公共管理重视人力资源管理,注意提高在人员录用、任期、工资及其他人事管理环节上的灵活性,如以短期合同制代替常任制,实行不以固定职位而以工作实绩为依据的绩效工资制。

■ 三、新公共管理范式

虽然也有一些学者对新公共管理提出了一些批评,认为新公共管理过分注重政府的市场化,简单、夸大地把私营部门的管理原则和方法移植到行政管理中来。但不可否认的是,新公共管理在西方政府再造过程中已经产生了深远的影响,而且也正在逐步席卷全球,影响着越来越多的国家。新公共管理已逐步成公共管理的新范式,其特点可以概括为以下几个方面。

(1)它是一种更加富有战略性或结构导向型的决策方法(强调效率、结果和服务质量)。

(2)分权式管理环境取代了高度集中的等级组织结构。这使资源分配和服务派送更加接近供应本身,由此可以得到更多相关信息和来自客户及其他利益团体的反馈。

(3)可以更为灵活地探索代替直接供应公共产品的方法,从而提供成本节约的政策结果。

(4)关注权威与责任的对应,以此作为提高绩效的关键环节,这包括强调明确的绩效合同的机制。

(5)在公共部门之间和内部创造一个竞争性的环境。

(6)加强中央战略决策能力,使其能够迅速、灵活和低成本地驾驭政府对外部变化和多元利益做出反应。

(7)通过要求提供有关结果和全面成本的报告来提高责任度和透明度。

(8)宽泛的服务预算和管理制度支持和鼓励着这些变化的发生。

新公共管理范式将给传统政府带来深远的影响,主要表现为:①建立"小而能"的政府;②政府的功能为"政策导航";③建构"企业型政府",引进企业化精神;④组织管理着重分权、授权,以提升公共服务质量,响应民众需求;⑤政府机关、私营部门、非营利性组织、小区组织、团体组织共同负有"公共管理"责任。

第三节 西方政府再造运动

从20世纪80年代开始,美国等西方发达国家经历了一场被称为"政府再造"(reinventing government)运动的公共管理革命,其核心目标就是要通过政府再造,建立一个高效率的、对公众负责任的和更有回应性的政府。虽然各国的改革在广度、深度以及成效方面存在差异,但它们都涉及公共管理模式的根本性变革,其表现形式都是对传统公共行政模式的否定,改革的目的都是要寻求替代官僚制组织的政府治理模式,并且都是以政府职能的市场化作为改革的基本取向。

一、西方政府再造运动的背景

以美、英为代表的政府再造运动有其深刻的背景和历史渊源。

1. 经济和政治因素在改革议程上起到了决定性作用

20世纪70年代石油危机之后的经济衰退,导致西方各国出现了高额的财政赤字,福利国家不堪重负,并面临一系列新的社会与政治问题,这是引发政府改革的直接原因。解决财政赤字的主要措施无外乎三种方式:①限制开支和公共任务的终结;②增加收入尤其是税收;③用较少的开支来实现公共使命,即"少花钱多办事"。只有第三条途径才是现实中可供选择的出路,近代西方政府改革所选择的正是这条道路。

2. 经济全球化的出现也是当代西方政府改革的一种推动力

经济全球化对政府的公共管理提出了更高的要求,全球化趋势加强了西方各国对本国经济竞争力的高度重视。政府能力是综合国力和竞争力的一种主导性因素,政府如何引导和调控国民经济运行、参与国际经济竞争、促进经济发展,自然成为人们关注的焦点。OECD把政府改革当作其成员国在国际市场上进行有效竞争的一个重要途径,认为这是顺应经济全球化和保持国际竞争力的内在需要,为公共部门改革提供了新的强大动力。经济资源的稀缺和为避免不稳定而保持经济竞争力,是推动现有公共部门改革的重要因素。

3. 新技术革命尤其是信息革命是当代西方政府改革的一种催化剂

信息技术的快速发展为建立灵活、高效、透明的政府创造了可能性。信息时代的来临以及"数字化生活"方式要求政府对迅速变化的经济做出及时反应,这打破了长期以来政府对公共信息的垄断。信息技术以及接触政府信息的便利使公民和社会团体更容易参与公共管理活动,这就要求对政府组织及其运作过程做出变革与调整。

4. 传统官僚体制的失败和企业管理模式的催化影响是当代西方政府改革运动兴起的另一个动因

在工业技术特征基础上建立起来的"科层制政府"难以适应信息社会的发展形态。在西方国家政府内部,由于财政危机频发、组织机构日趋膨胀、官僚主义盛行、公共行政效率低下、公共服务质量下降、政府干预经济不力,公民对政府的不满情绪日益增长。民意调查显示,1978年美国公民对其政府不信任的人数所占比例为58%,信任人数所占比例仅为34%;1979年英国公民对其政府管理满意的人数所占比例仅为35%,不满意的人数所占比例高达54%。这种不满情绪形成了推动政府改革的政治压力。

在信息技术的冲击下,政府再造之风席卷全球。早在 1993 年,美国就制定了利用新技术改造政府的目标。1995 年,加拿大在改造政府的蓝图中,将信息技术看作是在提高政府公共服务水平的同时大规模削减相关费用的良方。英国政府在综合考虑了政府服务变化和政府费用等因素后,也下定决心利用信息技术改革政府的公共服务部门,目的在于"除了为公众提供更好的服务外,还应通过降低政府行政费用使所有纳税人受益"。

■ 二、政府再造的内涵

再造思想是在重塑思想的基础上发展起来的更为系统的一种思想。重塑思想最早起源于美国,美国被公认为是重塑政府思想和实践的故乡。重塑思想的系统总结则是由奥斯本和盖布勒来完成的,他们在《改革政府:企业精神如何改革着公营部门》一书中,系统地总结了美国各级政府近 30 年来吸收企业家精神改革政府的实践,在实证考察的基础上提出了著名的 10 条重塑政府的改革思路,其主要内容如下。①起催化剂作用的政府:掌舵而不是划桨。②社区拥有的政府:授权而不是服务。③竞争性的政府:把竞争机制注入所提供的服务中去。④有使命感的政府:改变照章办事的组织作风。⑤讲究效果的政府:按效果而不是按投入拨款。⑥受顾客驱使的政府:满足顾客的需要,而不是官僚政治的需要。⑦有事业心的政府:有收益而不是治疗。⑧有预见的政府:预防而不是治疗。⑨分权的政府:从等级制到参与和协作。⑩以市场为导向的政府:通过市场力量进行变革。

"再造"一词是美国管理大师哈默提出来的。哈默和钱皮在《再造企业》(Reengineering the Corporation)一书中发展并完善了再造的思想。再造是对组织流程的基本问题进行反思,并对其进行彻底的重新设计,以便在成本、质量、服务和速度等衡量再造组织绩效的重要尺度上取得较大改善。再造的要点如下。一是剧烈性。再造带来的并非是微不足道的改善或进步,而是要使组织绩效实现大幅度的提升。二是彻底性,再造并非是对现有状况的改进,而是深入到事物的根基,进行重新创造。三是流程,指一组结合在一起的能为顾客创造价值的机关工作。四是重新设计,指重新设计组织过程。

美国再造专家林登在其著作《无缝隙政府:公共部门再造指南》中对再造进行了较为系统的论述,主张再造公共部门的"流程"以创建一个无缝隙的政府。再造表现出如下特征。①在核心理念上,再造主张创建一个"无缝隙"的政府,这种政府以顾客为导向,以竞争为导向,注重政府机构与顾客及供应商之间的同盟关系。②在变革方式上,再造主张对政府流程进行根本性的、彻底的重新设计,这种设计寻求的是突破,而不是稳定、渐进的改善。即再造是"要从一张白纸上开始,拒绝任何传统的智慧,放弃过去的成见"。③在组织结构上,再造主张建立一个无缝隙的扁平式组织结构。为了创建这种组织形式,林登提出了以下几项原则:一是围绕结果(顾客、产品、过程)而不是职能进行组织;二是几个过程并举代替按顺序操作;三是把后阶段的信息反馈到前阶段;四是在源头处一次捕捉信息;五是一有可能就为消费者和供应商提供单独的接触;六是确保"关键流程"(那些能为顾客带来直接价值的活动)的持续流动性;七是"不必为田间小径铺路",首先再造,然后自动化。④在价值层面上,再造重视成本、质量和服务,为顾客提供无缝隙的产品和服务。⑤在操作层面上,再造非常重视政府的流程管理,再造认为对流程的再造是政府成功的关键。

政府再造一词,在很大程度上标明了如今人们在行政改革问题上的观念更新。政府再造就是对公共体制和公共组织进行根本性的转型,以大幅提高组织效率、效能、适应性以及创新的能力,并通过变革组织目标、组织激励、责任机制、权力结构以及组织文化等来完成这种转型。政府再造涉及任何有关政府文化、任务、结构、程序、运作等层面有意识与有目的的变革、重组、重构、改革和创新。政府再造思想的内涵主要体现为以下几点。

(1) 从理念上看,政府再造旨在用"企业化体制"取代"官僚体制",但是这种体制更注重创新能力,用奥斯本的话说,是一种具有创新惯性和质量持续改进的"自我更新的机制,而不必靠外力驱使"。

(2) 从组织层面看,再造理论非常重视组织的DNA,认为当今政府最基本的问题不是人的问题,而是组织的DNA的问题。组织的DNA有体制目标、激励机制、责任机制、权力结构及组织文化。改变DNA就是要变革这些要素。

(3) 从战略层面上看,政府再造是一种系统化的革命。在这里,"再造"一词被提到了"战略"的高度,并且这种战略不是通常所说的制订计划,而是要"利用关键的杠杆作用支点进行根本性变革,使得变革的'涟漪'波及整个组织",从而"将很少的资源积聚为巨大变革的动机"。

(4) 从价值层面看,再造理论重视绩效、竞标、服务、质量、顾客回应性等公共行政价值。

(5) 从操作层面分析,再造理论非常重视各种杠杆工具在政府改革中的作用,这些工具名称可谓五花八门,如"竞标"、"绩效框架"、"公共选择制度"等。

为了更清晰地理解政府再造思想,奥斯本和普拉斯特里克连续用了7个"不"对政府再造进行概括:①政府再造不是改革政治体制;②政府再造不是重组,即不是对组织框架进行变革;③政府再造不是减少浪费、政治欺诈或权力滥用,即政府再造"不是要除掉花园丛生的杂草,而是要造就确保花园中杂草无处可生"的政体;④政府再造不是缩减政府规模的同义语,而是要寻求保证绩效最大化的合适的组织规模;⑤政府再造不是私有化的同义语,私有化如资产出售、签约外包等都只是政府再造的部分工具;⑥政府再造不是仅仅使政府更具效率的替身,更为重要的是要提高政府效能;⑦政府再造也不只是"全面质量管理"和"企业流程再造"的同义语,因为仅有这些工具还远远不够。

不仅如此,奥斯本和普拉斯特里在《摒弃官僚制:政府再造的五项战略》一书中,提出再造政府的5项策略。

☐ **1. 核心策略(core strategy)**

政府再造应先厘清政府的角色,确定是操桨抑或触媒,即应先有适当的定位,而后界定其发展的目标和策略。

☐ **2. 结果策略(consequences strategy)**

政府的领导者应将下列3项策略应用于服务传送过程中:一是企业管理,以商业公司的经营方式来管理政府;二是竞争管理,创造政府部门和私人部门的竞争态势;三是绩效管理,运用绩效指标与准则,妥为赏罚,以激励员工。

3. 顾客策略（customer strategy）

政府再造的精髓所在就是顾客导向，其策略有 4 点：一是使顾客（公民）对政府部门有选择的机会，二是使顾客对政府部门的选择在竞争的前提下进行，三是政府应建立顾客质量保证指针。其中最重要的是，要倾听顾客的声音，这是政府再造的关键。

4. 控制策略（control strategy）

所谓控制策略，包括三个层面：一是组织授权，即去除各单位的管制规章；二是员工授权，即去除各单位内部的层级节制；三是小区授权，即运用小区组织，协助政府推动事务。

5. 文化策略（culture strategy）

所谓文化策略是指 3 种途径：一是改变习惯，即以顾客立场改变工作习惯；二是发展新的心理契约，即对顾客应有的感情承诺；三是发展必胜的心理模式，即强化员工自我控制、迈向必胜的目标。

奥斯本将上述内容称为改变政府 DNA 的"5 个 C"。他认为如能对它们交互运用，必能实现再造目标。

案例 1-3

我国电子政务发展现状与"十三五"展望

一、"十三五"我国电子政务发展实现良好开局

（一）统一网络平台支撑能力进一步增强

统一的国家政务网络框架初步形成，网络覆盖面大幅提高。截至 2016 年 6 月底，政务外网已接入中央政务部门和各省及计划单列市相关单位 130 家；已连接 31 个省（自治区、直辖市）和新疆生产建设兵团、314 个地级市（地区、州、盟）和 2538 个县（市、区、旗），地市级和区县级覆盖率分别达到 94.6％和 89.5％，区县级覆盖率与上年同期相比增长 2.9 个百分点，25 个省（自治区、直辖市）及新疆生产建设兵团实现县级全覆盖；接入政务部门约 14.7 万家，接入终端超过 184.4 万台。同时，政务外网全国性业务应用不断扩大，业务承载能力稳步提高。2016 年上半年，政务外网新增国家新闻出版广电总局（现国家新闻出版署（国家版权局）、国家广播电视总局、国家电影局）广播影视电子政务与电子监察全国性纵向业务应用，已有中编办、国家发展改革委、安全监管总局（现国家卫健委、应急管理部）及人力资源和社会保障部等 28 个中央政务部门使用政务外网，统一互联网出口。政务外网在支撑跨部门、跨地区的国家级应用平台方面取得重要进展，依托国家电子政务外网建设的公共数据交换平台已覆盖国家发展改革委、中国人民银行、国家工商总局（现国家市场监督管理总局）、财政部等 37 个中央部门节点和 69 个省级平台节点，交换数据量达到 17 亿条。其中，全国信用信息共享平台已经累计归集各类信用信息 3.7 亿条。

(二) 政务业务信息化覆盖率提升明显

在中央层面,各部门核心业务信息化覆盖率稳步提升,并逐步实现全业务、全流程、全覆盖。"十二五"期间,各部门加大应用系统建设力度,在继续推进金盾、金关、金财、金税、金审、金农等重要信息系统建设的基础上,重点建设保障和改善民生、维护经济社会安全、提升治国理政能力等方面的重要信息系统。在地方层面,地方各级政务部门核心业务信息化覆盖率逐步提升,应用不断深化,有效支撑了各地政府部门履职。统计数据显示,截至2015年底,中央部委和省级政务部门主要业务信息化覆盖率达到90.8%,地市级达到76.8%,县级达到52.5%,圆满完成了《国家电子政务"十二五"规划》提出的各项目标,并均略有超额。

(三) 政府数据开放进展顺利

各项政策出台为政府数据开放保驾护航。2015年8月,国务院发布《促进大数据发展行动纲要》,明确提出要立足我国国情和现实需要,2017年年底前形成跨部门数据资源共享共用格局,2018年年底前建成国家政府数据统一开放平台,率先在信用、交通、医疗等十几个重要领域实现公共数据资源合理、适度向社会开放。2016年7月,《国家信息化发展战略纲要》进一步提出要构建统一规范、互联互通、安全可控的国家数据开放体系,加强互联网政务信息数据服务平台和便民服务平台建设,加强信息资源开发利用的顶层设计和系统规划,完善制度体系,构筑国家信息优势;9月,国务院分别出台《政务信息资源共享管理暂行办法》和《关于加快推进"互联网+政务服务"工作的指导意见》,政务数据开放正在成为透明政府建设和便民服务的重要内容。

在中央的积极推动下,地方各级政府陆续启动政府数据开放计划,纷纷探索"开放数据"的惠民之道。目前,北京市、上海市、武汉市、无锡市、湛江市、宁波市海曙区、佛山市南海区、贵州省、青岛市、浙江省等地已经推出了数据开放平台。2015年9月23日,浙江政务服务网"数据开放"专题网站正式上线,这是浙江省级单位首次面向社会公众集中、免费开放政府数据资源,也是国家《促进大数据发展行动纲要》发布后,全国各省份中第一个推出的政府数据统一开放平台。2017年元旦前夕,贵州省法人单位、人口、空间地理、宏观经济四大基础数据库数据汇入共享平台,实现整合共建、无缝共享,贵州省成为全国第一个将四大基础数据库放在统一云平台上全面共享的省份,超过7760万条数据实现可用计算机直接读取的互联互通。上海连续举办了两届开放数据创新应用大赛,打造汇聚政府、企业、大学和研究机构等不同背景组织机构的数据应用开放平台,旨在推动政府数据开放应用,提升数据开放价值。

(四) 政务大数据应用方兴未艾

国家"十三五"规划明确提出要"实施国家大数据战略",要求把大数据作为基础性战略资源,全面实施促进大数据发展行动,加快推动数据资源共享开放和开发应用,助力产业转型升级和社会治理创新。2016年12月18日,工业和信息化部印发《大数据产业发展规划(2016—2020年)》,提出要促进行业大数据应用发展,推动重点行业大数据应用,促进跨行业大数据融合创新,强化社会治理和公共服务大数据应用,推动大数据与各行业领域的融合发展。国家发展改革委、国家税务总局、国家质检总局(现国家市场监督管理总局)、国家林业局(现国家林业和草原局)等多个中央部委已经部署大数据应用相关工作。例如,依托国家信息中心,分别成立了国家发展改革委互联网大数据分析中心、"一带一路"大数据中心,专门承担面向国家发展改革委、国家"一带一路"建设工作领导小组办公室以及其他相关政府部门的互联网大数据分析与决策支持工作,目前已累计提交各类大数据分析报告200余项,涉及各类数据5000亿条。

一些地方政府抢占先机、纷纷布局,启动大数据相关工作,地方大数据产业园区、大数据产业基金、大数据交易所纷纷成立。据不完全统计,已有广东、上海、重庆、陕西等省市和沈阳、武汉、南京、厦门等城市发布了本地区大数据产业发展的法规、指导意见、规划、行动计划、实施方案等政策文件。贵州省、广州市、沈阳市、成都市等多个地方成立了大数据局或类似管理机构。

(五)"互联网+政务服务"进入新阶段

首先,政府网站服务水平不断提高。国务院办公厅2017年2月发布的《2016年第四次全国政府网站抽查情况的通报》显示,截至2016年12月底,在随机抽查的各地区和71个国务院部门共7535个政府网站中,总体合格率为91%。其中,国务院部门(含内设、垂直管理机构)政府网站抽查合格率为97.2%,各地区政府网站抽查合格率为90.8%。在县级以上地方政府门户网站和国务院部门网站中,有87%的网站在首页显著位置开设了国务院重要政策信息专栏,78%的网站能够在国务院重要信息发布后24小时内进行转载,比第三季度分别提高14和18个百分点。

其次,"互联网+政务服务"创新应用不断涌现。第39次《中国互联网络发展状况统计报告》显示,截至2016年12月,我国包括支付宝/微信城市服务,政府微信公众号、网站、微博、手机端应用等在内的在线政务服务用户规模达到2.39亿,占总体网民的32.7%。互联网政务服务各平台的互联互通及服务内容细化,大幅提升了政务服务的智慧化水平,提高了用户生活的幸福感和满意度。各级政府及机构加快"两微一端"线上布局,推动互联网政务信息公开向移动、即时、透明的方向发展。

(六)政务新媒体矩阵逐步形成

积极运用微博、微信等新媒体工具开展政务信息服务是新形势下贯彻党的群众路线、密切党群关系、提升执政能力的重要方式。《人民日报》发布的《2016年人民日报·政务指数微博影响力报告》显示,截至2016年底,新浪微博平台认证的政务微博达到164522个。其中,政务机构官方微博125098个,比前一年增长9%;公务人员微博39424个,比前一年增长5%。各级政府的微信公众号应用体系已经基本形成。人民网新媒体智库发布的《2016年全国政务舆情回应指数评估报告》显示,在2016年1月至11月发生的600多起舆情案例中,对41%的事件通过政务新媒体做出回应。

迅猛发展的移动政务APP极大地提升了便捷性、实用性以及用户体验,实现用户随时随地享受主动的政务服务。国内70个样本城市中有69个不同程度地通过政务APP提供"互联网+政务"服务。而依托支付宝平台提供政务服务的城市已经达到347个,覆盖社会保障、交通、警务、民政、旅游、税务、气象环保等7大类56项服务,累计服务市民超过1亿人。

二、"十三五"我国电子政务发展的目标和重点

《"十三五"国家信息化规划》明确了"打破信息壁垒和孤岛,实现各部门业务系统互联互通和信息跨部门跨层级共享共用,公共数据资源开放共享体系基本建立,面向企业和公民的一体化公共服务体系基本建成"的电子政务建设目标,提出了统筹发展电子政务,支持善治高效的国家治理体系构建的建设任务,并列出了应用基础设施建设、数据资源共享开放、"互联网+政务服务"等优先行动计划,为"十三五"我国电子政务发展指明了目标和方向。要实现"十三五"电子政务建设目标,提升公共治理和服务信息化水平,关键要做到以下四点。

急需适应创新、协调、绿色、开放、共享的发展新理念。"十三五"我国电子政务建设,应按照"五位一体"总体布局和"四个全面"战略布局,牢固树立创新、协调、绿色、开放、共享的发展理念,完善顶层设计,健全涵盖规划、建设、应用、管理、评价的全流程五位一体的电子政务推进机制,着力解决"老三难"等突出问题和发展短板,确立一批以跨部门、跨区域、跨层级应用为代表的重大电子政务工程,强化协同共享和互联互通,实现整合、协同、集约发展。

急需适应政府简政放权、放管结合、优化服务的新要求。一方面,针对简政放权措施落实不到位、"中梗阻"现象大量存在、"最后一公里"尚未完全打通等问题,要积极运用信息化手段推动政府监管模式转型,强化事中事后监管,建设法治政府、阳光政府;另一方面,针对当前公共产品短缺、公共服务薄弱、服务质量不高等突出问题,要充分利用信息化推动政府服务模式的转型,积极总结推广"一号申请、一窗受理、一网通办"的成功经验做法,形成方便快捷、公平普惠、优质高效的政务服务信息体系。

急需适应新一代信息技术发展的新趋势。当前,全球信息技术创新与应用持续迅猛发展,电子政务发展所依托的技术手段正面临重大飞跃,必须紧紧抓住新一轮信息革命的契机,大胆引入信息化新技术、新应用、新理念、新模式,推进国家治理体系和治理能力现代化。"十三五"期间,需要加强数据资源规划,推动数据资源应用,强化数据资源管理,构建统一高效、互联互通、安全可靠的国家数据资源体系和政务大数据应用体系。

急需适应国家深化开放合作、共商共建共赢的新局面。当前,我国对外开放战略布局及其体制建设、推进"一带一路"建设、参与全球经济治理等都离不开电

子政务和信息化的支撑,要坚持"国家利益在哪里、信息化就推进到哪里",围绕"一带一路"建设,加强网络互联,促进信息互通,加快推动"网上丝绸之路"行动计划,推进数字经济、信息技术等合作,促进沿线国家和地区政策沟通、设施联通、贸易畅通、资金融通、民心相通;同时,尽快建成国家"一带一路"数据库,广泛汇聚沿线国家政治、经济、社会、文化等信息,为有关部门"一带一路"战略决策和企业"走出去"提供决策支持和数据支撑。

(资料来源:杨道玲.我国电子政务发展现状与"十三五"展望[J].电子政务,2017(3):53-60.)

三、西方政府再造的主要内容及措施

西方公共部门管理改革是全球化、技术革新、私有部门变革的催化以及对政府能力的要求等方面挑战的结果。尽管这种模式有各种各样的名称,但它们都表示同一种现象,即传统的官僚体制已被一种以市场为基础的体制所取代。现在,改革公共管理、削减预算、公共事业的民营化成了普遍的现象;官僚制组织已不再是政府提供商品和服务的方式,许多国家采用了私人部门首创的灵活的管理系统,政府可以通过补贴、管制和签约的形式进行间接运作,而不一定充当直接的提供者。当代西方政府再造的主要内容及措施如下。

(一)政府职能的优化

当代西方先进市场经济国家政府改革的重点之一是重新界定政府职能。政府从大量社会事务中解脱出来,将这些职能移转或归还给社会,由社会经济组织或第三部门承担,政府则制定法律和规章制度,监督及执行法律法规。

(二)公共服务的市场化、社会化

在当代西方国家的行政改革中存在着这样一种趋势,即政府充分利用市场和社会的力量,推行公共服务市场化和社会化。具体来说,公共服务市场化、社会化在实践中主要采取以下形式。

(1)政府业务委托外包,即利用签约外包的方式把政府的一些工作任务推向市场。

(2)公私合伙,打破政府垄断,建立政府部门与私营企业的伙伴关系,弥补政府能力和财力上的不足。

(3)公共服务社会化,即政府授权社区并鼓励各社区建立各种公共服务设施如养老院、收容站、残疾人服务中心等,政府机构如社会保障部门、警察局出面组织邻里互助、街道联防等,以改进社会服务和遏制犯罪活动。

(三)分权

当代西方国家行政改革的目标之一在于分散政府管理职能,缩小政府行政范围,因而必然要实行分权与权力移转。分权既涉及中央与地方的关系,又涉及中央政府内部上下级的关系。中央政府部门内部上下级关系的改革更是当代西方国家行政改革的焦点。在西方政府的机构改革中,许多政府经济部门被改为准政府机构或分离出去。实行合理分权,把公共服务转给中介机构、社会和非政府组织去承担有很大的好处,这些组织比集权的机构拥有更多的灵活性，它们对于公共需求能迅速地做出反应，而且效率更高、责任心更强、更具创新精神。

(四) 运用现代化管理技术

当代政府内部公共管理体制改革的最显著特征是公共行政中的管理主义倾向，即引进现代化管理技术尤其是私营部门的管理技术来改造政府，实现政府管理的现代化，建立一个"市场化"、"企业型"的政府。其中被广泛应用于政府管理的企业管理方法有策略管理、全面质量管理、成本管理、标杆管理等。同时，利用信息技术发展电子政务。

(五) 人力资源管理改革

在公共人事管理改革方面，西方先进国家采取的主要措施有以下方面。①为管制松绑，增强灵活性。西方各国在人事录用、报酬、职位分类、培训等方面解除管制，增强其灵活性。②公共管理者的非终身制。文官终身受雇受到改革的猛烈冲击，强制性裁员和日益增多的短期契约性人力运用打破了职位终身制原则，进行以引入市场机制和企业管理技术及强调顾客导向为主旨的管理主义改革，加强公共部门与私人部门管理者之间的交流。③绩效评估及灵活的报酬制度。西方公务员制度改革的另一个基本取向是注重结果而非过程控制，重视绩效评估，并采取灵活的报酬与奖励措施。

第四节 电子政务的兴起和发展

在新公共管理改革和政府再造运动的推动下，西方国家纷纷提出了政府改革和政府信息化建设计划，强调将信息技术的运用由提高效率转向改造传统政府，提出通过运用现代信息技术，建立电子政务，推进以公众为中心的政府改革方案。电子政务在政府再造运动中得以孕育和发展，成为现代科学技术应用与行政改革有机结合的统一体。它在相当程度上带来了西方国家政府公共部门管理效率的提高和管理能力的增强，使各种社会危机和矛盾得到了一定程度的缓解，并把政府部门从低效率和高成本中解脱出来，为提高政府部门的公共治理能力提供了一种全新的管理范式，为政府部门加强与企业和公众的联系提供了应用平台，创造了契机和准备了条件。

一、电子政务的兴起

电子政务可以说始于克林顿政府，但克林顿最初并不是要直接建立电子政务，而是在政府再造的过程中发现电子政务可能是一种非常好的形式。克林顿政府从一开始就认识到信息技术在经济和社会方面的巨大潜力，提出"信息高速公路"计划。随着信息高速公路的延伸，克林顿和戈尔很快认识到信息技术同样会对美国政府和政治产生深远的影响，电子政务的设想正是在这种认识的支持下提出并着手实施的。在美国政府再造运动中，信息技术发挥了不可磨灭的作用。政府再造运动试图打破旧的、墨守成规的政府管理模式，而信息技术为这一过程注入了强大的动力，起到了关键性的作用。信息技术引导人们从根本上思考政府应该做什么、怎样做以及如何发挥工作人员的创造性，提高政府的效率，更好地为公众服务。

克林顿政府对电子政务的设想主要包括两方面内容：一是减少"橡皮图章"，加速政府对公众需求的回应，让公众能更快捷、方便地了解政府，并能"一站式地满足公民向政府申请贷款、竞标合同、网上付税等服务";二是再造美国政府系统,使之更富效率,运作成本更低,并有助于消除政府中存在的官僚作风。克林顿政府推进电子政务大致经历了以下几个标志性的阶段。

(1) 1992年,克林顿就任总统,宣布他的政府将是一个电子化政府。

(2) 1993年,克林顿政府启动全国基础设施计划(NII),正式出台了"信息高速公路"计划,提出以"效率更高、花费更少"为目标,发动一场联邦政府内部的革命。副总统戈尔组建并领导"国家绩效评估委员会"(NPR),负责设计、规划和领导这次变革。

(3) 1993年9月,NPR提出了《创造一个花费更少、运转更好的政府》和《运用信息技术再造政府》两份报告,并在后一报告中明确提出了"电子政务"这一概念,把"删减法规,简化程序;顾客至上,民众优先;授权员工,追求成果;节约成本,提高效能"四个原则作为政府再造的行动方向。

(4) 1994年12月,美国政府信息技术服务小组提出《政府信息技术服务愿景》报告,认为改革政府不仅仅是人事精简、减少财政赤字,更需要善于运用信息技术的力量彻底再造政府对民众的服务工作,要利用信息技术协助政府与民众间的互动,建立以民众为导向的电子政务,以提供更有效率、更易于使用的服务,为民众提供更多获取政府服务的机会和途径。

(5) 1995年5月,克林顿签署《文牍精简法》,要求联邦和各州政府部门呈交的表格必须使用电子方式,尽可能在2003年10月以前实现政府的无纸化作业。

(6) 1996年,克林顿在赢得连任后将政府创新变革运动引向深入,发起"再造政府"运动,提出要让联邦机构在2003年全部实现上网,使美国民众能够充分获得联邦政府掌握的各种信息。

(7) 1997年,"国家绩效评估委员会"发表了关于建设电子政务的纲领性计划"走近美国"。该计划要求从1997年至2000年,在政府信息技术应用方面完成120余项任务;在21世纪初,政府对每个公民的服务实现电子化,在信息技术的支持下,政府工作的效率有了较大的提高。

(8) 2000年6月24日,克林顿宣布要在3个月内建成一个超大型电子网站——"第一政府网",目的是减少"橡皮图章",加速政府对国民需要的回应,让美国人能更快捷、更方便地了解政府。

从1993年克林顿政府首倡"电子政务"到2000年9月,93%的美国政府部门建立了自己的网站,83%的政府部门在网上公布文件,72%的政府部门在网上提供有关工作日程安排方面的信息,66%的政府网站提供直接面向个人的服务,64%的网站建立了意见反馈机制,58%的政府网站安装了搜索引擎,37%的政府网站提供软件下载服务。经过8年的政府再造,美国的政府规模、财政开支和行政规章已经大大精简。联邦政府裁员400多万人,裁减了7.8万个管理岗位,内阁14个部中的13个部都精简了自己的规模,只有司法部有所扩大,清除了厚达64万页的各种规章、法则,政府内部规章烦琐、手续复杂的情况也有所改善,而节省下来的财政开支达1 360亿美元。通过对小额办公用品采购的改革以及利用信用卡降低复杂的审批手续,平均每年节省2亿美元。克林顿政府成为美国自20世纪50年代以来规模最小的政府,政府职能开始从管制走向服务,联邦政府内部的跨部门协调机制、政府与社会的合作也得到了长足发展。

二、电子政务的发展及特征

电子政务取得的成果,得到了社会的广泛关注和普遍好评。电子政务成为美国政府创新的一大特色。作为克林顿政府再造运动的意外收获,电子政务在全球范围内得到了迅速兴起和发展。根据2005年联合国全球电子政务准备度调查的结果显示,各国政府总上网数已经达到179个,占联合国成员国总数的94%,未上网国家仅剩12个。报告显示,很多国家进一步巩固了它们的在线服务能力,正在大胆尝试更高、更成熟的电子服务递送领域,还有些国家引入了数字包容(digital inclusion)的特性。

为指导和加速电子政务发展,世界各国纷纷提出国家电子政务整体发展方案。例如,新加坡的智能岛计划、加拿大的"应用信息技术创新政府服务建设蓝图"、英国的Government Direct计划、澳大利亚的"联结澳大利亚的未来"、荷兰的"回到未来"、日本的打造E-Japan战略计划、韩国的"新韩国网络"计划以及我国的《2006—2020年国家信息化发展战略》等。电子政务已经不再是一种选择,而是必由之路。对政府而言,现在的问题不是决定是否实施电子政务,而是怎样实施的问题。

综合考察国外电子政务发展规划和状况,虽然各国在电子政务建设的具体做法上有许多差异,但都表现出以下共同特征。

(一)领导人意愿的表达

世界各国都制定了具体的、阶段性的电子政务方案、规划和发展重点。清晰、明确的愿景为各国电子政务发展提供了重要的指引方向与坐标,政府领导阶层的支持与承诺形成了各国电子政务发展的前提和基础。事实上,电子政务发展较好较快的国家最初大都源于国家和政府领导人敏锐的洞察力、强烈的政治意愿和有力的领导。越来越多的国家政府领导人已经认识到电子政务是治理国家必不可少的途径。政治家们普遍认识到电子政务对于国家发展的重要性,从政治上确定了电子政务的目标并勾画了蓝图,建立强有力的领导团队并展现政府对于未来电子政务发展与建设的承诺。

(二)"以公民为中心"的理念

各国在发展电子政务的过程中,一致认同一个基本理念,即以公民为中心。以客户为中心是21世纪政府管理创新的基本理念。这就意味着,电子政务发展的蓝图要使公众和企业尽可能地得到更多的方便,满足他们的需求。世界各国政府正在从"以政府为中心"的角色和思维模式中转变,充分应用互联网等多种服务渠道,为公民和企业提供方便、快捷、个性化的服务。

(三)改革政府的使命

各国政府普遍把电子政务建设看成是推动政府改革的契机,并认为政府的改革不仅仅是精简人员、提高效率、减少财政赤字等,还应运用信息技术来改进政府的组织机构、运作流程,转变政府对公民的服务内容和形式,减少政府在提供服务过程中的盲目与欺诈行为,提高服务品质,提高政府行政效能,从而建立一个以公民为导向的政府。

(四)门户网站的建设

政府门户网站已经成为电子政务发展的一种很重要的基本形式。用户通过一个门户网站就可以进入政府的所有部门,或者进入任何一个由政府向用户提供的服务项目。对于那些要几个政府部门同时介入才能完成的事务的处理,这种门户网站极为方便。

(五)信息和服务的整合

各国普遍采取政务公开、门户网站等方式实现政府部门之间的信息整合,通过提供信息搜索引擎、工作流引擎、政务协同、数据挖掘等技术,努力使政府的信息资源流动起来,提高信息资源的使用效率,发挥信息的价值,促进政府、企业、公众之间的互动与交流。同时,为实现公民在任何时间、地点,以多种渠道获取所期望的服务的目标,各国电子政务建设都将整合公共服务,建立"一站式"的服务平台作为重点。

(六)统一技术标准的制定

信息化建设必须有标准化的支持,尤其要发挥标准化的导向作用,以确保其在技术上的协调一致和整体效能的实现。标准化是电子政务建设的基础性工作,是电子政务系统实现互联互通、信息共享、业务协同、安全可靠的前提。它将各个业务环节有机地连接起来,并为彼此间的协同工作提供技术准则。通过标准化的协调和优化功能,保证电子政务建设少走弯路、提高效率,确保系统的安全可靠。统一标准是互联互通、信息共享、业务协同的基础。

(七)对信息安全的重视

世界各国普遍在电子政务建设中将信息网络安全问题放在重要位置。例如,美国政府制定了非常全面的"信息安全管理和保障策略",详细规定了实施风险评估、安全规划、安全运行和各种验证的方法,出版了《信息系统安全产品和服务目录》,对信息系统的各个环节以及各机构信息安全管理工作的效率加以评估,全力支持对安全措施的投入,协调各个机构的信息安全工作;监督政府信息安全管理原则、标准、指导方针的制定和推广工作,强化计算机信息系统人员的安全法律培训,等等。在英国教育与技能部,机关工作人员若想登录互联网需要过两关:一是经批准可经政府专网出本部门办公网,二是经授权再通过政府专门接口登录互联网。为确保办公网安全运行,防止病毒或黑客攻击,该部专门成立了IT委员会,采取了严格的安全保密措施。该部还责成有关职能部门和新闻办公室专人负责对哪些信息必须上网、哪些信息不能上网、哪些信息必须及时清除等进行严格的审查。

(八)法律法规的健全

西方发达国家在电子政务建设过程中,十分重视相关法律法规的建设,利用法律手段为电子政务保驾护航。世界第一部保护计算机数据的法律是1973年在瑞典通过的,称为《瑞典国家数据保护法》。英国于1998年颁布了《数据保护法案》,以法律形式规定了公民个人具有获得个人全部信息、数据的合法权利;于2000年颁布了《电子通信法》,规定了电子签名在法庭上与其他手段具有同等的法律效力;最近又颁布了《信息自由法》,规定要保证企业和公民能够依法查询到政府公布的各项信息。欧盟国家曾于20世纪90年代末达成《里斯本协议》,制定了《信息社会行动纲要》,计划于2010年使欧盟国家进入新经济体系,并明确提出要依靠信息技术来实现这一目标。欧盟有关国家为发展电子政务出台的有关法律法规和行动计划绝大部分都是根据《里斯本协议》精神制定和颁布的。

(九)对数字鸿沟的关注

为了保证电子政务能够给公众提供平等地享受政府服务的机会,不使它成为一部分人的特权，各国政府普遍对数字鸿沟问题越来越关注，并采取积极措施以减少数字鸿沟带来的不利影响。在韩国，政府大力推广宽带网络应用，在全国中小学校设立计算机教室，免费接入宽带网，实施全国民众的信息化教育，扩大宽带网的需求，并在房地产方面也进行数字住宅认证。在新加坡，政府通过在每个社区设立"民众服务中心"、在公共场所提供两万多台公共电脑等方式，使当地民众和外国观光客都可以随时上网查询政府部门的有关服务。

案例 1-4

我国电子政务的发展历程

迄今为止，我国电子政务的发展，可以划分为电子政务之前的政务信息化时期、电子政务启动时期和电子政务全面推进时期。

一、政务信息化时期

20 世纪 80 年代中期之前，我国政府信息化主要是应用计算机进行有关数据的处理。1979 年全国人口普查中的数据资料汇总与处理取得了显著成效，得到联合国的支持并受到肯定。1984 年，国务院批准国家计委成立信息管理办公室，负责推动国务院各部委的信息系统建设工作。1986 年 2 月，国务院决定在"七五"期间，重点建设由国家、省、中心城市和县级 4 级信息中心构成的国家经济信息主系统。1987 年 1 月，国家经济信息中心成立。在重点建设国家经济信息主系统的同时，1984 至 1990 年，国务院先后批准启动经济、金融、铁道、电力、民航、统计、财税、海关、气象、灾害防御等 10 多个国家级信息系统的建设工作。据我国科技部科技情报所 1991 年提供的资料，全国共开发各类数据库 806 个，信息总量约 5 000 万条。

20 世纪 80 年代末期，中央和地方党政机关开展办公自动化工程，建立了各种纵向和横向内部信息办公网络，为利用计算机和信息网络技术奠定了基础。

二、电子政务启动时期

20 世纪 90 年代，我国电子政务建设进入了真正启动时期。其中，具有里程碑意义的重大进展或事件如下。

1992 年，国务院办公厅下发了《关于建设全国行政首脑机关办公决策服务系统的通知》，全面推动行政机关办公自动化建设。

1993 年底启动的"三金工程"，即金桥工程、金关工程和金卡工程，这是中央政府主导的以政府信息化为特征的系统工程，重点是建设信息化的基础设施，为重点行业与部门传输数据和信息。"三金工程"等金字头系列工程，虽然都还只是电子政务发展的雏形，但为我国电子政务的发展打下了良好的基础。

20 世纪 90 年代末，由于信息网络技术的快速发展和信息基础设施的不断完善，电子政务的发展进入快车道，突破了部门和地域限制，向交互性和互联网方向发展。1998 年 4 月，青岛市在互联网上建立了我国第一个严格意义上的政府网站"青岛政务信息公众网"。

1999年1月,40多个部委(局、办)的信息主管部门共同倡议发起了"政府上网工程",其目标是在1999年实现60%以上的部委和各级政府部门上网,在2000年实现80%以上的部委和各级政府部门上网。1999年5月,在gov.cn下注册的政府域名猛增至1 470个。截至2001年1月底,以gov.cn为结尾注册的域名总数达到4 722个,占国内域名总数的4%;已经建成的WWW下的政府网站达3 200多个,70%以上的地市级政府在网上设立了办事窗口。

三、电子政务全面推进时期

21世纪,我国电子政务进入了全面推进和快速发展的新阶段。其主要标志是电子政务建设被纳入国家最高决策层的重要议程并加强了领导机构,电子政务建设向规范化和更高层次发展。其中,具有里程碑意义的重大进展或事件如下。

2000年10月,《中共中央关于制定国民经济和社会发展第十个五年计划的建议》中提出"要把推进国民经济和社会信息化放在优先位置",并将信息化确立为我国产业优化升级和实现工业化、现代化的关键环节,明确了"以信息化带动工业化"的战略方针,电子政务也进入了以网络应用为基础的快速发展阶段。

2001年8月,重新组建了以当时的国务院总理朱镕基为组长的国家信息化领导小组,国家信息化领导小组的常设办事机构——国务院信息化工作办公室亦随之成立。

2001年12月,国家信息化工作领导小组召开第一次会议,强调中央各部门和各级政府都要高度重视电子政务建设工作,领导干部要加强信息化知识的学习,充分利用信息化手段加强政府管理,促进政府职能转变,提高政府办事效率和管理水平,促进政务公开和廉政建设。此次会议还明确了以电子政务带动信息化的基本方针,并将电子政务建设列为国家信息化的首要工作。

2002年1月,国务院信息化工作办公室和国家标准化管理委员会联合在北京成立了电子政务标准化总体组,全面启动电子政务标准化工作。电子政务标准化总体组的成立,为有效支持我国电子政务工程建设以及加快电子政务标准的研究和制定工作提供了组织保障。

2002年7月3日,国家信息化领导小组召开第二次会议,审议通过了《国民经济和社会发展第十个五年计划信息化重点专项规划》和《国家信息化领导小组关于我国电子政务建设指导意见》。会议明确指出,在实施规划中,要突出重点,抓好先行;着重抓好电子政务、电子商务和企业信息化建设,以此推动国内信息产业的发展,带动整个国民经济和社会的信息化进程。

2002年11月,中国共产党第十六次全国代表大会进一步明确"信息化带动工业化"、"大力加强电子政务建设"的方针,强调"进一步转变政府职能,改进管理方式,推行电子政务,提高行政效率,降低行政成本,形成行为规范、运转协调、公正透明、廉洁高效的行政管理体制"。

2003年，中共中央办公厅和国务院办公厅颁发《国家信息化领导小组关于加强信息安全保障工作的意见》。在信息安全工作的千头万绪中，首次理出了一条明确的思路：坚持积极防御、综合防范的方针，全面提高信息安全防护能力，重点保障基础信息网络和重要信息系统安全，创建安全、健康的网络环境，保障和促进信息化发展，保护公众利益，维护国家安全。

2004年，中共中央办公厅和国务院办公厅联合颁发《关于加强信息资源开发利用工作的意见》。明确了信息资源开发利用工作的指导思想、主要原则和总体任务，强调要建立健全政府信息公开制度，加强政务信息共享，规范政务信息资源社会化增值开发利用工作，提高宏观调控和市场监管能力，合理规划政务信息的采集工作，加强政务信息资源管理。

2005年4月1日，《中华人民共和国电子签名法》正式开始实施。

2006年1月1日，中华人民共和国中央人民政府门户网站（简称"中国政府网"，即http://www.gov.cn)正式开通。

2006年3月24日，国家信息化领导小组印发《国家电子政务总体框架》，以极为简明清晰的结构，深刻揭示了电子政务的历史使命及社会价值，科学地将电子政务的社会功能、技术关键、管理要素有机组成统一的、动态的整体。电子政务总体框架由5个部分组成，可以用一句话予以概括，即服务是宗旨，应用是关键，信息资源开发利用是主线，基础设施是支撑，法律法规、标准化体系、管理体制是保障。

2006年5月8日，中共中央办公厅、国务院办公厅颁布了《2006—2020年国家信息化发展战略》，明确提出了我国向信息社会迈进的宏伟目标。规划提出：一是改善公共服务，逐步建立以公民和企业为对象、以互联网为基础、中央与地方相配合、多种技术手段相结合的电子政务公共服务体系；二是重视推动电子政务公共服务延伸到街道、社区和乡村，逐步增加服务内容，扩大服务范围，提高服务质量，推动服务型政府建设。

2006年5月20日，中共中央办公厅和国务院办公厅联合转发了《国家信息化领导小组关于推进国家电子政务网络建设的意见》，提出了推进国家电子政务网络建设的目标，即用3年左右的时间，形成中央到地方统一的国家电子政务传输骨干网，建成可基本满足各级政务部门业务应用需要的政务内网和政务外网，健全国家电子政务网络安全保障机制，完善国家电子政务网络管理体系，为电子政务发展提供网络支持。

《2006年中国政府网站绩效评估报告》显示，截至2006年11月30日，各级政府网站平均拥有率达到85.6%，比2005年上升4.5个百分点；各级政府网站的"信息公开、在线办事和公众参与"能力保持快速上升趋势。

2007年1月17日，国务院审议通过《中华人民共和国政府信息公开条例》，确立了"以公开为原则，以不公开为例外"的原则，并于2008年5月1日起施行。中国的政务信息公开步入"有法可依"时代。

至此,我国电子政务的发展在指导思想和政策上已经从单纯的技术应用和事务处理迈入了以加强政府有效管理和为民服务为目标的全面发展阶段。

本章重要概念

信息化(informationization)　　数字鸿沟(digital divide)
新公共管理(new public administration)
政府再造(reinventing government)

本章思考题

1. 数字鸿沟形成的原因及其消除途径有哪些?
2. 新公共管理改革的内涵是什么?
3. 请简述电子政务的兴起背景和发展历程。

本章推荐阅读书目

1. 道格拉斯·霍姆斯. 电子政务[M]. 詹俊峰,等,译. 北京:机械工业出版社,2004.
2. 国家行政学院国际合作交流部. 西方国家行政改革述评[M]. 北京:国家行政学院出版社,1998.
3. 张成福,党秀云. 公共管理学[M]. 北京:中国人民大学出版社,2001.
4. 李季. 中国电子政务发展报告(2017)[M]. 北京:社会科学文献出版社,2017.
5. 黄奇. 我国信息战略中的数字鸿沟问题研究[M]. 北京:北京交通大学出版社,2010.

第二章
电子政务的基本概念

——本章导言——

尽管电子政务已经在全球得到了蓬勃的发展,但人们对于电子政务的定义、内涵和组成并没有取得共识,在一些相关概念上甚至产生了严重分歧。一个全面的电子政务定义不能仅包含公共服务的递送,也不能仅局限于信息技术在政府中的简单应用,而应该从多个角度进行全面阐述。电子政务的核心内容是政府再造,它代表着信息时代的政府治理模式,意味着政府服务范式的转变。本章对电子政务的基本概念和本质内涵进行较为全面的介绍和归纳,并通过对其他相关概念的辨析,为读者呈现出一个较为清晰的电子政务体系框架。

第一节 电子政务的概念、组成和效益

一、电子政务的概念

电子政务一词是由英文 electronic government(简称 E-government)翻译而来的。尽管很多国际组织和学者都对电子政务这一概念进行了定义,但至今仍无一个统一的说法。一方面是由于电子政务是一个多学科交叉的新生事物,从不同的学科视角出发,会产生不同的理解和认识;另一方面是由于电子政务的本质和内涵随着各国政府的改革与创新而不断发展。很多定义都以一种广泛的方式描述了电子政务,具有一定的理论和实践意义,但它们几乎都未能对更加深入的问题和与电子政务相关的组成部分进行深入的思考和洞察。有的定义只注重于电子政务的服务递送功能,有的定义所涉及的领域和范畴过于广泛、庞杂。对服务递送的片面侧重易于偏离电子政务发展和创新的部署,从而导致多数以服务递送为中心的实践活动很少关心对服务自身或与递送相关的业务流程的真正转变;过于广泛的定义使得人们很难确定到底电子政务由什么组成以及要实现什么功能,从而可能导致对一些问题的混淆。

事实上,电子政务的概念具有很大的外延和发展空间,所有单一视角的定义方式都很难全面包容其含义。国内外研究机构和学者在对这一问题进行研究时,所选择的视角和遵循的逻辑各不相同,但正因为如此,才使这些理论在整体上构成了对电子政务概念的较为全面的描述,使人们更透彻地把握电子政务的含义。基于公共管理视角,一些有代表性和有影响力的对电子政务的定义有以下几种。

1. 联合国(UN)经济与社会事务部的定义(2005)

广义上的电子政务包括所有运用信息与通信技术手段(从常见的传真机到先进的无线掌上设备等)来实现政府日常公共事务的处理,是"政府的一项永久性承诺,通过对服务、信息与知识的高效便捷、成本核算的传递,来增进公共部门与公民个人之间的关系"。它是对政府所要提供服务的一种最行之有效的实现方式。

2. 欧盟(EU)的定义(2007)

电子政务是公共行政利用信息和通信技术,结合组织转变及新的技能,实现改进公共服务和加快民主进程,加强对公共政策支持的目标。

3. 经济合作发展组织(OECD)的定义(2003)

电子政务是利用信息和通信技术,特别是互联网,并将其作为工具,塑造更好的政府。

4. 世界银行的定义(2005)

电子政务是指政府部门利用信息技术(例如广域网、互联网和移动计算)转变政府同公民、企业和政府其他部门的关系。

5. 太平洋国际政策协会的定义(2002)

广义上的电子政务是利用信息技术提升政府的效率和效能,提供更便捷的服务和更多的信息,并使政府更负责任。电子政务包括通过互联网、电话、社区中心、无线设备或其他通信系统提供的服务。

6. 美国国务院的定义

美国国务院在2002年的电子政务法案中关于电子政务的定义说明如下。通过政府对基于互联网和其他信息技术的应用,结合实现这些技术的流程,达到:①增强政府对公众、其他机构和其他政府实体的信息与服务的递送及访问;②带来政府运作的改进,包括效率、效能、服务质量或转变。

7. 我国学者的定义

我国学者对电子政务的定义为:电子政务是指各级政府部门以信息网络为平台,综合运用信息技术,在对传统政务进行持续不断的革新和改善的基础上,实现政府组织机构和工作流程的优化重组,将政府的管理和服务职能进行整合,超越时间、空间的界限,打破部门分割的制约,全方位地向社会提供优质、规范、透明、符合国际标准的管理和服务,实现公务、政务、商务、事务的一体化管理和运行。

类似的关于电子政务的定义不胜枚举。通过对众多电子政务定义的表述进行归纳,可以看出,一个完整的电子政务的定义,至少应该包含下列5个方面的内容:①信息技术的应用;②互联网的引入;③信息提供;④服务递送;⑤政府效率和效能的提升。因此,一个全面的电子政务的定义不能仅停留于服务递送的层次,更不能局限于信息技术在政府中的应用,而应该从包含政府运作和服务递送在内的多角度进行全面阐述。

一个有助于深入理解电子政务的多种功能和意义的可操作性的定义如表2-1所示。

表2-1 电子政务的可操作性定义

内　　容	含　　义
强大的服务递送和信息提供功能	提供交互式的电子服务和信息递送方式;通过服务和信息递送,产生交易和反馈

续表

内　容	含　义
组织创新和转变	多层次的参与；消除组织和职能的边界；信息时代的公共部门改革，包括在政府运作中提高效率，对服务和管理的分离，增加相关责任，改进资源管理和市场化并利用市场的力量增强公共部门和私人部门间的关系
基于信息技术但不局限于信息技术	信息技术基础设施是发展电子政务的关键；充分利用信息技术能力递送系统和服务；职能和知识的重叠增加了公共部门的复杂性，信息技术知识不足以解释和预测未来趋势
应用与服务的集成和无缝连接	电子政务的实现远不只是自动化的服务递送和一系列的网站；政府需要从前台效率的基础之上发展到更高的层次，建立一个以公民为中心、一站式集成和可靠的服务和交互环境
不同的发展模式和方案	不同的国家有不同的发展模式；实施方案因应用环境（政治、经济、社会）而各异

综上所述，本书对电子政务做出如下定义：电子政务是一个包含内容广泛的政府转变创新行动，通过发挥与利用信息和通信技术的驱动作用，发展与递送高质量、无缝、集成的信息和公共服务，重构政府部门的业务和流程，整合系统应用及功能，实现以公民为中心的电子包容和电子民主。

二、电子政务的组成

电子政务的定义是认识电子政务的基本前提，它回答了"是什么"的问题；电子政务的组成则是实施电子政务的基本前提，它回答了"如何做"的问题。根据电子政务为不同利益相关者带来的好处，可以将电子政务简单地描述为以下两个方面的内容。

1. 在线服务

在线服务即为公民、企业提供的在线服务。这一层面通常也被称为电子政务的前台。公民、企业是处在政府之外接受政府服务的利益相关者，提供服务是电子政务革命的焦点。政府可以通过诸如以公民为中心的门户网站为这些利益相关者提供简化了的服务，使他们能更加快捷和最大限度地获得政府信息和服务，降低办事成本和提高办事效率，增强公民的参与意识。

2. 政府运作

政府运作是指为政府内部提供支持。这一层面通常也被称为电子政务的后台。它包括政府自身运作的各个部分，特别是政府员工。诸如电子办公、基于网络的文档管理、电子表单和类似的行为等，都是充分利用信息技术使政府的运作简明化的手段，这将有利于政府行政行为的规范和办公效率的提高，以及政务工作透明度的增加和科学决策水平的提升。

从需求层面而言，电子政务前台必须要变得"更大"、"更好"。①在与公民的接口上，服务内容（核心业务）必须要分权化。②电子化服务。在线服务必须要立足于公民及企业关键性的生活事件。③依赖信息技术提供传统的服务。④电子化民主。如更强的责任心、公开、透明、更多的信息取得管道、广泛参与等。

从供给层面而言,电子政务后台必须要变得"更小"和"更聪明"。①行政控制必须中央集权化。②政府内的流程再造,包括在政府之内信息的互相交换。③政府间的流程再造,包括政府和其他部门间跨领域的信息交换。④原有科层组织、作业流程、技能、行政文化等的再造工作。

尽管在线服务和政府运作面临着不同的利益相关者——内部的和外部的,但不能将它们割裂开来,分别加以思考。只有上述两个层面都得到了充分的发展,才能最终塑造一个更高效率、更负责任的现代政府。

三、电子政务的效益

电子政务作为一个新生事物,之所以经过短短几年时间即可在全世界政府中得到蓬勃发展,与其能为政府带来巨大的效益密不可分。电子政务之所以成为当今世界各国都优先发展的重要战略,原因有三:①它鼓励政府利用对经济竞争力至关重要的信息技术;②它允许政府重新定义其职能,变成以公民为中心的政府;③它能在不降低公共服务质量的同时降低政府行政成本。电子政务之所以能够在全球得到快速推广,与其能够造就实质的政治和经济效益密不可分。依据电子政务的实施层次,可以把电子政务的效益分为两个层面,即国家(包括地方)层面和政府部门层面。

若从国家整体发展的角度出发,可将电子政务的推广视为拉动出口贸易增长、吸引外国直接投资、振兴地方产业经济、促进电子化产业发展、强化国家透明化和民主化以及推动社会人力资源发展的催化剂,也就是说政府电子化的程度越高,其能够在这些方面带来的效益也就越大,同时亦能使国家在面临全球化的挑战时更具竞争的潜力。

除了从跨越国界的全球视角来解释电子政务所带来的效益外,也可从政府治理的角度来思考电子政务的效益。政府发展电子政务能带来的效益和创造的竞争优势体现在政府的组织结构、行政流程、人力资源、决策质量、法律法规等多个领域,其具体内容包括以下方面。

(1)强化政府组织结构,提高施政绩效。面临质量要求、顾客导向及全球竞争等挑战,政府组织结构同样需要调整,使政府的组织更为灵活和有弹性。而因特网的普及,在网络式组织、虚拟组织或工作团队等企业组织再造的成功经验,也可以被运用到政府的组织及流程再造上,让政府的组织运作以民众需求为导向、以服务流程为主轴,打破组织界线,建立跨组织、跨系统、跨网络合作机制,加强政府组织的纵向及横向联系。

(2)提升沟通效率,增强政府组织效能。目前政府机关以电话、公文、会议及书面报告为主的沟通方式,已不足以回应信息社会的需求,借助电子邮件、全球信息网、企业网络等现代科技,政府可以加速上对下、下对上以及平行沟通的效率。

(3)掌握正确信息,提升行政决策质量。计算机网络的发展,进一步克服了空间的束缚,也打破了阶层式组织的限制,让政府各个部门之间可以直接相互联通、交换信息,进而提升政策规划、施政决策及服务的质量。

(4)简化决策程序,立即响应民众需求。受限于传统的人工操作档案管理,各部门之间的数据不能立即分享及流通,政府机关受理民众申请案件都是采取按部就班的处理方式;同时,行政决策采用逐级呈报的垂直决策模式,各机关的横向沟通及协调较为不便。若借助计算机网络系统及数据库连线作业,各机关之间可以随时互通资讯、分享信息,使得上级机关可以授权下级机关甚至是站在为民服务第一线的人员,自行做决策,使得决策程序大为简化,并且立即响应民众的需求,随时解决问题。

(5) 节省人力资源,降低整体社会成本。在政府人力及财力资源有限的情形下,如何开源节流、减少错误、控制政府支出、防止资源浪费、加速资金流通等,是政府强化财务管理的重要目标。电子政务可以促进政府机关行政信息的整合应用,各机关可直接联机快速取得其他系统信息,无须再重复建置缺乏时效性的其他系统数据库;电子政务提供在线信息查询及申办服务,不但可以减少民众往返政府机关的次数,节省庞大的社会成本,同时也可以节省因为行政效率不高所浪费的资源,合理精简政府的人事成本。

(6) 创新作业方式,改造行政流程。通过计算机网络系统的使用,可以提供公民全功能的柜台服务或单一窗口服务,甚至是提供24小时的信息查询及通信服务。再配合电子认证系统、数字签章制度的建立,可逐步提供各项网络申办服务。

(7) 倾听民众声音,扩大民众参与。借助全球信息网、电子邮件、电子布告栏等系统,民众可以实时取得政府最新的信息与服务,也可实时向政府反映意见;同时,政府也可以通过电子信箱等途径接纳社会大众意见的回馈,扩大民众的参与,并将政府处理民众申办案件的流程进度、相关决策过程、政策规划的重要议题等信息,以同步的方式向社会各界公布,增进民众与政府间的互动。

(8) 公开政府信息,建立透明化程序。信息公开是民主政治的基石,也是行政透明化的根本。经由计算机网络系统,政府机关的信息除依计算机处理个人数据保护法、国家机密保护办法等相关法规不宜对外公开的以外,将依资料的性质分别提供给社会大众、学术研究机关公开使用,并提供给民间信息服务业者加以处理运用。政府信息上网的趋势,将有助于加速政府信息的流通,便于社会大众、民意机构、媒体来监督政府施政,促进行政透明化。

总之,电子政务的效益与其所创造的优势有关,就一个国家的发展而言,电子政务发展程度越高,其促进出口贸易成长、吸引外国直接投资、振兴地方产业经济、强化国家透明化与民主化以及社会人力资源发展的效果也就越明显;就一个政府部门而言,电子政务发展程度越高,其再造政府组织结构、提升沟通效率与决策质量、降低整体社会成本、扩大民众参与、促进政府信息透明化的效益也越大。

电子政务的最大受益者不仅仅是政府或国家本身,还理所当然地包括公民和企业。公民和企业从政府的电子政务行动中得到了诸多好处和效益,主要体现在以下方面。

1. 直接财务成本效益方面

减少行政负担,电子政务可简化行政流程、提高服务效率、节省服务时间,从而减轻行政负担。此外,电子政务以精简与公民接触的第一线官僚接口带来创新的服务,大大降低外在顾客的行政作业负担,诸如"一站式服务"、"政府门户网站"以及与量身订制有关的"个性化服务"等;除此之外,服务成本的降低也体现在公民取得政府服务的交通及社会成本上。

2. 直接非财务成本效益方面

电子政务可通过个性化服务的提供、服务质量的提高、可及性的提升等来增加使用者满意度。评估电子政务对公民非财务面的影响,比起上述财务面来说是较为困难的,但其重要性却不容小觑。电子政务改善公民满意度主要表现在以下方面。

1)服务时间更延长

电子政务对公民最明显的影响就是延长服务的时间,甚至是"服务不打烊",提供公民全天候的服务。由于电子政务利用信息技术,使得政府的服务得以达到7×24(一周7天,一天24小时)的境界,公民可以依照自己的状况寻求政府服务,不再受制于"朝九晚五"的传统政府服务时间的限制,满足信息时代各行各业与各类民众的需求。

2)服务据点更普及(accessibility)

建立能接近顾客的服务据点,是企业竞争的关键。而电子政务的服务据点,可以利用便捷的网络系统深入民间与小区,提供类似便利商店的服务,例如建立在家庭上网以外的各个区域(包括邮局、图书馆、购物商店、车站等)的公共信息站,甚至是个人手机和其他行动通信装置。

3)服务信息更准确、及时

提供服务的信息更准确、及时、丰富。

4)服务速度更快

在信息时代,时间是最宝贵的资源,因此,加快服务速度,甚至提供"实时性"服务,是电子政务的目标之一。

5)服务选择更多样

尊重公民的选择权,而不是一成不变、制式化的产品及服务;针对不同的对象和需求提供不同的服务,提供更多的机会以选择不同方式的服务。

3. 间接成本效益:增加对政府的信任和支持

正是由于电子政务给国家、政府、公民和企业带来了上述无与伦比的潜在优势和效益,因此成就了其全球发展的主流地位。

4. 其他社会效益

1)直接拉动社会需求

根据人社部对外发布的《2015年度人力资源和社会保障事业发展统计公报》,截至2015年年底,全国共有公务员716.7万人。重新配置一套计算机办公设备,按照硬件与软件之间4∶1来计算,软件市场容量不可估量。在未来,路由器、交换机等基础网络设备仍有很大需求,政府机构会进一步加快网络设备的配套和升级工作,以此促进电子政务对政府信息资源的合理利用。此外,随着各级政府机构网络建设规模的不断膨胀,对网络维护和后续服务的需求将逐渐加大,维护与后续服务将成为电子政务建设日常开支的主要方向。

2)促进信息技术应用

中国电子政务建设的一个主要目标是形成标准统一、功能完善、安全可靠的政务信息网络平台。因此电子商务平台中的支付问题、信用问题、安全认证问题等诸多难题,还要依托电子政务得到解决。例如,广东以应用为主导开展电子政务建设。在承担了中国电子政务应用示范工程试点项目后,广东尝试进行电子政务信息安全公共基础建设,经过多年努力,已经初步建成包括数字证书中心和密钥中心等在内的电子政务信息安全系统。

(资料来源:王双燕.中国电子政务建设的效益分析[J].兰州学刊,2003(6):36-37.)

第二节 电子政务的本质

电子政务到底意味着什么,不同的人可能会有不同的回答。在一些人看来,电子政务就是政府业务的自动化或计算机化;在另外一些人看来,电子政务是政府应用电子和通信技术,在方便的时间、方便的地点,为公民提供政府信息或服务;还有一些人认为,电子政务就是应用新的信息技术改革政府。无论是自动化的观点、服务论的观点,还是改革论的观点,都有其合理性。但是,这些观点在不同程度上都是技术决定论的观点,他们认为,只要把信息技术应用于政府,就可以解决政府存在的许多问题。而且,技术越先进,越有利于问题的解决。

事实上,无论在什么时候,技术本身只是一种工具,技术深受政治的影响而且由政治赋予其意义,信息技术的应用是在既定的价值体系和制度安排下达成目标的手段。技术的意义和功能并非仅仅由技术本身所决定,而是由技术和技术应用所处的政治、社会和文化环境系统决定的。信息技术无法自动、自发地发展出有意义和价值的政府制度安排;信息技术应用于政府公共事务管理的功能和意义,取决于政府和公共管理者对于信息技术和电子政务内涵的理解及赋予其什么意义。

虽然电子政务至今尚无确切、统一的定义,但西方学者一般认为,电子政务实质上就是将工业化模型的大政府(主要表现为集中管理、分层结构、在物理经济中运行)转变为新型的管理体系,以适应虚拟的、全球性的、以知识为基础的网络经济。也有学者认为,电子政务是以计算机及网络技术为基本手段进行公共事务的管理与公共服务的提供,使信息技术在政府公共部门的应用从简单的取代手工劳动、提高办公自动化技术水平发展到优化业务流程和服务范式的新层次。我国学者认为,电子政务并不是如何把信息技术应用于政府和公共事务的处理问题,也不是如何应用信息技术来提供信息和电子服务,增进行政的效率问题,而是政府面对信息技术所带来的新的社会范式的挑战,如何进行政府的再造,促进政府的转型,建立适应信息社会需要的新的政府治理范式,促进善治,实现善政的问题。

具体而言,电子政务的本质包括以下4个方面的内容。

一、电子政务的核心内容是政府再造

不少国家和地区在发展电子政务时,提出了"以公民为中心",利用信息技术实现政府转型的电子政务战略。这意味着电子政务作为现代技术手段在政务活动中不断被推广应用的趋势,以及与20世纪80年代在西方国家兴起的"政府再造"乃至社会政治体系变革运动的合流。迈入21世纪充满竞争的信息社会中,政府必须抛弃陈旧的观念与制度,从组织结构与制度、管理与运作模式乃至组织文化与伦理等各个层面,全面推动行政现代化,重新改造政府组织并赋予其新活力,致力于提高行政生产力及政府服务质量。电子政务的实施必须对传统公共事务管理方式、公共服务传递方式、政府业务流程、政府组织结构模式等方面提出挑战。

在把信息技术应用于政府的时候,如果对政府存在的价值、意义、使命和任务等根本问题缺乏反思,对政府改革的目标和方向缺乏反思,对传统政府管理的缺陷和误区缺乏反

思,那么信息技术应用于政府,不仅无助于政府自身存在问题的解决,无助于政府的改革和转型。反过来,只能强化现行政府结构和制度安排中所存在的一些缺陷和弊端,限制信息技术的应用和发展潜力的实现;更有甚者,会成为加强社会控制与组织压迫的工具,成为扩大社会不公平的工具,成为为少数人和少数利益集团服务的工具。

电子政务不是传统政务与信息技术的简单相加,电子政务建设并不是在行政组织结构形式、职能及其行使方式不变的情况下使传统型政府获得一种技术手段和提高各政府部门的办公自动化水平,不是简单地提高其运用技术的能力,更不是让现代网络信息技术去适应传统型的政府,而是要将现代网络信息技术融入政府的改革之中并发挥作用,使传统型的政府组织结构、职能行使方式和行政业务流程适应网络信息技术的要求,综合提高政府部门的公共治理能力、依法行政能力、科学决策能力、应对突发事件能力和公共服务能力,促进电子政务与政府再造的一体化。

电子政务的建设过程就是运用信息技术对符合电子化、信息化管理要求的政府管理模式、业务模式与服务传递方式进行改进、完善和固化的过程。电子政务建设和发展过程中所表现出的大多数问题都是管理、组织和政治等政务问题,而不是技术问题。通过建设政府部门的网络平台和各种电子政务应用系统,实现组织扁平化、流程优化以及资源共享,使政府部门协调运行,树立政府部门的服务观念并提高其行政效能,这些都是政府再造的重要内容与目标。

二、电子政务是信息时代的政府治理模式

各国政府利用信息技术已经超过40多年。然而,仅仅将信息技术应用到政府中,并不等于就是电子政务。造成这种概念上不等同的原因就是,电子政务是一种治理模式。政治学家和管理学家提出治理的概念,主张用治理(governance)替代统治(government)。他们在社会资源配置中既发现市场失灵,又发现政府失灵,治理可以弥补国家与市场在调控和协调过程中的某些不足。治理一词的基本含义是指在一个既定的范围内运用权威维持秩序,满足民众的需要。治理的目的是在各种不同的制度关系中运用权力去引导、规范和控制公民的各种活动,以最大限度地增进公共利益。治理的最终目的是为了维持正常的社会秩序。世界各国多年来努力进行政府治理改革,但是进展较预期遭遇更多的局限。电子政务的开展为政府提供了一项改进治理的新方式。

电子政务是信息技术所赋予的新治理模式。电子治理所具备的优势,归根究底,是其具有信息技术的能力。它能为政府提供以下3种改变的可能性。①自动化。取代目前人力执行信息的流程,包括信息的接受、储存、处理、输出或传送。②信息化。支持目前人力执行信息的流程。例如,支持目前决策制定、沟通以及执行的过程。③转变。创造新兴信息技术、执行信息的流程或支持新兴人力执行信息流程。例如,创造全新公共服务递送的方法。

电子治理的目的就是善治。所谓善治就是使公共利益最大化的社会管理过程。善治的本质特征,就在于它是政府与公民对公共生活的合作管理,是政治国家与市民社会的一种新型关系,是两者的最佳状态。构成善治的基本要素可归纳为如下6项。①合法性,指社会秩序与权威被自觉认可和服从的依法状态。②透明性,指政治信息的公开性。每一位公民都有权获得与自己的利益相关的政府政策信息,包括立法活动、政策制定、法律条

款、政策实施、行政预算、公共开支以及其他有关的政策信息。③责任性,指人们应当对其自己的行为负责。④法治性,指法律是公共政治管理的最高准则,任何政府官员和公民都必须依法行事,法律面前,人人平等。⑤响应性,指公共管理人员和管理机构必须对公民的要求做出及时和负责的反应,不得无故拖延或没有下文。⑥有效性,指管理的效率。它有两方面的基本意义:一是管理机构设置合理,管理程序科学化,管理活动有弹性;二是最大限度地降低管理成本。

善治实际上是国家权力向社会的回归,善治的过程就是一个还政于民的过程。善治表示国家与社会或者说政府与公民之间的良好合作,从全社会的范围看,善治离不开政府,但更离不开公民。从某个小范围的社群来看,可以没有政府统治,但是不能没有公共管理。善治有赖于公民自愿的合作和对权威的自觉认同,没有公民的积极参与和合作,至多只有善政,而不会有善治。

三、电子政务代表着政府服务范式的转变

电子政务有转变政府服务的潜力,它可使公共服务行政从传统的官僚范式向"电子政务范式"转变。主要原因是电子政务的发展改变了传统的行政程序观点与组织原则,并改善了旧有行政的效率与效能。

传统的官僚范式强调以内部生产效率、功能理性、部门化、层级控制与管制为基础的管理。相对而言,电子政务范式是深受信息技术影响的范式,它强调使用者的满意、控制与弹性以及内、外部成员的网络管理。此外,新型范式也偏向于强调创新、组织学习与建立企业型政府,以确保政府创造的能力;同时,依据信息技术的发展,电子政务也可以避免标准化的服务,而在个人偏好与需求下提供量身定做的服务。

除此之外,电子政务也改变了政府的组织原则,过去的政府组织强调由上而下和层级的沟通,新的范式则强调团队合作、多方向网络、当事人的直接沟通、快速的回馈圈。在网络化服务中,公民无须了解何部门应该为其事务负责,而功能化的部门结构与生产过程也将随着单一入口式的设计而消失不见(见表2-2)。

表 2-2 公共行政服务范式的转移

组织特点	官僚范式	电子政务范式
导向	成本、效率,以部门为单位、纵向的控制层次	用户满意,控制和灵活性
组织结构	功能理性,部门化、控制为主的垂直性组织	平行式组织,网络化组织,信息共享
管理原理	通过规则和命令管理	灵活的管理,具有集中、协调的部门间的团队工作
领导风格	命令和控制	促进及合作,创新的企业家
内部沟通	自上而下,层次化的	中心协调的多方向的网络,直接的沟通
外部沟通	集中化的、正式的、有限的渠道	正式和非正式、直接和快速的反馈、多渠道
服务递送方式	文档方式、人机交互	增加了电子交换,非面对面的交互
行政服务原则	标准化、公平、公正	用户定制,个性化

电子政务作为一种在线服务范式,是运用信息技术来提供政府服务的。其基本含义包括以下方面。

(1) 电子政务以公众至上和顾客导向为服务理念。电子政务并不是简单地将传统的政府管理事务原封不动地搬到因特网上,而是将信息技术与新的政府服务理念、服务范式、价值目标有机结合,对政府组织结构、业务流程进行完善和优化的结果。

(2) 电子政务以向公众提供便捷的服务与向公众提供能够获得服务的手段、便于公众对政府管理进行监督、建立和发展新的公共责任与监督机制、实现公共利益为目的。因此,电子政务不仅要着眼于提高政府管理的效能和办事效率,而且要着眼于提高服务质量,更好地服务于社会,要着眼于政府管理功能与社会服务功能的有机结合。

(3) 在电子政务服务模式下,网络和应用平台将政府部门与企业和公众有效地联系起来,打破了政府部门之间的界限,使涉及同一个业务流程运作的相关部门组合起来,进行跨部门的网络化协同办公。这样,只需要从一个多功能的入口或站点,人们就可以获得政府的各种政策信息和服务。

四、电子政务的实现是一个渐进的动态发展过程

从以上有关电子政务本质的3点阐述中,可以理解电子政务不是政府的一次或一时的创新行动,也不是一项信息技术工程项目,更不是仅仅将信息技术应用到政府的日常运作中。在政府推进电子政务建设、逐步实现电子政务的各种潜在效益的过程中,不仅需要应对并解决诸多的技术问题,而且要涉及并变革传统政府中存在的深层次的管理和组织文化问题。因此,电子政务的实现不可能是一蹴而就的,而是一个持续不断的建设、运行、维护和更新相统一的动态过程,是一个运用技术手段调整政府组织结构、再造行政业务流程的不断探索、积累和发展的实践过程。电子政务的实现过程就是运用现代科学技术力量对旧的政府管理体制、组织结构模式、业务流程、服务范式进行改革和再造的过程。

造成电子政务持续、渐进性的原因主要有以下3个。

1. 电子政务本身的复杂性和高难度

电子政务是一个随着实践发展而不断完善的新生事物,人们对于电子政务的认识也是一个不断深入的过程,需要在实践中积累和总结。电子政务的实施必然要求对原有政务体系的改革和创新,涉及原有权力和利益的调整,无论在技术上还是利益上都有相当大的难度,甚至不可避免地会受到既得利益者的抵触和反对。

2. 各种条件和资源的制约

任何国家和地区的政府在发展电子政务时总是会遇到资源条件的限制,发展中国家面临的客观条件和资源短缺问题往往更为突出,发展中国家电子政务客观环境的准备,更不是短时期内就能完成的。

3. 现阶段技术的不确定性

信息通信技术的进步本身仍处在"蜂聚期",各种新技术层出不穷,从而为实现电子政务的目标要求不断提供新的、更有力的技术手段。在这种技术飞速进步的时代,电子政务建设中的任何"一步到位"的设计思想和解决方案,显然都是不可能的。

电子政务的本质对于电子政务的持续、健康发展至关重要。它从根本上对那些将电子政务作为一种信息技术工程项目来认识和建设的错误思想进行了否定,引导政府管理

者保持清醒的头脑,坚持正确的发展方向,集中资源解决关键性问题,实现从根本上创新传统政府的使命。同时,电子政务的本质也让政府管理者能对电子政务的发展规律有明确的认识,对电子政务建设的艰巨性和长期性有充分的思想准备,既消除盲目的乐观态度,又克服畏难的悲观情绪,坚定全面、高效实现电子政务潜在效益的信心和勇气。

第三节 电子政务相关概念辨析

同电子政务相关的概念很多,它们之间既有联系,也有区别。对这些相关概念进行辨析,准确把握它们之间的联系和区别,有利于进一步清楚认识和正确理解电子政务。

一、电子政务与电子政府

电子政务和电子政府是两个最相近的概念。国内很多学者将电子政务与电子政府进行严格区分,认为:尽管它们都对应于英文 E-government,但它们不是两个对等的概念,更不能互相替代。电子政务是从政府业务角度上界定的概念,是政府和其他公共管理主体应用信息技术实现政府组织结构和工作流程优化的管理和服务。而电子政府则是全面实现了电子政务之后的政府,是现有政府机构在开展电子政务的过程中,对现有的政府组织结构和工作流程进行优化重组之后构建的新政府形态。概括而言,电子政府是电子政务建设的目标,而电子政务建设是实现电子政府的手段和途径。

本书在本质上不对电子政务和电子政府作严格区分,原因有如下 4 点。

(1) 通常,电子政务对应的英文翻译应为 E-government affairs,而不是 E-government。在我国,既然电子政务和电子政府都对应于 E-government,那么它们就不应该存在本质上的差别,否则会引起歧义。人们很难从世界各国有关 E-government 的研究和实践成果中区分出哪些内容对应于"电子政务",哪些内容对应于"电子政府"。同样,当国人在将电子政务和电子政府都翻译为 E-government 时,不能恰当地表达出它们之间的不可替代关系。

(2) E-government 关注的对象不仅仅是政府中的"政务",而是整个政府的组织和行为。所谓政务是指"关于政治方面的事务,也指国家的管理工作"。广义的政府可以定义为:某一特定政治体系内实施一切公共权力的机构,包括一国的立法、司法、行政等所有承担社会公共权力的组织和机构。E-government 不是一个新的政府存在形态,而是信息时代的一种政府治理模式。它的根本目的不仅在于处理与政府事务相关的"政务",使"政务"电子化或自动化,而且在于通过对传统"政府"的组织、流程、服务、人力、文化等多个层次的变革,最终实现"政府"再造的目标。因此,从 E-government 的起源特别是其本质特征出发,将 E-government 理解为"电子政府"可能会更为贴切。

(3) E-government 的推进是一个持续、渐进的过程,E-government 的准备度或成熟度正是反映这一渐进过程的指针。然而,在这些阶段的指针中,"电子政府"并不是 E-government 的最高阶段。将 E-government 翻译为"电子政府",并不意味着 E-government 已经全面实现,这如同将 information society 翻译为"信息社会",不等于信息社会已经完全实现一样。为了体现 E-government 的发展阶段,国外学者也通常使用 "E-government initiatives"来代表处于起步阶段的 E-government。

（4）在我国，人们习惯把政府界定为狭义的政府，即指一个国家的行政机关。根据这个定义和我国的行政体制结构，在 E-government 引入我国的初期就被确定翻译为"电子政务"。随着人们对 E-government 的实践和研究不断深入，国内已有不少学者对这个译法提出了异议。为了遵循和沿袭对 E-government 的传统翻译习惯，本书选择使用"电子政务"作为与 E-government 相对应的中文术语，但它并不意味着对"电子政府"这一译法的排除，更不意味着它们彼此具有"不可替换"的关系。

事实上，从 E-government 的兴起背景和国外近年来关于 E-government 研究的文献可以看出，将 E-government 中的"government"理解为公共部门而不只是政府部门更为合适。所谓公共部门是指以公共利益为目标的非营利性政府部门和非营利性组织，或第一部门和第三部门。国际会计师联合会(IFAC)把公共部门定义为国家政府机构、区域政府机构、地方政府机构以及相应的政府主体(如机构、团体、委员会和企业)。

需要补充说明的是，我国台湾地区和内地某些学者将 E-government 翻译为"电子化政府"。本书认为此译法形象地反映了传统政府向电子政府转变的动态渐进过程，类似于"信息社会"又被称为"信息化社会"的情形，值得提倡和推广。

案例 2-1

访新加坡资讯通信发展管理局局长邝玉华

记者：新加坡的电子政务已经有23年的经验，目前在电子政务的排行榜上居世界第二。为什么新加坡要发展电子政府而不是电子政务？

邝玉华：电子政务是一个服务，而电子政府是整个政府的体系和改革。新加坡建设电子政府，就是用IT作为催化剂加强对政府的改革，让政府更加有效率地为公众服务。因此要重塑政府，提供整合的电子服务，培养新的能力与容量，积极响应且反应迅速。让新加坡成为信息和通信的枢纽及人才的首都，就是政府的计划战略。第一个目标是枢纽，新加坡要变成全球的信息中心与核心。为此首先要将电信市场自由化，重点放在宽带、多媒体、无线电技术、网络、电子商务、软件和服务上面。要将信息和通信企业发展成为有很强大的出口能力的企业。第二个目标是提高新加坡公司和商业企业的竞争力。因此要铺设强有力的电子商务基础设施，进行数字化改革。第三个目标是提升新加坡人对电子生活的适应能力。要缩小数字鸿沟，使得每个人，无论是穷人还是有钱人，无论是年老的还是年幼的，都让他们从互联网的使用中获益。第四个目标是创造优秀的电子政府。不能按照政府部门的职责来安排流程，而是要以公众为中心，以他们的思维考虑、安排流程。

（参见：科技网，2004-11。）

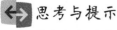 **思考与提示**

你如何解读和评判上述访谈的内容？

二、电子政府和实体政府

实体政府就是人们通常所说的"政府",电子政府是信息时代政府的治理模式。在传统政府管理下,实体政府进行的是一种有形化管理。随着信息技术在实体政府中的深入应用和开展,即电子政府的实施,实体政府的形态在一些层面上变得虚拟化和开放化。具体表现为电子政府打破了实体政府的物理边界,使政府组织结构扁平化,也使得政府为公民提供 7 天×24 小时的"一站式","无缝"服务成为可能。

电子政府的实施会迫使政府管理者对实体政府进行彻底变革。电子政府所提供的新型管理手段、新式管理平台和新的公众需求,都会深刻改变实体政府的组织结构、机构层次和运行规律,成为改善政府与公众关系的媒介和桥梁,可使政府管理过程透明、公开,与公众的交流渠道快捷、畅通,使超越时空界限的政府与公众间的联系变得更为紧密。

尽管电子政府和实体政府存在着上述显著差别,但它们不是两个彼此对立的独立体。电子政府不可能取代实体政府而独立存在,电子政府运作离不开实体政府。发展电子政府的目的不是试图以前者取代后者,建立另一个政府,而是要利用信息技术,通过持续的创新行动对实体政府进行根本性再造,建立一个"新"政府。因此,在发展电子政府的过程中,必须充分重视以实体政府的改造和创新为途径,解决好网上和网下之间同一性和差异性的问题,保证网上职能和网下职能并行不悖、合理衔接、职责清晰、权责一致。只有这样,电子政府才能真正实现。正如著名咨询公司 Gartner 所指出的:"电子政府的最高境界就是这一概念的消失。"

三、电子政务与传统政务

传统政务是在工业社会官僚体制下建立起来的政务管理模式。电子政务是以顾客为中心,以"向社会提供高效、优质的政府管理与服务"为出发点,运用信息技术杠杆,实现对传统政务改造的政务管理模式。概括地说,电子政务与传统政务有两个基本区别:一是政府自身组织结构和业务流程上的区别,二是技术手段和服务方式上的区别。技术手段上的区别是外延式的、形式的区别,而政府自身组织结构和业务流程上的区别才是内核的、根本的区别。但从长远的角度来看,电子政务和传统政务运作成功的绩效评估标准基本上应该是相同的,只不过在绩效的质量方面因为技术的发展而呈现出截然不同的状态。

传统政务与电子政务的区别如表 2-3 所示。

表 2-3 传统政务与电子政务的区别

对 比 项	传 统 政 务	电 子 政 务
政府机构存在形式	以物理实体形式存在	以网络虚拟化形式存在
政务办理方式	面对面、受空间限制	超地域性、不受空间限制
政务办理时间	有严格的时间限制	7 天×24 小时
政府组织结构	金字塔式的垂直化分层结构	网络型扁平化辐射结构
政府管理方式	政府实体性集中管理	系统程序式分权管理
政务生效标志	公章、领导签字批示等	电子签名等
政务处理程序	前后串行作业	网络化协同并行作业

续表

对 比 项	传 统 政 务	电 子 政 务
政府工作重心	以管理、审批为中心	以服务、指导为中心
政府主要议事方式	会议、文件等	网络讨论、视频会议等
政府决策参与范围	主要集中在政府内部	与外部相统一

四、电子政务与办公自动化

所谓办公自动化（office automation，OA），主要是指利用现代化的办公设备、计算机技术和通信技术来代替办公人员的手工作业，从而大幅度地提高办公效率。办公自动化既包括企业的 OA，也包括政府的 OA。企业的 OA 的关注点在于各部门活动的关联性、灵活性，与生产和销售结合，实现各部门的协作和信息共享，主要的客户群是企业；政府部门的 OA 以文件的处理为核心，事务的处理以文件为载体，与知识管理、审批系统、对外门户网站关系密切。随着信息技术的发展，办公自动化可以被看作是一种人机信息系统，为办公提供辅助，它几乎涵盖了政府机关日常办公事务处理的全部事宜。

电子政务与办公自动化的区别如表 2-4 所示。

表 2-4 电子政务与办公自动化的简单对比

对 比 项	办公自动化	电 子 政 务
业务范围	政府内部	政府与社会互动
使用者	政府公务人员	政府，公民，企业
实施目标	提高效率	改进服务，提高绩效
信息技术基础	计算机、数据库、局域网	还包括智能决策、政务协同

五、电子政务与政府上网

政府上网是指政府及其相关部门利用互联网，建立自己的门户网站，向公众发布信息，实现与企业、公众的信息沟通、交流，并实现部分公共服务事项的网上办理和查询等功能。目前，我国绝大多数县、市级以上政府都设有站点，并通过网站向社会发布信息。但多数还停留在信息发布、信息交流的水平。

电子政务与政府上网都是政府信息化的重要内容。政府网站是政府向社会提供服务的窗口，电子政务对外部公众的信息和服务项目，最终也需要通过政府网站进行发布。因此，电子政务离不开政府上网，政府上网是电子政务建设中的一个重要内容。

但电子政务并不是将传统政府原封不动地搬到网上，电子政务的含义要比政府上网宽泛得多。除了政府向社会提供公共服务事项外，政府与政府之间、政府部门与部门之间的交流、信息传递等，也都属于电子政务的范畴。另外，电子政务更强调对传统政府管理模式的创新和变革。因此，电子政务与政府上网不能同等看待。

六、电子政务与电子商务

电子商务就是以电子方式进行交易。换句话说，电子商务就是应用"电子"手段为"商务"服务,使商务活动的运作方式和实现结果产生根本性的变化。电子商务的主要模式有B2C(企业与消费者)、B2B(企业与企业)和B2G(企业与政府),其核心内容是建立以客户为中心的交流和服务体系。

显然,电子政务的实施主体是政府,而电子商务的实施主体是企业,但这并不能完全揭示电子政务与电子商务的本质区别。概括而言,电子商务和电子政务的区别主要表现在以下3个方面。

1. 实施目的不同

这是电子商务和电子政务的最根本区别。电子政务是以提高政府绩效,并提高针对社会公众的服务水平为目的;而电子商务是以赢利为目的。尽管两者都是以客户为中心为主要特征,但实质上,前者是以政府变革与创新为目标,后者则是以最大限度吸引客户为目标。

2. 主导思想不同

电子政务的重点是寻求信息技术与管理变革的有机互动,意在借助信息技术来实现政府管理创新;电子商务的重点在于寻求信息技术和企业经营模式之间的有机结合,旨在借助信息技术增强企业与商务环境的作用,拓展企业与客户间的交互通道。

3. 应用定位不同

电子政务的应用要点在于政府部门内部、跨部门和社会公众的管理和服务一体化。因此,没有政府部门的全面信息化则很难实现真正的电子政务;而电子商务的应用重点是企业的外部环境,主要目标是追求市场利润的最大化,电子商务与企业内部环境的相关性和依赖性相对较弱。

当然,政府在发展电子政务的过程中,可以借鉴电子商务的某些思想、方法和部分支撑技术,如安全技术、发布技术,更好地为公民、企业和政府提供服务。

七、电子政务与政府信息化

政府信息化是人们在日常工作中经常使用的一个概念,是相对于国民经济信息化、社会信息化、企业信息化等来使用的。政府信息化,是指为了适应信息时代的到来,运用信息技术、通信技术、网络技术以及办公自动化技术等现代信息手段,对传统政府管理和公共服务进行改造,从而大大提升政府管理的有效性,满足社会以及公众对政府公共管理与公共服务的期望和促进社会经济的发展。其实质就是工业时代的政府向信息时代的政府演变的过程,这一过程自信息技术在政府部门开始应用时就已经开始了。随着信息技术的发展,政府信息化的概念不断演化,政府信息化所包含的内容也在不断扩展。因此,如果说政府信息化强调的是全局过程,那么电子政务则是政府信息化某一阶段的具体实现。政府信息化的过程,包括各级政府机构的办公自动化,采用信息技术改造业务流程,采用电子信息装备辅助业务处理,进行政府信息规范化、数据化以及在政府形态上的信息化等。而电子政务只是推进具体政务工作电子化的过程,是实现政府信息化的一种重要手段。建设电子政务是推动政府信息化水平的一个重要举措,电子政务实际上是政府信息化发展的一个阶段。

第四节 电子政务的体系框架和基本内容

一、电子政务的体系框架

电子政务体系框架是一个集成的体系架构,不只是包含信息技术基础设施,而是体现政府中信息技术基础设施同业务流程管理的联系,包括了成功实施和管理电子政府所必需的内容和技术。

电子政务体系架构由4个层次构成(见图2-1)。每个相关层通过双向的箭头连接,体现了它们之间的逻辑连接及数据和服务的双向传输。框架的顶层代表了访问层,它用于阐明电子政务的使用者和访问电子政务的渠道。通过这些渠道,电子政务门户从不同的部门和组织集成所有的政府信息和服务,它代表了门户层。连接门户层的是电子业务层,电子业务层的目的就是操纵和集成政府内部部门间和跨政府部门的数据信息,使得政府的信息和服务实时上网。在框架的底层,电子政务的信息技术基础设施延伸到政府的各个部门,从而支持电子政务的运作,提供高效、可靠的电子政务服务。

电子政务体系框架中各个层面的详细描述如下。

1. 访问层

访问层是电子政务体系框架的最简单层次,它包括了电子政务面对的各类用户与他们用以访问政府信息和服务的渠道。电子政务的用户包括公民、企业和政府等,他们都是电子政务的利益相关者。访问渠道是电子政府的关键部分,它包括用以提供产品、服务和信息的在线与离线的渠道或分配的路线。例如,呼叫中心、互联网、服务站和面对面等。电子政务必须提供一个健全的服务渠道,保持协调,形成统一的风格,并遵从技术标准,为所有利益相关者服务,确保他们能获得相关的政府信息和服务。

2. 门户层

门户层代表了不同政府部门的信息和服务,按照"一站式"方式集成到政府门户网站中,为电子政务的利益相关者提供服务。政府的门户网站在电子政务中有关键优先权,因为它是电子政务的载体,满足了政府和公民、政府和企业、政府和员工以及政府和政府之间的信息交互。它允许用户通过使用各种可能渠道来获得所有的政府服务。它提高了对政府资源的访问效率,减少了服务处理成本并提供更高质量的服务。

门户层体现的是一个信息整合、服务整合和功能整合的概念,它是一个虚拟的、无缝的接口。只有在所有的政府部门都相互链接,并且它们的系统和流程能协调工作时才能真正实现这样一个整合的门户。

3. 电子业务层

电子业务层的焦点是利用信息技术来实现发生在政府内与政府间的流程管理、业务协同、知识分享和信息处理。它的实现为构建"一站式"的电子政务门户提供了坚实的基础,而且可以支持政府与政府、政府与员工之间的关系和交互行为。它使得无缝的、自动化的和实时的政务信息交换和服务提供成为可能,同时也代表了一种最佳的资源利用方式和服务方式。

业务流程、政府数据库系统和应用系统的整合对于电子政务的成功实施起到了关键

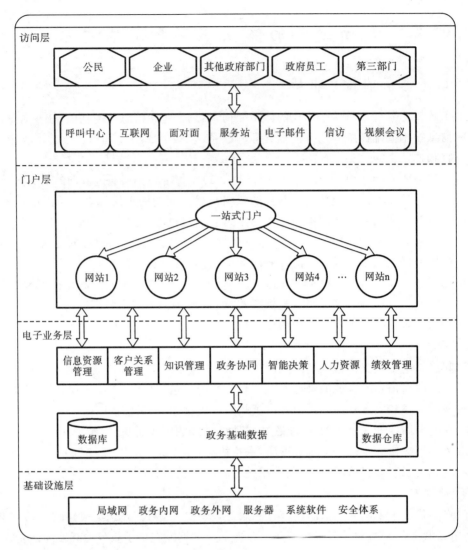

图 2-1　电子政务体系框架

作用,因为电子政务在很大程度上依赖于已有的业务流程、已有的政府数据和已有的应用系统。这种集成能够带来更简便、灵活、可靠的对数据的访问,同时能够改进组织的业务流程和运行以及政府信息资源的管理。

4. 基础设施层

基础设施层关注在提供可靠、高效的电子政府服务之前技术的支持,通过网络和基础通信设施提供所必需的标准和协议,支持并整合跨组织的电子业务层中的信息系统和应用软件的运行。

为了成功实现电子政务目标,政府必须创造出优化了的流程和管理方式,开发出能支持电子政务所必需的新的信息系统和应用软件。同时,电子政务还必须高度关注信息安全和个人隐私保护问题。这与大多数政府业务和信息技术项目相关,基础设施的安全性始终是一个最关键而未得到有效解决的问题。

二、电子政务的基本内容

政府发展电子政务应关注如下3个领域的内容:
(1) 改进政府内部业务流程,即电子行政;
(2) 连接公民,即电子公民和电子服务;
(3) 建立与社会其他组织(如企业、非营利性组织及社团组织等)的互动,即电子社会。

电子政务在这3个领域的行动目的是为了解决传统政府成本过高,效能与效率过低,过于自私(以自我为中心)和极度不方便(烦琐的手续),以及过于孤立(缺乏同外界的联系)等问题。电子政务的这3个领域所关注的是流程的改进以及降低成本。它表明电子政务的一个关键益处是可以带来政府和公民、社会之间的新的互动,从而扩大参与机会。虽然3个领域有各自的行动内容和目标,但电子政务的这3个领域在实践中互相重叠,特别是随着新连接的不断深入发展,这种重叠的情形会更加显著。

根据电子政务的3个应用领域和不同服务对象,一般将电子政务的基本内容划分为以下3类(见图2-2),即政府对政府的电子政务、政府对企业的电子政务、政府对公民的电子政务。

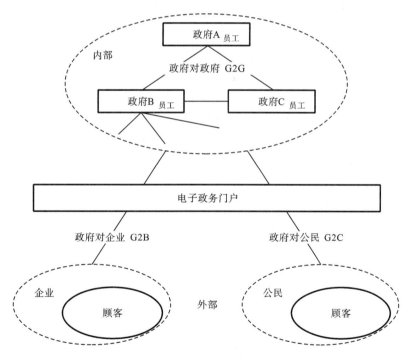

图 2-2 电子政务的基本内容

(一) 政府对政府的电子政务

政府对政府的电子政务,简称 G2G(government to government,因 2 的英文发音与 to 相似,故简写为 G2G)。G2G 是一种政府间电子政务的应用,是电子政务的基础工程,应用于 4 种具有不同工作关系的政府机关。

(1) 隶属关系。隶属关系是指同一组织系统中上下级机关之间的领导与被领导的关系。

（2）业务指导关系。业务指导关系是指同一专业系统中上下级主管业务部门之间的业务指导与被指导的关系。

（3）平行关系。平行关系是指同一组织系统中同级机关之间的关系。

（4）不相隶属关系。非同一系统中的任何机关或部门均为不相隶属的关系。

由此可见，G2G是应用于上下级政府、不同地方政府、不同政府部门之间的电子政务。也可归纳为政府机关内部的电子政务和政府机关之间的电子政务两种形式。

G2G的具体实现方式分为以下10种。

1. 政府内部办公自动化

政府内部办公自动化是指通过政府内部的办公自动化系统，帮助政府日常管理和协同办公运作，使得各政府机构在同一网络平台上传递信息、开展业务，实现协同政务、资源共享、科学决策，提高政府的作业效率和业务水平。政府内部网络办公系统可分为领导决策服务子系统、内部网站子系统、内部财务管理子系统、日常办公管理等。

2. 电子化人力资源管理

电子化人力资源管理包括电子化招聘、电子化学习、电子化沟通等内容。电子化人力资源管理的发展将对传统的、以纸质档案管理为中心的人事管理方式进行一场新的革命，对提高政府人事管理的工作效率，降低管理成本起着非常重要的作用。

3. 电子公文系统

电子公文系统是借助网络技术实现公文的流转，是公文流转的载体工作流引擎。通过电子公文流转和审批系统，传统的政府间公文的收文处理（一般包括文件的传递、签收、登记、分发、拟办、批办、承办、催办、查办、立卷、归档）和发文处理（一般包括拟稿、审核、审批、签发、会签、校对、登记、立卷、归档）就可以在保证信息安全的前提下通过数字化的方式在不同的政府部门间实现瞬时传递，从而大大提高公文处理的效率，彻底改变"公文长途旅行"现象。

4. 电子监察系统

电子监察系统是利用计算机网络等信息化手段所建立的，专门用于行政监察机关监督各行政部门行政审批实施情况的系统。其主要功能是对各行政审批事项的办理过程实施综合监察、程序监察、时限监察、收费监察、预警纠错、绩效评估等。同时具有向社会公众和企业提供各种相关信息服务的功能。

5. 电子财政管理系统

电子财政管理系统通过网络向政府主管部门、审计部门和相关机构提供分级、分部门、分寸段的政府财政预算及执行情况报告，包括从明细到汇总的财政收入、开支、拨付款数据以及相关的文字说明和图表，便于相关部门与领导及时掌握和监控财政状况。

6. 电子培训系统

电子培训（E-learning）系统克服了传统培训的缺点，降低了培训成本，提高了培训的针对性和灵活性。电子化培训可以借助网络随时随地注册参加各类培训课程和考试等，为打造知识型政府、学习型政府奠定良好的基础。

7. 纵向层次网络管理系统

纵向层次网络管理系统适用于一些垂直管理的政府机构，如国家税务系统、海关、国土资源等部门通过组建本系统的内部网络,形成垂直的网络化管理系统,以实现统一决策,分层控制和实施,以及信息实时共享,提高系统的整体决策水平和反应速度。

8. 横向网络管理系统

横向网络管理系统通过网络在政府不同部门、不同地区之间进行横向业务协调来实现政府的有效管理。它的目的主要是通过网络的应用,使原本分散在不同部门、不同地区的决策信息做到有机集成,为不同决策者所共享,减少部门间、地区间的相互扯皮现象,提高决策的准确性和作业效率。

9. 网络业绩评价系统

网络业绩评价系统利用网络技术构筑业绩考评体系,既对业绩考评的各项指标进行量化考核,又通过网络实现远程考评,与此同时还可实现员工之间的横向比较以及不同时期的纵向比较,使得考评方式更加科学、公平与公正。网络业绩考评系统可按照设定的任务目标、工作标准和完成情况对政府各部门以及每一员工的业绩进行科学的测量和公正的评估,以取得良好的激励与约束效果。

10. 城市网络管理系统

城市网络管理系统的主要应用有以下几个方面:

(1) 对城市供水、供电、供气、供暖等城市要害部门实行网络化控制与监管;

(2) 对城市交通、公安、消防、环保等部门实行网络统一化调度与监管,提高管理的效率与水平;

(3) 对各种突发事件和灾难实施网络一体化管理与跟踪,提高城市应对突发事件的能力。

案例 2-2

美国电子政务的内容

在电子政务的发展中,处于领先地位的美国联邦政府将电子政务划分为4个领域(见表2-5):政府到公民(G2C)、政府到企业(G2B)、政府到政府(G2G)、内部效率和效能(IEE)。该划分既体现了布什政府实施电子政务计划的目的,既促进外部公共服务和内部组织管理,又明确地指明了电子政务的内涵。在这四个领域中,政府到公民的目的就是改变公民同政府的行为方式,为公民提供一站式、7×24的、方便快捷的无缝服务,其主要目标是使政府的服务递送更加有效率。政府到企业的目的就是除具备政府到公民的功能以外,更加注重减少企业的负担,推动企业同政府的数字化交流,促进经济发展。政府到政府的目的就是加强政府同政府、政府同非政府组织之间的合作和沟通,使政府间更易于协同工作,更好地服务公民。电子政务应该确保政府自身全面参与到这个根本性的转变中。内部效率和效能领域的目的就是实现内部流程现代化、行政效率和效能最大化,营造符合电子政务发展要求的组织文化氛围。它重视应用企业的最佳实践经验来提高政府运作效率,通过采纳企业相关领域的最佳实践经验,例如供应链管理、财务管理、知识管理和业务流程再造等,政府机构可提高效率和效能,消除业务处理中的拖延,增加员工的满意度。在很多情况下,电子政务更像一个统一的网络化组织。

表 2-5　美国政府电子政务的内容描述

政府对公民(G2C)	政府对企业(G2B)
目标:为公民提供一站式、方便、快捷、无缝的信息和服务 内容: (1) 公民能够找到信息和服务,而不用知道政府内部的组织情况或由哪个部门承担 (2) 公民能够以多种方式同政府联系,包括在线的方式和传统的渠道,例如在电话、办公室中面对面地交谈 (3) 公民能在任何地方、任何时间使用在线服务 (4) 公民能以最小的成本获得最优的服务 (5) 公民的隐私得到充分的保护和尊重 (6) 重视将公民包含到政府决策中	目标:更加注重减少企业负担,推动企业同政府的数字化交流,促进经济发展 内容: (1) 减少企业负担 (2) 降低交易成本 (3) 制定最简化的服务遵从条款 (4) 及时进行数据交换和共享 (5) 促进企业的投资和发展 (6) 加强同企业的联盟和合作
政府对政府(G2G)	内部效率和效能(IEE)
目标:使政府间更易于协同工作,更好地服务公民 内容: (1) 同级政府间更好地协调和合作 (2) 上下级政府间更好地沟通和协作 (3) 业务和信息的横向与纵向整合 (4) 统一的身份认证 (5) 虚拟政府模式	目标:内部流程现代化、行政效率和效能最大化,形成新的管理和行为方式 内容: (1) 更大的责任和透明度 (2) 以公民为中心的政府业务流程再造 (3) 组织结构优化和扁平化发展 (4) 政策和法律框架的制定 (5) 政府员工培训计划的增强 (6) 新观念和注重沟通、创新的组织文化的建立

⇄ 思考与提示

在描述电子政务的内容时,美国政府为什么将内部效率和效能作为一个单独的领域进行强调和阐述?

■ (二) 政府对企业的电子政务

政府对企业的电子政务,简称为 G2B(government to business)。政府可以通过 G2B 的电子网络系统高效、快捷地为企业提供各种管理、服务和政府采购。G2B 覆盖了从企业诞生、执照办理、工商管理、纳税到企业停业破产整个企业生命周期的信息配套服务。

对政府来说,G2B电子政务的内容主要包括电子采购与招标、电子税务、电子执照与证件办理、信息咨询服务、中小企业电子服务等。

1. 政府电子化采购

政府电子化采购主要是通过网络面向全球范围发布政府采购商品和服务的各种信息,为国内外企业提供平等的机会,特别是广大中小企业可以借此参与到政府采购中来,从而赢得更多的发展机会,同时还可减少政府和企业的招投标成本,缩短招投标的时间。

2. 电子税务系统

电子税务系统使企业通过政府税务网络系统,在家里或企业办公室就能完成税务登记、税务申报、税款划拨,以及查询税收公报、了解税收政策等业务,既方便了企业,也减少了政府的开支。

3. 电子工商行政管理系统

电子工商行政管理系统使企业营业执照的申请、受理、审核、发放、年检、登记项目变更、核销,以及其他相关证件如统计证、土地和房产证、建筑许可证、环境评估报告等的申请和变更均可通过网络实现,电子工商行政管理的实施将使传统的工商行政管理工作产生质的飞跃。

4. 电子外经贸管理

外经贸管理电子化已成为一种新的趋势,如进出口配额许可证的网上发放、海关报关手续的网上办理以及网上结汇等已在我国外经贸管理中应用。

5. 中小企业电子化服务

政府利用宏观管理优势,借助网络,为提高中小企业的国际竞争力和知名度提供各种帮助,进而帮助和促进中小企业的发展。

(三)政府对公民的电子政务

政府对公民的电子政务,简称为G2C(government to citizen)。G2C是政府通过电子网络系统为公民提供从出生、入学、就业、社会保障、死亡等整个生命周期中的各种信息配套服务。G2C电子政务的主要内容包括公共信息服务、教育培训服务、就业服务、电子医疗服务、社会保障服务、民主参与等。

政府为公民提供的典型服务有以下内容。

1. 公共信息服务

公民可以通过政府网站快速地查询到国家和政府的有关法律法规、规章或政策性文件,了解有关政务活动情况和进展。如关于要出台的某项政策(如火车票涨价)的社会各界发表的意见、建议及政策制定进展,又如某个被选举人的背景材料、群众评议意见,报刊、图书的查询、阅览,等等。各种社会经济统计指标、地区经济发展状况等一般都在政府网站提供的信息服务之列。

2. 教育培训服务

建立全国性的政府教育平台,资助学校、图书馆接入互联网和政府教育平台,为公民提供各种教育与培训信息,并开展各种网上教育与科目培训。

3. 就业服务

政府通过网站提供就业信息(如各种招聘和求职信息),开展网上就业培训,分析就业形势,开展就业咨询与择业指导服务。

4. 电子医疗服务

公民可以通过政府网站查询各种医疗机构的信息(级别、特长、执业医师的资格、业务情况),并可以在网上进行医学咨询和就医(挂号、住院)预约,查询各种药品的成分、功效、试验数据、使用方法、价位,查询个人医疗保险账户余额和当地公共医疗账户情况等。

5. 社会保障服务

公民可以通过政府网站了解国家和当地社会保障政策,申请失业、最低生活保障线等各类补助,查询自己的养老、失业、伤残、医疗等社会保险账户的明细情况,办理各种有关社会保险的赔偿手续。

6. 民政及证件服务

政府网站可提供如网上出生、死亡登记,结婚登记,迁徙和户口管理,车辆登记,驾照发放,以及各种证件(身份证,毕业证,学位证,工作证)的管理和防伪服务等。

7. 民主参与

公民可以通过网络发表对政府有关部门和相关工作的看法,参与相关政策、法规的制定,还可直接向政府有关部门的领导发送电子邮件,对某一具体问题提出意见和建议。电子民主有助于提高选举工作的透明度和效率。

总之,G2C 能通过电子网络系统为公民提供各种服务,提高政务信息的公开性、政府活动的透明性,有利于公民的民主参与和有效监督,促使公务员廉洁自律。

案例 2-3

建好"立交桥",打通"断头路"

在静安区临汾路街道社区事务受理服务中心,市民何女士正通过大厅中的自助服务一体机自助填单:"打印社保单、办理护照签证这些事,原本要跑不同单位,现在只要来这里动动机器就好了!"不仅如此,事项的办理状态还将通过短信推送到她的手机。

近年来,随着上海"互联网+政务服务"工作的深入推进,政务服务智能化水平不断提升,企业和群众办事也更方便、更快捷、更有效率。

1. 电子政务总体水平居全国前列

上海在电子政务领域起步较早,已率先建成了法人、人口、空间地理三大基础数据库。从 2010 年起,"中国上海"门户网站还开通了市级网上政务大厅。各政府部门推进电子政务应用的积极性也很高,在原有工作实践中开展了部分移动端服务的尝试。

连续多年来,上海市政府将"互联网+政务服务"列为重点工作持续推进,先后出台《全面推进政务公开工作的实施意见》、《上海市落实〈国务院关于加快推进"互联网+政务服务"工作的指导意见〉工作方案》等,对照国家要求,结合本市实际,提出具体工作目标和任务。2017 年 8 月,上海市成立了市政务公开与"互联网+政务服务"领导小组,将两项工作统筹推进并成立领导小组,为省级政府层面首创。

目前,上海市已基本形成了"一网(政务外网)、一云(电子政务云)、一窗(网上政务大厅)、三库(人口、法人、空间地理信息库)、N平台、多渠道"的支撑体系,"互联网+政务服务"工作总体水平居全国前列。

2. 多部门协同推进一站式平台

作为本市网上政务服务"单一窗口",网上政务大厅已基本实现网上政务大厅与区行政服务中心、街镇社区事务受理服务中心的三级联动。目前,市级网上政务大厅已有100个审批事项实现"全程网上办理",各区级政务大厅共有700多个审批事项实现"全程网上办理",自2015年11月上线以来,已累计网上办理事项1000多万件。市民可通过包括身份证、手机号、银行卡、支付宝、eID、社保卡、公积金账号、人脸识别等11种线上认证方式,以及社区事务受理中心、社保中心的线下认证方式进行身份验证,经过一次认证实现政府办事的一次注册、跨部门使用。

效能提升的背后,是不同部门协同发力的"组合拳"。2017年1月,面向市民的一站式"互联网+"公共服务平台建设被列为上海市政府实事项目,明确由上海市经信委牵头,8家单位共同配合的推进方式。如今,通过"市民云"的服务汇集分类,政务应用改为以服务分类而非早前以政府部门分类的模式。截至8月31日,已实现72项应用,包括在线查询市民个人医保金、公积金、养老金等功能,还接入了公交到站查询、水电煤缴费、个税申报等多项内容,实名注册用户数已达712万人。接下来,"市民云"还将有个人健康档案、医院预约挂号、个人居住证积分估算、交通违章网上缴费、医保网上缴费、社区事务预约等40多项应用上线服务。上海市公安局升级改造网上政务平台,通过推进用户统一身份认证体系建设,实现网上办事"一次认证、全网通行"。

3. 法制保障、共享协同等难点待破

根据国家行政学院6月20日发布的《省级政府网上政务服务能力评估报告》,上海总体排名第四。在"服务方式完备度"上,上海排名第五;在"服务事项覆盖度"上,上海排名第十一。一些瓶颈问题仍有待破解。

上海市政府办公厅相关负责人表示,下一步,上海将重点在规范标准、法制保障、共享协同等难点问题上实现突破:落实数据共享开放机制,逐步实现"云数联动";提升网上服务能级,推进跨部门、跨区域、跨层级协同办理和流程优化,进一步增加"零上门"、"一次上门"等政务服务事项的数量;同时加快推进重点项目实施,争取在2017年年底前形成市、区、街(镇)三级一体化的线上线下联动统一预约服务模式。

(资料来源:《解放日报》,2017年9月。)

思考与提示

电子政务服务体系应该包含哪些内容?

本章重要概念

电子政务(E-government)　　治理(governance)
政府对政府的电子政务(G2G)　　政府对企业的电子政务(G2B)
政府对公民的电子政务(G2C)

本章思考题

1. 请说明电子政务的组成及其相互关系。
2. 请阐述电子政务的本质。
3. 请举例说明电子政务的主要内容。

本章推荐阅读书目

1. 格罗伦德. 电子政府:设计、应用和管理[M]. 陈君,等,译. 北京:清华大学出版社,2006.
2. 李习彬. 电子政务与政府管理创新[M]. 北京:科学出版社,2006.
3. 蔡立辉. 电子政务——信息时代的政府再造[M]. 北京:中国社会科学出版社,2006.
4. 王浦劬,臧雷振. 治理理论与实践:经典议题研究新解[M]. 北京:中央编译出版社,2017.
5. 蔡立辉. 信息化时代的大都市政府及其治理能力现代化研究[M]. 北京:人民出版社,2017.

第三章
电子政务的发展理论

——本章导言——

电子政务发展的一般模式是从发达国家各自独具特色的电子政务实践中总结归纳出来的用于指导电子政务实践的依据。电子政务发展障碍是阻碍电子政务发展的客观存在的各种制约因素,它决定了电子政务是一个持续、渐进的分阶段发展过程。电子政务的发展过程实质上是信息技术价值的发挥过程,但信息技术的价值不在其本身,而在于其同组织和业务结合的程度。政府CIO制度是与电子政务发展相适应的保证信息技术杠杆和战略作用的关键制度,信息技术外包是克服发展中的诸多障碍、实现发展目标的重要途径。本章将重点介绍电子政务的发展模式、发展障碍、发展阶段,以及信息技术的价值实现与外包。

■ 第一节 电子政务发展的一般模式

"模式"一词在《现代汉语词典(第6版)》中的解释是:"某种事物的标准形式或使人可以照着做的标准样式。"电子政务的发展模式是指导电子政务实践的依据。

当前,不同国家和地区正在纷纷采取措施,积极推进电子政务的发展。他们在电子政务发展上通行的做法有:制定出各自发展电子政务的愿景与战略;确定推进电子政务的重点与优先顺序;做出相应的组织安排,甚至新建相关的领导机构;提出有关的政策,甚至通过新的法律法规;为电子政务发展做出安排并相应投入资源等。这些措施,不仅涉及政府对信息通信技术的应用,而且在一些国家和地区,还涉及改造和整合政府流程,以及改进电子政务发展所需的环境。

然而,各国的电子政务发展模式不尽相同。电子政务发展形成不同的模式,既有客观原因,也有主观因素。

从客观因素上讲,电子政务的发展显然不能脱离一个国家或地区现有的经济文化条件。其中,经济要素作为行政环境的首要因素,对电子政务的发展水平具有决定性影响。沟通网络、创新基础和人力资源的水平也对电子政务的发展起重要的影响作用。

从主观因素上讲,不同国家、不同地区面对电子政务采取的态度会有所不同。面对电子政务,不同国家和地区的政府提出不同的发展愿景和目标,这不仅可以理解,而且值得肯定。进一步地说,即使有些国家和地区在电子政务建设上提出大致相似的愿景和目标,由于它们在具体策略上的优先顺序选择的不同,加上其他各种不同因素的作用,结果也会带来电子政务实施及其绩效的差异。

在各国电子政务的通行做法的基础上,归纳出电子政务的一般发展模式,有利于形成更为科学和积极稳妥的电子政务策略,避免走别人走过的弯路,从而加快电子政务的建设步伐,提高成功率。

一、电子政务战略与愿景

电子政务战略是实现电子政务行动的基础。它必须是全面的和整体性的,能最有效地服务于信息时代政府转变的需求。不同的政府在不同的时期确定的电子政务战略不尽相同,一般而言,电子政务战略包括以下几个方面的内容。

(1) 定义。电子政务实施者对电子政务的清晰认识,其中包括拟解决的关键问题和准备包含的利益相关者。

(2) 愿景。简洁表达电子政务观念和计划。

(3) 目标。明确的目标,便于检测和评估。

(4) 政策。支持电子政务发展所必需的政策。

(5) 方法。确定组织就绪状态的方法。

(6) 流程。识别和优先电子政务项目的流程。

(7) 模型。支撑电子政务发展行动的业务模型。

一个典型的电子政务战略通常被描述为:"以公民为中心,利用信息技术实现政府转型。"它的基本立意是:按传统政府部门设置实现政务流程的政府结构和运作模式,具有条块分割的基本特征;这种传统的政府结构和政务运作模式不仅会带来效率低和成本高的问题,而且不符合"以公民为中心"的要求,因此需要改革;电子政务有助于政府以技术进步为手段,推进和实现从"以政府自身为中心"向"以公民为中心"转型。因此,电子政务不能建立在原有政务流程的基础之上,必须与政府再造结合起来。这可以说是各国和各地区"以公民为中心"电子政务发展战略的共同出发点。

然而,不同国家和地区提出的"以公民为中心"的战略实际上服务于并不完全一致的发展愿景。在发达国家和发展中国家之间存在较为明显的差异,在电子政务发展最为领先的国家之间也有差别。比如,美国、新加坡、加拿大在强调"以公民为中心"发展电子政务时,战略的侧重点都带有自己的特色。小布什政府"以公民为中心"的电子政务战略的核心是与降低政府运行成本、提高政府效率和有效性的愿景密切关联或为之服务的;加拿大非常关注网络化政府服务的发展及其在世界上的领先性,使加拿大成为世界各国中最面向公民的网络化政府;新加坡电子政务战略愿景的特点是更强调电子政务服务于本国提升区域竞争和全球竞争地位的战略需要,推动本土企业参与国际竞争。

一份对中欧国家电子政务的测评报告显示,不同国家电子政务战略愿景的差异,与其电子政务发展程度密切相关。总体而言,虽然所有的中欧国家政府都在某种程度上追求政府转变的目标,但实际上存在明显差别。一般来说,电子政务比较领先的欧洲国家,无论出于改进政府治理或加入欧盟的考虑,都较早确定了清晰的电子政务战略;相反,行动较慢的地区缺乏愿景和战略思考。

二、优先顺序与发展重点

由于各国发展状况不平衡,每个国家选择发展电子政务的优先顺序与战略重点也不同,从而显示出不同的发展路径。各国在电子政务优先顺序和战略重点方面的主要差异首先表现为电子政务与国家宏观战略衔接的不同或电子政务本身在信息化乃至整个国家发展战略中的地位不同。这主要是因为各国各地区在经济、政治和社会发展中,面临着各自不同的急需解决的问题。例如,在许多发展水平较低的国家,政治领导人不得不花更大的精力和配置更多的资源去应对诸如食品、饮用水乃至内乱、民族冲突等经济与政治发展中更为紧迫的问题。电子政务的任务即使被提出来,也不可能摆在较优先的战略位置。其次,表现在电子政务建设是否具有非常具体的行动计划。从提出电子政务的战略,到形成行动计划的基本框架,再到选择确定具体的重点项目,是将愿景转变为现实的必经之路。一些国家虽然提出了电子政务的总体目标,但是缺少配套的具体安排。三是表现在是否具有清晰的路线设计,在把近期和中远期的发展衔接的原则指导下,确定当前优先发展的重点。

2004年发表的一项研究成果,综合了部分国家对电子政务的重点项目所作的不同选择(见表3-1)。

表 3-1 部分国家电子政务战略项目一览

电子政务重点项目	数 目
政府对政府的项目	
跨政府部门的内联门户	2
电子采购	3
电子支付/电子记账	2
不同政府部门间的城域网互联	4
档案与文件的在线管理	4
合计	15
政府对企业和政府对公民的项目	
电子商务	4
电子填报	1
信息检索系统/政府数据库或档案接入	5
电子卫生保健	1
一站式政府服务	5
其他 G2B 项目	2
其他 G2C 项目	3
合计	21
政府对内部雇员的项目	
电子招募	1
电子学习	2
远程办公,智能卡应用	1
合计	4
其他有关项目	
安全电子环境	4
残疾人服务	3
促进与私人部门合作	4
其他电子数据交换项目	2

研究者虽然没有一一列出该研究涉及了哪些国家,但指出了这些国家"有的已经拥有先进的信息技术部门,另一些还处于设计发展日程和确定战略投资组合的阶段"。由表3-1可以看到,不同国家选择的电子政务项目总体上较为分散,相对而言,选择政府在线信息检索系统、一站式政府服务、政府部门间互联、档案文件在线管理、电子采购、安全电子环境和促进与私人部门合作等项目的国家相对较多。

一般来说,发展中国家与发达国家在确定电子政务优先顺序和重点领域时往往会有不同的选择。发展中国家信息基础设施的短缺和接入网络的普及率较低,不仅会影响电子政务的发展和应用,而且可能会造成新的数字鸿沟。除了信息基础设施和接入条件的制约外,网上数字化的政务信息资源和政务应用系统的水平,以及各类人员掌握和应用电子政务所需的技能等,也是发展中国家启动电子政务战略时需要重点考虑解决的问题。

相对而言,发达国家在良好的信息基础设施和具备较为普及的互联网接入条件的基础上,在解决政府上网问题或电子政务"前台"系统方面进展比较顺利。在基本解决了电子政务"前台"系统的问题后,发达国家电子政务的重点领域多数已开始转向政府不同部门的业务流程梳理和整合,即电子政务的"后台"系统改造上。

案例 3-1

湖北省 2014 年电子政务处工作要点

2014年,电子政务工作的指导思想为:认真贯彻落实党的十八大和党的十八届三中全会精神,以电子政务科学发展为主题,以深化应用和注重成效为主线,以改革创新的思想理念和方法,不断创新电子政务服务手段、服务内容、服务方式,深化新的信息技术在政务服务中的应用,巩固和提升我省电子政务水平,为我省各级党政机关和广大人民群众提供专业化、高效率、综合性的电子政务服务,形成统筹协调、管理规范、运转有序、服务良好、保障有力的电子政务发展新格局。根据该指导思想,电子政务处年内组织以下几项工作,并总结推广电子政务创新为民服务的做法和经验。

一、全力以赴推进"行政权力阳光运行系统(一库四平台)"建设工作

根据省纪委、省监察厅(现监察委员会)要求,按照《湖北省行政权力阳光运行系统(一库四平台)建设工作方案》,切实组织协调好"一库四平台"建设工作,有计划、分步骤、分层次推进项目建设。2014年6月完成"一库四平台"项目招标和系统开发工作,制定运行规则和管理办法;6—11月进行系统试运行,开展应用培训,完善系统;12月完成系统建设工作,开展"一库四平台"在全省全面推广、应用、运行;同时,总结系统建设应用成果,组织对项目进行预验收和竣工验收,并移交相关部门管理和维护。实现网上政务公开、协同办公、监察监控三大功能,满足社会公众知情办事、行政机关高效办公、各级领导科学决策、监察和法制部门实时有效监督等四大需求,构建全省行政权力阳光透明运行、网上协同办公、全程监督监察、绩效考核评价、政务及时公开、廉洁高效服务的电子政务系统。

二、不断提升省电子政务外网平台的能力和水平

一方面,不断完善电子政务信息安全应急处置预案,抓好灾难备份建设,增强我省电子政务信息基础设施和重要应用系统的抗毁能力和灾难恢复能力,建立省电子政务数据灾难备份基础设施。2014年一季度完成省电子政务一期工程相关项目(集中存储和容灾备份、身份认证体系等项目)建设工作,二季度组织做好省电子政务一期工程竣工验收工作。另一方面,强化服务意识,创新服务模式,完善服务体系,不断提升服务质量,规范电子政务外网运行维护单位工作制度。2014年二季度启动检查考核省电子政务中心、省电信、省移动、省广电对全省电子政务外网平台运行保障情况,保证省电子政务外网平台安全、稳定运行,为全省各市州、各部门的业务系统提供网络服务,为各级政务部门履行职能提供服务,为面向公众、服务民生的业务应用系统以及政务信息资源的开放共享提供信息支持,切实提高省电子政务外网整体服务水平。

三、强化信息资源共享,深化电子政务应用

首先,加快推动重要政务应用发展,特别是跨部门跨行业的业务协同应用,强化政务信息资源开发利用,推动信息共享和政务信息资源社会化利用;加强保障和改善民生应用,促进基本公共服务体系建设发展。其次,促进新技术在电子政务项目中的应用。鼓励在电子政务项目中采用云计算、物联网、大数据、下一代互联网、绿色节能、模拟仿真等新技术,推动新技术在电子政务项目建设中的广泛应用。再者,围绕促进跨部门、跨行业信息资源共享及注重实效的要求,2014年一季度启动近几年来审核批复的省直部门电子政务项目整理工作,按照各部门项目申报方案,开展近几年省直部门电子政务审核项目建设成效检查工作,注重项目建设实效。最后,把握电子政务发展方向和应用重点,根据深化应用的需求,统筹谋划和适时启动电子政务重点应用系统建设。

四、做好全省电子政务全局指导和协调工作

首先,进一步贯彻落实国家和我省电子政务"十二五"规划,2014年1—6月,开展《湖北省电子政务"十二五"发展规划》落实情况中期评估工作。检查地方和部门的贯彻实施情况,推进"信息强政",推动我省电子政务工作迈上新台阶。其次,积极深入地开展调研工作。2014年1—6月,深入部门和地方了解电子政务发展水平,总结、宣传和推广创新电子政务为民服务的做法和经验,鼓励采用服务外包、项目代建等专业化和市场化方式,探索项目建设和运维的新机制、新模式,提升专业化水平和服务质量。再者,围绕电子政务如何改善和增强政务部门的管理能力、决策能力、应急处理能力和公共服务能力,研究和思考全省电子政务发展重大问题,提请省电子政务工作领导小组适时召开专题会议研究,进一步推进全省电子政务工作。最后,进一步提升电子政务工作水平。2014年第三季度,开展学习培训和交流活动,学习、借鉴先进省(区、市)工作经验,组织市州和省直部门开展电子政务的培训、学习考察和经验交流活动。

(参见：中国电子政务网,2014年3月)

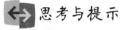
思考与提示
影响电子政务优先级的因素有哪些？

三、领导力与组织

政府领导力及组织机构是实现电子政务战略和愿景的重要保障。从世界各国电子政务的发展模式整体来看，电子政务的领导力及组织机构呈现出以下几个方面的特征。

(1) 政府战略与政策的决策机构。有的设置在政府首脑机关,有的设置在部一级;有的在不同机构分工决策的基础上常设更高层跨部门决策机构综合决策,有的还在此高层综合决策机构内增设电子政务的专门机构。

(2) 推进实施与部门协调机构。电子政务的实施主体必然涉及政府各部门和公共机构,然而,政府高层需担负推进各部门实施和协调各部门行动的责任。常见模式是,推进实施与部门协调功能由某些高层机构兼任,其中,有的是由原有综合机构担任,有的成立了跨部门的新机构,有的还把推进实施、协调与预算分配统一起来,以强化推进与协调的力度。

(3) 顾问咨询与社会参与机构。从由跨政府部门、私营部门、社会团体和专家组成的各级正式的战略顾问机构,到侧重于技术、信息内容、安全、行政改革等专门问题的咨询机构,直至组织较为松散的各类"论坛",各国的模式更加多样而且可以综合采用。

(4) 政府首席信息官(CIO)制度。在不同国家电子政务的推进中处于不同地位,起着不同作用。以澳大利亚政府为例,澳大利亚政府认为电子政务成功的关键是政府的主导和政府各部门之间的协调。没有政府的主导,可能只有电子没有政务;没有部门间的协调,恐怕只能建立一些"信息孤岛"。为此,澳大利亚政府建立健全了电子政务建设的战略管理机构、组织协调机构和办事机构,以确保电子政务建设的顺利实施。这些机构分别是在线服务委员会(Online Council)、联邦政府信息管理战略委员会(IMSC)、联邦政府首席信息官委员会(CIOC)和联邦政府信息管理办公室(AGIMO)。在线服务委员会是澳大利亚跨联邦、州和地方政府开展咨询和协调工作的组织,主要任务是保障澳大利亚电子政务建设的协调一致发展。联邦政府信息管理战略委员会是澳大利亚电子政务建设的战略管理机构,负责制定统一的电子政务管理政策,领导政府在信息网络技术领域的投资、研发和建设工作,为内阁提供咨询意见。联邦政府信息管理战略委员会主席由财政和行政管理部部长兼任,成员包括总理内阁部、国防部、信息通信技术部和艺术部等11个政府部门的最高行政首长。联邦政府首席信息官委员会是电子政务建设的组织协调机构,主要负责公布信息管理战略委员会确定的优先项目,指导信息网络技术在政府部门的推广应用,确定发展战略问题。首席信息官委员会向信息战略委员会汇报工作。联邦政府信息管理办公室受联邦政府首席信息官领导,负责提出电子政务发展的意见和建议,落实信息管理战略委员会的决定事项。其具体职责包括领导和管理政府部门的信息网络技术项目,管理政府在线和电子政务服务相关事务,促进政府部门信息服务和应用等方面的合作等内容。

四、电子政务立法

电子政务立法是发展电子政务的关键要素,通过立法来保障及促进电子政务的发展已经成为各国的共识。从近几年国际国内电子政务发端与发展的轨迹不难看出,政策、纲要、发展规划和法律法规往往在电子政务的发展中起着极其重要的引导和创造先决条件的作用。重视电子政务必须从创造良好的电子政务政策法律环境入手,电子政务的启动、发展、普及等过程都需要有科学、合理、有力、有益的政策环境激励和法律法规规范。

在电子政务发展模式中,电子政务立法主要体现在两个方面:一是有没有电子政务的专门立法,二是已有的法律法规对电子政务建设与应用相关的覆盖范围如何。纵览当前各国电子政务立法的情况,各国根据各自的国情分别采取了不同的立法策略。如美国和韩国,出台了《电子政务法》的单行法,以专门规范与调整电子政务法律关系;日本则出台《高度信息通信网络社会形成基本法(IT 基本法)》,对信息化社会事业的推进及其相关法律关系进行了宏观的规范与调整,并同时就电子政务法律关系附之以大量的微观立法活动来规范与调整电子政务法律关系。电子政务法作为国家法律体系的一个必不可少的重要组成部分,将对本国电子政务的规范及加速发展起到关键作用。

电子政务立法的重要性可以从美国的电子政务实践中予以印证。美国电子政务的全面实施,有着强有力的立法背景。近些年来,美国出台了一系列的法律和文件,其中包括以信息为主要内容的《电子信息自由法案》、《公共信息准则》、《削减文书法》、《消费者与投资者获取信息法》等,此外还有属于信息安全立法(如《网上电子安全法案》)、促进基础设施建设的立法(如《1996 年电信法》)、有关电子商务与网络知识产权的立法(如《统一电子交易法》)以及一些政策性文件(如《国家信息基础设施行动议程》与《全球电子商务政策框架》),构成了电子政务的法律基础和框架。专家指出,美国的这些法律在法律体系中所扮演的角色不同:信息立法是电子政务立法的主要内容,信息安全立法是电子政务立法的重点,促进基础设施建设的立法是电子政务立法的基础,而电子商务与网络知识产权的立法则是电子政务立法的必要补充。

一般而言,电子政务的立法工作应涉及以下方面的内容。

(1) 电子政务的定义、目的、意义、标准化,以及政府机关和公务员的职责。

(2) 为实现电子政务应进行的工作及电子政务的运营原则,包括国民及企业的便利,政府业务流程的改革,业务的电子处理规范,政府机关信息的公开,行政机关对电子政务的确认责任,促进政府服务及信息的公共利用,个人信息的保护,技术开发、维护的外包等。

(3) 行政事务及其管理的电子化,包括电子文书的制作及成立,电子文书的到达及发送时间,电子官印的认证,行政信息共同利用和标准化,信息通信网的构筑及保护,通过信息通信网开展业务或者召开会议,远距离工作,信息化教育等。

(4) 政府服务的电子化,包括电子申请的受理,行政信息的电子提供,缴纳手续费等。

(5) 政务文书业务的削减,包括纸质文书的削减计划等的设立,业绩电子公示,文书削减委员会的设置等。

(6) 电子信息事业的推进,包括中长期电子政务事业计划,成果评价,模范事业的推进,优秀系统的普及、扩散,信息化促进基金的支援,信息化组织的设立等。

(7) 对发展电子政务过程中违法、犯罪行为的民事、行政和刑事法律责任的追究等。

我国电子政务立法的现状和困境如下。

(1) 法律的位阶层次低。从我国电子政务立法的整体情况来看,虽然我国已颁布了许多与电子政务建设相关的法律、法规与规章,但实施成效与国外相比,其法治化水平仍不高。目前,我国的电子政务立法仍处于起步、探索阶段,一部纲领性的《电子政务法》尚未出台,而各部门的立法工作还有待加强。具体问题表现在:首先,在已出台的立法规范中,"规章"仍然占绝大多数,而法律位阶层次与效力等级较高的法规仍未出台;其次,电子政务立法不平衡,缺位现象比较严重。从已颁布的法律、法规来看,很多都是针对网络安全的,而且立法层级不高,缺乏统一的纲领性规范。同时,缺乏有效的立法规划。

(2) 立法分散。我国的立法模式属于分散性立法模式,这一立法模式的缺陷在于法律环境适用复杂。尤其是在我国这种特定的社会环境中,分散性的立法模式缺陷尤其显得突出。因为在我国,目前大多数关于电子政务的法律规范都是部门立法,法律的效力等级不高,缺乏统一的立法标准及原则。这样就会在实际操作过程中出现法律冲突的现象,继而导致电子政务的特征不明显,实施效果受到限制。例如,虽然我国已制定了《电子政务标准》,但它仅仅只是一个标准框架,由于原则化语言过多,而确定性的实施程序及规范较少,可操作性和检验性较差,因此,全国各省市的电子政务建设目前仍处于各自为政的状态。这样一来,就不利于政府部门之间信息的互联互通,政务资源也得不到有效的利用与共享。同时,还会降低政府部门之间的协作性与安全可靠性,不利于改进政府管理方式、提高行政效率。

(3) 隐私权保护的立法缺失。政务公开要求政府职能部门将收集、储存及分析的信息及时公之于众,以保障公民的知情权。然而,由于电子政务本身所具有的特点,在具体的操作环节中,一些政府部门收集、存储、利用、披露个人信息时,就有可能侵害公民的隐私权。而且,这种侵害往往与政府的管理职能、管理行为联系在一起,因此,在认定其是否真正具有侵权性质时,就存在一定困难,控制和防范此类行为也有较大阻力。反观我国现行法律,对个人隐私的具体界定及保护等问题,都尚未给出明确规定,缺乏一部专门的隐私权保护法,这也是目前制约电子政务快速发展的一大瓶颈。尽管一些单行法规与规范性文件涉及隐私权保护的问题,但从总体上看,其效力等级普遍较低,多为行政部门发布的规章条例,形式零散,根本无法有效满足隐私权保护的现实需要。而在实践操作层面上,虽然一些地方政府也制定了隐私权保护的相关政策,但其内容大多非常简单,尤其在对个人资料共享方面做出规定时,往往语焉不详,可操作性较差,这就为侵犯公民个人隐私的行为制造了"合理"借口。

五、资金投入与筹措

不同国家和地区电子政务所需资金筹措与投入的差别,首先体现在不同的投资规模上。显而易见,发达国家与发展中国家因经济条件不同,无论是政府预算还是社会各方面,可用于电子政务建设与应用上的资金都会有较大差异。在西欧发达国家,政府预算可为大型电子政务项目的投资提供较为充足的财源;而在发展中国家,这方面的财源显然不足。

电子政务所需资金筹措规模的大小和充足与否,其实是相对的。即使是在最富裕的发达国家,电子政务所需的资金也很少全部由政府尤其是中央政府独自提供的情况。其原因,一方面在于政府预算资金是稀缺资源,国家无论贫富,政府要做的事情、要支出的和政府能做的、能支付的总会产生矛盾。政府要做的事情很多,电子政务又不是毕其功于一役的事情,在资源有限的情况下,政府自然需要引入其他财源,遇到政府财政困难的时期,政府预算就更显得捉襟见肘。另一方面,有研究指出,从历史的观点看,政府现有的项目资助方式、有关规则和实践等都是工业革命的产物,不能适应信息时代的要求。政府需要探索、创新筹资模式,同时要修改过时的规则,为电子政务筹资和投资的实践发展消除障碍。从当前各国的实践来看,在电子政务资金筹措与投入方面最值得我们特别关注的就是多元化、多渠道筹资与投资的趋势,以及各国各地区在这方面不同的实践探索。

为了成功解决电子政务中的资金短缺问题,各国政府都积极探索,寻求创新的筹资模式。创新筹资模式主要包括以下几个方面。

(1)"公私合作"与"基于绩效的协议"模式。这种模式的特点是政府与厂商合作,厂商投入并以项目产生的收入来补偿投资;其中,基于绩效的协议,强调厂商要根据政府所提的目标,选择最好的解决方案加以实施,政府按双方确定的绩效指标来考核,以奖优罚劣。

(2)"共享服务"模式。不同的政府机构通过高层协调或其他手段结合在一起,就共同合作的领域协调行动,成本在不同参与机构间分担。

(3)"分期支付"模式。利用分期付款的方式或融资方式,购买相关硬件、软件或IT服务,从而将购买成本分摊到较长时间里去,避免一次性支付。在融资的情况下,往往由另一个机构先借钱给政府,政府再分期返还融资。

(4)"购买与采办策略"模式。即政府像企业一样行事,以提高市场购买力,降低采购成本,包括整批采购以获得批量折扣、改进采购程序以及结合采用基于绩效的协议等其他手段。

(5)"外包"模式。即鉴于政府机构内部很难完全找到和较为经济地长期保有所需的专业经验与专业服务,政府通过与私营部门订立协议,委托私营机构提供所需的解决方案。

(6)"效益筹资"模式。即政府用来自特定项目所获得的财务效益,如增加的收入或节约的资金,对该项目进行支付。

(7)"预算策略"模式。为解决项目资金不足或提高现有资金管理的灵活性,政府允许项目主管机构保留和变通使用其他项目的余额资金或允许跨预算年度使用资金等。调查发现,各国政府在解决电子政务筹资问题时,尤以采用"预算策略"、"购买与采办策略"、"外包"和"分期支付"及"融资协议"模式的居多。

第二节 电子政务的发展障碍与发展阶段

电子政务的发展尚处于初级阶段,而一些关键性的问题和障碍已经开始出现,它们阻碍了电子政务预期效益的实现,也决定了电子政务的发展不可能一蹴而就,必须分阶段逐步实现。认识电子政务的发展阶段,可以更明确地掌握电子政务的样貌,也可以以此来思考电子政务应该努力的方向。

一、电子政务的发展障碍

根据电子政务发展中各种障碍的性质和特点,可以将电子政务的发展障碍分为战略与管理、组织和人员、信息技术应用和基础设施四个方面。表 3-2 对这些障碍进行了简要描述。

表 3-2　电子政务的发展障碍

领　　域	主　要　障　碍
战略与管理	缺乏领导的承诺和有力支持 没有电子政务战略计划或计划的雄心过大,急于求成,不切实际 缺乏一个共同的电子政务目标 缺乏项目所有权和治理权 缺乏对实践的及时而有效的指导 资金短缺问题 缺乏对安全与隐私的重视和保护 法律、政策和制度不完善
组织和人员	缺乏文化和组织准备 组织滞后,政府改革的步伐迟缓 政府内部部门和外部机构之间的合作与协调的阻力较大 复杂而陈旧的政府流程 业务人员的技能不足 技术人员缺乏对政府业务的深入认识和理解 技术人才和专家的严重缺乏
信息技术应用	缺乏协同工作的体系架构 数据标准和技术标准的不兼容 异构数据库和应用系统整合困难 遗留系统问题 缺乏开发和维护文档,特别是专用系统
技术基础设施	网络基础设施不健全 缺乏充分、可靠的硬件和软件资源 安全基础设施不健全、防范措施不完备

(一)战略与管理方面

战略与管理方面的障碍主要表现在战略目标的不恰当、管理机制的不健全、建设资金的缺乏、法律法规建设的滞后以及对安全和隐私的关注不够等方面。

1. 缺乏领导的承诺和有力支持

高层领导拥有着分配各类资源的最终决定权,他们对电子政务的由衷承诺是建设电子政务的基石。在实施电子政务的过程中,组织会发生深层次的变革,各种阻力和困难会层出不穷,领导的决心、魄力、毅力和持续的支持是克服困难的前提条件。很多政府领导排斥电子政务所要求的组织创新和变革,担心实施电子政务可能会导致产生一些矛盾与不利因素,常常以一种"从众"的心态和消极的方式对待电子政务建设,仅愿从表面或技术层面做一些工作。而且,一旦政治环境发生改变或遇到大的困难,他们常常会半途而废,从而导致前功尽弃。很多电子政务实践者都认识到在电子政务的实施过程中领导的支持十分重要,但其又十分缺乏。缺乏支持者的推动被认为是实施电子政务的重大障碍之一。

2. 战略目标的欠缺或不恰当

电子政务是一个相对较新的概念,很多政府在实施电子政务时,常常对电子政务的概念和内涵一知半解,甚至有着错误的理解。缺乏甚至没有明确的电子政务战略是当前电子政务发展中最隐蔽的障碍。国际城市管理协会对 1 394 个地方政府的一项调查显示,只有极少的政府机构制定了电子政务发展长期战略计划。比如,只有 8.2% 的政府机构制定了全面的电子政务发展战略指导未来的电子政务建设;调查同时发现,较早发展电子政务的政府机构更容易制定电子政务战略计划。比如,23% 的创立政府网站超过 5 年的政府机构制定了专门的电子政务战略目标,而已建立了政府网站 1 到 2 年的政府机构中只有 6.5% 制定了长期电子政务发展战略计划。电子政务的发展现状表明,电子政务更像是政府应用信息技术的标志,而不是政府转变的标志。很多组织还停留在认识"什么是电子政务,在本组织内如何实现电子政务"的入门阶段。有的甚至简单地将电子政务同政府上网等同起来,企图通过实施一些信息化项目来迅速实现目标。

更为严重的问题是,一些政府管理者往往会低估实现电子政务目标所要付出的努力,由此导致过于庞大的电子政务战略。政府组织的电子政务雄心过大具体表现在电子政务的战略与现实的实施计划存在着较大的差距。大规模的集成项目通常具有较高的复杂性,包括业务流程和组织结构的重大改变。实际上,已有研究表明,不恰当的估计通常是信息技术工程泛滥成灾的共同原因。政府组织之间的不清晰的、混乱的或冲突的角色与职能的划分阻碍了由多个政府机构或部门共同计划和参与的工程。

3. 缺乏项目所有权和治理权

有效的项目管理是成功实施电子政务的保证。缺乏共同的利益和目标,缺乏正式、明确的项目责任以及太多的利益相关者参与,造成责任的分化、弱化,导致电子政务项目缺乏所有权和应有的治理。

4. 缺乏对实践的及时、有效的指导

一旦政府确定了电子政务的愿景,政府各部门就需要将这个愿景转变为更加具体的行动,对功能和任务进行详细描述,同时制定明确的目标、时限和评估标准,并在实施的过程中检查、评估和反馈。政府部门常常忽视了这些过程,缺乏及时的指导。即使有评估,常常也没有及时进行反馈和引导。另外,评估体系不完善、制度不健全也影响了指导的有效性。

5. 建设资金的缺乏

电子政务的实施需要雄厚的资金做后盾。电子政务的资金不仅包括软件系统和硬件设备的购置以及项目的开发费用,还包括应用系统的安装成本、运行和维护成本、咨询费用和人员培训费用等。从长远观点看,后者的总量要远高于前者。电子政务建设资金的缺乏是阻碍电子政务发展的主要障碍之一。通常,公共部门的主要财政来源是中央政府,它们很难对此控制,这使得对电子政务的持续信息技术规划变得困难。根据国际城市/地方管理协会和公共技术公司 2000 年对美国的电子政务调查显示,有超过 50% 的政府组织指出缺乏财政资源是公共部门发展电子政务的主要障碍。

6. 相关法律法规建设的滞后

电子政务需要法律法规来加以保障,如政府信息公开法、个人隐私保护法、国家安全

保密法、电子签名法、商业秘密法等。很多国家和地方在电子政务的建设过程中,法制建设明显滞后,在信息化的管理体制、运行机制、信息安全、工程建设等方面没有基本的法律法规来加以保障,严重制约了电子政务的发展。

7. 对安全和隐私关注不够

在电子政务的实施过程中,各个层次的政府组织使用、收集、处理和分发有关私人财务和医学方面的敏感信息。因此,政府部门应该意识到安全和隐私不仅对提供和发送政府服务至关重要,而且对构建公民对政府的信心和信任同样十分重要。2003 年纽约 Jupiter Research 通过对 2 015 个政府消费者的调查研究发现,有 3/4 的消费者关心他们信用卡信息的安全,并且接近 2/3 的被调查者对个人信息的隐私安全感到担忧。只有当所有的参与者,包括政府机构、私有企业和公民都觉得在使用电子手段从事私有和敏感交易感到放心时,电子政务才被认为是真正成功了。缺乏安全和隐私保护的电子政务,必定是一个失败的电子政务,无论其技术多么先进,服务功能多么强大。

(二) 组织和人员方面

组织和人员方面的障碍主要表现在组织的滞后、员工技能的不足、信息技术人才的匮乏 3 个方面。

1. 组织的滞后

实施电子政务的另一个重要障碍是组织滞后问题。组织障碍与传统的观念、官僚化的结构密切相关。并且,它还与政府的业务流程、业务人员的素质和组织文化紧密联系。政府人员常常孤立地看待信息技术,忽视信息技术的应用环境,未能将信息技术同组织、业务、人员有效地联系起来。

电子政务体现了公共部门的一个最深刻的变化,很多政府在实施电子政务之前缺少应有的思想准备。在进行政府改革的过程中,思想上的转变至关重要,它不仅包括向更多的由技术驱动的环境发展,而且还包括向面向服务的环境以及电子政务范式的转变。政府员工应该首先从思想上做好准备,以新的方式接受因发展电子政务而带来的新技术和新工作模式。由于组织内部存在文化冲突,导致一些部门不愿意与其他部门分享业务数据或流程,将数据和流程看作是权力的替代物,认为互联或数据共享就意味着职权的弱化。有些员工甚至将电子政务看成是对其权利和生存的潜在威胁,不愿接收和参与在线政务活动。

多年的、陈旧的政府流程也是组织障碍的重要组成部分。政府组织中普遍存在着对改变这些陈旧流程的抵触,他们更愿意利用信息技术来强化和维护它们。事实上,重复的、低效率的手工操作直接威胁到在线环境中服务功能和效益的发挥以及目标的实现,公共部门管理必须改变和重构其业务流程,以便实施电子政务的新服务模式。

2. 员工技能的不足

政府组织中员工技能的不足也严重阻碍了电子政务的发展。这些技能既包括应用信息技术的技能,也包括适应新环境的管理技能。普遍缺乏对员工进行信息技术素质的持续教育和培训,不能激发与调动员工的创造力和能动性,导致整个政府组织缺乏学习能力和创新能力。

3. 信息技术人才的匮乏

国际城市/地方管理协会和公共技术公司的调查将信息技术人才的匮乏列为电子政

务发展的最大障碍。造成这种现象的原因之一是吸引和保留有能力的信息技术人才困难。对信息技术专业人员需求的不断增加把政府推向了与私有企业为争夺稀有资源而展开的直接竞争上。公共部门为技术人员提供的劳动报酬和成长环境与私营部门不能展开竞争，导致公共部门信息技术员工流失率升高。另一个原因是，一些政府即便一时拥有了信息技术员工，但由于未能对这些员工进行及时、充分的培训，最终导致他们不具备企业级的、基于互联网的应用能力，从而不能满足电子政务信息技术应用的要求。

（三）信息技术应用方面

信息技术应用方面的障碍主要表现在技术应用低层次、技术定位不恰当、信息技术管理不到位、数据标准和技术规范不统一以及技术难题的挑战等4个方面。

1. 技术应用低层次

由于信息技术的发展，很多先前不可能实现的重大变革成为可能，并不断涌现。然而，政府管理者将这些可能性想象得过于狭隘，仅仅局限于降低工作成本、提高工作效率等较低层次上。他们没有认识到信息技术更为广泛的应用领域和价值作用，即信息技术可以驱动政府创新，包括新的组织机构、新的工作方式、新的服务项目、新的服务手段和新的递送渠道。这些富有战略性的政府行为都是电子政务中信息技术应用的关键。

2. 技术定位不恰当

选择与应用适宜的信息技术，是保证电子政务低成本、高效益实施的关键。信息技术的飞速发展带来了各种最新技术的不断涌现，它不断地刺激着信息技术狂热者追逐最新技术的激情和冲动；同时，政府管理者也潜意识地认为越先进的技术就具备越完备的功能，从而也越能满足政府的需要，解决以前未能解决的问题。这些冲动和认识导致了政府对各类信息技术的攀高求新现象突出，技术和设备的淘汰速度日益加剧，政府组织成为最新信息技术的忠实应用者，同时也成为最新技术的最大投资者。然而，最新的技术并不一定是最适宜的技术，也不一定是最有效的技术，更不是最廉价的技术。事实证明，电子政务的成就与技术的复杂度没有逻辑上的对应关系。对新技术的盲目追求和崇尚，不仅不能有效解决电子政务实施中面临的问题，而且消耗了大量有限的资金，使得原本紧张的财政预算更加雪上加霜，同时还可能产生因新技术的应用而导致系统的可靠性、安全性降低的风险。

3. 技术管理不到位

信息技术的价值不是信息技术本身，而是其同业务的结合和创新程度，信息技术管理是信息技术价值得以实现的保障。根据电子政务的正反两方面的经验，取得电子政务成功的一条原则是：电子政务不是"一锤子买卖"，不能指望一次投资后就坐享其成。应当对信息技术应用设定明确的战略目标，在实施过程中，不断检查实际工作是否符合组织的目标，是否达到了预想的目标，投资的目的是否明确，投资的效果如何等。很多政府忽视了对信息技术的管理和评测，有些政府虽然做出了评测，但根据这些评测而采取的行动花费的资源很少，从而增加了信息技术投资的风险。

4. 数据标准和技术规范不统一

电子政务一个很重要的功能就是资源共享，缺乏数据标准是实现该项功能的最重要技术障碍。一个应用系统使用的数据格式，另一个应用系统可能不可读或与之不兼容。

由于电子政务中各个应用系统数据标准的不统一、技术规范的不一致,大大增加了信息系统集成和信息交换的技术难度和建设成本。无数失败的电子政务项目都表明,在进行应用系统建设之前,必须有明确的、强制性的数据标准和技术规范,否则,只会造成在解决老遗留系统问题的同时,制造新的遗留系统的混乱局面,导致事倍功半的结果。

所谓遗留系统是指那些设计孤立、网络链接能力有限、数据格式陈旧、交换能力差的软件应用系统。尽管从技术标准和规范上说,这些系统已经被淘汰,但它们却与政府的业务密切相关,存储了大量的有用信息,并在政府的日常运行中发挥着不可替代的作用。因此,这些系统不可能立即废除,只能采取将它们引入到新系统中的办法。

5. 技术难题的挑战

电子政务发展的障碍还包括一些亟须解决的技术应用问题,例如应用系统的整合、异构数据的集成、信息孤岛的消除、数据与技术标准的兼容、安全管理的统一和遗留系统问题等。

(四)信息技术基础设施方面

信息技术基础设施方面的障碍主要表现在:网络基础设施不到位,软、硬件基础设施不充分,以及安全基础设施不健全3个方面。

1. 网络基础设施不到位

网络能力和通信基础设施是跨政府组织集成信息系统的重要基础,它们必须在政府提供可靠的、高效的电子政务服务之前就完成。当前电子政务建设中,网络的普及率参差不齐,这不仅限制了政府与政府、政府与公民的在线沟通,而且会带来数字鸿沟问题,影响到电子政务服务目标的实现。

2. 基础软件和硬件不充分

尽管信息技术的成本在不断降低,但基础软件和硬件的缺乏仍然是实现电子政务的主要障碍。硬件和软件是公民、企业和员工从事电子化应用的物质基础,缺乏必需的软件和硬件被看成是政府提供在线服务和交易能力的重大障碍。

3. 安全基础设施不健全

信息安全问题是影响电子政务应用普及的最大障碍之一。信息的安全包括计算机软件系统的安全、政府信息的安全和个人隐私信息的安全。必须采取有效的技术策略和手段,建立统一的安全和认证体系,确保足够的安全和隐私。安全问题在一定程度上左右着电子政务的健康发展,不可靠的信息技术安全基础设施会直接威胁到电子政务性能和目标的实现。

总之,影响电子政务发展的障碍是多方面的,不仅仅停留在技术层面,还包括许多管理、组织、人员方面的问题。政府只有事前充分认识到这些障碍,并在实践中给予高度重视,尽力予以克服和解决,电子政务才能不断得到推进和发展。

二、电子政务的发展阶段

电子政务的发展受到多方面因素的制约,它的实现是一个渐进的动态发展过程,不可能在短期内达到目标,必须分阶段、分层次逐步展开,这正是研究者提出电子政务发展阶段的依据。

电子政务的发展阶段通常也称之为电子政务成熟度。成熟度(maturity)是生命周期研究方法具体运用的一个成果,它显示的是随着时间的推移,事物在发展过程中不断得到提升,直至尽善尽美,达到发展的最高境界。成熟度模型描述了一个事物随时间发展的状况。

很多学者和国际权威机构都深入研究了电子政务的发展规律,提出了多个不同的电子政务成熟度模型,例如 Moon 的五阶段模型,Layne 和 Lee 的四阶段模型,联合国的五阶段模型,Accenture 的六阶段模型,Gartner 的四阶段模型,Deloitte 的六阶段模型等。以下重点介绍 3 个具有代表性的模型和观点。

(一) Moon 的五阶段模型

美国学者 Moon 是较早提出电子政务成熟度模型的学者之一。他提出了一个包含信息发布阶段、双向交互阶段、交易阶段、垂直和水平整合阶段以及政治参与阶段的五阶段模型。

(1) 信息发布阶段。这个阶段是电子政务最基本的形式,它通过简单地把信息放到网站上来发布信息。

(2) 双向交互阶段。这个阶段实现了政府与用户之间的双向互动。

(3) 在线交易阶段。这个阶段政府与公民之间或政府与企业之间进行金融、财务方面的交易,如在线纳税、支付等。

(4) 垂直和水平整合阶段。不同层面(垂直)和不同部门(水平)分散系统的整合,如一站式服务等。

(5) 政治参与阶段。这个阶段通过诸如在线投票和民意调查这样的服务促进民众在政治上的参与。

(二) Layne 和 Lee 的四阶段模型

2001 年,学者 Layne 和 Lee 提出了四阶段电子政务成熟度模型。该模型是当前学术界最有影响、被学者们引用最多的电子政务成熟度模型。他们认为,在技术、组织和管理都具备的基础上,电子政务作为一个发展现象,具备 4 个阶段,即目录上网、事务处理、垂直整合和水平整合(见图3-1)。

(1) 目录上网。有限的网上信息发布,建立上网信息目录。特点是通过网站递送一些静态的或基本的信息。

(2) 事务处理。政府内部的系统同网站前台相连,允许公民同政府进行在线事务处理。特点是延伸了目录上网阶段的功能,支持在线事务交易,如网上纳税等。

(3) 垂直整合。地方系统同高层政府的功能类似的系统链接。特点是政府服务发生了根本的转变,而不是对现有流程的自动化,本阶段主要是在不同的级别(如地方政府和州政府)整合政府的功能。

(4) 水平整合。不同功能的系统整合,真正的一站式。特点是整合各个系统的不同功能,以便政府向用户提供统一和无缝的服务。

(三) 整合的发展阶段模型

针对很多学者对已有的阶段模型过于偏重技术特征而忽视政府自身转变的批判,2005 年美国学者 Siau 和 Long 在总结了众多已有的电子政务成熟度模型的基础上,提出

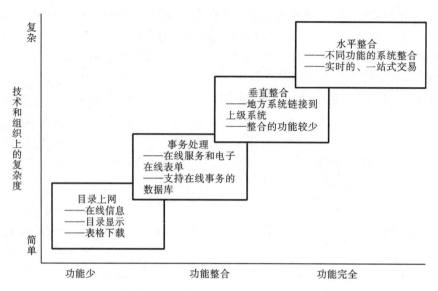

图 3-1　Layne 和 Lee 的电子政务成熟度模型

了一个简单但能很全面地涵盖已有模型的主要内容的新模型。该模型包括了 5 个阶段，即政府上网、在线交互、政务交易、服务转变和电子民主，如图 3-2 所示。

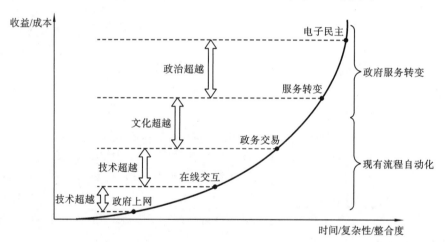

图 3-2　整合的电子政务发展阶段模型

整合的电子政务发展阶段模型各个阶段的含义可分别表述如下。

（1）政府上网。这个阶段是电子政务最基本的形式。在这个阶段，政府通过网站有代表性地发布简单、有限的信息，如办事机构的情况和任务、办公时间、联系信息和官方文件等。尽管这些信息刚开始大多数都是静态的，但随着电子政务能力的加强，信息的发布会逐步动态化、专门化和经常更新。这个阶段和其他更高阶段之间的主要区别是：在这个阶段，政府仅仅在网站上提供信息，没有交互的可能。

（2）在线交互。这个阶段提供政府和用户之间的简单交互，包括基本的搜索引擎、电子邮件系统以及官方电子表格的下载、交互等，为在线交易做准备。这个阶段可以被认为是简单的上网和完全的在线交易的过渡期。

(3) 政务交易。在这个阶段,政府可以向用户(包括公民和企业)提供完全的在线交易。公民能够进行在线式自助服务,如执照的申请和个人信息的更新等。另外,企业能够在线访问,如在线填报税收表格、申请执照和上报财政数据等。

(4) 服务转变。转变阶段和前面所提到的 3 个阶段之间有一个"跳跃"。这个阶段是政府服务提供途径的转换,而不是对当前的操作流程进行自动化和数字化。转换包括垂直(不同级别的政府部门)的和水平(不同的政府部门或不同地方的政府)的整合。从外部来看,政府建立了一个单一和统一的门户,提供整合、无缝的服务,而不是琐碎、分散的服务。为了达到这一目标,政府要对内部进行整合以重新规划现有的流程。

(5) 电子民主。这是电子政务发展的一个长期目标。在这个阶段,政府通过诸如在线投票、选举和民意调查等形式,试图改善政治参与和政治透明度。同时,电子政务逐渐地在改变人们做出政治决定的方式。

Siau 和 Long 在提出上述模型的同时,还做出了以下几点说明。

(1) 在前 3 个阶段和后两个阶段之间有一个大的跳跃。前 3 个阶段的目的是使现有流程自动化和数字化,而最后两个阶段的目标是转变政府服务,重构内部运作流程和重新定义公民参与政府决策的方式。

(2) 5 个阶段相互关联,而非彼此分离。这是因为电子政务的发展是一个渐进的过程,不同阶段之间会相互重叠。例如,第 2 阶段在线交互中的较高层次与第 3 阶段政务交易的较低层次相重叠。

(3) 5 个阶段代表了发展的趋势,而不是必须走的路径。也就是说,并不是每个政府都必须一步一步地依次经过这 5 个阶段。例如,某个政府能够从政府上网阶段直接转向政务交易阶段,而跳过在线交互阶段。由于各个政府有其独特的环境和特定的电子政务战略,因此,发展过程没有必要完全相同。某些政府的改变可能很大,而某些政府的改变可能是渐进式的。

第三节　信息技术的价值及其实现

电子政务是政府管理创新和服务转变的一种优选方案和有效途径。与其他技术和方式相比,电子政务的独特之处在于信息技术的潜力和战略价值,以及由此带来的不可比拟的独特优势。信息技术潜力和价值的实现,是电子政务取得成功的前提和基础。

一、电子政务环境下信息技术的战略价值

自 1947 年第一台电子计算机诞生至今,信息技术的发展相当迅速,其能力也发生了巨大的改变。20 世纪六七十年代,是以大型主机计算机为主体的时代,当时的角色主要在于"计算",因此其能力也仅限于"计算",应用信息技术的理由是"技术支持",目的是提高效率。到了 20 世纪 80 年代,开始出现个人计算机,其角色则转变为"作业支持",能力是以交易过程为主轴,应用信息技术的理由是节省成本,目的则在于改进质量。但是,到了 20 世纪 90 年代,因特网的出现,角色就成为建立整合性的信息系统,能力则以网络为主体,应用信息技术的理由是基于决策需要,目的则在于获取竞争优势。

政府是最早应用信息技术的部门。受传统观念的影响,政府员工一般认为信息技术

在电子政务环境中的应用同政府此前的信息技术应用并不存在本质上的差别,不同之处仅在于电子政务环境下信息技术的应用更多、更广、更普及。在他们看来,信息技术在政府中的作用主要是信息管理系统和办公自动化,信息技术的价值体现在对数据的存储、计算和处理上。政府应用信息技术的目的主要是为了提高效率、降低成本、缩小规模。应用的核心任务是解决技术问题,它与组织机构、业务流程和管理机制没有太多的联系。信息技术部门,特别是技术专业人员是应用的主体,并决定应用的效果和成败。因此,从职能划分角度看,信息技术部门类似于政府的后勤服务部门,主要为政府日常办公提供技术支持和服务,是幕后角色,是成本中心、投资中心。

事实上,随着电子政务建设的不断展开和深入,信息技术在电子政务环境中的作用和价值正在产生巨大的改变。它逐渐渗透到整个政府组织,涉及政府内外的各个部门和各个层次,几乎影响到所有的业务职能,并在各个业务环节上发挥着不可替代的作用。它正在消除时间和地域的限制,改变政府的工作模式以及同服务对象的沟通和交流方式。它不再只是后台支持角色,而是发展成为支持电子政务战略目标实现、帮助政府成长、成功实现管理创新和服务转变的战略角色。

概括而言,信息技术在电子政务环境中的战略价值主要表现在以下两个方面。

1. 信息技术是政府管理创新和服务转变的驱动器(driver)

尽管政府管理创新和服务转变的动力主要来自政府内部,但信息技术作为一种外因,在很大程度上推动了政府变革的步伐。

(1) 信息社会和经济全球化加剧了竞争的激烈程度,改变了政府所处的环境,使政府面临更严峻的挑战,它迫使政府员工转变传统的工作方式和思维方式,改变官僚作风,增强责任意识和服务水平,加速政府中以利益相关者为中心、面向成果的、创新的组织文化的形成和渗透。

(2) 信息技术在企业中的成功应用,使得公民对政府的管理和服务能力有了更高的要求和标准,政府必须对此做出响应,加快政府管理创新和服务转变的进程。

(3) 为了实现电子政务的"以公民为中心"一站式服务的目标,政府不能将现有的组织机构和流程原封不动地搬到网上,而必须对机构、流程、服务进行根本性的重新思考与设计。

(4) 信息技术产业化的发展,各类信息产品层出不穷、目不暇接,在信息技术提供商的游说下,特别是在商业利益的驱动下,政府的管理和服务也得到了不同程度的改进和提高。

2. 信息技术是政府管理创新和服务转变的使能器(enabler)

信息技术对政府管理创新和服务转变的使能或促成作用是信息技术最重要的价值体现。电子政务之所以能在不长的时间内,得到世界各国的公认并风靡全球,最关键的原因就是在电子政务环境下,政府能借助信息技术杠杆,实现了曾经设想过却未能实现的很多梦想。正如哈默所指出的,信息技术是业务流程再造的使能器,如果没有信息技术,要谈改造无异于痴人说梦。

具体地说,信息技术在以下几个方面促成政府管理创新和服务转变。

(1) 信息技术的成功应用可以提高政府的管理水平,使得一些专业性很强的管理方法大量应用以支持政府行政,提高政府决策的能力和决策的及时性。

（2）信息技术的成功应用可以整合政府内部和政府之间的各类资源，实现资源的有效配置，提高资源的使用效率，有效降低运营成本。

（3）信息技术的成功应用可协助政府改变现有的组织机构，打破地域限制，建立扁平化、虚拟化的组织形式，为提供"一站式"服务奠定基础。

（4）信息技术的有效应用可以改进政府提供服务的手段和方式，增强公民对信息获取的渠道和机会，为实现以公民为中心的 7×24 的"无缝服务"提供关键技术保障。

（5）信息技术的成功应用可以促使政府重新审视传统的工作流程，不仅实现流程重组，而且开发出更好的流程，降低工作成本，提高工作效率，增加透明度。

（6）信息技术的有效应用可以延伸政府的活动范围，为政府提供更多的机会。加强政府间以及政府与非政府组织之间的交流与合作，提高协同工作能力，进一步明确政府的责任和义务。

最后，信息技术的有效应用可以增进政府员工之间的联系和沟通，激发员工的创新意识和工作活力，从而提高政府的生产力。

二、对信息技术战略价值的理解

实践表明，信息技术的潜能和实现这些潜能的现实之间的差距正在日益加大，信息技术应用困难重重，造成这种局面和现象的一个非常重要的原因就是管理者缺乏对信息技术战略价值的正确认识，不能在应用中成功实现战略价值。

实际上，人们对于信息技术价值的认识和争论几乎从来没有间断过。早在 20 世纪 80 年代末，美国学者查斯曼调查了 292 个企业，结果发现了一个奇怪的现象，这些企业的 IT 投资和投资回报率（ROI）之间没有明显的关联，1987 年获得诺贝尔奖的经济学家罗伯特·索洛将这种现象称为"生产率悖论"（productivity paradox）。2001 年 10 月，麦肯锡咨询公司（McKinsey）发表《美国生产效率增长报告 1995—2000》将此结论扩充到 53 个行业，约占经济体总量的 70%，指出"IT 与生产力之间仅仅是一种模糊的关系"。无怪乎有人在评论美国公司在 IT 战略上的失败时说，"在人类奋斗的历史中，从没有像今天这样付出如此多的代价，而又取得如此少的成果。"

2003 年 5 月《哈佛商业评论》刊登了一篇题为"信息技术无足轻重"（IT Doesn't Matter）的长篇文章，它给杂志带来了轰动效应。《纽约时报》对这篇文章表示了嘉许，而华尔街也在报告里对文章进行了分析，还有人用电子邮件把文章传遍了全世界。

该文的作者尼古拉斯·G. 卡尔（Nicholas G. Carr）在文章中指出，企业的首席执行官们常常把信息技术的战略价值挂在嘴边，总是在谈论如何利用 IT 获得竞争优势。然而，实际决定资源是否真正具有战略价值的是稀缺性，而非普遍性。只有在"你有人无"时，才能带来竞争优势。近年来计算机硬件正在迅速实现商品化，价格已经开始大幅下滑，更为重要的是，常用软件还实现了标准化。IT 已不再是专有技术，而是基础性技术，正在日益成为同铁路、电力一样的无差异的日常商品。对企业而言，IT 已成为一种商品投入，以 IT 为基础获得优势的机会越来越小。"从战略重要性这个角度来看，IT 会淡出舞台，不再那么紧要。"卡尔在文中写道，"坦率地说，信息技术管理会变得越来越乏味。"他认为如今最主要的风险并非信息技术利用不够，而是在信息技术领域的过度开支。因此，企业的 IT 管理应该降低投资、采取守势，把重点放在降低风险而不是增加机会上。

卡尔的文章引起IT业界的激烈反应，有赞同支持的声音，然而更多的是质疑和反对。为此，《哈佛商业评论》在6月号上刊登了长达17页的读者来信。

《财富》期刊的科克帕克认为，如果这篇文章没有这个夸张、耸人听闻的标题，则很难得到如此大的关注。整篇文章无视IT中软件的核心地位，曲解了IT的含义，完全是由伪造的历史、落伍的知识、平庸的见解以及毫无根据的结论随意堆砌而成。而且文章所犯的错误很危险：在当今快餐式文化氛围中，读者只会记住文章的题目，而把它的微言大义撇在脑后。而这种误导可能对商业界产生非常危险的影响。卡尔的文章有可能助长管理层的自满情绪。在日常工作中经常考虑把技术融入公司每一个环节的首席执行官太少了。许多高层管理人士仍对技术心存芥蒂，他们担心技术过于复杂，自己根本无法理解。随着财务预算的紧缩以及业务状况的恶化，信息技术无足轻重的观点似乎很合某些人的心意。然而，尽管信息技术开支增加速度必然会减缓，但任何想要生存下去的公司都必须加紧思考如何使用好这笔开支，因为信息技术仍然举足轻重。

卡尔错误地认为，大部分公司都在使用信息技术，甚至达到了滥用的地步。实际上，这一点并不属实。通用汽车公司首席信息官希根达在给《哈佛商业评论》的一封信中写道，公司部署在运营全过程中的信息技术系统只有"小学五年级的水平"。以最基本的销售队伍自动化为例，许多公司还没有把整个销售队伍置于统一的系统之中，因此公司管理层很难对销售周期进行全面的了解。而且，只有为数更少的公司能在销售数据中有效地加入重要的售后信息，如产品或服务的可靠性、客户满意度以及再次购买意向等。能够全面了解客户的——所有企业都应该把这一点奉为准则——就更是少得惊人了。一位首席信息官最近说："我们的公司正被数据所淹没，但我们却缺少信息。"

微软公司负责平台战略的总经理菲茨杰拉德认为，卡尔没有足够重视的是信息技术中的"信息"成分，即"IT"中的"I"。他说："我们肯定已经到达了一个转折点，从这一点起，最廉价的技术成了功能最强大的技术，如英特尔的微处理器。但是，企业的竞争优势来源于对信息的处理，而技术则提供了获得信息的渠道。如何应用这些信息解决某些特定的商业问题呢？说信息技术无足轻重不啻表明，公司已经掌握了关于经营、客户和员工的足够信息。但是，从未听有哪家公司说过这样的话。"

类似的反对观点指出，IT依然重要，不是因为硬件或标准化的商用软件，而是因为智能化、创造性地应用信息能高速、低成本和以正确的范围解决业务问题，创造客户价值。与IT应用伴随而来的是业务流程改进、业务创新、管理技巧并未商品化。IT本身几乎从来不曾带来战略差异性，但是IT依然具有战略意义，因为它的间接作用——创造了过去不存在的可能性和选择机会。真正创新的公司会设计和建立基于IT的商业解决方案从而创造实实在在的商业价值。

谁会在乎硬件呢？普华永道公司战略专家库兹曼认为："我们从未真正需要过信息技术，我们需要的只是它的功能。好技术应该尽可能隐于无形，而且价格也应该尽量便宜。"担任首席信息官长达42年的斯特拉斯曼对此则显得更加坚决。他说："人们心驰神往的硬件值不了多少钱。硬件用完了就可以扔掉。今天的信息技术其实是知识资本的问题。从根本上说，它就是大量的劳动加软件。"他给《哈佛商业评论》写了一篇长达6页的评论文章。他写道："看看今天的商业巨头吧——最突出的是沃尔玛，还有辉瑞、联邦快递等公司。它们都在打信息战。"联邦快递公司首席信息官卡特说，当他听到有人认为技术无关紧要时都"惊呆"了。他说:"公司实施任何战略都需要信息技术的投入。我总是不厌其烦地告诉下属,'这是软件,笨蛋'。"

尽管这场关于信息技术战略价值的激烈辩论主要针对商业领域,但它所辩论的内容、陈述的观点和得出的启示同样适用于电子政务环境。由此次辩论可以认识到:信息是组织取得竞争优势的关键,信息技术的战略价值不在于其本身,而在于其同业务及流程的整合程度,组织的信息技术应用水平和能力是实现信息技术价值的根本保证。

根据信息技术与业务整合的不同水平,信息技术的应用水平和价值可以分为办公自动化、战略工具和战略武器三个层次(见图 3-3)。将信息技术只用于自动化,而不改变业务流程和工作过程,就不可能在生产力上取得大的提高。如果在没有搞清需要使什么自动化的情况下就实施自动化,则结果只会适得其反、事倍功半。将信息技术作为战略工具,并与业务流程进行整合,使其成为政府管理创新和服务转变的驱动器和使能器,可极大地提高生产力和执行力。而作为战略武器的信息技术,则可以为政府带来竞争优势,使其从其他政府组织中脱颖而出,获得更多的竞争性资源,得到公民和社会更大限度的认可和满意。

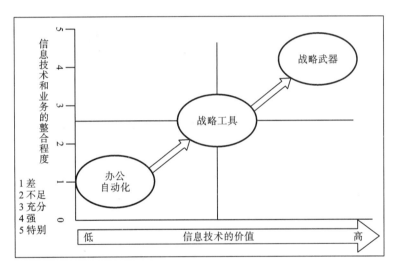

图 3-3 信息技术在电子政务中的价值

政府管理者常常关注对政府前台或服务的数字化,认为对前台数字化本身就是一种转变,并以此作为政府进行电子政务建设的全部内容。事实上,政府管理者充分发挥信息技术的杠杆作用,将信息技术作为战略工具或战略武器才是电子政务发展的客观要求,而不是仅仅关注前台、数字化和自动化。电子政务中的"电子"反映了政府管理者对信息技术的信心和依赖。然而,管理者仅仅通过在政府中引入信息技术,或者进行简单的低层次的应用,并不能保证电子政务的成功。这一点可以通过近年来电子政务建设中频频出现的"规划缺失"、"投资失衡"、"低效"、"失败"、"IT 黑洞"、"信息孤岛"等一系列问题得到验证。尽管信息技术在政府管理中所带来的好处毋庸置疑,但在发展电子政务的过程中,政府管理者需更加关注信息技术战略价值的实现。只有将信息技术应用到政府的核心流程和活动中,才会给传统政府带来更深刻的意义。

三、信息技术战略价值的实现方法

通常，政府管理者会在技术方面注入大量的资金，却很少总结和管理技术的应用在机构流程、人员方面引起的相关变化。然而，不能抛开组织的其他部分，孤立地看待信息技术，而必须清楚地认识到信息技术只不过是组织的组成之一，对它的有效使用，依赖于对机构、管理过程和人员的有效管理。

Leavitt 于 1965 年提出的组织理论模型，即著名的钻石模型（见图 3-4），有助于更好地理解信息技术同组织中内部要素之间的关系，从而更有效地实现信息技术价值。

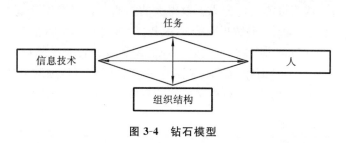

图 3-4 钻石模型

（1）任务。包含组织内部各种项目计划或作业流程。一般而言，项目计划较具独特性，而作业流程由一般的平行步骤组成。

（2）人力。负责执行上述任务，这些人必须拥有执行任务的知识、能力与观念，并且需要互相协调与合作。

（3）组织。提供能支持上述任务与人力的环境，并包括管理制度、组织结构与文化。

（4）技术。泛指能够支持上述任务、人力与组织的一切软、硬件，并包括一些作业技术。

Leavitt 认为，组织是一个复杂而均衡的系统，改变很少是单独发生的，构成组织的 4 个重要因素是相互依赖的互动关系。在组织引进新的系统或有变动时，组织内部 4 个要素会互相影响、彼此牵动，并创造出新的均衡。技术的改变会影响任务的执行方式，组织分工、协调、决策结构的改变也会影响 IT 的采用，任务的改变也需要员工的观念、认知与行为的配合。

钻石模型揭示了信息技术的成功应用需要组织其他组成部分配合的客观规律；同时也解释了许多信息管理系统引进失败的原因，即信息技术部门常常太过于注重技术导入，认为信息系统的引进只是利用信息技术开发信息系统，只要系统如期上线就算成功，而忽略是否会因为信息技术的导入而产生作业流程不适用、人员态度行为不配合或原来的组织结构和管理制度与新系统的运作背道而驰等问题。

由此可见，信息技术的应用离不开组织环境，信息技术的价值实现需要一段很长的酝酿时间，它带来的效益也并非可以立竿见影。归纳起来，信息技术价值实现的关键因素包括以下 7 个方面的内容：

（1）高层领导对信息技术的看法；

（2）组织和业务流程的重新设计；

（3）管理流程的再设计；

（4）信息技术使用过程中的直接领导；

(5) 有能力的、以业务为导向的首席信息官；
(6) 对信息技术投资的承诺；
(7) 对组织变革的有效管理。

如何发挥信息技术的优势及其战略价值，促进组织的成长，是企业和政府长期以来在管理过程中积极思考、大胆探索的重要问题。以下是一些已经取得成功的典型做法。

1. 加强信息技术相关资源的投入

与信息化相关的人力、财力或时间资源的投入应该是国家的长期投资，若为成本考虑而削足适履，则势必会影响机关信息化业务执行的完整性，进而影响长期信息发展计划。因此，如果希望通过信息化实现政府机关提升生产力的目标，则应该制定国家级整体信息发展计划，配置相应的资源。

2. 提升政府部门中信息部门的功能

改变信息部门在行政机关中处于幕后角色的现状，配合业务部门需求而制订工作计划，主要功能在"支持"；为充分发挥信息技术的功能，应促进信息部门在政府中参与各项业务计划的规划及拟定过程，通过发挥信息技术优势，积极扮演业务决策核心成员的角色。

3. 依职务需要分别提高政府员工的信息化素养

政府部门在规划及执行各种信息技术计划时，专业信息人才培训计划应成为一个前导方案，如高层决策人员应具备信息技术的前瞻眼光与素养，中层主管人员应拥有分析、规划与促进信息技术的相关知识，而业务办理人员则应具有实际操作与维护信息的能力。

4. 争取政府领导重视信息技术发展

政府领导对于信息技术的了解与支持政府运用信息技术的程度，对信息化的进度及发展有关键性的影响，尤其是领导对信息部门整合行政业务的充分授权，将使信息技术更易居于支持决策的主导地位，因此领导应将信息技术策略列为重要施政项目。信息技术能创造的价值和效益与高层对其理解程度成正比。

5. 前瞻规划有利于适时导入信息技术

营造组织信息技术环境并非一蹴而就的，唯有在组织业务分化开始时即将信息技术及相关管理概念导入组织中，才能实时搭配业务需要，设计最有效率的服务流程，以提升行政效率。因此行政机关应更具有前瞻、策略规划的眼光，运用信息技术协助行政业务的发展。

最后是充分发挥信息技术内部协调及外部沟通的功能。虽然各级政府已将业务大量信息化，但仍多将信息技术作为业务处理之用；至于运用信息技术增进内部单位之间的协调联系方面，尚有待建立更多的资源共享系统；同时，对机关外部的沟通及信息传递，亦可在质与量上加以提升。

第四节 政府 CIO 制度与 IT 外包

电子政务环境下，实现信息技术的价值是政府的一项全局性任务。政府 CIO 制度是实现这一任务的人员和组织保障，是将信息技术放在与政府发展战略相对应的高度进行思考和谋划的行动体现。IT外包是应对电子政务发展中的信息技术人员、资金、维护等困难,保证CIO任务和目标实现的有效途径。政府CIO制度和IT外包都是发展电子政务的重要管理策略。

一、政府CIO制度

首席信息执行官(chief information officer,CIO)是组织中负责信息技术战略策划、规划、协调和实施的高级官员,他们通过谋划和指导信息技术资源的最佳利用来支持组织的目标。CIO在组织的最高领导层占有一席之地,在"一把手"的领导下,参与组织的战略决策。

(一) CIO的产生与职责

CIO职位产生于20世纪80年代中期的美国。其生成的原因可以简略分析如下:

(1) 经过20余年的应用与发展,在部分美国企业中,信息技术已逐渐演变为公司的核心技术;

(2) 到20世纪80年代,许多信息管理系统的失败促使人们寻找原因,战略信息系统就是在这样的背景下出现的;

(3) 信息技术投资的存量和增量都有大幅度增加,企业对投资回报的期望值也同比增加;

(4) 随着信息技术应用的扩展及信息功能的集成,企业内部的信息机构开始扩大,在某些企业,信息技术部门甚至发展为规模最大的部门;

(5) 最主要的原因是,企业信息化已成为企业总体战略的重要组成部分,企业信息化已成为特定阶段企业发展的必然趋势,任何企业都无法绕开或回避这个趋势,唯一正确的做法是抓住机遇、主动出击,争取实现跨越式发展。

在此背景下,承担战略信息管理职责的CIO应运而生,它是一个组织的信息管理发展到战略信息管理阶段时的必然产物。

企业CIO的具体职责大致包括5个方面:①为企业提供决策所需的切实可靠的信息,有效地帮助企业制定长期发展战略;②有效地管理IT部门,将IT切实置于可以支持或引导业务需要的地位;③紧跟最新技术的发展,联络科技与商务战略,保证企业在技术上的竞争优势,并将其迅速转化为业务发展的动力;④以技术远见正确地规划IT的发展战略,确保企业的IT技术资源源远流长;⑤建立并保持积极的IT文化,与所有阶层培植良好的关系。

事实上,CIO的职责也有一个逐步演变的过程。20世纪80年代,CIO实际上就是信息经理,是主要负责技术和技术管理的中层管理者,常常是纯粹的技术人才。从20世纪90年代至今,CIO的地位相当于副总裁,是负责业务战略与信息战略调配的高层决策者,应是经验丰富的复合型人才。随着国民经济和社会信息化的不断深入,可以预言,到21世纪20年代前后,CIO将与CEO合而为一,有关信息技术的决策已成为一个组织最重要的决策,而CEO也多为信息技术战略管理方面的专家。

(二) 电子政务发展需要CIO制度

发达国家的经验表明,CIO在企业和政府推进信息化的过程中起到了举足轻重的作用。在电子政务建设中,除了政府部门"一把手"的重视之外,还要有既懂政府业务又懂技术的人担任信息主管来辅助政府部门"一把手"领导电子政务建设。信息主管只有给政府部门"一把手"提供明明白白的解决方案,才能够把电子政务建立在比较科学的基础之上。因此,要从既懂政府业务又懂信息技术、有创新精神的业务骨干和技术骨干中选拔专职CIO,使政府部门"一把手"拥有具有专业知识和丰富经验的、合格的、得力的电子政务建设助手。

一名优秀的政府CIO,必须是复合型人才,其知识结构是既懂信息技术又了解公共管理科学,还应当非常熟悉本单位的业务,同时应具备以下基本素质和能力。

☐ **1. 科学决策能力**

科学决策能力包括:具备全球化视野,掌握和了解现阶段信息技术发展状况,运用信息技术来实现电子政务目标。

☐ **2. 沟通协调能力**

沟通协调能力包括以下方面。一是信息部门与政府各业务部门之间的沟通与协调。二是政府各业务部门之间的沟通与协调。信息部门与社会上IT企业的合作与交流:能够清楚地表述其思想,能够准确理解别人的观点,让管理者懂得IT的作用,了解为何要引进IT;让用户表述他们的需求,将他们的需求翻译成IT部门的理解。

☐ **3. 业务集成能力**

能够综合各项人工业务流程,将各项人工业务流程重组,使之适应电子政务的要求,提高效能和效率。

☐ **4. 团队组织能力**

CIO必须成为一个专业技术人员和管理人员团队的核心,带领团队实现其目标。

建立政府CIO制度,首先,可以避免信息化过程中"外行领导内行"的现象。CIO都是精通信息技术与政府业务的复合型人才,懂得如何利用信息技术的优势改造政府业务,能够使信息化的领导能力上一个台阶。其次,可以解决各部门、各级政府间的信息化协调的问题。CIO职务设立之后,由各级CIO统一管理其职责下政府部门的信息化建设,对各部门资源具有约束力,各部门都要服从CIO制定的信息化规划,不能推诿扯皮。最后CIO制度还有利于明确政府信息化的责、权、利,有利于信息化效果的评估,增加了信息化的动力。

政府CIO的最大贡献莫过于有效促进技术与业务的紧密结合。由于政府CIO的技术和业务能力,使得信息技术同业务的沟通更为通畅、相互理解更为准确、结合时机更为恰当;由于政府CIO的领导身份,使得技术部门和业务部门的合作更为协调,关系更为密切,跨部门的业务整合和信息共享更为可能。

政府CIO与企业CIO的职责有所不同。企业CIO最艰巨的任务是实现信息技术战略与业务战略的整合,而政府CIO的主要职责则是实现信息技术战略与政府管理和公共服务过程的整合。政府CIO在优化政府部门的业务流程和完善政府部门的信息技术结构以及实现政府部门内部信息资源的有效利用和广泛共享方面起着领导和监督作用,在政府信息资源管理和知识管理方面也具有领导作用。

一般地,政府CIO的具体职责大致包括如下几个方面:

(1) 提出信息化发展的设想,制定信息化发展战略,参与制定机构的总体发展战略;

(2) 制订信息化规划和实施计划；

(3) 了解业务需求，提出业务流程再造方案；

(4) 提出信息化建设投资建议，参与投资决策，负责信息系统采购；

(5) 负责信息技术体系结构和信息系统的建设；

(6) 负责信息与知识的管理；

(7) 负责信息技术人才招聘和全员信息技术培训；

(8) 建立多层次的信息化管理团队和信息技术支撑体系；

(9) 创造性地寻求信息技术应用机会，构建组织的竞争优势。

案例 3-2

美国政府 CIO 制度

美国政府 CIO 的产生是与信息资源管理密切相关的，其源头可追溯到 1980 年依据《文书削减法》在美国政府部门或机构设置的"高级文书削减和信息管理官员"（这一职位已具备了 CIO 的某些特性）。1984 年，格雷斯委员会在调查的基础上建议在不同级别的政府部门（包括总统办公室）设立 CIO 职位。1995 年，美国国会通过的《信息技术管理改革法》明确授权在政府部门设立负责信息技术的 CIO。《信息技术管理改革法》授权在管理与预算处（OMB）下设立一个美国 CIO 办公室，由总统任命的 CIO 出任办公室首脑，并且提议联邦机构设立 CIO，其主要职责包括提供信息政策方面的建议、制定信息资源管理规划、评测信息技术采办计划等。1996 年，美国国会又通过了《信息技术管理改革法》修订案，明确规定每个联邦机构都要设立 CIO 职位，并规定了 CIO 的地位，即 CIO 是一个高层官员。该修订案还要求建立一个 CIO 委员会，以便定期指导和协调执行机构中与信息技术和信息资源管理有关的活动。1996 年的《信息技术管理改革法》修订案对联邦机构 CIO 的职责作了如下规定：①通过建议等方式来确保信息技术能够依据机构首脑制定的优先顺序得到采办，信息资源能够依照同样的优先顺序实现管理；②为机构发展、维护和运行建立一个完好的集成化信息结构；③促进所有主要的信息资源管理过程（包括工作过程改进）的高效设计和操作。

思考与提示

美国政府是如何完善政府 CIO 制度的？

就我国而言，尽管我国早已启动电子政务建设工作，但至今仍未全面建立政府 CIO 制度。在现有政府机构中，实际起到 CIO 作用或部分起到 CIO 作用的职位和组织大致有以下几种。

(1) 信息化领导小组。类似于"团体 CIO"。信息化领导小组如果人员结构合理，且具有拥有相关专家的常设机构及规范的决策机制，则应能起到 CIO 的作用。

(2) 兼管信息化的单位副职领导。这类职位虽然在组织领导力上能够履行一定的

CIO 职责,但由于不是专门职务,往往不能投入全部精力,且所得到的授权也是有限的。同时,由于兼管领导不一定具备相应层次的计算机专业知识,使得技术领导很难满足要求。

(3)信息中心主任。其相当于"准 CIO"。事实上,虽然信息中心主任参与组织和实施本单位信息化建设的许多工作,但其职位只是机构中的中层干部,并不能在管理流程整合方面施加足够影响,更何况在我国现行体制中,"中心"往往是行政机关附属的事业单位,其地位更使其难以履行 CIO 的全部职责。

因此,根据 CIO 制度的要求,加快建立 CIO 制度,对于促进我国电子政务建设的健康发展具有十分重要的现实意义。

二、信息技术外包

随着信息技术应用的不断深入和发展,CIO 在企业或政府中担负的责任越来越重要。然而,在履行信息技术管理职责、发挥信息技术优势的时候,CIO 常常会面临一系列重大障碍。这些障碍基本都来自外部环境,主要包括资金有限、权力有限、缺乏技术人员,还有不利的组织决策与机制。而 CIO 自身的最大障碍则在于与业务部门的不协调。不仅如此,由于信息技术日新月异与网络环境快速发展,无论是企业或是政府若只依靠旗下的信息技术部门将无法追上技术变化的脚步,及时满足应用的需求。为了使 CIO 摆脱困境,加速和深化信息技术应用,信息技术外包逐渐成为一种新的运营趋势。

(一)信息技术外包的基本概念

外包(outsourcing)就是将企业或政府运作需要的功能中不属于关键、核心的部分,以契约方式委托外部服务者负责提供,以维持组织运营的需要。实质上,外包就是寻找外部资源,是策略性地获得外部资源支持,是民营化的一种模式。外包不只是承接工作,而是用新的工具更好地完成工作,是一个长久增值的路径。而且更为重要的是,外包为组织员工的成长提供了一个绝好的培训机会,可以帮助员工提升技能。

服务外包是外包业务的主要形式。服务外包是指业主将服务流程以商业形式发包给本单位以外的服务提供者的经济活动。以信息技术外包、业务流程外包等软件和信息技术服务为主的服务外包是现代高端服务业的重要组成部分,具有科技含量高、附加值大、资源消耗低、环境污染少、吸纳就业能力强等特点。

依据外包和服务外包的定义,可以对信息技术外包(IT outsourcing)作以下定义:将组织中部分或全部的信息技术相关活动交由外部的服务提供者完成。组织中的信息技术相关活动包括任务、管理、规划、发展、评估等。活动的主体包括信息、软件、硬件、相关人员等。服务提供者包括信息软、硬件厂商,信息服务公司,顾问公司等。

外包赋予了组织应对快速变化的全球经济所必需的灵活性,同时它也使组织在竞争激烈的市场环境中能将精力主要集中于组织的核心竞争力上。外包商通常在规模经济、经验以及在对最新技术的掌握等方面具有明显的优势,而这些优势是单个组织的信息技术部门所难以企及的。在外包的运营模式下,CIO 可以利用 IT 服务商的专业优势,借助服务商的力量从系统维护等技术琐事和基础工作中解脱出来,可以在一个有利的位置上与高层领导、其他业务部门以及外包服务商进行对话,从而摆脱困境,实现对组织 IT 业务的整体掌控,高效推进组织信息化应用建设。

促使政府机关选择信息技术外包的原因是多方面的,不同的政府机关会有不同的具体情况。一般而言,信息技术外包的原因及目的包括以下5个方面的内容:①节省建设成本,获得经济效益;②缩短建设时间,快速响应需求;③提高项目质量,保障维护力量;④筹集建设资金,分担项目风险;⑤保持技术更新,紧跟发展前沿。

政府信息技术外包的范畴包括以下3个方面的内容。①一般信息技术服务业务,如设备更新、程序设计、系统管理、硬件操作、软件开发和维护、资料库构建、资料处理、硬件维护、网络管理、机器操作和维护、机房设施管理、备份服务等例行性工作。②信息技术应用业务,如整体规划、流程再造、顾问咨询、系统分析、设计、整合、培训、推广等。③其他服务业务,如呼叫中心、软硬件验证检测服务及网络安全服务等。

按外包服务涉及范围,信息技术外包的种类可分为以下4种。①整体外包,将整个信息技术部门外包出去,由专业的信息服务提供商负责管理、维护,组织内仅留小部分管理者,负责联络事宜。②选择性外包,将组织内部的某部分或信息系统建设的某阶段,委托专业的信息服务供商来完成。③功能外包,政府与信息服务提供商的关系就如同与互联网服务提供商的关系一样,依使用的时间与享用的服务来支付费用。④业务处理的外包,大多与顾问公司合作,从组织运营的根本上诊断起,再进而与信息技术结合,建立最佳的组织经营模式。

政府信息技术外包的运营模式有以下5种。①节余分享模式,指信息服务提供商从协助政府机关实施信息化后所节余的成本中获取部分比率作为酬劳。②企业出资运营模式分为两种形式,一种是政府提供资料内容,服务提供商投资建设和运营,并从每笔交易中收取手续费或服务费;另一种是政府经一定程序审查服务提供商资格,由两家(含)以上合格企业提供服务,政府与企业约定交易费用。③混合应用模式,指服务提供商投资建设和运营,政府协助推广应用,并保证最低使用量,其余由企业自负盈亏。④公办私营模式,指政府出资建设,服务提供商运营管理,从运营收入中反馈一定比率给政府。⑤应用软件外包模式,是传统外包模式,服务提供商协助政府机关开发软件系统,并做技术支持,包括使用者培训及咨询、系统维护、网络的建设和维护、病毒及安全防护等。政府管理者在进行外包模式选择的时候,必须对自身与服务提供商在各种外包模式中所扮演的角色、两者间的合作关系以及运营的获利性等因素进行分析判断,才能得到一个较明确的方向。

政府CIO在面对外包进行选择和决策应明确以下4个问题。①包不包。其考虑因素包含两个层面,外包的时机和外包的原因。②包什么。其考虑因素有外包的范畴、项目、阶段。③怎么包。其考虑外包的运营模式。④谁来包。考虑信息服务提供商的选择、考核和管理。

选择合适的信息服务提供商是外包决策过程中的重要环节,它的优劣在很大程度上决定着外包最终的成败。选择信息服务提供商应该首先明确以下7个问题。①它们的花费分别是多少;②此外包对自己的重要程度;③从事外包的时间;④是否有技术、财务能力支持承诺;⑤过去外包记录;⑥是否善于沟通;⑦企业风格与哲学是否兼容。

(二)信息技术外包的风险及防范

信息技术外包固然可以带来许多益处,但在信息技术外包过程中,经常会面临许多问题,使得外包进退两难,有时勉强完成项目,却发现系统难以满足需求。其问题有"不易遴选到理想的服务提供商"、"项目无法顺利完工"、"项目时间延误"、"项目偏离业务需求"、

"项目质量不如预期"、"无法或不值得后续维护"、"不能满足采购需求"等。外包失败所导致的后果是相当严重的,关系到国家安全和公民利益。因此,要做好信息技术外包管理,风险防范至关重要。

事实上,纯粹意义上的"完全外包"是不存在的,业务外包了,责任不能外包。外包不是甩包袱、卸责任。尽管外包减轻了CIO的工作量,却使其风险更大、责任更大。为了降低信息技术外包风险,最大限度地保证信息技术外包的成功实施,CIO应从以下4个方面做好管理工作。

1. 界定外包业务,避免核心业务损失

规划信息技术外包时,界定外包业务范围是非常关键的一步。把非核心业务外包给外包供应商,可以有效降低人力成本、减少开支和提高服务水平。信息技术外包是为了更好地把精力放在核心业务上,使信息技术人员的业务重心更加集中到组织的核心业务能力上来。同时,还应重视敏感信息的安全保密,防止信息因外包而泄漏,造成无法挽回的损失。

2. 加强对外包合同的管理

对于一个CIO来说,在签署外包合同之前应该谨慎而细致地考虑到外包合同的方方面面,在项目实施过程中也要积极制订计划和处理随时出现的问题,避免责任的扯皮现象,使得外包合同能够不断适应变化,实现双赢局面。对整个项目体系的规划,CIO必须对组织自身需要什么、问题在哪里等都非常清楚,从而能够协调好与外包服务商之间的长期合作关系。

3. 启用第三方信息技术监理进行质量评估

如果外包合同已基于诚信原则进行了磋商,并已经阐明双方是如何界定合作成功的,这时还需要通过授权第三方信息技术监理对外包各项活动进行质量评估,这样能为合作关系注入一些有益的张力,并为外包服务方所提供的服务确立一种独立的评判视角。

一家有专业信息技术经验的第三方监理公司可以对外包服务的提供商进行管理、监控和考核。同时也能帮助外包提供方制定外包的规范流程,尽可能地降低外包管理的风险,用最少的精力、最有效的方法进行外包管理。因此,在外包交易的合约中,信息技术监理应该获得优先考虑和足够的重视。

4. 重视服务提供商的评估和选择

在选择外包合作伙伴时,彻底的调查是非常有必要的,应该找出具有本行业IT管理经验优势的备选对象。要重视对供应商的考核和评估工作,建立服务提供商评估机制,加强过程和监管。

对任何一个组织来说,信息技术外包都是组织内一件极其重要的事情,信息技术外包的最终决策应该得到组织高层管理人员的最终协商和讨论。CIO在此过程中应该担当起一个组织内外有效的沟通者、一个决策过程中强有力的支持者、一个最终决策的制订者以及信息技术外包项目实施的规划者和管理监督者的角色。信息技术外包的目的是提高组织的运作效率并最终获得竞争优势,CIO应该发挥出拥有先进管理方法和理念的组织领导者的独特作用。

案例 3-3

我国电子政务总体框架

2006年国家信息化领导办公室发布了我国电子政务建设的总体框架文件,即《国家电子政务总体框架》。该文件以极其简明的结构,明确了我国电子政务建设的愿景、目标、目的、优先级、管理制度等,以下是该文件的详细内容。

1. 总体要求与目标

构建国家电子政务总体框架的要求是:以邓小平理论和"三个代表"重要思想为指导,全面贯彻落实科学发展观,进一步发挥电子政务对加强经济调节和市场监管的作用,更加注重对改善社会管理、公共服务的作用,坚持政府主导与社会参与相结合、深化应用与提高产业技术水平相结合、促进发展与保障信息安全相结合,保持政策的连续性与稳定性,统筹兼顾中央与地方需求,以提高应用水平为重点,以政务信息资源开发利用为主线,建立信息共享和业务协同机制,更好地促进行政管理体制改革,带动信息化发展,走中国特色的电子政务发展道路。

构建国家电子政务总体框架的目标是:到2010年,覆盖全国的统一的电子政务网络基本建成,目录体系与交换体系、信息安全基础设施初步建立,重点应用系统实现互联互通,政务信息资源公开和共享机制初步建立,法律法规体系初步形成,标准化体系基本满足业务发展需求,管理体制进一步完善,政府门户网站成为政府信息公开的重要渠道,50%以上的行政许可项目能够实现在线处理,电子政务公众认知度和公众满意度进一步提高,有效降低行政成本,提高监管能力和公共服务水平。

2. 总体框架的构成

国家电子政务总体框架的构成包括服务与应用系统、信息资源、基础设施、法律法规与标准化体系、管理体制。推进国家电子政务建设,服务是宗旨,应用是关键,信息资源开发利用是主线,基础设施是支撑,法律法规、标准化体系、管理体制是保障。框架是一个统一的整体,在一定时期内相对稳定,具体内涵将随着经济社会发展而动态变化。各地区、各部门按照中央和地方事权划分,在国家电子政务总体框架指导下,结合实际,突出重点,分工协作,共同推进电子政务建设。

3. 服务与应用系统

服务是电子政务建设的出发点和落脚点。要紧紧围绕服务对象的需求,选择优先支持的政府业务,统筹规划应用系统建设,提高各级政府的综合服务能力。

1) 服务体系

电子政务服务主要包括面向公众、企事业单位和政府的各种服务。服务的实现程度、服务效率、服务质量高低是电子政务建设成败的关键。要以服务对象为中心,以网络为载体,逐步建立电子政务服务体系。通过计算机、电视、电话等多种手段,把服务延伸到街道社区和村镇,惠及全民。

面向城乡公众生活、学习、工作的多样化需要,在婚姻登记、计划生育、户籍管理、教育、文化、卫生保健、公用事业、住房、出入境、兵役、民主参与、就业、社会保障、交通、纳税等方面提供电子政务服务,为城乡困难群众提供更加便利的服务。按照建设社会主义新农村的要求,重视为农民提供涉农政策、科技知识、气象、农产品和农资市场信息、劳动力转移、教育、合作医疗、农用地规划、乡村建设、灾害防治等服务。按照提高对外开放水平的要求,为外籍人员提供出入境、商务活动、旅游观光、文化教育、就业等服务。

面向企事业单位开展经济社会活动的需要,在企事业单位设立、纳税、年检年审、质量检查、安全防护、商务活动、对外交流、劳动保障、人力资源、资质认证、建设管理、破产登记等方面提供电子政务服务。

政府通过整合和共享信息资源,满足经济社会发展的需要。为满足政府服务公众和企事业单位的需要,在人口登记和管理、法人登记和管理、产品登记和管理、市场准入和从业资格许可、特许经营和社会活动许可、企事业单位和公民社会义务管理、企事业单位和公民权益管理、社会应急事务管理等方面实现信息共享。为满足政府经济管理和社会管理的需要,提供市场与经济运行、农业与农村、资源与环境、行政与司法、公共安全与国家利益等方面的信息监测与分析服务。为满足各级领导科学决策的需要,提供信息汇总、信息分析等服务。为满足政府提高管理效能的需要,提供人力资源管理、财政事务管理、物资管理等信息服务。

2) 优先支持的业务

"十一五"期间,主要围绕公众、企事业单位和政府的需要,选择社会公众关注度高、经济社会效益明显、业务流程相对稳定、信息密集、实时性强的政府业务,作为电子政务优先支持的业务。从提高工作效率、监管能力和公共服务水平,降低行政成本出发,应优先支持办公、财政管理、税收管理、金融监管、进出口管理、涉农管理与服务、食品药品安全监管、信用监管、资源管理、环境保护、公共安全管理、社会保障、司法保障等业务。这些业务是支持政府提供多样化服务的重要基础,也是规划应用系统建设的重要依据。各地区要结合实际,确定本地区电子政务需要优先支持的业务。

3) 应用系统

应用系统是电子政务建设的主要内容。到目前为止,国家已建、在建和拟建的电子政务应用系统包括办公、宏观经济、财政、税务、金融、海关、公共安全、社会保障、农业、质量监督、检验检疫、防汛指挥、国土资源、人事人才、新闻出版、环境保护、城市管理、国有资产监管、企业信用监管、药品监管等,为党委、人大、政府、政协、法院、检察院等提供了电子政务技术支持。"十一五"期间,要围绕优先支持的业务,以政务信息资源开发利用为主线,以政务信息资源目录体系与交换体系为支撑,兼顾中央和地方的信息需求,统筹规划应用系统建设。重点是完善已建应用系统,强化已建系统的应用,推动互联互通和信息共享,支持部门间业务协同。对新建的应用系统,要根据业务发展需要,统筹规划建设。各地区、各部门要做好需要优先支持业务的流程梳理,搞好部门应用系统和地方综合应用系统的衔接。应用系统建设要有利于深化政府机构改革和优化组织结构,避免简单地在原有体制和业务流程基础上建设应用系统。

4. 信息资源

政务信息资源是政府在履行职能过程中产生或使用的信息,为政务公开、业务协同、辅助决策、公共服务等提供信息支持。政务信息资源开发利用是推进电子政务建设的主线,是深化电子政务应用取得实效的关键。

1) 信息采集和更新

各级政府要根据依法行政的要求,明确界定各部门的信息采集和权责更新,保证信息的准确性和时效性。对于相关部门共同需要、面向社会采集的信息,要理顺和规范信息采集流程,明确信息采集工作的分工,形成有序采集的机制,减轻社会公众和企业的负担。结合业务活动的开展,建立信息更新机制,保证信息资源的准确、完整和及时更新。

2) 信息公开和共享

各级政府要围绕社会公众和企事业单位最关心、最直接、最现实的利益问题,以公开为原则,以不公开为例外,编制政府信息公开目录,及时、准确地向社会公开行政决策的程序和结果,提高政府的透明度和办事效率,拓宽群众参政议政的渠道,保证人民群众依法行使选举权、知情权、参与权、监督权。

要统筹兼顾中央和地方需求,依托政务信息资源目录体系与交换体系,实现跨地区、跨部门信息资源共享。围绕部门间业务协同的需要,以依法履行职能为前提,根据应用主题明确信息共享的内容、方式和责任,编制政府信息共享目录,逐步实现政府信息按需共享,支持面向社会和政府的服务。中央各部门的应用系统要为地方政府与部门开展社会管理和公共服务提供信息支持。围绕优先支持的业务,加强已建应用系统间的信息资源共享。新建应用系统要把实现信息共享作为重要条件。

3) 基础信息资源

基础信息资源来源于相关部门的业务信息,具有基础性、基准性、标志性、稳定性等特征。人口、法人单位、自然资源和地理空间等基础信息的采集部门要按照"一数一源"的原则,避免重复采集,结合业务活动的开展,保证基础信息的准确、完整、及时更新和共享。基础信息库分级建设、运行、管理,边建设边发挥作用。国家基础信息库实行分别建设、统一管理、共享共用。各地要探索符合实际的基础信息库建设、管理和应用模式。

5. 基础设施

基础设施包括国家电子政务网络、政务信息资源目录体系与交换体系、信息安全基础设施。基础设施建设要统筹规划,避免重复投资和盲目建设,提高整体使用效益。

1) 国家电子政务网络

国家电子政务网络由基于国家电子政务传输网的政务内网和政务外网组成。

政务内网由党委、人大、政府、政协、法院、检察院的业务网络互联互通形成,主要满足各级政务部门内部办公、管理、协调、监督以及决策的需要,同时满足副省级以上政务部门的特殊办公需要。政务外网主要满足各级政务部门进行社会管理、公共服务等面向社会服务的需要。充分利用国家公共通信资源,形成连接中央和地方的统一的国家电子政务传输骨干网。中央和各级地方按照统一标准规范、统一地址和域名,分级规划,分别实施,分级管理,推进电子政务网络建设,逐级实现互联互通。积极推进基于互联网的电子政务建设。各地区、各部门开展电子政务建设,原则上必须依托国家电子政务网络进行。

2) 政务信息资源目录体系与交换体系

按照统一的标准和规范,逐步建立政务信息资源目录体系,为各级政府提供信息查询和共享服务;逐步建立跨部门的政务信息资源交换体系,围绕部门内信息的纵向汇聚和传递、部门间在线实时信息的横向交换等需求,为各级政府的社会管理、公共服务与辅助决策等提供信息交换和共享服务。依托统一的国家电子政务网络,以优先支持的业务为切入点,统筹规划、分级建设覆盖全国的政务信息资源目录体系与交换体系,支持信息的交换与共享。

3) 信息安全基础设施

围绕深化应用的需要,加强和规范电子政务网络信任体系建设,建立有效的身份认证、授权管理和责任认定机制。建立健全信息安全监测系统,提高对网络攻击、病毒入侵的防范能力和网络泄密的检查发现能力。统筹规划电子政务应急响应与灾难备份建设。完善密钥管理基础设施,充分利用密码、访问控制等技术保护电子政务安全,促进应用系统的互联互通和信息共享。

要把信息安全基础设施建设与完善信息安全保障体系结合起来,按照"谁主管谁负责,谁运行谁负责"的要求,明确信息安全责任。根据网络的重要性和应用系统的涉密程度、安全风险等因素,划分安全域,确定安全保护等级,搞好风险评估,推动不同信息安全域的安全互联。

6. 法律法规与标准化体系

围绕规范信息资源开发利用与基础设施、应用系统、信息安全等建设和管理的需要,开展电子政务法研究,推动政府信息公开、政府信息共享、政府网站管理、政务网络管理、电子政务项目管理等方面的法规建设，推动修订相关法律法规的研究。

电子政务标准化体系以国家标准为主体，充分发挥行业标准在应用系统建设中的作用，由总体标准、应用标准、应用支撑标准、信息安全标准、网络基础设施标准、管理标准等组成，是电子政务建设和发展的基础，是确保系统互联互通互操作的技术支撑，是电子政务工程项目规划设计、建设管理、运行维护、绩效评估的管理规范。要重点制定电子公文交换、电子政务主题词表、业务流程设计、信息化工程监理、电子政务网络、目录体系与交换体系、电子政务数据元等标准，逐步建立标准符合性测试环境。加强标准宣传和培训，强化标准在电子政务建设各个环节中的应用，规范各地区、各部门的电子政务建设。

7. 管理体制

各地区、各部门要按照国家信息化领导小组的部署，相互配合，相互支持，共同促进我国电子政务的协调、健康发展。要加快推进各方面改革，使关系电子政务发展全局的重大体制改革取得突破性进展，建立健全并与社会主义市场经济体制相适应的电子政务管理体制。各相关部门要进一步加强和改进管理，促进电子政务充满活力、富有效率、健康的发展。把电子政务建设与转变政府职能和创新政府管理紧密结合起来，形成电子政务发展与深化行政管理体制改革相互促进、共同发展的机制；创新电子政务建设模式，逐步形成以政府为主、社会参与的多元化投资机制，提高电子政务建设和运行维护的专业化、社会化服务水平；围绕电子政务的建设和应用，加强技术研发，提高产业素质，严格执行《中华人民共和国政府采购法》和《中华人民共和国招标投标法》，形成有利于信息技术创新和信息产业发展的机制。国信办要认真组织落实国家信息化领导小组关于电子政务工作的各项决议，协调解决相关问题。

第五节　电子政务2.0

一、电子政务2.0的内涵和特征

早在 2005 年，Eggers 指出网络技术正在改变整个政府机构的行为和使命，并首次提出政务 2.0 的理念；日本早稻田大学电子政务研究中心主任 Toshio Obi 认为，政务 2.0 将成为电子政务下一步的发展趋势。随着奥巴马利用 Facebook 和 Twitter 竞选成功，政务 2.0 受到了世界各地、社会各界的广泛关注，现在被用于描述应用了社会媒体和网络技术的电子政务。政务 2.0 提倡电子政府作为一个整体、开放的平台，向公众和企业开放更多的政府数据信息，与民众进行直接的互动和沟通，以促成更多的创新应用。2010 年 6 月 14 日，在新加坡举行的整合政府全球论坛上，来自美国、日本、丹麦、新加坡等国的政府官员和学者一致认为"政府的围墙正在消失，新的网络技术和环境将使得政府和民众可以全方位地无缝沟通"。

学术界至今对 Web 2.0 并没有一个统一的定义,一般是通过与 Web 1.0 不同的技术应用、理念、特征来界定 Web 2.0 的。Web 2.0 是相对于 Web 1.0 而言的互联网新技术。Web 1.0 是一种"只读网络",网民被动地通过 IE 浏览器去查阅网站中的各种信息,也可以通过 BBS 论坛进行发帖和评论,但这种互动形式比较简单,缺乏更加直接的交流和沟通。而 Web 2.0 属于"读写网络",网民不仅可以读取各种信息资源,而且能够主动去创造信息(写信息),成为信息的发布主体,使得互联网成为一个"我为人人,人人为我"的以人为核心的社区网络。

Web 2.0 技术主要有以下几个特点,首先,Web 2.0 强调人与人之间的互动和交流,让网民发表个人观点和想法,相互之间进行交流沟通,陶冶情操,增进友谊。其次,Web 2.0 重视用户体验。Web 1.0 技术只是以列表的形式提供相关信息的链接,形式过于简单,无法满足网民的高要求,而 Web 2.0 技术则为用户提供了体验环境,它采用动画、场景等多种形式加深了用户的体验,使网站界面从平面进入到 2D、3D 多维界面,使网民如身临其境般接受政府、企业提供的各种人性化服务,改变过去简单、沉闷的静态形式。最后,多种 Web 2.0 元素丰富了互联网形式。Web 2.0 是一种新技术的集合,它包括了 RSS、BLOG、WAP、SNS、WIKI 等技术。

从广义上来讲,政务 2.0 指的是应用了 Web 2.0 技术(社会媒体等新型网络技术)的电子政务。这些技术在电子政务中的应用,使互联网不再仅仅是一个网上浏览资讯的工具,更是一个能让用户即时与他人互动的交流平台,使得民众间建立起前所未有的紧密联系,不仅改变了人们的日常生活方式,而且改变了政府和公民之间的交互关系,同时也给电子政务的信息管理和信息服务带来改变。电子政务从以政府为核心转变为以公众为核心,其特征包括以下几个方面。

■ 二、电子政务 2.0 的功能

将 Web 2.0 技术应用到电子政务领域,不仅简化了政府的办事流程,而且具有以下功能。

1) 发布信息、表达民意的途径

电子政务作为政府的门户网站,是为公众在线提供信息和服务的窗口。政府可以通过其门户网站向公众发布政府信息、公布政策方针,使公众更多地了解政府动态,政府也可以通过政府网站在线问卷来调查民意。同时,公众可以在政府网站上发表自己的意见、观点,也可以发布一些有关社会现象的视频、音频等。这样既可提高政府的透明度、增加公众对政府的监督力度,也可使政府更快地了解公众对政府的意见、建议和诉求。

2) 公众参与政府决策的平台

当前公众参与政府决策存在诸多问题,主要包括参与渠道单一、参与效率低下、参与动机不足、参与成本较高等。随着公众民主意识的提高,公众对参与公共政策制定或者执行过程的要求将会越来越高,并且公众的参与水平也是一个国家民主化程度的重要指标,而电子政务 2.0 为公众参与政府决策提供了一个理想的平台。通过电子政务 2.0,不仅可以使政府信息及时准确地传达给公众,引导公众参与,而且可以降低公众参与的成本,提高公众参与的水平。

3) 政府、公众在线交流的功能

近些年来,从温家宝同志与网民在线交流之后,人大代表也通过网络与公众"面对面"进行交流,国家领导人和人大代表不断地通过网络问政于民。"网络问政"不仅可使国家领导人或人大代表为公民解惑答疑,也可使他们了解真实的民情,维护了公众的知情权、参与权、表达权和监督权,在政府和公众之间建立起平等和良性的互动,从而有利于社会稳定发展。

4) 建设服务型政府的重要途径

所谓服务型政府,就是以"服务于民"为宗旨,在公民本位理念的指导下,把政府定位于服务者的角色,是"三个代表"重要思想在政府管理领域的具体体现。而 Web 2.0 技术的核心也是"用户至上",因此电子政务2.0通过 Web 2.0 技术可以为公众提供 24 小时在线服务,提高政府对公众个性化需求的响应速度,更好地为公众提供服务。

三、大数据时代的电子政务体系框架建设

大数据,是指在移动互联、宽带网络、云计算、物联网等信息技术的高速发展下,世界多样化的知识和信息正在以几何级数的增长速度运作,使得政府、企业、社会组织和公众等难以有效地捕捉、筛选、鉴定、分类、运用的一种非结构化的、海量的数据信息。大数据时代的到来,是信息技术高速发展的必然结果。

大数据时代的信息数据,呈现出以下特征。

(1) 信息多样性。大数据时代的信息数据,以非结构化、复杂化的信息数据为主,如对于危机事件的各方态度和价值诉求的信息、处理宏观决策的信息等;也包括有一定难度的半结构化数据,像高考招生指标的变化、医疗机构建设的选址等;还包括简单的结构化、程序化的数据,像办理驾照、工商登记注册等。

(2) 信息海量性。大数据时代,除了信息存储设备的更新换代外,还有云技术的发展,使得海量信息的存储与运用成为可能的现实,数据容量从 TB、PB 升级到 EB、ZB。据估计,从 2013 年到 2020 年,全世界"整个在网上各种各样的大数据会到 40ZB"。

(3) 信息快速性。大数据时代,信息技术更发达,意味着信息传播方式更便捷、信息传播速度更快,而政府、企业、社会组织、公民等对信息的反应和提取就应该更快速。

(4) 信息灵活性。大数据时代,信息具有高度的敏感性、快速性和灵活性,一条微博、一个链接就能很"灵活"地把所见所闻传播出去。信息的灵活性,使得数据结构在"量"上变得更为复杂,给人们有效运用信息增加了"捕捉准确而有价值的信息"的难度。

(5) 信息复杂性。传统的信息技术和设备能够处理好结构化、程序化方面的数据,但是大数据时代的信息数据形式多样、复杂多变,需要高端的云技术和信息高度集成,使得大数据时代的政府、企业、社会组织等有形组织对信息的采集、辨认、分析、应用等方面的能力有了更为复杂的要求。

在大数据思维的指引下,开展数据开放战略需要以云计算促进资源整合、业务协同和集成应用。政务信息资源急剧增长,在引入大量外部数据源之后,使得处理分析过程日趋复杂,依靠传统的上工程、建项目、不断增加软硬件投资的方式来建设信息时代的电子政务,已经无法满足大数据时代的需求。欧美国家的很多案例已经证明,云计算不仅有助于从整体上降低电子政务成本、信息共享和业务协同难度,而且能够提高部署效率和政府运行效率。

互联网流量的激增带来了对高性能网络基础设施的需求，面对海量数据的冲击，又带来了信息时代电子政务发展思维方式的转变，利用以并行数据库和 Hadoop 技术为代表的新一代数据管理与分析技术辅助政府分析、决策将成为政务管理的有力工具。传统的政务系统往往从自身业务供给的角度出发，按照自己的理解不断添加内容，使得网站内容越来越复杂，栏目设置如同迷宫，民众常遇到"提供的服务不需要、需要的服务找不到"的尴尬。

从某种程度上说，大数据背景下的政务系统的核心就是"感知"，基于海量实时数据分析结果，实现对社会热点问题实时感知，并且能够预测民众的需求，通过对民众需求的多层次细分，实现政府网上服务更加精准、更具个性化，这是一种更加注重"用户体验"的转变。

结合上文所述，可从技术角度提出大数据时代建设我国电子政务的体系框架（见图3-5），用以解决传统政务模式产生的信息孤岛、数据鸿沟，以及在政府进行管理决策分析、感知社会热点与民众需求等方面的问题。

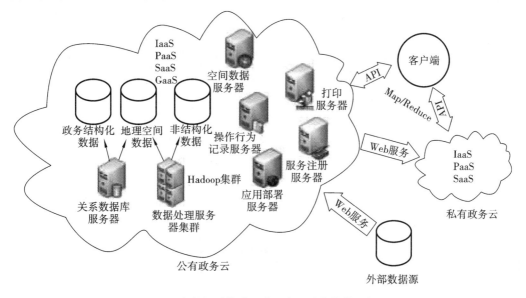

图 3-5 大数据时代建设我国电子政务的体系框架

案例 3-4

美国联邦政府网站改版

美国联邦政府于 2010 年底对政府门户网站进行改版。自 2000 年此网站（www.firstgov.gov）上线以来，已经历数次比较大的改版动作，虽然每次都伴随较大的继承和创新，但这次最为明显。"Made Easy"即为这次改版的口号，且直接标识于政府网站的 Logo 上，形成了完整的视觉整体。改版后网站主导航分为以下几个部分：Get services（提供各种网上服务，如申请政府贷款）；Explore topics（探寻主题服务，按主题提供相应服务）；Find government agencies（寻找政府机构及服务）；Contact government（联系政府）。整个版面对于原有栏目结构进行重组,使其更为实用。版面增加了多终端的服务项目,可面向手机用户,扩大了服务人群。改版使得网站易用性和互动性大为增强,充分利用先进的网络技术优势和外部资源扩大了服务范围,并提升了政务影响力。可以看出,美国联邦政府网站的改版折射出政府治理理念正在发生深刻的变化。

思考与提示

电子政务2.0时代折射出政府治理理念发生了哪些变化?

本章重要概念

成熟度(maturity)　　首席信息主管(CIO)　　外包(outsourcing)

本章思考题

1. 制定电子政务战略时,一般应包含哪些内容?
2. 简述电子政务发展中的一些主要障碍。
3. 你如何理解信息技术在电子政务环境中的作用?怎样才能实现信息技术的价值?
4. 信息技术外包以后,政府CIO的职责和作用发生了哪些变化?

本章推荐阅读书目

1. 格罗伦德.电子政府:设计、应用和管理[M].陈君,等,译.北京:清华大学出版社,2006.
2. 托马斯·H达文波特.信息技术的商业价值[M].北京新华信商业风险管理有限责任公司,译.北京:中国人民大学出版社,2006.
3. 罗伯特·克莱珀.信息技术、系统与服务的外包[M].杨波,译.北京:电子工业出版社,2003.
4. 于施洋.电子政务顶层设计:信息化条件下的政府业务规划[M].北京:社会科学文献出版社,2014.
5. 罗斯·梅森.重塑IT:应用互联网如何改变CIO的角色[M].李泉,译.北京:清华大学出版社,2017.
6. 郑烨,樊蓬.我国电子政务立法的困境与对策思考[J].情报探索,2011(11):22-25.
7. 宋伟东,孙尚宇,耿继原,等.用大数据思维建构信息时代的电子政务[J].测绘科学,2014,39(5):18-22.
8. 王华华.大数据时代2.0服务型政府:内涵、要求与路径[J].党政研究,2017(3):92-99.

第四章

电子政务应用系统关键技术概述

——本章导言——

电子政务效益的发挥和目标的实现离不开电子应用系统的支撑。电子政务应用系统是实现电子政务管理理念和思想的计算机产品。根据不同的业务流程、应用环境和用户对象,电子政务应用系统几乎覆盖了包括协同工作技术、智能决策技术和信息安全技术在内的所有现代信息技术。本章通过对网络技术、数据库技术、Web技术、协同工作技术、工作流技术、视频会议技术、数据仓库技术、数据挖掘技术、地理信息系统技术以及电子政务信息安全防护技术和基础设施等关键技术的简要介绍,使读者初步了解电子政务应用系统的技术概貌和基本原理,为恰当地选择和应用这些技术提供帮助。

第一节 电子政务应用系统技术基础

随着电子政务的内涵和外延的发展、现代信息技术的飞速变化,电子政务应用系统技术也在不断地汲取信息技术的最新成果。具体说来,电子政务应用系统技术应用系统主要由网络技术、数据库技术、Web技术等几个方面构成。

一、网络技术

网络技术是用于支撑和实现各项电子政务应用系统功能,提供信息共享、业务办理和服务递送的技术和物质基础,它主要由电子政务网络体系、网络硬件和网络软件构成。

1. 电子政务的网络体系

电子政务应用系统依赖于网络环境,不同的政务应用需要依赖不同的网络环境和安全策略。根据电子政务网络的覆盖范围和安全等级,可以将电子政务网络体系分成3种类型:面向政府内部业务管理和办公的政务内网,通过通信专线与其他政务内网之间进行数据交换、信息共享和业务协同的政务专网,通过公共网络连接到Internet的面向企业和公众服务的政务外网。图4-1是电子政务的网络体系。

1) 政务内网(Intranet)

政务内网通常是在一个较小的地理范围内将各种计算机网络设备互联在一起的计算机网络,通常物理设备之间的距离局限在几千米范围之内。政务内网是政府的内部办公业务信息网,用于处理涉密信息,在该网上可以实现政府内部的文件流转、工作日程安排、会议安排、财务管理、人力资源管理等政府内部业务的电子化管理。所以,电子政务内网

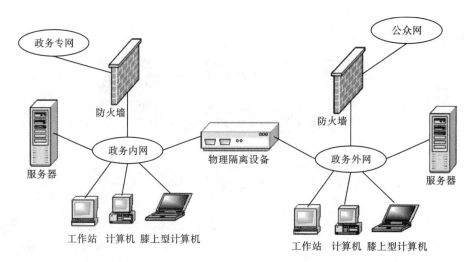

图 4-1 电子政务的网络体系

侧重于政府日常协同办公运作，并运用先进的数据交换、共享、采集、发布技术，使得各政府机构在同一平台上传递信息、开展业务，促进原来分散的业务系统的整合，加速不同部门之间、不同行业之间的信息交流，紧密地将各级政府部门政务内网（含业务系统）和企事业单位结合在一起，实现协同政务、资源共享、科学决策。

2）政务专网（Extranet）

政务专网可称之为外部专用网络，它是在内网建设的基础上，涵盖了政府部门和其所有协作单位的网络，所以称之为政府部门外部专用网络，也可以说是 Intranet 和 Internet 之间的网络。Extranet 使政府各协作部门之间的协同工作得以保证，行业机构之间的业务沟通、信息共享更加密切，行动更加协调。例如，我国"金关"、"金税"、"金卡"、"金盾"等电子政务工程中建成的部门专网就是电子政务专网。随着政府信息化的发展、政府资源建设的深入，在 Extranet 上建立的政府资源库、知识库将会提高整个政府的办事效率，促进政府建成知识型组织。

3）政务外网（Internet）

政府各部门之间由于协同办公的需要而建立的专用网络，称为政府外网。它是政府对外服务的业务专网，主要运营政府部门面向社会的专业性服务和不需要在内网运行的业务，承担各级政府、各部门之间非国家秘密的信息交换和业务互动以及面向社会的服务。政府公众信息网和门户网是政府外网的主要外部表现形式，公民、企业可通过它们进入政府外网办理各种手续、证书、执照等，享受到政府所提供的各种服务。

政务专网和政务内网都是政府系统的内部办公业务网，是涉密网，处理涉及国家秘密的事务，故有时又将二者合称为政务内网。政务外网是非涉密网，它必须同政务内网物理隔离，而同 Internet 逻辑隔离。所谓物理隔离，是指两个系统之间没有任何的直接物理连接通路；所谓逻辑隔离是指同一套物理设备，利用软件的方法实现互相隔离。

2. 网络硬件

一个基本的计算机网络由下列硬件组成：服务器，工作站，网络适配器，网络互联设备，传输介质和外围设备等。

1）服务器

计算机网络中的服务器和工作站是建立在网络基础上的共生关系。服务器就是提供服务的计算机，是网络层次上的计算机概念。大多数时候服务器是网络的核心，它负责向其他网络设备包括客户机、打印机等提供服务支持，并向客户机提供大量的网络管理功能。

作为普通的办公应用服务器一般可以采用硬件配置较高（如大内存和大硬盘容量）的电脑。作为提供符合要求的特定服务的服务器必须是专用服务器，它的主要性能指标包括以下内容。

（1）响应速度：从输入数据到服务器完成任务的时间。

（2）吞吐量：整个服务器在单位时间内完成的任务量。

（3）平衡能力：根据需求和服务器的具体工作环境和状态，调整用户对系统资源的占用，达到服务优化的能力。

（4）扩展性：用户可以根据需要随时增加有关部件，以提高系统的总体性能。

（5）可靠性：服务器正常运行时间所能达到的比例。

（6）易用性：服务器在运行时便于使用、控制、维护、整合和支持的能力，如部件的故障预警、远程维护等的方便性。

专用服务器与普通电脑的主要区别在于：专用服务器具有更好的响应速度和可靠性，更加注重系统的输入/输出能力。

根据专用服务器所运行的应用程序类别和所提供的服务功能，可以将其划分为 Web 服务器、应用服务器（FTP 服务器、mail 服务器、文件共享服务器、域名服务器）、数据库服务器等。例如，数据库服务器是指运行数据库系统的专用服务器，其功能就是为数据库系统的高性能运行提供硬件支持和保障。

2）工作站

使用服务器提供的功能的网络节点就是工作站。工作站的概念内涵和外延，与服务器之间的结构关系在不断地发生变化。工作站有时是指联机在某个服务器的终端机，可以执行信息的输入输出工作，也可以是通过专线远程连接的上级或下级机构的终端设备或工作站；有时则是接在政府机构内网上的一个普通的个人电脑（PC），等等。

3）网络适配器

网络适配器的主要作用是将计算机数据转换为能够通过介质传输的信号。传输介质是实现网络之间数据传输的媒介。常用的传输介质包括双绞线、同轴电缆和光导纤维。另外，还有通过大气实现的各种电磁传播介质，如微波、红外线和激光等。外围设备是指与计算机连接在一起，提供多样化的输入输出手段的设备，如键盘、鼠标、打印机、扫描仪、调制解调器等。

4）网络互联设备

网络互联设备主要包括中继器、网桥、交换机、路由器和网关等设备，它们都是网络环境中必不可少的重要组成部分，共同承担着电子政务应用系统间的信息传输和交换任务。中继器主要用于扩充局域网电缆线段的距离限制，网桥是实现多个局域网互联的设备。随着计算机网络应用越来越复杂，局域网上的信息量不仅迅猛增长，而且对网络也提出了速率高、延迟小、有服务质量保证的更高要求。交换机就是采用交换技术，在源端口和任何目标端口之间提供直接、快速、及时的点到点连接的设备。路由器是一种连接多个网络或网段的网络设备,它能对不同网络或网段之间的数据信息进行"翻译",以使它们能够相互"读"懂对方的数据,从而构成一个更大的网络。网关就是一个网络连接到另一个网络的"关口"。在 Internet 中,网关是一种连接内部网与 Internet 上其他网的中间设备。

3. 网络软件

电子政务应用系统网络软件包括网络系统软件和网络应用软件。网络系统软件主要是一些通用软件的集合,如操作系统、数据库系统、Web 服务器软件、代理服务器软件等;网络应用软件主要是指满足政府部门内和部门间高度数据共享,与政府业务和流程密切联系,实现政府运作和服务相关业务及流程电子化和自动化的软件应用系统,它们是电子政务应用系统的特征之一。数据库技术和网站技术是电子政务网络应用软件的技术基础。软件体系结构是电子政务网络应用软件的整体架构,它的选择和确定受制于软件的网络应用环境、业务需求和用户群体。

所谓软件体系结构是指一个程序或系统的组件结构、组件之间的关系以及在开发全过程中决定设计与演化的基本原则和指南。它对软件性能和质量及生命周期的影响非常关键。计算机软件体系结构经历了 3 个阶段,即主机/终端结构、客户端/服务器结构和浏览器/服务器多层结构。

1)主机/终端结构

20 世纪 60—80 年代,网络应用主要是集中式的,该结构下数据处理和数据库应用全部依靠主机,终端没有处理能力,也只有少量的图形化用户界面。当终端用户增多时,主机负担过重,处理性能显著下降,会造成主机"瓶颈"。随着个人计算机的广泛应用,该结构逐渐被淘汰。

2)客户端/服务器(client/server,C/S)结构

客户端/服务器是 20 世纪 80 年代产生的应用模式,它的基本原理是将数据处理从应用中分离出来,形成前后台任务:客户端运行应用逻辑,完成屏幕交互和输出等前台任务,服务器则运行 DBMS,完成大量的数据处理及存储管理等任务。这样既充分发挥了数据库服务器的性能,又充分利用了客户端的灵活性,建立友好的人-机对话界面。电子政务初期政府的网络版信息管理系统就是 C/S 结构的典型例子。

C/S 结构是由传统的文件处理方式发展而来的,其最大的优点就是实现了程序和数据的分离,从而增强了系统的开放性和灵活性。在应用需求扩展或改变时,系统功能容易进行相应的扩充或改变,从而实现系统的规模优化;系统的可重用性增强,系统的维护工作量大为减少,资源可利用性大大提高,使系统整体应用成本降低。另外,通过客户端和服务器的功能合理分布、均衡负荷,从而在不增加系统资源的情况下提高了系统的易用性、响应性和整体性。

C/S 结构的缺点是客户端需要安装专用的客户端软件,从而增加了软件安装和维护的工作量。而且,客户端软件对客户端软件环境(如操作系统)也做出了相应限制,使得客户端软件的广泛应用受到阻碍。另外,随着互联网的飞速发展,移动办公和分布式办公越来越普及,网络应用功能越来越丰富,C/S 结构已经越来越不适合新的应用需求,需要专门的技术来提供具有更大的扩展性和互联性功能,并能进行分布式数据处理的软件系统。

3) 浏览器/服务器(browser/server,B/S)三层结构

随着越来越多的应用系统被搬上 Internet,一种新的、更具生命力的体系结构被广泛采用,这就是 B/S 三层结构。它是电子政务应用系统的主要结构形式。

B/S 由以下 3 个层次组成。

(1) 客户层(client tier)。用户接口和用户请求的发出地,典型应用是网络浏览器和胖客户(如 Java 程序)。

(2) 服务器层(server tier)。典型应用是 Web 服务器和运行业务逻辑的应用程序服务器。

(3) 数据层(data tier)。典型应用是关系型数据库和其他后端数据资源。

B/S 结构简化了客户端的维护工作,客户端上只需安装、配置少量的客户端软件(如 Internet Explorer)即可。B/S 运行时,客户(请求信息)、程序(处理请求)和数据(被操作)被物理地隔离。B/S 结构是个更灵活的体系,它把显示逻辑从业务逻辑中分离出来,这就意味着业务代码是独立的,可以不关心怎样显示和在哪里显示。业务逻辑层现在处于中间层,不需要关心由哪种类型的客户来显示数据,也可以与后端系统保持相对独立性,有利于系统扩展。三层结构具有更好的移植性,可以跨不同类型的平台工作,允许用户请求在多个服务器间进行负载平衡。三层结构中安全性也更易于实现,因为应用程序已经同客户隔离。应用程序服务器是三层/多层体系结构的组成部分,应用程序服务器位于中间层,即服务器层。

二、数据库技术

数据库技术是电子政务应用软件系统的核心技术基础和支柱。数据库技术是用于数据管理的计算机技术,主要研究如何安全、高效地采集、存储、更新、维护、检索、交流、共享数据信息。数据库技术自 20 世纪 60 年代诞生以来,为计算机收集、存储、加工和利用数据提供了全面的支持,起到了十分关键的作用。

数据库技术的核心是数据库系统。数据库系统作为软件的一个分支,与其他软件技术及其他学科领域有着密切的关系。它几乎涉及计算机领域的所有知识,是各种知识和技术的综合应用。

1. 数据库系统的构成

数据库系统是由计算机系统、数据库、数据库管理系统和数据库管理员(DBA)组成的具有高度组织的总体。

1) 计算机系统

计算机系统是指用于数据库管理的计算机硬、软件系统。数据库需要大容量的主存以存放和运行操作系统、数据库管理系统程序和应用程序等,需要大容量的直接存储设备及较高的网络功能。

2) 数据库

数据库的严格定义是通过集中数据而使数据冗余最小并有效地服务于许多应用的有组织的数据的集合。每一个应用的数据不是被存储在独立的文件上,而是让用户感觉到数据只是被存储在一个地方,单个的数据库可以服务于多个应用,包括存放实际数据的物理数据库和存放数据逻辑结构的描述数据库。

3）数据库管理系统

数据库管理系统(DBMS)是数据库的核心软件,是数据处理技术各种先进思想的汇集,是一种综合、通用的大型系统软件。它的最基本的功能是允许用户逻辑地、抽象地处理数据而不必过问这些数据在计算机中是如何存储和如何处理的。它的作用包括数据对象的定义、数据的存储与备份、数据访问与更新、数据统计与分析、数据的安全保护、数据库运行管理以及数据库建立和维护等。数据库管理系统的主要功能如下。

（1）数据库开发。数据库管理软件允许用户很方便地开发他们自己的数据库。DBMS 允许数据库管理员在专家的指导下对整个组织的数据库开发进行控制,以此改善组织数据库的完整性和安全性。

（2）数据库查询。用户可以使用 DBMS 中的查询语言或报告发生器,询问数据库中的数据;可在显示器或打印机直接接受机器的响应,不要求用户进行程序设计。用户只要掌握一些简单的请求和查询语言就能方便地得到联机查询的响应。

（3）数据库维护。数据库需要经常更新数据,以适应组织新的状况。数据库的数据变化需要进行各种修改,以保证数据的准确性。这种数据库维护处理是在 DBMS 的支持下,由传送处理程序及其他用户应用软件实现的。

（4）应用开发。DBMS 的一个重要作用是应用开发,可以利用 DBMS 软件包提供的内部程序设计语言开发完整的应用程序。

（5）数据字典。数据字典含有管理数据定义的数据库,它是数据库管理的重要工具。数据字典是超越数据的计算机分类与目录,字典的内容是关于数据的数据。数据字典由数据库管理员控制、管理和维护。

4）数据库管理员

这是指对数据库进行有效控制的数据库管理员和设计数据库管理系统的系统程序员及用户。

□ **2. 数据模型**

数据模型是对客观事物及其联系的数据化描述。在数据库系统中,对现实世界中数据的抽象、描述以及处理等都是通过数据模型实现的。模型能使数据以记录的形式组织在一起,综合反映组织运行中的各种业务信息,它既能使数据库含有各个用户所需要的信息,又能在综合的过程中去除不必要的冗余。数据模型是数据库系统设计中用于提供信息表示和操作手段的形式构架,是数据库系统实现的基础。目前,实际数据库系统中支持的数据模型主要有层次模型、网状模型和关系模型 3 种,而面向对象的数据库是发展的方向。

在 3 种数据模型中,关系模型是最重要的,也是被各类电子政务应用系统普遍选用的模型。所谓关系数据库就是将数据表示为表的集合,通过建立简单表之间的关系来定义结构的一种数据库。它的特点是用人们最熟悉的表格数据的形式描述数据记录之间的联系,是以数学中的关系理论为基础的。该模型简化了程序开发及数据库建立的工作量,因而应用广泛,并且在数据库系统中占据主导地位。例如,当前广泛应用于政府部门的 Oracle、MS SQL Server、DB2 和 FoxPro 等数据库系统都是关系型数据库。

关系型数据库的基本要素包括以下 5 种。

（1）表。表是一种按行与列排列相关信息的逻辑组。

（2）字段。数据库中的每一列称为一个字段。表结构是由其包含的各种字段定义的，每个字段描述了它的一个属性值。字段可包含各种字符、数字甚至图形。同一字段的内容可能不同，但属性必须是相同的。

（3）记录。存放在表的行中的数据，被称为记录。同一数据表中任意两个记录都不能完全相同。

（4）键（关键字、主键）。键就是表中的某个（或某几个）字段，可以是唯一的，也可以是非唯一的。唯一键可以指定为主键，用来标示表的每行。

（5）关联。关联就是表与表之间的联系。数据库可以由多个表组成，表与表之间可以以不同的方式相互关联。

结构化查询语言（SQL）是目前国际通用的关系数据库访问语言。SQL 语言具有数据定义、数据操纵、数据控制等功能。使用 SQL 语句，用户无须了解数据库的内部机制，就可以实现数据访问。

三、Web 技术

政府网站是电子政务应用系统必不可少的重要组成部分，政府网站在互联网上创建了一个双向交互窗口，为政府和公众提供新的沟通渠道，为公众提供新的网上服务模式，实现政府对公众的互动式服务。政府开发电子政务应用系统，选择什么样的网站技术，直接关系到信息在政府内和政府间的流转、共享和使用，影响到网站的使用效果和预期作用的发挥。

用于构建政府网站的最常用的技术就是 Web 技术。Web 技术是随着超文本传输协议（Http）和超文本标记语言（Html）一同出现的，Web 服务器利用 Http 传递 Html 文件，Web 浏览器使用 Http 检索 Html 文件。一旦从 Web 服务器上检索到信息，Web 浏览器就会以静态和交互方式显示各种对象。Web 技术已经被广泛应用于 Internet，并被广大用户接受和使用。

依据 Web 技术，主要有以下 3 种 Web 模型可以应用于电子政务之中，政府可以从实际出发，加以选择。

1. 静态 Web 模型

建立 Web 服务器，发布全静态的 Html 页面，浏览器通过 Http 协议建立与服务器的链接，Web 服务器进行响应，返回页面结果并断开这次链接。这是最简单的一种 Web 模型，没有什么交互功能，只能发布一些单纯文档和建立文档间的链接。这种模型更新功能很差，协同处理能力较弱。在开展电子政务的初始阶段，政府信息量较少，比较固定，可以采用这种模型。但是，一个正常运作的电子政务网站不宜采用静态 Web 模型。

2. 动态交互 Web 模型

动态交互式 Web 模型是静态 Web 模型的扩展，它除了支持静态 Html 的发布外，主要利用动态 Web 技术来发布信息，其特点是能够集中管理信息资源。这种环境中，一般含有数据库服务，通过动态网页技术实现查询、输入和修改等数据库操作。该模型主要可用于政府信息资源库的建设，以方便政府工作人员和社会公众动态地查询政府信息资源。动态 Web 模型最常用的实施方式是通过 CGI、ASP、JSP、PHP 等构建数据通道。

3. 电子政务企业级 Web 模型

随着 Java、CORBA 等技术和数据库的日趋成熟,电子政务企业级 Web 模型是一种比较理想的模型,也是一种典型的应用结构。在这个模型中,采用 JDBC(Java 数据库开发连接接口)技术,使得应用程序能够很方便地进行数据库链接,执行 SQL 语句并得到返回结果。JDBC 技术由于有着良好的可操作性、可维护性、安全性以及事务处理能力,因而在复杂事务处理方面比较具有优势。

该模型的实施,可以使浏览器方便地链接到各种信息资源中,不仅可以检索文件,还可以对目标数据进行更改、分析,因此具备良好的交互性和强大的计算能力,是建立电子政务的理想模型。

■ 第二节　电子政务协同工作技术

协同工作是人类社会解决各种复杂问题或完成各种大规模任务的一种重要而有效的工作方式,它通过一个团队中多个成员的共同努力和合作而最终完成任务,其具体形式有协同设计、协同产品开发、协同编著、合作会诊、合作教育以及各种会议等。协同工作是电子政务的核心任务,几乎覆盖了电子政务的所有业务环节,例如办公自动化、网上审批、网上协同工作以及政务决策支持等。协同工作技术也是当今信息技术发展领域中的崭新课题,其目标就是基于网络、多媒体等技术,为人们提供一个协同工作的环境。本节讨论协同工作技术、工作流技术和视频会议技术。

■ 一、协同工作技术

1. 协同工作技术的概念

计算机支持的协同工作(computer supported cooperation work,CSCW)的概念最早是在 1984 年由美国麻省理工学院的艾琳·格雷夫(Irene Greif)和美国数据设备公司(DEC)的保罗·卡什曼(Paul Cashman)这两位研究人员用于描述他们正在组织安排的如何用计算机支持交叉学科的人们共同工作的课题时提出来的。CSCW 可以定义为地域分散的一个群体借助计算机及其网络技术,共同协调和协作来完成一项任务。它包括群体工作方式研究、支持群体工作的相关技术研究、应用系统的开发等部分。通过建立协同工作的环境,改善人们进行信息交流的方式,消除或减少人们在时间和空间上相互分隔的障碍,从而节省工作人员的时间和精力,提高群体工作质量和效率。例如,共享文件系统提供的资源共享能力,电子邮件和多媒体会议系统提供的人与人之间的通信支持功能等,工作流和决策支持系统的组织管理功能等。支持协同工作的计算机软件称为群件(groupware)。

CSCW 的基础是通信,自然的组通信发生在地理上呈分散状态的用户之间(本地通信可以认为是分布系统的特例),因此网络通信是至关重要的,并且在合作环境中处理多媒体文件传输和数据控制是很复杂的。而基于计算机或者以计算机为媒体的通信,并没有完全和其他通信形式相结合。异步的基于文本的电子邮件和公告板与同步的电话和面对面的交谈是不同的:人们不能在任意的两个电话号码之间传送文件。把计算机处理技术和通信技术结合起来可以帮助解决这个问题。

CSCW 的形式是合作,与通信相似,合作是小组活动的重要内容。在群体活动中,任意一项活动都必须由多人合作完成,有效的合作要求人们必须共享信息。但是当前的信息系统尤其是数据库系统在很多情况下把人们互相隔离开,比如,当两个设计人员使用同一个 CAD 数据库进行操作时,他们不可能同时修改同一个设计物体的不同部分并且即时地知道其合作者所做的修改,他们必须通过互相检查才能知道对方所做的工作。许多任务都需要良好的共享环境,可以在适当的时候友好地通知群组的活动信息以及各个用户的活动。

CSCW 的关键是协调。如果一个组的活动是协调的,那么它的通信和合作将会大大得到加强。一个不能很好地进行协调的工作小组,它的成员之间势必会经常发生冲突和重复劳动。当几个部分共同组成一个任务时,协调本身被看作是一个必不可少的活动。当前的数据库应用提供了对共享对象的访问,然而大多数软件工具只提供对单用户的支持,对支持小组的协调这一重要功能却做得很少。

自正式提出 CSCW 的概念至今也不过 30 多年的历史,但现在 CSCW 已被普遍认为是 21 世纪人类工作的基本方式之一。CSCW 技术将为人们带来协作方式的变革,提高人们协同工作的整体效率,其发展和推广会改善人们交流信息、进行协作的方式。

2. CSCW 的功能

归纳起来,CSCW 具有以下四大功能。

1) 信息共享

信息共享是 CSCW 的基本任务,它要求 CSCW 系统为各协作成员提供方便、可靠的信息采集、访问、修改和删除机制。具体地说,就是提供运行在不同操作平台上的不同应用程序对数据的存取和交换,例如:对于电子邮件实现不同文档格式的转换;支持分布成员、信息资源以及当前活动信息的维护,便于人们去寻找相应的工作伙伴。利用相应的资源,参加某项特定的活动,提供信息共享的不同访问方式;根据用户的身份,提供对数据的不同访问权限,等等。

2) 多媒体群组通信

首先,CSCW 系统提供了支持在协作成员之间互换多媒体信息的通信机制,这些媒体包括文本、语音、图形、图像、音频和视频。其次,CSCW 系统提供了群组通信支持,包括异步组通信和同步组通信,它使通信服务具备多种数据交换方式,即点到点、一点到多点、多点到一点和多点到多点等。这意味着:协作的用户可作为数据的发方或收方,又可以同时具备收/发的功能。

3) 个体活动管理

CSCW 系统为各协作用户提供宽松的 WYSIWIS(What you see is what I see,译为你见即我见)机制,允许参加者对同一事物的不同部分以不同形式进行观看和修改;同时提供安全机制,对公用操作/数据和私有操作/数据进行区分,为参加协调工作的用户保留一部分私有数据不为群体共享。

4) 群体协作管理

CSCW 系统支持多个用户参与同一工作,它提供给各协作用户一个公共平台,每一个协作用户在它的协调下完成一项共同的工作,它负责对活动的步骤加以协调,其中包括工作流支持系统、群组方法支持工具、群组工作程序协调系统和群组决策支持系统,也包括群体活动中成员间的任务和责任的划分;同时在协调中采用协调控制策略,如令牌控制方式、并发控制和协商控制等，以避免个体之间的冲突。

综上所述，CSCW 技术提供了一个开放的、分布式集成化的协同工作环境，能够有效提高协同工作的效率。

3. CSCW 的工作模型

近年来，国内外在这一领域的研究成果给出了典型的基于 CSCW 技术的群体协同工作模型，主要包括以下 5 种。

1) 会话模型

会话模型是基于活动可分解为一系列两人之间的交互会话而实现群体协同的思想。其机理是两人之间的协作可以通过特定语言/动作的执行来实现。

2) 会议模型

会议模型是基于会议研讨方式的协同思想。其机理是为完成某一共同任务，参与者"以开会的形式"聚集在一起，相互交流、相互协商、共同讨论研究，以达成共识、形成最后决议。计算机会议系统、白板系统、电子公告栏、共享应用系统等是以这种模型构造的几种 CSCW 基本环境。

3) 过程模型

过程模型是基于任务可分解为一系列相互关联而又相对独立的串行或并行的子任务的协同思想。其机理是把协同任务科学、合理地划分为各个子任务，分析完成各任务的过程，找出各过程间的相互关系，也就是串行或并行协同过程，再规定协作各方的任务、操作和动作规范等，以实施协作，共同完成该任务。按这种过程模型设计的 CSCW 系统比较适合用于具有相对固定工作流程的应用中。

4) 活动模型

活动模型是基于一种"活动理论"(activity theory) 的协同思想。其机理是将任务分解为若干个称之为"活动"(activity) 且目标明确的子任务，然后定义各子任务之间的关系，通过"活动"的执行来完成协同任务。

5) 层次模型

层次模型是基于任务的层次性和协作方式的多样性的协同思想。其机理是将协同任务划分为不同层次，再采用相应的层次模型分别描述诸如协调控制的结构、协作环境模块以及抽象群体协同动作等，来完成协同任务。

二、工作流技术

电子政务是提高政府办公效率的重要途径，其主要目标之一是实现政府内部的公文流转和信息共享，也就是利用计算机技术，在网上实现业务过程的自动流转。电子政务要求网上办公系统不仅能够解决办公过程中某个独立环节的业务问题，而且能够将过程中的所有环节衔接起来，使得上一个环节的业务处理结果能自动流转到下一环节以便利用或处理，而这正是工作流技术要解决的最基本的问题。

1. 工作流的概念

工作流 (workflow) 技术作为一种重要的协同工作技术，其主要目标是通过管理业务过程中各个活动环节，调用与活动相关的人力或者信息资源，实现业务过程的自动化。工作流技术起源于 20 世纪 80 年代初，进入 90 年代后，由于业务领域对软件系统的协同性、灵活性和开放性的要求越来越高,面向群体协同工作并支持这些特性的工作流管理技术便成为计算机应用领域研究的热点。

1993年工作流管理联盟(WFMC)成立,制定了相关的系列标准,认为"工作流是一类能够完全或者部分自动执行的经营过程,它根据一系列过程规则、文档、信息或任务能够在不同的执行者之间进行传递与执行"。实际上,工作流是运营过程的一个计算机实现,而工作流管理系统则是这一实现的软件环境,它完成工作流的定义和管理,并按照在计算机中预先定义好的工作流逻辑推进工作流实例的执行。工作流管理需要一个过程定义工具、一个过程执行引擎、用户和应用接口,用以访问和激活工作请求、监控和管理工具以及审计功能。有的系统还提供了适配集成工具,拓展了业务过程中工作流集成的柔性。

2. 工作流管理系统模型

为了实现工作流技术的标准化和开放性,以及对异构的工作流管理系统与其他应用系统之间的集成,工作流管理联盟提出了工作流管理系统体系结构的参考模型,该模型中规范了功能组成部件和接口。

工作流管理系统模型的主要组成部分包括以下内容。

(1) 过程定义:业务流程的形式化描述,包括流程的起始和终止条件、组成过程的活动、活动之间的关系、活动调度规则、活动的参与者、与流程相关的应用程序以及其他流程流转时需要用到的相关数据。

(2) 过程实例:实际运行的一个过程。它具有运行状态、运行结果、运行过程产生的业务相关数据等信息。

(3) 过程定义工具:用来创建过程定义,生成可被计算机处理的业务流程的形式化描述。

(4) 工作表:其在过程执行中,需要过程的活动参与者参与时,工作流引擎便产生一组待处理工作项。等待用户处理,这一组工作项便构成用户的一张工作表,工作表由工作表管理器进行管理维护。

(5) 工作表管理器:管理用户与工作流执行服务的交互,通过工作表的管理提醒用户参与过程的执行以达到驱动过程流转的目的,此外它还有负载平衡、任务重分配的功能。

(6) 过程管理和控制:管理员进行更改过程定义,跟踪并监督过程实例的执行、查询和统计过程及实例历史数据等操作。

(7) 工作流引擎:是工作流管理系统的核心部分,为工作流实例提供运行执行环境的软件服务,是驱动流程流动的主要部件。主要功能是:负责对过程定义进行解释,控制过程实例的生成、激活、挂起、终止等,控制过程活动间的转换(依据工作流相关数据),维护工作流相关数据,为监控各个活动的运行情况提供查询数据。一个工作流管理系统可以包含一个或多个引擎,并通过接口向外部提供服务功能。

(8) 工作流相关数据:用来控制流程流转的数据,如活动实例当前状态、活动参与者、角色等。

(9) 工作流应用数据:在活动实例被处理时产生的与具体应用相关的业务数据。

(10) 组织/角色模型数据:指组织机构的部门结构和所有角色,以及部门、用户组角色。它使过程定义、流转与用户组角色相关,而不是与参与者个人相关。

三、视频会议技术

电子邮件可以传输计算机的文件,但不能让身处异地的人实时互动地共享计算机的信息。互联网存储、传输大量的多媒体信息,但是上网浏览这种异步的非实时通信实际上是把互联网当成一个大媒体信箱。随着网络的普及和大众化,单纯的文件传输和信息发布已经无法满足人们更高层次的需求。集音频、视频、图像、文字、数据为一体的多媒体应用和视频会议的普及将和传统的网络传输方式相辅相成,逐渐成为网络应用的主要交流方式。视频会议不但可以传输图像和声音,而且可以在传输图像的同时通过辅助设备传输计算机文件等第二路的图像信息。借助视频会议技术,人们足不出户即可"亲临"世界任何角落;白天可以"亲晤"全球各地的同事和雇员,而晚上可与家人共享天伦之乐;可以同时出席多个点对点会议和多点会议,使他们免除差旅之苦,从而分身有术。视频会议在电子政务中有着举足轻重的作用。

1. 视频会议系统的概念

视频会议的实现离不开视频会议系统的支撑。视频会议系统是通过网络通信技术来实现虚拟会议,使在地理上分散的用户可以共聚一处,通过图形、声音等多种方式交流信息,支持人们远距离进行实时信息交流与共享、开展协同工作的应用系统。视频会议极大地方便了协作成员之间真实、直观的交流,对于远程教学和会议也有着举足轻重的作用。使用视频会议方式,可以节省大量的会议经费,同时,由于不需要会务人员,可使工作人员能够以更多的精力将日常工作做得更好。

视频会议系统在用户组成模式上可分为点对点(2人)和群组视频会议系统(多人)两种,按技术实现方式可分为模拟(如利用闭路有线电视系统实现单向视频会议)和数字(通过计算机和通信技术实现)两种。视频会议系统传送的是多媒体数据,这与普通数据不同,由于声音和动态图像的源信号的数据量较大,无法直接在一般数字线路上传输。同时,基于对实际使用效果的要求,用户还要求传送的声音、图像信号连续、平滑,其他辅助功能使用简捷。因此,要达到这样的效果,系统在声音/图像压缩、通信线路条件、数据/应用程序共享等方面都对技术提出了很高的要求。

2. 视频会议系统的功能

不同的视频会议系统,其功能也不尽相同,从总体上看,视频会议系统的基本功能包括以下方面。

1) 多路视频

多路视频指根据带宽状况可以支持同时显示2路以上的视频图像。例如,WeCO支持多级放大视频图像,用户可以将视频图像放大2倍、4倍,直至全屏显示。

2) 多人混音

多人混音采用高质量的语音采样和传输技术,可以同时传输多个发言的会议成员的声音,使会议更加流畅、自然地进行。

3) 电子白板

与会者可以同时在白板上画图、写字、粘贴图片等,并且所有的人都能看到;会议主持人可以对白板使用权限进行控制,可以允许或禁止其他人使用白板。

4) 文档演示

发言者可以一边发言,一边在自己的电脑上放映事先准备好的 PowerPoint 演示文稿,而与会的所有人都可以同时看到演示文稿中的文字、图像、动画等。

5) 网页跟随

当发言者需要让所有与会者访问同一个网页时,可以设置所有与会者的浏览器都跟随自己的 Web 访问。

6) 文字交流

在文字讨论区,会议成员可以与全体人员或某个人进行文字交谈。当选择广播方式时,全体成员都能接受到发言者的文字信息;而对指定的个人发送信息时,其他会议成员则看不到交流的内容。另外,系统还有词典过滤功能,可以过滤那些经常出现的不文明词汇。

7) 远程会议管理

政府的各个机构在同一平台上可以分别拥有自己的域名,可以灵活地添加、删除使用会议系统的用户以及修改已有的用户信息。后台管理程序可以方便地设置、删除网络会议室,并为每个会议室配置相应权限。当客户端连接到服务器后,每个用户都可以根据链路的带宽资源状况决定本地视频采样的帧率。用户可以在进行会议之前通过电子邮件向所有会议参与者发送会议通知。

3. 视频会议系统的组成

一套完整的视频会议系统通常由视频会议终端、多点控制单元(MCU)、网络管理软件、传输网络以及附属设备五大部分构成。

1) 视频会议终端

视频会议终端是指配有视频采集设备(摄像机)、编、解码卡,音频输入、输出设备(话筒和音箱),以及终端应用程序的多媒体设备。视频会议终端主要有 3 种:桌面型终端、机顶盒型终端、会议室型终端。桌面型终端是桌面型或者笔记本电脑与高质量的摄像机(内置或外置)、ISDN 卡或网卡和视频会议软件的精巧组合。它能有效地使在办公桌旁的人或者正在旅行的人加入会议中,进行面对面的交流。桌面型终端通常配给办公室里特殊的个人或者在外出差工作的人。机顶盒型终端以简洁著称,在一个单元内包含了所有的硬件和软件,放置于电视机上。它安装简便、设备轻巧。开通视频会议只需要一台普通的电视机和一条 ISDN BRI 线或经由局域网连接。视频会议终端还可以加载一些外围设备例如文档投影仪和白板设备来增强功能。机顶盒型终端通常是各部门之间的共享资源,适用于政府、企业等各种规模的机构。会议室型终端几乎提供了任何视频会议所需的解决方案,一般集成在一个会议室内。会议室型终端通常组合大量的附件,例如音频系统、附加摄像机、文档投影仪和 PC 协同文件通信。双屏显示、丰富的通信接口、图文流选择使会议室型终端成为高档的、综合性的产品。会议室型终端主要是为政府或大、中型企业设计的。

2) 多点控制单元

多点控制单元也叫多点会议控制器,简称 MCU。MCU 是多点视频会议系统的关键设备,它的作用相当于一个交换机。它将来自各会议场点的信息流经过同步分离后,抽取出音频、视频、数据等信息和信令,再将各会议场点的信息和信令,送入同一种处理模块中,完成相应的音频混合或切换、视频混合或切换、数据广播和路由选择、定时和会议控制等过程,最后将各会议场点所需的各种信息重新组合起来,送往相应的终端系统设备。

3) 网络管理软件

网络管理软件可改变分布在全球不同地区的用户之间进行沟通的方式,让他们之间的沟通更灵活、更迅捷、更经济。

4) 传输网络

传输网络即宽带连接方式,通常有 LAN 接入、ADSL 接入、cable modem 接入和无线接入等 4 种方式。

5) 附属设备

一套视频会议系统需要哪些附属设备需要看具体应用需求,通常用到的附属设备包括投影仪、监视器/电视机、大型扩音器、麦克风、大型摄像机、DVD 播放机、录像机、外部遥控器、写字板、中央控制器、记忆卡、放映机、等离子屏、计算机监视器等。

第三节 电子政务智能决策技术

决策支持是电子政务应用系统的重要功能之一。20 世纪 90 年代提出的数据仓库(data warehouse,DW)、数据挖掘(data mining,DM)和在线分析处理(on-line analytical processing,OLAP)已成为当代智能决策的技术潮流。

一、决策支持系统

决策支持系统(decision support system,DSS)是辅助决策者通过数据、模型和知识,以人机交互的方式进行半结构化决策或非结构化决策的计算机应用系统。它是管理信息系统向更高一级发展而产生的先进信息管理系统。它为决策者提供分析问题、建立模型、模拟决策过程和方案的环境,调用各种信息资源和分析工具,帮助决策者提高决策水平和质量。

1. 决策支持系统的功能

决策支持系统的功能是在人的判断能力的基础上借助计算机支持决策者对半结构化和非结构化问题进行有序决策,以获得令人满意的决策方案。总体上,DSS 的功能可归纳如下。

(1) 随时提供与决策问题有关的组织内部信息,如审批进度信息、各种报表等。

(2) 收集、管理并提供与决策问题有关的组织外部信息,如政策法规、经济统计等。

(3) 收集、管理并提供各项决策方案执行情况的反馈信息,如审批进程、计划执行情况等。

(4) 能以一定的方式存储和管理与决策问题有关的各种数学模型,如资源调度模型、绩效评估模型等。

(5) 能够存储并提供常用的数学方法及算法,如线性规划、最短路径算法等。

(6) 系统内的数据、模型与方法易于修改和添加,如数据模式的变更、模型的连接、各种方法的修改等。

(7) 能灵活地运用模型与方法对数据进行加工、汇总、分析、预测,得出所需的综合信息与预测信息。

（8）具有方便而友好的人机对话和图像输出功能，能满足随机的数据查询要求，回答"如果……则……"之类的问题。

（9）提供良好的数据通信功能，以保证及时收集所需数据并将加工结果传送给使用者。

（10）具有使用者能忍受的加工速度与响应时间，不影响使用者的情绪。

2. 决策支持系统的系统结构

DSS最基本的结构是三角结构，三角结构即指由对话子系统与数据库、模型库等子系统构成三角形分布结构。

1）人机对话子系统

人机对话子系统是DSS中用户和计算机的接口，在操作者、模型库、数据库和方法库之间起着传送命令和数据的重要作用，其核心是人机界面。人机对话子系统是DSS的一个窗口，它的好坏标志着该系统的实用水平的高低。

2）数据库子系统

数据库子系统是存储、管理、提供与维护DSS使用数据的基本部件，是支撑模型库子系统和方法库子系统的基础。

3）模型库子系统

模型库子系统是构建和管理模型的计算机软件系统，它是DSS中最复杂与最难实现的部分。模型库子系统主要由模型库与模型库管理系统两部分组成。

20世纪80年代初，DSS增加了方法库子系统，构成了三库系统。方法库子系统是存储、管理、调用及维护DSS各部件要用到的通用算法、标准函数等方法的部件。方法库中的方法有排序算法、分类算法、最小生成树算法、最短路径算法等。在传统的三角形分布结构中引入方法库子系统后，决策支持系统的工作程序是从数据库中选择数据—从模型库中选择模型—从方法库中选择算法，三者结合起来进行决策计算。

二、智能决策支持系统

由于决策本身的复杂性和动态性，决策所需信息的不足性，传统的决策支持系统重点是模型的定量计算，对非结构化决策问题支持的突破甚少。人工智能技术的发展成果与传统DSS系统相结合，能弥补传统DSS的不足。

1. 智能决策支持系统的概念

智能决策支持系统（intelligent decision support system，IDSS）就是人工智能与DSS的结合产物。典型的IDSS结构是在三库DSS的基础上增设知识库与推理机，在人机对话子系统中加入自然语言处理系统，在四库之间插入问题处理系统而构成的四库系统结构。

美国学者Hill提出的框架（见图4-2）有助于加深对智能决策支持系统的认识。在图4-2中广泛应用了深度知识库的概念。所谓深度知识指的是更一般、更基础的知识，也可以说是关于知识的知识。例如，牛顿第二定律是弹道轨迹的深度知识。这个框图的核心部分是最下边的基本决策和信息价值的深度知识库。它应当包括关于决策的最基本规律的知识，这种知识可能是一种常识。往往许多DSS所做出的结论被很有经验的决策者轻易否定,就是这种知识在起作用。较上一层是学习和知识获取的深度知识库。这个库的主要作用是使基本决策和信息价值知识库的功能可以实现。由它指导如何获取信息,并不断学习、积累获取信息的经验,以修改 OR/MS 深度知识库和多领域的专业深度知识库的知识。图 4-2 添加了虚线把它和接口直接联系起来,因而也可以和决策者直接会话学习。OR/MS 深度知识库包括关于如何使用 OR(运筹学)和 MS(管理科学)模型的知识。多领域的专业深度知识库包括了使用数据的知识。例如,用户只要说明问题或现象,该库就可以帮助选出应用的数据,并且组成合适的结构。这个库也可以通过学习库得到各种领域专业知识的扩充。

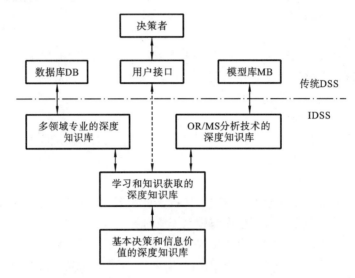

图 4-2　智能决策支持系统框架

□ 2. 智能决策支持系统的结构

智能决策支持系统由智能人机接口、问题处理系统和知识库子系统(专家系统)3 个部分组成。

1) 智能人机接口

四库系统的智能人机接口接受用自然语言或接近自然语言的方式表达的决策问题及决策目标。由自然语言处理功能通过语法、语义结构分析等方法转换成系统能理解的形式。运行后,系统以决策者能清晰理解或指定的方式输出求解进程与结果。

2) 问题处理系统

问题处理系统处于 IDSS 的中心位置,是联系人与机器及所存储的求解资源的桥梁,主要由问题分析器与问题求解器两部分组成。问题处理系统是 IDSS 中最活跃的部分,它既要识别与分析问题,设计求解方案,还要为问题求解调用四库中的数据、模型、方法及知识等资源,对半结构化或非结构化问题还要触发推理机作推理或进行新知识的推求。

3) 知识库子系统(专家系统)

知识库子系统的组成可分为 3 部分:知识库管理系统、知识库和推理机。

(1) 知识库管理系统。知识库管理系统的功能主要有两个:一是回答对知识库知识增、删、改等知识维护的请求;二是回答决策过程中问题分析与判断所需知识的请求。

(2) 知识库。知识库是知识库子系统的核心,知识库中存储的是那些既不能用数据表示,也不能用模型方法描述的专家知识和经验知识,同时也包括一些特定问题领域的专门知识。知识库包括事实库和规则库两部分。例如,事实库中存放了"任务 A 是紧急审批任务,任务 B 是一般任务"那样的事实,规则库中存放着"如果任务 A 是紧急审批任务,则任务 A 必须在 8 小时内办结"那样的规则。

(3)推理机。推理是指从已知事实推出新事实(结论)的过程,推理机是一组程序,它针对用户问题去处理知识库(规则和事实)。推理原理如:若事实 A 为真,且有一规则"If A Then B"存在,则 B 为真。

三、数据仓库

正如著名的数据仓库专家 Ralph Kimball 所指出的:"我们花了 20 多年的时间将数据放入数据库,如今是该将它们拿出来的时候了。"事实上,将大量的业务数据应用于分析和统计原本是一个非常简单和自然的想法。但在实际操作中,人们却发现要获得有用的信息并非想象中那么容易,20 多年前查询不到数据是因为数据太少了,而如今查询不到数据是因为数据太多了。大量的数据分散在异构的环境中,许多历史数据处于脱机状态下,数据的格式和描述方式并不适合非计算机专业人员进行业务上的分析和查询等操作,使得传统的数据库系统在事务型(操作型)处理方面有很强的能力,而分析型处理能力则较差。针对这一问题,人们专门为业务的统计分析建立了一个数据中心,它的数据可以从联机的事务处理系统、异构的外部数据源、脱机的历史业务数据中得到。这个数据中心就叫作数据仓库。它可以被看作是决策支持系统和联机分析应用数据源的结构化数据环境,它所要研究和解决的问题就是从数据库中获取信息。在美国,数据仓库技术已成为继互联网后的第二个技术热点,它被普遍认为是决策支持系统发展的新方向和研究热点。

1. 数据仓库的概念

数据仓库是一个面向主题的、集成的、非易失的,且反映历史变化的数据集合,用于支持管理决策。对于数据仓库的概念,可以从两个方面予以理解:①数据仓库用于支持决策,面向分析型数据处理,它不同于企业现有的操作型数据库;②数据仓库是对多个异构的数据源的有效集成,集成后按照主题进行重组并包含历史数据,存放在数据仓库中的数据一般不再修改。

根据数据仓库概念的含义,数据仓库拥有以下 4 个特点。

1)面向主题

与传统的数据库面向应用的数据组织的特点相对应,数据仓库的数据是面向主题进行组织的。主题是一个抽象的概念,是在较高层次上将企业信息系统中的数据综合、归类并进行分析利用的抽象。在逻辑意义上,它对应企业中某一宏观分析领域所涉及的分析对象。面向主题的数据组织方式,就是在较高层次上对分析对象的数据的完整、一致的描述,能完整、统一地刻画各个分析对象所涉及企业的各项数据以及数据间的联系。

2)集成的

面向事务处理的操作型数据库通常与某些特定的应用相关,数据库之间相互独立,并且往往是异构的。而数据仓库中的数据是在对原有分散的数据库数据抽取、清理的基础上经过系统加工、汇总和整理得到的,必须消除源数据中的不一致性,以保证数据仓库内的信息是关于整个企业的一致的全局信息。

3）相对稳定的

操作型数据库中的数据通常实时更新,数据根据需要及时发生变化。数据仓库的数据主要供企业决策分析之用,所涉及的数据操作主要是数据查询,一旦某个数据进入数据仓库以后,一般情况下将被长期保留,也就是数据仓库中一般有大量的查询操作,但修改和删除操作很少,通常只需要定期加载、刷新。

4）反映历史变化

操作型数据库主要关心当前某一个时间段内的数据,而数据仓库中的数据通常包含历史信息,系统记录了从过去某一时点(如开始应用数据仓库的时点)到目前的各个阶段的信息,通过这些信息,可以对组织的发展历程和未来趋势做出定量分析和预测。

数据仓库的建设,是以现有业务系统和大量业务数据的积累为基础的。数据仓库不是静态的概念,只有把信息及时交给需要这些信息的使用者,供他们做出改善其业务经营的决策,信息才能发挥作用,信息才有意义。而对信息加以整合和重组,并及时提供给相应的管理决策人员,是数据仓库的根本任务。因此,数据仓库建设是一个工程、一个过程。

2. 数据仓库的结构

数据仓库既是一种结构性的和富有哲理性的方法,也是一种技术。数据和信息从不同的数据源提取出来,然后把这些数据转换成公共的数据模型并且和仓库中已有的数据集成在一起。当用户向仓库进行查询时,需要的信息就已经准备好了,数据冲突、表达不一致等问题已经得到了解决,这使得决策查询更容易、更有效。

数据仓库系统是一种包含 4 个层次的体系结构,具体如图 4-3 所示。

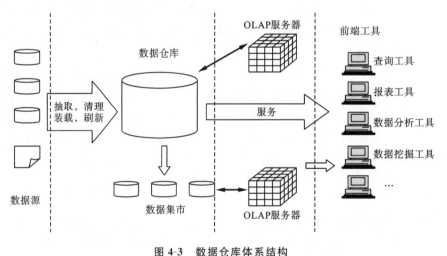

图 4-3 数据仓库体系结构

1）数据源

数据源是数据仓库系统的基础,是整个系统的数据源泉,通常包括内部信息和外部信息。内部信息包括存放于数据库中的各种业务处理数据和各类文档数据。外部信息包括各类法律法规、市场信息和竞争对手的信息等。

2）数据的存储与管理

数据的存储与管理是整个数据仓库系统的核心。数据仓库的真正关键是数据的存储和管理。数据仓库的组织管理方式决定了它有别于传统数据库,同时也决定了其对外部数据的表现形式。要决定采用什么产品和技术来建立数据仓库的核心,则需要从数据仓库的技术特点着手分析。针对现有各业务系统的数据,进行抽取、清理,并有效集成,按照主题进行组织。数据仓库按照数据的覆盖范围可以分为企业级数据仓库和部门级数据仓库(通常称为数据集市)。

3) 联机分析处理服务器

联机分析处理(OLAP)服务器对分析需要的数据进行有效集成,按多维模型予以组织,以便进行多角度、多层次的分析,并发现趋势。

4) 前端工具

前端工具主要包括各种报表工具、查询工具、数据分析工具、数据挖掘工具以及各种基于数据仓库或数据集市的应用开发工具。其中数据分析工具主要针对 OLAP 服务器,报表工具、数据挖掘工具主要针对数据仓库。

数据仓库为数据挖掘提供了更广阔的活动空间。随着数据仓库技术的发展,大量的数据已经被集成和预处理,由于数据仓库中数据的高质量和可用信息处理设施的存在,在数据仓库中进行复杂的数据分析研究成为可能,于是基于大型数据仓库的数据挖掘技术的研究也得到了空前的重视。

四、数据挖掘

随着信息技术的高速发展,人们积累的数据量急剧增长,如何从海量的数据中提取有用的知识便成为当务之急。数据挖掘就是为顺应这种需要而发展起来的数据处理技术,是知识发现的关键步骤。

1. 数据挖掘的概念

数据挖掘(data mining),也叫数据开采、数据采掘等,就是从大量的、不完全的、有噪声的、模糊的、随机的实际应用数据中,提取人们事先不知道但隐含其中的具有潜在有用信息和知识的过程。

政府和企业组织里的数据量都非常大,而其中真正有价值的信息却很少,因此必须在大量的数据中进行深层分析,以获得有利于组织运作、提高响应力和竞争力的信息,就像从矿石中淘金一样,数据挖掘也因此得名。这种新式的信息处理技术,可以按既定业务目标,对大量的业务数据进行探索和分析,揭示隐藏的、未知的或验证已知的规律性,并进一步将其模型化。

在较浅的层次上,数据挖掘利用现有数据库管理系统的查询、检索及报表功能,与多维分析、统计分析方法相结合,进行联机分析处理,从而得出可供决策参考的统计分析数据。在深层次上,数据挖掘可从数据库中发现前所未有的、隐含的知识。

2. 数据挖掘的功能

根据信息存储格式,用于挖掘的对象有关系数据库、面向对象数据库、数据仓库、文本数据源、多媒体数据库、空间数据库、时态数据库、异质数据库以及互联网等。数据挖掘的任务主要针对上述数据对象进行知识的识别、获取、分类、储存、评价、传递与共享。上述任务是通过数据挖掘的关联分析、聚类分析、分类、预测、时序模式和偏差分析等功能来实现的。

1）关联分析

两个或两个以上变量的取值之间存在某种规律性,被称为关联。数据关联是数据库中存在的一类重要的、可被发现的知识。关联分为简单关联、时序关联和因果关联。关联分析的目的是找出数据库中隐藏的关联网。一般用支持度和可信度两个阈值来度量关联规则的相关性,现在还不断引入兴趣度\相关性等参数,使得所挖掘的规则更符合需求。

2）聚类分析

聚类是把数据按照相似性归纳成若干类别,同一类中的数据彼此相似,不同类中的数据则彼此相异。聚类分析可以建立宏观的概念,发现数据的分布模式以及可能的数据属性之间的相互关系。

3）分类

分类就是找出一个类别的概念描述,它代表了这类数据的整体信息,即该类数据的内涵描述,并用这种描述来构造模型,一般用规则或决策树模式表示。分类是利用训练数据集通过一定的算法而求得分类规则。分类可被用于规则描述和预测。

4）预测

预测是利用历史数据找出变化规律,建立模型,并由此模型对未来数据的种类及特征进行预测。预测关心的是精度和不确定性,通常用预测方差来度量。

5）时序模式

时序模式是指通过时间序列搜索出的重复发生概率较高的模式。与回归一样,它也是用已知的数据预测未来的值,但这些数据的区别是变量所处的时间不同。

6）偏差分析

在偏差中包括很多有用的知识,数据库中的数据存在很多异常情况,发现数据库中数据存在的异常情况是非常重要的。偏差检验的基本方法就是寻找观察结果与参照之间的差别。

五、地理信息系统

空间地理基础数据是电子政务的重要信息资源。据统计,各级政府部门的综合业务管理和辅助决策80％以上与地理空间信息相关,而空间域问题的决策支持更加复杂。地理空间信息技术为电子政务智能决策技术应用领域的扩展和功能的完善提供了有力的保障。

1. 地理信息系统的概念

地理信息系统(geographic information system,GIS)是人类在生产实践活动中,为描述和处理相关地理信息而逐渐产生的软件系统。地理信息系统是一种采集、存储、管理、分析、显示与应用地理信息的计算机系统,它是分析和处理海量地理数据的通用技术。它以计算机为手段,对具有地理特征和时序特征的空间数据进行处理,能以一个空间信息为主线,将其他各种与其有关的空间位置信息结合起来。它的诞生改变了传统的数值处理信息方式,使信息处理由数值领域步入空间领域。国内外的研究和应用实践证明,GIS是电子政务的核心支撑技术。

按研究内容可将地理信息系统分为三大类。

1) 专题地理信息系统

专题地理信息系统是为特定的专门目标服务的具有有限目标和专业特点的地理信息系统,如水资源管理信息系统、矿产资源信息系统等。

2) 区域信息系统

区域信息系统以区域综合研究和全面服务为目标,有不同行政级别(如国家级、省级、市级、县级)的区域信息系统,如加拿大国家信息系统;也有以自然分区(如流域)的区域信息系统,如黄河流域信息系统。

3) 地理信息系统工具

地理信息系统工具(地理信息系统外壳),是一组具有图形图像数字化、存储管理、检索查询、分析运算、多种输出等地理信息系统基本功能的软件包。

地理信息系统是一种决策支持系统,它与其他信息系统的主要区别是其存储和处理的信息是经过地理编码的,地理位置及与位置有关的地物属性信息成为信息检索的重要部分。地理信息系统在数据采集—分析—决策应用的全过程中,能够回答和解决以下5类问题。

(1) 位置:某个地方有什么。

(2) 条件:符合某些条件的实体在什么地方。

(3) 趋势:某个地方发生的某个事件及其变化过程是什么。

(4) 模式:某个地方存在的空间实体的分布模式。

(5) 模拟:某个地方如果具备某种条件会发生什么。

2. 地理信息系统的主要功能

一个完整的地理信息系统主要由计算机硬件系统、计算机软件系统、地理数据(或空间数据)、系统操作人员4个部分组成。它具备以下主要功能。

1) 数据输入

地理信息系统包括以下3类数据的输入。①图形数据输入。主要通过数字化仪输入和扫描仪输入。②栅格数据输入。栅格数据包括各种遥感数据、航测数据、各种摄影图像数据、航空雷达数据等。③属性数据输入。属性数据是用来描述对象特征的,通常用关系数据库管理系统进行管理。

2) 数据校验

数据校验是指通过观测、统计分析和逻辑分析等对输入数据的质量检查和纠正、空间拓扑结构的建立以及图形整饰等,为下一步的数据管理、空间分析与查询、数据表达等服务。

3) 数据管理

数据管理涉及地理元素的位置、连接关系,以及属性数据如何构造和组织从而使其便于计算机处理和系统用户理解等。用于组织数据库的计算机程序即为数据库管理系统。它包括数据格式的选择和转换以及数据的联结、查询、提取等。其中最主要的是对空间数据库和地图图库的管理。

空间数据库管理是GIS的核心,也是它最具特色的一部分,各种图形和图像信息都以严密的逻辑结构存储于空间数据库中。根据GIS的应用类型与数据类型的不同,空间数据库的数据结构分为基于矢量的数据结构、基于栅格的数据结构以及矢量和栅格混合的数据结构。

一个大区域往往不能用一幅图表示，需要分成很多图幅，为有效地管理众多图幅的数据及实现跨图幅的查询与分析，就要有地图图库的管理。地图图库管理的功能主要包括图幅入库、图幅删除、图幅拼接、跨图幅条件检索、图库维护等。

4) 空间查询与分析

GIS提供丰富的查询功能，既有属性查询功能，也有图形查询功能，还可以实现图形与属性之间的交叉查询。空间查询与分析是GIS最重要的功能，也是GIS区别于其他信息系统的本质特征，它使地图图形信息以及各种专业信息的利用深度和广度大大增强，用户可以从中获取很多派生信息和新知识，可用来实现经济建设、环境和资源调查中的综合评价、规划、决策、预测等任务。它包括比例尺和投影的数字变换、数据处理和分析，还包括地理或空间模型的建立。

5) 可视化

对于许多类型的地理操作，最终结果能以专题地图、各类统计图、表与数据来显示输出。另外，借助模拟地图、电子地图、多媒体系统、三维仿真和虚拟现实技术，可以实现操作结果的可视化表达。

3. 地理信息系统的应用

地理信息系统的优势使它成为国家宏观决策和区域多目标开发的重要技术工具。也成为与空间信息有关各行各业的基本工具。地理信息系统的应用主要体现在如下方面。

1) 资源清查

资源清查是GIS的最基本职能。系统可将各种来源的数据汇集在一起，最后提供区域多种条件组合形式的资源统计和进行原始数据的快速再现。以土地利用类型为例，可以输出不同土地利用类型的分布、面积，按不同高程带划分的土地利用类型，不同坡度区内的土地利用现状以及不同时期的土地利用变化等，为资源的合理利用、开发和科学管理提供依据。

2) 城乡规划

城市与区域规划中涉及资源、环境、人口、交通、经济、教育、文化和金融等多个地理变量和大量数据，GIS可将这些数据归并到统一系统中，最后进行城市与区域多目标的开发与规划，包括城镇总体规划、城市建设用地适宜性评价、环境质量评价、道路交通规划、公共设施配置以及城市环境的动态监测等。因此，利用GIS作为城乡规划、管理和分析工具具有十分重要的意义。

3) 灾害监测

借助遥感遥测数据的搜集，利用GIS可有效进行森林火灾的预测预报、洪水灾情监测和洪水淹没损失的估算，为抢险救灾、防洪决策提供及时准确的信息和决策依据。

4) 环境管理

一个地方的环境管理信息系统可以为环境管理部门提供数据和信息存储方法；可以提供环境管理的数据统计、报表和图形编制方法；可以建立环境污染的若干模型，为环境管理决策提供支持；可以提供环境保护部门办公软件；可以提供信息传输的方法与手段。

5) 宏观决策

GIS利用拥有的数据库，通过一系列决策模型的构建和分析，为国家宏观决策提供依据。如系统支持下的土地承载力的研究,可以解决土地资源与人口容量的规划问题。

案例 4-1

美国亚利桑那州立大学决策剧场简介

为了应对当前传统决策领域所面临的政策和决策管理高度复杂化、社会化、决策效率过低以及同时对多种情形进行检验和数据展示的能力有限的挑战,美国亚利桑那州立大学集多学科为一体,借助计算机虚拟现实技术、智能决策技术、数据挖掘技术、GIS 技术,以科学为基础进行合理分析,通过对大量的、容易获得的相关数据的综合应用,构建了一个互动的三维虚拟可视化决策平台——即决策剧场(decision theater),实现了科学和实践的完美结合。

"眼见为实"是决策剧场追随的最基本的理念,可视化、模拟与仿真、协同是决策剧场的三大特色。通过对多种可能方案的模拟和展现,决策剧场抛弃了幻灯片、电子表格等传统的决策工具,为决策者营造了一种全新的决策环境。任何决策者和社区都能沉浸到决策现场,身临其境地面对多种复杂问题,在充分沟通的基础上确定解决方案。决策前,决策者可以通过遥控器控制画面,从不同的角度对决策对象的三维影像进行观察,了解决策对象的过去和现状。决策过程中,决策者仅通过对相关决策参数的简单调整,即可实现对备选方案的模拟和展现,创造决策对象可视化和形象化的未来,帮助决策者最终确定最优决策方案。

决策剧场不仅具有先进的决策理念和体系架构,而且拥有一流的硬件设施。它的主体是一个视角达 260 度的多面巨大屏幕,能播放全景的计算机图形和三维视频。鲜活的画面给决策者带来了视觉上的冲击,但决策剧场的真正的奥秘却隐藏在屏幕的后面:8 节点的双处理器计算机集群用于把数学模型转化为三维视觉图像,高性能的 80 节点的计算集群用于辅助复杂模型的实时运行,专用的超高速网络能直接连接到具有兆次运算能力的计算机资源,多台专用服务器用于满足群决策的功能需求等。

目前,决策剧场已成功应用于多个研究项目,它们覆盖了公共管理和私营企业管理的诸多领域,如:城市发展、环境、教育、卫生、危机处理、学术研究、跨国公司商业合作等,取得了令人瞩目的成功。

(资料根据"决策剧场"网站整理)

思考与提示

美国亚利桑那州立大学决策剧场运用了哪些智能决策技术从而实现了卓越的决策支持功能?

第四节 电子政务安全技术

电子政务的安全归根结底是指电子政务应用系统的信息安全。电子政务应用系统的信息受到来自政务内网和政务外网的多种攻击和威胁。能否有效抵制这些侵害信息安全的行为,降低应用系统安全风险,建立可靠的网络信息安全防范体系,将直接影响到电子政务应用系统的正常运行和作用发挥,并最终关系到电子政务目标的实现。本节将介绍电子政务应用系统建设实施中的信息安全措施、安全防护技术和安全技术基础设施。

一、电子政务安全措施

在电子政务安全保障体系中,需要对信息基础设施进行多层防护,包括网络和基础设施防护、边界防护、计算机环境防护以及为支撑基础设施提供支持。这分别涉及主干网络的可用性、无线网络安全框架、系统互联和虚拟专用网(VPN)、网络登录保护、远程访问、多级安全、终端用户环境和系统应用程序的安全。支撑基础设施包括公共密钥基础设施(public key infrastructure,PKI)和密钥管理基础设施(key management infrastructure,KMI)。安全保障体系根据网络系统的层次结构,对不同的层面采用不同的安全措施。具体措施包括以下内容。

1. 物理保护

保证计算机信息系统各种设备的物理安全是整个计算机信息系统安全的前提。物理安全是指系统设备及相关设施受到物理保护,免于破坏、丢失等。

2. 对重点服务器加强保护

在系统中配备监控及入侵检测系统,为不断提高重点服务器的系统安全强度、强化安全管理提供有效的技术手段。对网络上的通信流量、使用路由器和服务器的情况以及用户认证、访问注册情况进行全面监控;同时,对实施访问控制的路由器、主机的运行进行及时检查。

3. 对个人终端加强安全防护

个人终端本地与局域网链接的通信链路,往往是入侵者攻击的首选目标,也是最容易被管理部门忽视的安全漏洞。因此,要采取个人主机保护系统来完成局域网用户的主机保护和非授权用户的访问控制,并且能够随时自动监控并切断内部网络中的任一用户非法接入外网。

4. 实行网络隔离

局域网和外界之间常常采用一些隔离措施来防止对系统的非法进入和数据的非法交换。通常将隔离措施分为物理隔离和逻辑隔离两种。物理隔离就是将局域网与外界网络进行实体隔离,二者之间没有物理上的连接。涉及国家秘密的计算机信息系统不得直接或间接地与国际互联网或其他公共信息网连接,必须实行物理隔离。涉密信息网络必须与公共信息网络实行物理隔离,在与公共信息网络连接的信息设备上不得存储、处理和传递国家秘密信息。在逻辑隔离方式下,局域网与外界网络也采用了一定的隔离手段,一般采用防火墙等设备来实现,二者之间存在物理上的连接,以保证信息的完整性、保密性和可用性。

5. 访问控制和身份认证

设定防火墙,对政府网络之外和政府网络内部之间可以传送的数据限制允许范围,并对用户主机应用限定范围。管理人员能对本网络中的主机及服务进行访问控制。访问控制措施对内部、外部访问者同样有效。对于使用的用户主机等要进行身份认证,判断是否允许访问。

6. 对涉密信息进行加密保护

连接部门内部的广域网线路,采用相应的链路加密设备,以保证各节点网络之间交换的数据都是加密传送。

7. 网络防病毒

采用网络防病毒系统,并与单机防病毒软件相结合,构建起一套完整的防病毒体系。

8. 开展网络安全评估

检测和评估是保障网络信息安全与保密的重要措施。采用网络安全性分析系统,定期评估网络的安全性,以便及时发现网络或系统漏洞,并提出提高网络安全强度的策略和建议。

二、电子政务安全防护技术

目前,用于电子政务应用系统的安全防护技术主要有加密技术、数字签名、反病毒技术、防火墙技术、入侵侦测技术、物理隔离技术、访问控制和虚拟专用网络等。

1. 加密技术

数据加密的基本过程就是对原来为明文的文件或数据按某种规则进行处理,使其成为不可读的一段代码,通常称为"密文",使其只能在输入相应的密钥之后才能显示出本来的内容,通过这样的途径来达到保护数据不被非法窃取、阅读的目的。该过程的逆过程为解密,即将该编码信息转化为其原来数据的过程。

加密技术通常分为两大类:对称式加密和非对称式加密。对称式加密就是加密和解密使用同一个密钥,这种加密技术目前被广泛采用。非对称式加密就是加密和解密所使用的不是同一个密钥,通常有两个密钥,称为"公钥"和"私钥",它们两个必需配对使用,否则不能打开加密文件。这里的"公钥"是指可以对外公布的,"私钥"则不能对外公布,只能由持有者一个人知道。采用对称式的加密方法,如果是在网络上传输加密文件就很难把密钥告诉对方,不管用什么方法都有可能被窃听到。而非对称式的加密方法有两个密钥,且其中的"公钥"是可以公开的,也就不怕别人知道,收件人解密时只要用自己的私钥即可,这样就很好地避免了密钥的传输安全问题。

2. 数字签名

数字签名就是通过某种密码运算生成一系列符号及代码组成电子密码进行签名来代替书写签名或印章的技术。数字签名技术是实现信息安全的核心技术之一,它的实现基础就是加密技术。其基本原理和作用与传统的签名或印章相似。以往的书信或文件是根据亲笔签名或印章来证明其真实性,而在计算机网络中传送电子文件必须通过数字签名来确保它的完整性、真实性和不可抵赖性。数字签名可以解决否认、伪造、篡改及冒充等问题。

目前,实现电子签名的方法有多种技术手段,前提是在确认了签署者的确切身份即经过认证之后,电子签名承认人们可以用多种不同的方法签署一份电子记录。这些方法有:基于公钥密码技术的数字签名,或者采用一个独一无二的以生物特征统计学为基础的识别标志。但比较成熟的、使用方便且具有可操作性、在世界先进国家和我国普遍使用的电子签名技术还是基于公钥密码技术的数字签名技术。

数字签名的实施过程可以描述为:用户首先下载或者购买数字签名软件,然后安装在个人电脑上。在产生密钥后,软件自动向外界传送公开密钥,并通过一个称为鉴定中心的机构(如数字证书认证中心)完成个人信息及其密钥的确定工作。鉴定中心是一个由政府参与管理的第三方成员,以保证信息的安全和集中管理。用户在获取公开密钥时,首先向鉴定中心请求数字确认,鉴定中心确认用户身份后,发出数字确认,同时鉴定中心向数据库发送确认信息;然后用户使用私有密钥对所传信息签名,以保证信息的完整性、真实性,也使发送方无法否认信息的发送,之后发向接收方;接收方接收到信息后,使用公开密钥确认数字签名,进入数据库检查用户确认信息的状况和可信度;最后数据库向接收方返回用户确认状态信息。

3. 反病毒技术

计算机病毒是指某些人利用计算机软、硬件所固有的脆弱性而编制的具有特殊功能的程序。反病毒系统是防范病毒的主要工具,通常是一种软件系统。

计算机技术发展越来越快,使得计算机病毒技术与计算机反病毒技术的对抗也越来越突出。从反病毒技术的角度看,当前,最流行的杀毒软件实际上都是一种扫描器,扫描的算法有多种。为了使杀毒软件功能更强大,通常会结合使用好几种扫描方法,例如:通过检查文件、扇区和系统内存,搜索新病毒的病毒扫描方法;通过分析指令出现的顺序或组合情况来决定文件是否感染的启发式扫描方法;通过计算磁盘中的实际文件或系统扇区的循环冗余校验值(检验和)的 CRC 扫描方法;以及行为判断、病毒免疫等方法。各种扫描方法都有自己的优缺点,拥有一个病毒库是它们的基本特征。由于每种杀毒算法都可能产生与之相对立的病毒的算法,随之制造的病毒对于这种特定的杀毒软件可能检测不到,因此,在有限理论的基础上不可能存在绝对的反病毒技术。

4. 防火墙

防火墙是指设置在不同网络(如可信任的政务内部网和不可信任的政务外网)或网络安全域之间的一系列部件的组合。它是不同网络或网络安全域之间信息的唯一出入口,能根据应用的安全政策控制(允许、拒绝、监测)出入网络的信息流,且本身具有较强的抗攻击能力。它是提供信息安全服务,实现网络和信息安全的基础设施。

防火墙能有效防止外部网络用户以非法手段通过外部网络进入内部网络和访问内部网络资源,保护内部网络操作环境。在逻辑上,防火墙是一个分离器,一个限制器,也是一个分析器,监控内部网和 Internet 之间的任何活动,保证内部网络的安全。防火墙技术可根据防范的方式和侧重点的不同而分为很多种类型,但总体来讲可分为两大类:分组过滤和应用代理。

5. 入侵侦测

防火墙无法防止来自网络内部的攻击。统计表明:75%~80%的蓄意攻击来自组织内部。入侵侦测技术是防火墙技术合理而有效的补充,它从计算机网络系统中的若干关键点收集信息并分析这些信息,看网络中是否有违反安全策略的行为和遭到袭击的迹象。入侵检测被认为是防火墙之后的第二道安全闸门,在不影响网络性能的情况下能对网络进行监测,从而提供预防内部攻击、外部攻击和误操作的实时保护。

入侵侦测就是对计算机网络和计算机系统的关键节点的信息进行收集分析,检测其中是否有违反安全策略的事件或攻击现象发生,并通知系统安全管理员。一般把用于入侵检测的软件、硬件合称为入侵检测系统。具体的入侵检测模式包括模式匹配和统计分析。

6. 物理隔离

网络中增加防火墙、防病毒系统,对网络进行入侵检测、漏洞扫描等都属于软隔离技术,这些技术无法保证信息的绝对安全和免受攻击,它们只是基于软件层面的保护,是一种逻辑机制。

所谓"物理隔离"是指内部网不直接或间接地连接公共网。物理安全的目的是保护路由器、工作站、网络服务器等硬件实体和通信链路免受自然灾害、人为破坏和搭线窃听攻击。只有使内部网和公共网物理隔离,才能真正保证内部信息网络不受来自互联网的黑客攻击。此外,物理隔离也为内部网划定了明确的安全边界,使得网络的可控性增强,便于内部管理。

实施内外网物理隔离,技术上可以确保:在物理传导上使内外网络隔断,确保外部网不能通过网络连接而侵入内部网,同时防止内部网信息通过网络连接泄露到外部网。物理隔离的解决思路是:在同一时间、同一空间,单个用户是不可能同时使用两个系统的,只要使两个系统在空间上物理隔离,就可以使它们的安全性相互独立。物理隔离技术发展至今大致经历了以下几个阶段:双网双机技术、双硬盘隔离和网络隔离技术、单硬盘物理隔离卡技术、基于服务器端的物理隔离技术。

7. 虚拟专用网络(VPN)

虚拟专用网络指的是依靠 Internet 服务提供商(ISP)和其他网络服务提供商(NSP),在公用网络中建立的专用数据通信网络。虚拟专用网不是真的专用网络,但能够实现专用网络的功能。在虚拟专用网中,任意两个节点之间的连接并没有传统专网所需的端到端的物理链路,而是利用某种公众网络资源动态组成的。

虽然实现 VPN 的技术和方式很多,但所有的 VPN 均应保证通过公用网络平台传输数据的专用性和安全性。在非面向连接的公用 IP 网络上建立一个逻辑的、点对点的连接,称之为建立一个隧道,可以利用加密技术对经过隧道传输的数据进行加密,以保证数据仅被指定的发送者和接收者了解,从而保证数据的私有性和安全性。

目前 VPN 主要采用 4 项技术来保证安全,分别是隧道技术、加解密技术、密钥管理技术、信息认证和身份认证技术。

案例 4-2

网上报税系统数字证书应用方案

针对网上报税业务流程的具体情况,上海 CA 设计了一整套与之相适应的证书发放和管理流程。身份鉴别措施是指在用户进入系统进行操作之前的登录过程中必须进行身份鉴别。其基本流程如图 4-4 所示。

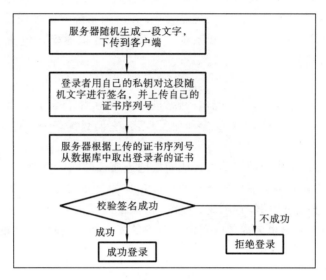

图 4-4 网上报税基本流程

数字证书有效保证了只有持有对应数字证书的用户才能进入报税系统,它是通过身份认证程序实现的。登录的身份认证过程主要包括以下方面。

(1) 在每个用户进行登录前,服务器会生成一个随机字符串,并要求登录者对这个字符串进行签名,由于这个字符串是随机的,并含有时间信息,所以这种方法可防止重放攻击。

(2) 登录者将随机字符串签名后,将签名及自己的证书发送到服务器端。服务器先校验用户的证书是不是有效。如果用户证书有效,可从证书中取出用户的唯一标志(例如单位的报税号等),并根据唯一标志定位开户数据库中的用户权限信息。

(3) 将用户证书与开户数据库中的证书进行比对,如果证书发生变化,则说明用户证书进行过更新。如果用户证书进行了更新则将开户数据库中的用户证书也进行更新,否则可从库中取出签名者的证书对签名进行校验。

(4) 如果签名校验通过,则证明登录者身份真实,否则说明身份鉴别失败。

经过身份验证后,合法纳税用户就可以通过网上报税系统进行自行申报了。纳税人从网上获取完税信息的过程由网上报税系统按以下 6 个步骤自动完成:

(1) 用户上传包含有用户纳税登记号的数字签名信息给申报服务平台;
(2) 申报服务平台上传信息给税务局申报受理服务器;
(3) 税务局申报受理服务器将申报信息传给征管系统;
(4) 征管系统将包含税务局数字证书和完税信息的数字签名传给税务局申报受理服务器;
(5) 税务局申报受理服务器将该信息发送给申报平台;
(6) 申报平台下传包含税务局数字证书、纳税人数字证书和对应完税信息的数字签名给用户。

至此，用户从网上获得税务局生成的、只能由其本人打开并阅读的完税信息。

（根据"上海数字证书认证中心网"整理）

思考与提示

根据数字签名的相关原理，说明数字证书如何保证合法纳税用户最终得到的是由税务机关生成的、未经篡改的、属于其本人的完税信息？

三、电子政务信息安全技术基础设施

电子政务信息安全技术基础设施为电子政务各种应用系统建立通用的安全接口，提供通用的安全服务，主要包括公钥基础设施、授权管理基础设施和密钥管理基础设施。其中公钥基础设施、授权管理基础设施是国家信息安全基础设施（national information security infrastructure，NISI）的重要组成内容。

1. 公钥基础设施

公钥基础设施（public key infrastructure，PKI）是一个用非对称密码算法原理和技术来实现并提供安全服务的、具有通用性的安全基础设施。它是一个遵循既定标准的密钥管理平台，能够为所有网络应用提供加密和数字签名等密码服务及所必需的密钥和证书管理体系。PKI作为国家信息化的基础设施，是相关技术、应用、组织、规范和法律法规的总和，是一个宏观体系，其本身就体现了强大的国家实力。PKI的核心是要解决信息网络空间中的信任问题，确定信息网络空间中各种经济、军事和管理行为主体（包括组织和个人）身份的唯一性、真实性和合法性，保护信息网络空间中各种主体的安全利益。

PKI的关键组件包括数字证书认证中心（CA）、审核注册中心（RA）、密钥管理中心（KM），其主要功能如下。

（1）数字证书认证中心是证书服务系统的核心业务节点和基本单元，主要提供下列服务：证书的签发和管理，证书撤销列表的签发和管理，证书/证书撤销列表的发布和管理，证书审核注册中心的设立、审核及管理，向密钥管理中心申请密钥等。CA颁发的证书相当于网上的身份证，可以唯一确定网上各种实体的身份。

（2）审核注册中心是用户和CA之间的中间实体，它所获得的用户标识的准确性是CA颁发证书的基础。RA中心是证书服务系统的用户注册和审核机构，管理用户资料，接受用户申请。RA中心由CA中心授权设立并运作，由CA中心统一管理。RA中心提供如下服务：用户数字证书申请的注册受理，用户真实身份的审核，用户数字证书的申请与下载，用户数字证书的撤销与恢复，证书受理核发点的设立、审核及管理。

（3）密钥管理中心是整个PKI的基础，为非对称密码技术的大规模应用提供支持。密钥管理中心负责向CA中心提供密钥服务，包括密钥的产生、登记、分发、查询、注销、归档及恢复等服务，同时向授权管理部门提供特殊密钥的恢复功能。

2. 授权管理基础设施

随着网络应用的扩展和深入，仅仅能确定网络身份的公钥基础设施已经不能满足需要，安全系统要求提供能够确定使用权限的技术，即某人是否拥有使用某种服务的特权。为了解决这个问题，授权管理基础设施（privilege management infrastructure，PMI）应运而生。

PMI 是一个由属性证书、属性权威、属性证书库等组件构成的综合系统，用来实现权限和证书的产生、管理、存储、分发和撤销等功能。PMI 使用属性证书表示和容纳权限信息，通过管理证书的生命周期实现对权限生命周期的管理。属性证书的申请、签发、注销、验证流程对应着权限的申请、发放、撤销、使用和验证的过程。而且，使用属性证书进行权限管理的方式使得权限的管理不必依赖某个具体的应用，而且有利于权限的安全分布式应用。

PMI 以资源管理为核心，对资源的访问控制权统一交由授权机构统一处理，即由资源的所有者来进行访问控制。同 PKI 相比，两者的主要区别在于：PKI 证明用户是谁，而 PMI 证明这个用户有什么权限，能干什么，而且 PMI 需要 PKI 为其提供身份认证。PMI 与 PKI 在结构上非常相似，其信任的基础都是有关权威机构，由他们决定建立身份认证系统和属性特权机构。

建立在 PKI 基础上的 PMI，以向用户和应用程序提供权限管理与授权服务为目标，主要负责向业务应用系统提供与应用相关的授权服务管理，提供用户身份到应用授权的映射功能，实现与实际应用处理模式相对应的、与具体应用系统开发和管理无关的访问控制机制，极大地简化应用中访问控制和权限管理系统的开发与维护，并减少管理成本和复杂性。

3. 密钥管理基础设施

密钥管理基础设施提供统一的密钥管理服务，涉及密钥生成服务器、密钥数据库服务器和密钥管理服务器等组成部分。密钥管理服务器又称密钥管理中心（key management center，KMC）。KMC 对密钥的产生、分配、更换、存储、使用和销毁进行审计跟踪和管理。CA 的密钥在 KMC 内部产生以后直接保存在硬件设备中，私钥无法从外部读出。KMC 可以检测物理环境的安全性，一旦受到机械性的攻击，内部密钥即自动销毁。

案例 4-3

北大方正电子政务平台综合解决方案

一、电子政务技术应用概况

在电子政务建设中形成了两类电子政务应用模式：面向企事业单位、公众用户服务类的互联网式的应用和政府内部及部门间协作的内网业务应用系统。

针对两种应用模式，现阶段电子政务建设主要包括如下内容。

（1）建立政府门户网站，为企事业单位及公众提供一站式服务。建立政府信息发布网站，建立行政许可、行政审批、网上数据直报等系统，实现政务公开与民主监督。

(2) 独立一级政府内部办公系统的建设及各职能部门业务系统的建设。在政务内部网络基础上建立各类通用的办公系统,如公文流转、视频会议等系统,实现公务员之间的协同工作。对于有关职能部门,建立专门的业务系统,如"十二金工程"等。在这些基础应用系统之上建立智能化分析与辅助决策系统,提升电子政务系统的应用水平。

(3) 政府内部资源共享与交换平台。整合政府内部数据资源,建立各级政府横向、纵向的数据共享交换机制,实现多级管理、资源共享的数据平台。

目前电子政务软件系统主流的关键技术可以概括如下:
(1) 基于 J2EE 标准、面向服务的体系架构(SOA);
(2) 基于元数据的内容管理技术;
(3) 信息和应用门户集成技术;
(4) 多媒体内容制作与信息发布技术;
(5) 基于 XML 的信息共享与数据交换技术;
(6) 面向业务的可定制的工作流引擎、电子表单、服务派转技术(ESB);
(7) 智能化决策分析及知识管理技术;
(8) 基于 GIS 的政务可视化表现技术。

上述两类应用模式虽然从服务对象和应用环境上是不同的,但其所采用的底层技术支持却有很多共通之处,这就要求在电子政务建设过程中尽量采用成型的技术产品,使得系统技术逻辑清晰,缩短建设周期,避免建设风险。

二、方正电子政务平台技术路线

基于"任何应用系统,其实质都是对各类结构化、非结构化数据的管理、存储、调用、统计、分析,并实现客户化的数据呈现"这一理念,北大方正技术研究院在对各类应用系统进行分析的基础上,通过抽象业务逻辑,整合数据管理及呈现技术,研发出一系列具有通用性的技术平台产品,在建立应用数据源的基础上,采用这些技术平台产品作为底层支撑,构建面向政府业务的电子政务平台,这样在进行电子政务建设的时候,大规模的应用系统研发就转变为应用系统的部署、定制,辅以少量的开发,减少建设周期,并使应用系统获得极高的可扩展性。

方正电子政务平台解决方案引入了国际上先进的技术理念和通用的技术标准,并结合国家电子政务的相关标准,是面向中国政府行业应用系统建设的基础平台。

1. 技术路线

方正电子政务平台包括以下关键技术:
(1) J2EE 应用服务器技术;
(2) XML 技术;
(3) 内容管理技术;
(4) 信息发布技术;

(5) 业务流程管理(BPM)技术;

(6) 门户(portal)技术;

(7) 知识管理及数据挖掘技术。

2. 应用模型

方正电子政务平台综合解决方案是一套面向电子政务的整体解决方案,采用 J2EE 体系结构,利用内容管理、知识管理、数据交换、GIS、BPM、DRM 等先进技术和理念构建的集成化、个性化、灵活易扩展的技术平台(见图 4-5)。

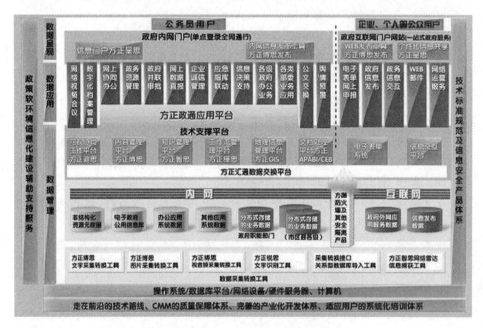

图 4-5 方正电子政务平台的应用模型

3. 应用标准体系

北大方正技术研究院多年来一直致力并参与电子政务标准体系的建设,其研发产品符合国家或国际电子政务的有关标准,方正电子政务平台综合解决方案是最好的体现。方正电子政务平台数据交换则采用通用的 XML 语言作为标准,电子表单采用 XForm,工作流采用 WFMC,GIS 平台采用 OpenGIS GML,Portlet 采用 JSR-168,新闻发布则采用 NewsML 作为标准。这些标准是方正电子政务平台综合解决方案的基石,采用上述通用标准,使得电子政务平台具有优秀的跨平台性、开放性及可扩展性。

4. 数据管理

无论是信息发布、还是业务应用,都要有管理对象——各类业务数据,对于政府用户来说,所需要管理的数据内容来源广泛,既有文档数据,又有应用系统数据以及其他数据,这些数据需要由专业的采集工具进行采集。方正电子政务平台解决方案提供完善的采集工具,如方正 CEB 公文创建采集工具,方正博思文字、图片、视/音频采集转换工具,方正 OCR 文字识别工具,方正表单创建采集工具;方正网站信息采集工具,方正智绘 GIS 创建采集工具以及数据库导库工具等产品。政府用户在通用数据库基础上,通过这些工具构建各类政务应用系统的基础数据源。

北大方正技术研究院研发并推出系列数据管理平台系统,包括:支持异构系统数据交换的方正汇通数据交换平台,能实现海量数据有效管理的方正博思内容管理平台,可视化业务流程定义产品,方正绎思工作流管理平台,支持全文检索、自动分类、自动聚类、主题检测与追踪、自动消重等知识管理的方正智思,支持地理信息管理平台的方正智绘,支持可视化协同工作平台的方正迪思,支持并联审批方正政务交互平台,方正 APABI/CEB 安全文档处理平台,等等。这些数据管理产品构成了政务系统的业务支撑平台。

5. 数据呈现

对应用数据进行管理的最终目标是被使用者利用,以影响用户的政务活动,所以对于政府用户来说,各类政务数据采用何种方式呈现给公务员、领导、公众用户,是电子政务平台解决方案所必须解决的一个重要环节。数据呈现的内容包括网站发布的一些静态的政务信息和应用系统的业务信息,如何将这些数据按照规定的方式和内容呈现给不同权限的用户,以及如何实现个性化的信息共享?方正电子政务平台通过方正博思发布产品、方正呈思信息门户产品等实现网站动/静态信息发布和业务应用系统的界面整合。

6. 数据应用

对于政府用户,北大方正技术研究院有一系列自主知识产权的应用系统及解决方案,如:外网的电子表单申报产品、政务信息交互处理产品,以及为政府、媒体等有关部门提供运营服务管理的网络运营服务产品;内网产品则涉及方正博通公文档案一体化管理平台产品、方正迪思视频会议产品、政府办公 OA 产品、政务综合资源库、政府并联审批产品、企业网上直报产品,应急指挥/联动应用平台、信息决策支持产品、企业诚信管理、方正舆情预警系统,等等。通过上述产品,方正电子政务平台可以实现一整套完整的从中央到地方各级政府的办公业务和各类部委应用系统整体解决方案。

三、政务应用系统产品及解决方案

在方正电子政务平台基础上,北大方正技术研究院在电子政务的两种应用模式下都有成型的产品及解决方案,具体内容如下。

1. 政务内网办公业务应用产品

1)方正政通政务应用平台

方正政通政务应用平台是采用 B/S 结构,利用先进的 J2EE 技术框架,实现基于浏览器的瘦客户、服务器模式,不需要安装客户端,管理简单、易维护、易升级。方正政通政务应用平台使最复杂、烦琐的办公业务变得自动化、流程化、数字化,大大提高了用户各部门的工作效率。方正政通政务应用平台采用纯 WEB 技术,在客户端不必安装专用代码,平台功能全部在服务器端集中实现和进行管理,平台维护升级难度和工作量明显降低,真正做到客户端零维护,使平台可用性和易维护性与传统方式相比有了质的飞跃。方正政通政务应用平台构建于内容管理平台和工作流管理平台之上,具有可配置的应用框架,所以可以方便地定制和扩展新的子系统。另外,方正政通政务应用平台具有良好的开放能力和扩展性,使得用户在使用本平台时,可以灵活地定制流程和自己喜欢的界面风格等。

方正政通政务应用平台为提高系统可定制性的功能,整合了内容管理系统的一些后台管理功能。主要包括存储管理,分类管理,视图管理,属性定制,用户管理。由于采用内容管理技术,尤其是元数据技术,使得应用系统的所有要素,比如字段等都可以进行自定义,这是在构建应用系统时采用的核心技术。

方正政通政务应用平台主要功能就是通过后台的应用管理系统对业务视图、表单、操作、流程、人员权限等方面的定制,最终实现应用系统的定制。我们可以采用方正政通政务应用平台定义办公系统、人力资源管理系统、设备资产管理系统、政务职能部门业务系统等政府应用范畴的业务模块。方正政通政务应用平台具有分类管理、视图管理、属性定制、界面定制、工作流定制等定制管理特性。

2) 网上协同办公 OA 系统

网上协同办公 OA 系统采用 J2EE 结构,对软件和硬件平台有广泛的适应性。它包含公文流转、会议管理、日程管理、档案管理、个人办公、人事考勤管理、资源管理、项目管理、突发事件管理、统计报表、信息发布和系统管理等基本模块。同时,本产品对业务定制提供有力支持并提供规范的扩展接口,所以能针对客户单位的组织机构、业务流程和业务数据/信息的实际情况,构建、调整或扩展办公不同阶段的实际应用。

3) 方正博通文档一体化的档案管理系统

方正博通采用方正博思作为基础数据管理平台,利用方正博思对各种形式数字化内容的管理优势,同时结合传统档案管理业务,构造了一个既能同时管理数字化公文、数字化多种媒体资料文件,又能够对传统档案管理提供支持的数字化档案管理的平台。其应用目标是将日常数字化办公流程中的数字档案与传统介质形成的物理档案的数字化文档进行统一的管理利用。为了满足不同用户需求,可将管理系统划分为文件中心版、档案处室版、档案馆版等。

4) 方正博思政务资源库

方正博思政务资源库可以帮助政府各部门建立自己统一或分布的应用资源库,管理自己的各类信息资源;建立其对内对外的信息资源应用体系,提供一个开放的政府信息共享平台,提高政务信息的利用效率,从而最终提升政府面向公众的服务职能。针对当前政府行业用户的需求,方正博思政务综合资源库可划分为资源上载、资源管理、资源浏览三大模块,基本涵盖了政务资源上载、管理、利用的全过程。

5) 方正迪思视频会议系统

方正迪思为纯软件产品,用户通过配置普通的 PC 机、标准的音视频采集和输出设备,就能够实现实时可交互的视频、语音、文字、白板、即时消息等功能,从而达到在 Internet/Intranet 上的全方位沟通和协同工作的目的。方正迪思以"C/S+B/S"的工作模式,基于"客户端+服务器+资源管理平台"的设计理念,使用户更深层次的信息交流和协同办公变得更加全面。利用方正迪思资源管理平台,用户可以随时管理和维护网络资源,大大简化数据会议的复杂度,使数据会议应用功能更加强大、高效、易用。

6) 方正智思舆情预警辅助决策支持系统

北大方正技术研究院基于现实需要,结合内容管理技术、知识管理技术,互联网相关技术适时推出方正智思舆情预警辅助决策支持系统,该系统着重强调加强互联网、手机短信等新型传媒的信息搜集和分析,以计算机智能处理技术辅助舆情信息汇集整理和分析,对新出现的社会舆论热点、焦点去伪存真,为确保我国互联网络大众媒体的舆论导向的正确性起到一定的辅助作用。

2. 互联网公众服务模式的政务系统

1) 政府门户网站

对于政府门户网站建设的需求,北大方正技术研究院通过方正博思网站发布管理系统和方正呈思信息门户产品来实现。其主要功能包括:建立政府信息采、编、发的网站内容管理系统,实现政务信息动静态发布;采用门户技术实现个性化的信息呈现,并实现会员管理等功能;建立信息交换系统,实现 BBS 及点播;建立具有在线调查、投票、问卷、访问功能的统计分析系统;建立网上业务处理系统。

2) 政府并联审批系统

如何利用现有的网络、系统资源,有效提高政府服务效率,改变政府原有的点对点的工作模式,将"一站式"、"一网式"、"虚拟政府"等理念的实现变为可能,是当今各级政府迫切需要解决的问题之一,北大方正技术研究院推出的政府网上并联审批则是这种服务理念的集中体现。通过并联审批系统,企业和公众可以获得全面、准确的政务信息和"一站式"政务服务;实现政府内部的协同作业,提高办事效率,简化办公流程,降低办公成本,增加工作的透明度,同时获取实时公众申报进度数据和部门业务处理统计数据,推动政府部门工作绩效的考核。

3) 网上数据直报系统

方正网上数据直报系统是面向公众用户、企事业单位如何将电子化数据上报给主管的政府部门,以及政府下级单位如何将业务数据上报给上级部门等各级政府部门和企事业单位急需解决的网上数据安全共享、传输、处理、交换的应用问题而研发出的解决各类政府行业需求的网上数据直报系统。方正网上数据直报系统采用"方正政通智能客户端"+"方正政通业务应用平台"即"CS+BS"的产品架构,完成了数据传输的3个阶段——采集、管理和利用,并在各个环节实现了可靠、安全的文档传递流程,是一个通用的、智能的、跨平台的政务数据处理应用系统。

本章重要概念

政务内网(Intranet)　　政务专网(Extranet)　　政务外网(Internet)
数据库管理系统(DBMS)　　客户/服务器(C/S)结构
浏览器/服务器(B/S)结构　　计算机支持的协同工作(CSSW)
工作流(workflow)　　决策支持系统(DSS)　　智能决策支持系统(IDSS)
数据仓库(DW)　　数据挖掘(DM)　　地理信息系统(GIS)
虚拟专用网络(VPN)　　公共密钥基础设施(PKI)

本章思考题

1. 简述电子政务的网络体系构成。
2. 工作流管理系统由哪几部分组成?各部分的作用是什么?
3. 什么是公共密钥基础设施?举例说明它如何保证电子政务的信息安全。

本章推荐阅读书目

1. 陆敬筠. 电子政务技术导论[M]. 北京:北京大学出版社,2005.
2. 杨安. 电子政务理论与技术[M]. 北京:清华大学出版社,2007.
3. 冯登国. 网络安全原理与技术[M]. 北京:科学出版社,2003.

第五章 电子政务环境下的政府管理模式创新

——本章导言——

以网络为载体实现传统政府管理模式的转变,是摆在各国政府面前的现实问题。电子政务与政府管理模式创新相互作用、相互影响、相互促进。政府管理模式创新是电子政务的充分必要条件,电子政务是政府管理模式创新的有效途径。通过电子政务建设,政府可以实现管理模式的创新,从而树立"以公民为中心"的行为规范、运转协调、公正透明、廉洁高效的"虚拟政府"新形象。本章重点介绍电子政务在推动传统政府职能创新、组织创新和运行创新中的作用和表现。

第一节 电子政务与政府管理模式

正如电子政务本质所揭示的,电子政务的最终目标就是要实现政府从传统政府范式向电子政务范式的成功转变。电子政务范式决定了政府管理模式的范围,政府的管理模式又决定了政府的管理方式。认识电子政务与政府管理模式变革之间的因果联系,有助于理解电子政务对政府的重大影响和作用,从而增强电子政务行动的方向性和目标性。

一、政府管理模式的含义

政府管理模式是由政府职能、政府组织结构和运行方式决定的政府管理制度和具体管理方式的总称。在政府管理模式的内容中,最重要的是政府管理方式,它是一种政府管理模式区别于另一种政府管理模式的最主要的特征。现代汉语词典对"方式"的解释是"说话、做事所采取的方法和形式"。"方式"一词强调的是实现某一目标的手段或途径。政府管理方式就是政府管理国家和社会事务的具体手段。政府管理方式是政府管理模式的重要体现,当然,政府管理模式还包括政府管理的理念、制度等。政府管理的理念和制度决定了政府管理的方式,反过来可以说,政府管理方式才是政府管理理念和管理制度的真实体现。

政府管理模式存在着3种类型:层级节制型政府管理模式、有限互动型政府管理模式、未来政府管理模式。

1. 层级节制型政府管理模式

从政府产生之日起到20世纪50—60年代,世界上绝大多数国家的政府都采用的是层级节制型政府管理模式。这种模式的特点主要表现为:政府职能以控制和管理为主;政府机构庞杂,职能强大;政府公务人员与公众之间是单向的关系,缺乏联系和沟通。

2. 有限互动型政府管理模式

从20世纪60年代到现在的政府管理基本上是有限互动型政府管理模式。这种模式的特点主要表现为：在政府职能方面，管理和服务并重；政府机构大幅精简；政府公务人员与公众之间有限互动。

3. 未来政府管理模式

美国著名政治学家、行政学家彼得斯博士在《政府未来的治理模式》一书中，从各国政府的革新主张和主要发达国家的政府改革实践中，梳理归纳出4种未来政府管理模式，即市场式政府、参与式政府、弹性化政府和解制型政府。

市场式政府的含义是相信市场和社会有自我适应、自我调节和自我完善的能力，减少政府的过多干预；实行公共服务市场化，弥补政府财力和服务能力的不足；将竞争机制引入公共组织；借鉴私营企业的管理理论、管理原则、技术方法等。参与式政府的含义是减少组织结构的层级，实现制度化的分权，从而从组织上保证下层的自主权；强调组织内部的参与管理，摒弃传统的自上而下的管理理念，倡导自下而上的管理理念，实行全方位的立体沟通，让底层公务员更多地加入权力的分配行列中来；公众参与决策，从而最大限度地体现和满足公众的利益。弹性化政府的内涵是通过建立临时机构，增强政府的灵活性；针对不同的环境变化，采取灵活多样的有效措施，增强政府的适应性；政府的灵活性和适应性带来政府的高效性，从而有助于实现公共利益的最大化。解制型政府的含义是取消公共部门过多的规章制度，取消过程取向的控制机制，相信并依靠公务员的责任心、潜力和创造力来提高政府的行动水平，让政府更具有创新性和效率。

二、电子政务促进政府管理模式创新

电子政务所依托的信息技术，是第一生产力。它在电子政务领域中的发展，必然要涉及生产关系的变革和上层建筑的完善等问题。加之电子政务环境条件下的政府管理所依赖的主要资源已经从物质资源革命性地转向了信息资源、知识资源，因此，主观和客观上的诸多因素都要求政府管理模式做出适时转变，亦即要求政府在履行职能、组织结构、工作流程、运行机制、人事制度、规章制度等方面进行相应的变革。从世界范围来看，电子政务的发展始终与政府管理模式的变革相联系。就电子政务的技术基础来看，信息技术的发展无疑改变了而且正在改变着政府管理的环境。信息化在促进政府行政的现代化、民主化、公开化、效能化方面起着十分重要的作用。信息化在促进政府响应力、提高政府沟通效率和决策质量以及更有效地运用人力资源、节约政府经费开支、扩大公民参与、创新政府服务等方面均显示出优势。因此，电子政务的实现促成了政府管理模式的变革。

从目前的发展状况来看，电子政务促成政府管理模式变革主要体现在：应用信息技术改变政府的职能，实现导航型政府；改变传统的层级化公共组织架构，建立网络型组织；改变政府运作流程，建立一个无缝隙的政府，即在任何时间和地点都能提供服务的政府；改变政府治理结构，从国家单独治理转变为国家与社会的共同治理；实现政府治理观念更新，建立以公众为导向的政府。

三、传统政府管理模式制约电子政务发展

通过建设电子政务促进传统政府管理模式转变，实现政府管理模式的创新，是电子政

务的远景和理想。然而,事实并非如此简单。在实践过程中,封闭的、不合理的政府管理模式会严重制约甚至阻碍电子政务的发展。不仅如此,从消极方面来看,信息技术还有强化官僚统治的可能。它可能使传统行政中趋于破败的官僚统治由于技术的完备而增强生命力。因此,如果只是简单地把信息技术应用于传统的政府管理模式而忽略政府职能定位、组织重组和流程再造,那么电子政务的建设就会事倍功半、流于形式,甚至沦为维护官僚统治的工具。

概括而言,传统政府管理模式制约电子政务的发展表现在以下4个方面。

1. 管理理念方面

管理理念对电子政务建设起着非常重要的作用。传统的管制理念、政府公务人员高高在上以及故步自封的保守思想是电子政务建设的绊脚石,严重阻碍了电子政务的发展。相反,公众至上、服务公众的理念和开明积极、与时俱进的思想则是电子政务建设的助推器,会大力推动电子政务不断向前发展。

传统政府管理模式下的政府管理理念,过于强调政府的权威和控制,把管理和维持整个组织的自身运作作为政府存在的目的,这种理念适应节奏比较缓慢、管理事务单一、信息技术不发达的传统工业时代。政府扮演着社会主宰的角色,政府及公务人员把政府管理看作是一种绝对的管制,公众只有被动地接受政府的管理。而且,公务人员常常以权制人、以势压人,为了完成任务甚至会采取简单粗暴的手段。在对信息的态度上,政府部门及其公务人员认为部门信息就是部门利益,不是公共资源,不能共享或公开,必须由部门垄断。很多政府工作人员很不愿意接受电子政务这个新鲜事物,甚至反对建设电子政务。很明显,这些理念与电子政务的要求是背道而驰的,会严重阻碍电子政务的发展。

电子政务环境下不可"新瓶装旧酒",将传统政府的一整套模式照搬照抄到电子政务中。电子政务必须贯彻全新的管理理念。这些理念包括服务理念、责任理念、公平理念、效能理念、安全理念、创新理念、法治理念和民主理念。它们都是顺应信息时代潮流和符合电子政务发展要求的全新理念。它们会在很大程度上积极推进电子政务的发展。电子政务的最高目标就是提供公众满意的、高品质的服务,所以,这些理念,特别是为公众服务的理念对电子政务的发展极为重要。正因为如此,为了改善政府管理能力、提高政府服务水平,政府部门应该把公众当作顾客来看待,坚持以服务为根本、以顾客为导向,努力提高公共管理的服务质量和顾客满意水平。可以说,服务行政理念是建设电子政务的首要基础,甚至可以说,它是电子政务的灵魂,没有了服务理念的支撑,电子政务将形同虚设,毫无意义。

2. 职能定位方面

政府职能定位是否合理和正确在很大程度上决定了电子政务的前途,预示着电子政务能够达到什么样的程度,能够走多远。

电子政务为公众服务的理念,决定了政府职能定位必须以为公众提供更好的服务为衡量标准。能够促进政府为公众提供更好服务的政府职能定位,可以促进电子政务的发展;反之,则会阻碍电子政务的发展。

电子政务的一个重大特点就是它打破了传统的政府职能分工,使不同政府部门的服务一体化、集成化。这就需要重组政府职能,将相关业务按公众的需求组合起来,从而实现政府部门之间的跨部门合作。同时,由于电子政务条件下政府的组织结构与传统政府有着根本的区别,即政府机构扁平化,中间层将会逐步消失,它们上传下达的任务将由网络取代。这就需要有计划、有步骤地进行机构精简以及政府职能转变。所以,政府职能的转变与重新定位是实现电子政务的重要条件和核心环节。因而,能否实现政府与市场、政府与社会、政府与企业边界的清晰化,实现合理的政府职能定位,将成为推动或阻碍电子政务发展的关键因素。

3. 组织流程方面

政府组织流程机构对电子政务的影响体现在以下两个方面。①政府组织机构的设置:以职能为中心还是以结果(为公众提供的服务)为中心,是僵化的还是灵活的。②政务流程设计:是烦琐的还是简洁的,是串联的还是并联的。

政府组织机构的设置意义重大,它直接决定了电子政务系统政务架构的好坏。一方面,电子政务是面向公众的,是以为公众服务为目的的,所以,只有以结果为中心而不是以职能为中心设计的组织结构,才有利于电子政务建设。另一方面,现代信息技术的发展使获取信息变得越来越容易,中间管理层存在的必要性降低。相应地,政府的组织结构也必须由传统的金字塔结构向扁平的网状结构转变,以使信息传递畅通无阻,组织机构具有较高的灵活性、弹性和对外界的反应能力。所以,要发展电子政务,就要摒弃传统的金字塔模式,相应地进行政府组织结构的再造与重构,构造出一个与信息技术和电子政务相适应的政府组织结构形态。

政务流程的优化程度对电子政务有着重大的影响。传统的政务流程非常复杂,环节较多,给政府管理和公众办事带来了很多不便。传统政务流程设计采用的是串联的方式,在流程中,若上一个环节的事务没有完成,则没法进入下一个环节。一旦某一环节受阻,整个政务过程就会停止。显然,这样的流程设计与电子政务高效的要求是不相符的,会阻碍电子政务的发展。只有按照便捷、高效的要求进行优化之后的政务流程才会有利于电子政务的推行。总而言之,政府业务流程再造与电子政务是密切相关的,政府业务流程的再造是发展电子政务的基础。

4. 运行和管理方面

传统政府的运行和管理主要从两个方面影响电子政务:政府运行的透明程度和政府管理的规范程度。

政府运行的透明度对电子政务有很大的影响,主要表现在政务公开上。应该说,政务公开与电子政务是相互作用的关系。电子政务在很大程度上能够促进政务公开,提高政府运行的透明度。另一方面,政务公开也影响着电子政务建设的步伐。如果政务不公开、信息资源不共享、政务过程不透明,那么政府信息化就没有良好的实施基础,电子政务建设就很难顺利推进。

任何一项政府管理创新,都必须有规范的法规制度作保障,电子政务建设也不例外。如果政府决策、执行、监督过程都严格遵循法规制度,真正做到科学民主决策、规范执行、有效监督,那么电子政务的推行也就有法可依,电子政务建设就会更加顺利。

由此可见,传统政府管理模式制约了电子政务的发展,建设电子政务必须实现政府管理模式的变革。

四、电子政务与政府管理模式创新的关系

电子政务与政府管理模式之间存在着密切的联系。电子政务与政府管理模式创新相互作用、相互影响、相互促进。政府管理模式创新是电子政务的充要条件,电子政务是政府管理模式创新的有效途径。

1. 实施电子政务是政府管理创新的重要步骤

功能完善的政府体系,运行协调的电子政务,是政府管理创新的重要目标。实践证明,电子政务的实施,给现代政府构筑了一个履行职能、实施管理、提供服务的新平台。但这个平台的意义绝不只局限于工具的层面,它聚合了政府职能转变、运行创新和管理方式方法创新的多重价值。因为,通过实施电子政务,公共管理和服务行为的运行原理、实现机制和具体手段都与传统的政府运作有着显著的差别。

2. 政府管理模式创新是成功实现电子政务的前提

电子政务构筑了一种前所未有的、全新的行政环境——网络环境。这种网络环境的实质是政府职能的网上再现和虚拟化管理。因此,它需要通过新的流程实现政府管理和服务的职能,要求政府对传统的组织机构进行重组,对业务流程进行再造,这本身就包含了政府管理创新的成分。电子政务在实际推行中必然会遇到一些问题和障碍,需要以创新的方式和行动加以解决。所以说,政府管理创新的成功实践,是电子政务顺利开展的可靠保证。

3. 信息技术不能替代政府管理创新

电子政务并非简单的"电子+政务",电子政务的发展实质上对传统的政府管理体制和管理方式提出了挑战,是深化行政管理体制改革、实现政府管理模式创新的催化剂和助动器。推行电子政务旨在变革政府,使之更加以服务公众为中心。在此过程中,技术仅仅是一种应用工具。要想取得电子政务的成功,必须改变政府的行政文化、思想观念、组织结构、管理方式、运行模式和服务方式,以及政府官员与公众之间的互动方式,全面提高公务员的管理素质和行政能力。

4. 电子政务是信息时代的政府管理模式创新

政府管理模式创新是政府公共管理和服务的永恒主题,是一个不断进行的过程。进入信息时代以后,信息技术成为政府创新的驱动器和使能器,政府的改革创新和电子政务紧密地结合在了一起。现代行政要求规范、科学、高效率、低成本和公正透明的政务流程,这些目标要通过创新和电子化来实现。随着公共管理和服务环境的变化及需求的改变,政府管理创新要不断审视自身的方向和使命,促进电子政务的发展和完善。

以信息技术这一现代化工具推动政府管理模式创新,以政府管理模式的创新促进和规范电子政务的发展是实现政府现代化和管理创新的有效途径。实践证明,但凡政府管理越科学化、规范化,政府管理模式创新做得越好的地方,发展电子政务就越有利。反过来,电子政务建设越先进的地方,政府管理也越科学、规范,政府管理模式也越合理。

第二节 电子政务推动政府职能创新

政府职能就是政府在管理国家事务和社会公共事务的过程中所承担的职责和功能。

转变与创新政府职能是行政系统适应环境变化的基本方式。电子政务推动政府职能的创新主要表现为:促进政府职能转变,提高政府职能履行能力,增加新的职能内容。

一、促进政府职能转变

所谓政府职能转变,就是从重塑国家和社会间的权力关系的角度,实现政府逐步放权于社会,强化社会权力和自治能力,从而实现高效的管理。由于政府所赖以存在的社会经济环境、意识形态,以及每时每刻需要应对的公共事务和社会生活都在不停地丰富和发展着,因此,政府必须持续不断地进行职能转变和管理创新,以适应社会环境和公众需求的快速变化。在我国,党的十六大政治报告明确指出:"进一步转变政府职能,改进管理方式,推行电子政务,提高行政效率,降低行政管理成本,形成行为规范、运转协调、公正透明、廉洁高效的行政管理体制。"推行电子政务不仅已成为行政管理体制改革目标的重要组成部分,而且是实现政府职能转变的有效途径。

(一)政府职能转变的目标

政府职能转变的目标包括以下3个方面。

1. 不越位

所谓政府部门越位,即政府部门把本应由市场机制调节解决、不该自己管的事管住不放,结果不但管不了、管不好,反而影响市场机制的发育,不利于生产、经济发展。如有的地方政府本位主义严重,用行政权力对统一的市场进行割据,搞地方经济封锁,对非本地商品实行种种限制,结果你所在的地区不让我的产品进来,我所在的地区也不让你的产品进来,出现相互限制。从观念角度看,这是一种短视的小农经济思想在作祟,其行为不但救不了地方经济,反而导致生产力萎缩,最终彻底影响经济发展。从行政权力角度看,正是政府越位的恶果破坏了统一的市场,既侵犯了生产厂家的经营权,又限制了消费者的选择权,更违背了市场经济通过自由竞争、优胜劣汰促进生产力发展的初衷。

市场机制的功能是通过竞争促进落后企业提高自身生产力来赢得市场,从而增强一个地区的经济活力。政府不要干预市场和社会本身能够做得好的领域,把生产经营权力真正交给企业,将社会性、公益性和自我服务性的工作从政府职能中剥离出去,交给中介组织承担,将原本属于社会的职能还给社会。

2. 不缺位

所谓政府缺位,就是该政府管的,政府没管或没管到位。改革开放以来的实践表明,市场机制不是万能的,市场机制不可能解决社会生活中的一切问题。而市场机制不能发挥作用或者说产生副作用的地方,正是需要政府部门发挥作用的地方。市场机制需要配套的措施、条件,如反垄断,反不正当竞争,对企业予以破产保护,对失业人员提供失业保险,对难以在市场机制下同步竞争的弱势群体予以救济,实行最低工资制度和生活保障制度,提供医疗、养老保险、义务教育、社会基本福利,等等。这些都需要政府部门去做,否则将会带来很大的风险,甚至造成社会不稳定、不公平。我们的原则是"效率优先,兼顾公平"。效率优先是市场机制的体现,谁来"兼顾公平"呢?是政府,由政府把兼顾公平的职责担当起来。

在市场经济体制中,政府部门不该管的要放权,该管的不能"缺位",不能片面吸取教训,因怕"一管就死"就走向反面,结果"一放就乱"。行政干预和市场机制不是截然对立的两极,而是保障社会稳定发展的一个事物的两面,缺一不可。政府要全面履行自己的职能,在市场失灵和社会失灵的领域,政府一定要发挥自己的积极作用。换言之,政府要在市场整合和社会整合的基础上进行再整合。

3. 不错位

所谓政府错位,就是政府既当管理者又当受益者,既当"裁判员"又当"运动员"既是规则的制定者,又是规则的执行者。计划经济时代,政府部门大权独揽,大事小事,政府说了算,各行各业都是政府的下属。改革开放后,实行政企分开,但政府部门"婆婆"的角色意识尚未退尽,情难断,利难舍,本地区本行业好像是"自家人",权力干预,利益分享,对一些公共事业实行行业垄断、价格垄断、业务垄断,这不仅造成市场不公平竞争,还影响市场经济健康发展。这种权力经济、关系经济还滋生出投桃报李的腐败现象。事实表明,"错位"状态下的政府部门权力一旦被个人所利用,一个单位、一个行业、一个地区、大事、小事,以及分内事、分外事,都由领导个人说了算,是导致权力滥用和腐败的客观条件。

不错位,要求政府各部门合理划分各自权限,理顺职能关系,避免交叉重叠和多头管理。同时还要求政府分清不同职能,比如不能将统治和服务相混淆。

(二) 政府职能转变的作用

电子政务促进政府职能转变的作用具体表现在以下方面。

1. 明确了政府职能转变的方向

信息社会的发展趋势,要求政府通过发展电子政务向现代服务型政府进行转变,改善政府的公共服务职能。这就要求政府进行职能调整,由管理型政府逐步转变为服务型政府。发展电子政务,以公民为中心,改善服务形象和提高服务品质,强化服务理念,构建服务型政府,是社会发展的必然选择,也是电子政务建设的根本目标。

服务型政府是民主政府、有限政府、法治政府、责任政府、绩效政府。这是服务型政府的形态,也是服务型政府的目标。服务型政府首先是民主政府,即公民当家做主的政府。政府为公民服务是天职,以实现社会公共利益的最大化为目标。其次,服务型政府是有限政府,即政府的权力是有限的。政府只有把该管的事情管好,把该做的事情做好,做到"有所为,有所不为",才能履行好服务职能。第三,服务型政府是法治政府,即依法行政的政府。第四,服务型政府是责任政府,即政府必须对自己的行为负责、对自己所提供的服务负责、对公民的利益负责。第五,服务型政府是绩效政府,即有效率和效能的政府。

电子政务要求政府必须始终坚持"以公民为中心"的基本思想。这种以公民为中心的定位突出反映了信息时代公民的要求与愿望,指引了政府转变的方向。在电子政务环境下,每一个公民都是政府公共服务的顾客、消费者,他们在"市场"中同政府发生"消费"关系。顾客的满意度是衡量政府一切工作的最终标准。

2. 提供了更有利于政府职能转变的环境

面对以信息技术为载体、以市场化为动力的全球化浪潮的冲击和以知识创新为内核、以产业信息化为重要特征的知识经济的挑战,电子政务的创建与推动,为政府职能由管理型向服务型转变提供了重要的设备与技术支持。受技术手段、工具等物质要素完备性的限制,传统政务常常陷于"小规模"的现实与"大服务"的理想之间的困境。然而,信息技术作为一种工具性手段,它的出现从某种程度上为这种困境提供了一种新的定位。

首先,电子政务的推行提高了政府领导和一般公务人员的素质。先进的决策手段使领导者的决策水平大大提高,决策质量的提高必然导致公共服务方向的正确性和结构的合理性。同时,一般公务人员素质的提高会增强政府的执行力,提高公共服务的质量。其次,政府内部电子政务的推行,使政府的组织结构和业务流程得到优化,大量烦琐的具体行政事务可以由电脑和网络自动完成,节省了政府公务人员的大量时间和精力,使得他们有时间、有机会更好地履行职能,为社会提供更好、更多的服务。最后,电子政务采用了先进的信息通信技术,为社会提供全天候、多渠道、一站式、个性化的服务,扩大了服务的覆盖面,增强了服务的公平性,提高了服务能力。

3. 促进行政观念转变

行政观念,是指政府实施行政管理所基于的理念。世界上的人做一切事情的行为都是受其观念支配的,人一般不能超越时代观念而做出超时代的事业来,但人可以在落后观念的支配下使其工作落伍于时代。全面推进依法行政,实现建设法治政府目标,首先取决于行政观念的转变程度。电子政务建设不只是信息技术在政务领域的推广和应用,也不只是简单地将现有职能和业务流程电子化或网络化,而是实现政府职能转变的重大创新,本质上是行政观念的一次改革。

1) 向"以人为本"观念转变

政府在履行自身职能时坚持以人为本,充分体现"社会本位、民众本位"精神,在决定政府该管什么、不该管什么时,首先要看社会和人民是否需要,是否满足人民群众日益增长的公共需求。电子政务通过网络快速为公众提供动态、全面的信息,通过统一的信息服务平台,能够满足人民群众对公共信息的需求。

2) 向"小政府、大社会"观念转变

管理社会公共事务是政府的一项重要职能,建立一个以公众服务为导向的政府,是这项职能的需要。电子政府的建立要求我们更新管理和服务的观念,向尊重和相信公众的自我管理能力转变,依靠国家与社会、政府与公众之间良好的合作来施政,这就是向"小政府、大社会"转变。随着这个转变,不断推进网络政府、信息政府、电子政府建设,为公众提供更快捷、直接、广泛的服务。

3) 向效能观念转变

"门难进、事难办、脸难看、效率低",传统政务工作的这些机关痼疾,都与机关干部的作风、机关效能紧密关联。在信息社会,电子政务要求政府管理职能以社会管理为主的情况下,行政效能成为主体。政府向公众提供的服务,不仅强调效率,更强调质量。电子政务依靠良好的网络技术条件,政府工作人员坐在办公室,即可处理有关业务,加速了政府从只注重效率观念向既讲效率观念更讲效能观念的转变。

二、提高政府职能履行能力

政府能力是指政府在管理社会的过程中有效行使其职权,实现其职责的能力。政府能力包括自我治理能力和社会治理能力。政府自我治理能力就是政府对自身的管理能力,它包括政府生命力与政府协作能力。政府职能与政府能力之间既有本质上的区别,又有密不可分的联系。政府职能的实现是以政府能力为基础的,缺乏有效能力的政府即使法律上具有广泛的职能,实际上也不会真正有所作为;而政府能力赖以存在的许多资源又与政府职能有关,政府职能为政府能力的形成和发挥提供了制度保障。可见,政府职能与政府能力是一种相互影响、相互制约的关系。由于条件的限制,政府的能力是有限的,有限的政府能力不可能承担无限的政府职能。如果政府能力提高了,政府就可以更好地履行其职能。电子政务推进政府能力提升主要表现在以下几个方面。

1. 增强政府生命力

政府生命力是指政府对内部事务的管理能力,也就是政府以尽可能低的成本高效地对机关内部的人、财、物等资源进行组织动员和合理配置的能力。政府的自我治理能力首先表现在政府生命力上。

(1) 电子政务能够促进政府公务人员素质的提高,从而增强政府生命力。政府生命力与政府公务人员的素质有很大关系。电子政务将促进管理人员向综合型方向发展。政府公务人员的素质提高了,政府的生命力自然就会增强。

(2) 电子政务建设可以精简政府机构和人员,降低政府内部成本,从而增强政府生命力。政府机构和人员被大量精简之后,政府用以维持其运转的成本就会大幅下降,这样政府生命力也就会增强。

2. 促进政府部门之间的协作能力

电子政务带来的组织结构的变革和业务流程的重组,可以增强政府及政府部门之间的协作能力。通过计算机网络建设和政务协同技术,各级政府机构、各个业务部门将最终实现"联结起来"的目标,它们将在一个统一的逻辑平台上为公民和企业提供透明化的服务。同时,政府各部门的后台业务数据库互相协同,将大大有利于信息的共享和交换,减少政府条块分割带来的协调成本。更重要的是,通过电子政务的实施,政府各部门工作人员增强了协作的意识和能力。

3. 提高政府的反应力和回应力

数字化信息技术革命加快了现代社会生产、生活的节奏,市场瞬息万变,市民的需求和社会生活朝多元化方向发展,这在客观上要求政府能及时、准确地做出回应,迅速灵活地调整战略、策略。而传统政府金字塔式的管理模式由于层级多、决策权高度集中,且存在难以完全克服的官僚主义作风和不作为现象,使这种结构模式从获得信息到做出决策再到调整政府的组织行为需要较长的周期,其结果往往是在迅速变化的环境面前显得机械、迟钝、呆滞,坐失良机,影响政府形象。而网络信息传递不受时空阻碍的互动方式,使人们在感知与介入世界方面获得了前所未有的、痛快淋漓的感觉,它将极大地提高人们参与政府管理的兴趣。一个连线的、一拨即通的政府,每一项议案都可引来大量电子邮件,互联网将成为市民与政府对话的主要途径。可见,电子政务的建立大大提高了政府的反应能力和社会回应力。

4. 提高政府提供公共服务的能力

电子政务拓宽了服务的渠道,丰富了服务的手段。公民可以根据自身的偏好和途径,及时地获得政府提供的各项服务。网络化、一站式的服务模式可以从根本上改变公民同政府交互的方式,提升公共服务的响应度和满意度。信息公开提高了信息的数量和增强了透明度。

电子政务还可以通过有效的手段,对公共管理和服务的提供过程进行监控。而对过程的监控也就是对公共权力行使的监控,可以提高公共服务的质量。总之,所有这些都可以在很大程度上增强政府提供公共服务的能力。

5．提高政府公信力

提高政府公信力是电子政务建设的核心和根本目标。电子政务建设可以在很大程度上提高政府公信力。首先，电子政务是公开透明的政务。在传统政府管理模式中，政府与公众之间的隔阂，抑制了政府的公信力。多种形式、全方位的网上政务公开，可以树立一个以人为本、有亲和力的政府形象。其次，电子政务加强了政府的宏观经济调控能力，有效地保持宏观经济健康、稳定发展，使公众有理由相信政府是有能力的。第三，电子政务建设提高了政府的政策制定能力、政策执行能力以及依法行政能力，在公众当中树立了高效、规范的良好形象，从而提高了政府的公信力。第四，电子政务在推动政府缩小贫富差距和反腐败方面发挥了重要作用，这样，政府就在公众心目中树立了公正、廉洁的形象，也就提高了其公信力。

三、增加新的职能内容

电子政务的实施使政府面临许多新问题和新任务，政府必须采取相应的措施解决这些问题，更好地为公民服务。因此，在实施电子政务的过程中，政府增加了一些新的职能内容，主要包括以下几个方面。

（1）信息化社会的公平治理职能。缩小数字鸿沟，实现全社会的公平是电子政务的重要目标之一。

（2）信息资源管理职能。信息资源是信息社会的宝贵资源，政府必须做好公共信息基础设施的建设、公共信息资源的配置、公共信息的收集与传播以及公共信息的安全保障等方面的工作。

（3）引导信息产业发展。信息产业是信息时代的支柱产业，是提升国家竞争力的有效途径。同时，电子政务的建设离不开信息产业强有力的支持。因此，引导和加快信息产业的发展是政府在信息时代的重要职能之一。

 案例 5-1

电子政务无人审批模式首现广州

10月10日，随着国家工商总局注册局、广东省工商局及广州市有关负责人按下"启动球"，广州市"人工智能＋机器人"（AIR）全程电子化商事登记系统正式启动，现场颁发了广州市第一张全程电子化登记营业执照。

全程电子化商事登记不是什么新鲜事。但与珠三角其他城市相比，广州此次启动的全程电子化商事登记系统实现了非同寻常的突破——依托我国先进的航天信息技术，开辟了国内首创的"人工智能＋机器人"无人审批模式，使商事登记进入了机器人智能审批、刷脸办照的新时代。

广州市"人工智能＋机器人"（AIR）全程电子化商事登记系统，由国家大型信息化工程和电子政务领域的领军企业——航天信息股份有限公司自主开发，该系统以大数据和新一代信息技术为支撑,推行"人工智能＋机器人"申报、签名、审核、发照、公示、归档全流程电子化,实现了商事登记"免预约"、"零见面"、"全天候"、"无纸化"、"高效率"办理。今后,申请人不仅能通过电脑终端和手机APP,还能利用设置在各政务大厅和银行网点的智能机器人办理全程电子化商事登记业务。

(资料来源:《经济日报》,2017年10月)

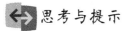 思考与提示

电子政务下,政府职能发生了哪些变化?

第三节　电子政务推动政府组织创新

正如西蒙曾经说过的,后工业社会的组织应该按照不同于工业社会的方式来进行设计。后工业社会的中心问题不再是组织起来提高效率,而是组织起来决策——处理信息。信息技术使得传统的组织设计原则已经过时,因为信息技术的发展与应用导致组织的中心任务不再是生产而是决策。电子政务所借助的网络技术在政府组织广泛普及与应用,使得政府组织发生了前所未有的巨大变化。对于未来的组织结构,人们已有许多描述,如网络组织、无缝隙组织、后官僚组织等,不管叫什么名称,可以肯定,新型的组织结构将具有如下特色:

(1) 对环境具有开放性;
(2) 组织结构的弹性化;
(3) 组织更趋扁平化,中层管理层的削减;
(4) 强调通过对话建立权威,权力的均等化;
(5) 信息的共享与决策的开放;
(6) 权力结构从集中、等级式转化为分散、网络式;
(7) 从自上而下的控制转化为相互作用和组织成员的自我控制;
(8) 组织的价值观从效率、安全、规避风险转向效能、敏感性、适应性和勇于创新;
(9) 组织的地位结构更倾向于以专门技能和专门知识为基础;
(10) 组织协调的手段将更多地强调建议和说服,而不是高压强迫。

具体地说,电子政务推动传统政府组织创新表现在以下几个方面,即结构扁平化、规模小型化、形态虚拟化、权力分权化、信息网络化、管理民主化、学习终身化。

一、结构扁平化

电子政务在未来政府组织管理中的普及,给政府组织带来的突出影响是减少组织管理的层次,扩大管理的幅度,使政府组织结构从金字塔型向扁平型发展,并且更加具有有机性、灵活性和适应性。

几乎从人类社会诞生后,在人类所有组织结构形式中占绝对统治地位的是金字塔形

的、自上而下、层级节制型的结构形式,这种形式甚至是政府行政管理的唯一组织形式。这种组织结构的特点如下。①比较封闭,试图选择和尽量减少环境的影响。②活动是正规化的。③明确的但又相互孤立的职能部门。④通过等级结构来实现协调。⑤权力结构是集中的。⑥组织内相互作用与影响的形态是上级—下级的等级关系。⑦决策的制定是集中的,且集中在组织的高层。⑧结构形式持久不变,具有很强的稳定性,实现层级节制。

层级节制组织的结构形式与工业社会的集中管理、权力控制、追求秩序和机械效率的理念,以及一体化、普遍一致化的技术结构基础是相适应的;这种结构形式与素质不太高的人员和平稳的环境相对应,也是受信息技术不发达制约的无奈选择;严格的规章制度保证了用人工方法进行信息采集和处理的有效性和效率,而庞大的中间管理层则承担着"上通下达"的信息作用。

当人类社会进入信息社会时,环境更加变动不定和复杂化,政府组织成员有着更高层次的追求,社会对政府提出的管理和服务要求日益多元化和个性化,并且是更有责任和效率的。因而,必须对传统科层制组织机构进行改革。电子政务要求政府对现有的金字塔形科层组织结构进行再造,并积极创建新型的网络组织。电子政务打破了原有政府部门之间的物理界限,这在一定程度上破解了传统行政组织部门之间条块分割、等级森严的格局,使行政组织的结构形态由高耸向扁平化、网络化转变。普遍的做法是:减少或者取消组织中间管理层次,压干组织结构,推行网络化的组织结构形式。

网络化的扁平组织具有如下特点:①政府组织与外界环境的界限是开放的,并没有严格的界限;②基本的价值观是效率、适应能力、反应能力、团队合作和创新;③权力结构是分散的;④权力或权威的基础是知识、信息;⑤决策是分散的,决策的方法是参与式的;⑥控制结构是互相控制,重在内部的自我约束与控制;⑦领导风格是民主的、参与式的;⑧政府组织的管理计划是弹性的、灵活的和变化的。

扁平化组织结构强调信息共享,将计算机与人联系起来;重视横向的联系、沟通与协作,知识与目标联系起来;权力分散,注重自我管理和民主管理,强调人力资源的开发。它适应的社会技术基础是信息技术的运用,适应的环境是动荡的、多变的、复杂的,适应的需求是多元化的、个性化的。

二、规模小型化

世界各国发展电子政务的一个重要背景,就是政府规模和支出膨胀导致政府管理效率低下。通过电子政务的实施,有可能解决政府规模和支出膨胀的问题,放弃原来刚性的、政府机构和人员只增不减的管理模式。

政府规模膨胀不仅体现在政府机构和人员的增长上,更体现为政府活动范围的增加、政府责任的加重、政府直接支配社会资源比例的大幅度上升、政府对社会和经济生活控制力度的增强。政府规模的过度膨胀,不仅带来了政府机构的僵化和行动迟缓,滋生官僚主义,浪费了大量的公共资源,而且还严重限制和削弱了市场活力,加重了社会公众的税务负担,降低了社会资源配置的整体效率。

电子政务使得政府组织管理转变为以人与计算机的结合为基本的工作平台。大量的工作因为计算机作业形成工作数字化、自动化、智能化。对于一些例行性和常规性的政府组织工作,越来越多地出现无人化操作和管理,这些工作将不得不走向更加标准化、规范化和程序化。比如对大量数据报表和文献档案的处理与检索、日常公文的传递与处理都将如此。而另一方面,政府组织成员将以知识能力作为工作的资本,将更多地去处理非例行事务,他们面对的工作将是个别化、非规范化、非程序化的,他们考虑的将是如何更加敏捷地思考、更加灵活地行动,如何为公民和企业提供更优质的服务。在此过程中,政府组织管理出现了标准化、规范化、程序化与非标准化、非规范化、非程序化同时双向发展的趋向。通过从横向上精简机构、裁减重叠、多余的部门,取消各类临时性机构,裁减冗员和多余的副职、虚职等,政府组织规模不断减小。例如,澳大利亚政府在政府机构设置方面有激进的改变,它把原来由3个政府部门负责的功能合并到一个部门中去,这一个部门将负责社会安全、健康及家庭服务、就业、教育、培训和青年事务。这项工作完成以后,需要儿童成长方面服务的家庭就只需要和一个部门而不是和3个政府部门打交道了。大约有25 000名政府雇员将转到这个新的部门中去,以后,这些人员将脱离政府系统。

■ 三、形态虚拟化

通过充分运用网络和信息技术,电子政务打破了传统政府的组织界限。网络化、数字化的普及,一方面使空间变小了,世界成了"地球村",另一方面又使空间扩大了,除物理空间外多了一个网络空间。经济活动和管理活动不仅可以在物理空间里进行,还可以在网络空间中进行。在电子信息网络比较发达的国家,种种虚拟现实,如虚拟商店、虚拟银行、虚拟市场、虚拟公司、虚拟研究中心,以及远距离的多主体虚拟合作等,正在成为现实。

所谓虚拟办公,就是工作人员不必一定依赖工业时代的办公条件,如固定的办公楼、上下班交通等,照样正常地开展业务工作。人们也没有必要遵循固定的上下班时间,上班时间和个人生活时间的界限日益模糊,人们将可以自由支配时间,而工作效率反而提高很多。虚拟办公注重的是人的能力和才干,而不是他们的岗位或职位。从这个意义上说,用互联网方式代替传统的工作方式,就等于用信息代替了办公建筑、交通运输等有形物质投入,办公楼、写字间的需求程度将会下降,空中楼阁式的虚拟办公单位将会日益增多。

■ 四、权力分散化

电子政务促使组织权力结构分散化。当今社会是一个多元化社会,权力分散是必然的趋势。电子政务的发展使政府组织的权力行使改变了传统的"命令-控制"方式,加速了行政权力分散化的进程。网络是一个没有边界的世界,它提供了一个无中心的自由领域,它使组织和个体能够进行跨越时空的交流。所有的国家、集团和个人,在网络上的行为只能构成部分,而不是整体,而且国家、集团和个人在这种空间里也都是平等的。在国际互联网上,有时候个人的影响可能超过集团,乃至国家。所以,电子政务的管理和行为方式体现着一种分权与民主的特质,它捍卫效率与理性,是信息化潮流下的政府形态之一。电子政务使政府组织内部由集权转向分权,让更多的成员参与决策工作,对政府管理权力进行横向和纵向的分解。从横向上看,由于信息具有开放性的特点,政府的信息资源不再为政府组织所垄断,公众也可以获取大部分相关的政务信息资源。公众(包括专家和普通公众)有能力也有条件参与政府决策过程。从纵向上看,由于政府所处环境发生了巨大的变化,组织不得不应对瞬息万变的行政环境。所以,中低层管理者尤其是低层管理者,必须拥有更多的权力来处理不断变化的特殊行政事务。

如上所述，在电子政务的冲击下，传统的金字塔形的组织结构正在让位于电子政务时代合乎需要的组织结构。为了适应环境的变化，提高效率，符合创新要求，发挥政府管理人员的专业才能，有效运用科学技术，组织的弹性化、灵活化、临时性扩大授权已成为必然趋势。换言之，在电子政务时代，政府组织的权威正在朝知识和信息转化。当政府组织运行相对稳定，运转基本程序化时，组织管理者或下级组织可以根据惯例和制度赋予的权威进行管理。而当政府组织的环境和任务经常发生变化时，非程序化工作就成为管理的主要方式，惯例和制度的作用极为有限，管理者需要掌握大量的动态信息。谁掌握有效的信息，谁就能处在非程序化管理中的主动地位，影响和引导他人或组织的行为。因此，知识和信息已逐渐发展成为政府组织权威的基础。而知识和信息是分散的，这决定了政府组织在权力结构上必须实行分权和权力下放，让下属或下级拥有更大的管理自主权。同时，政府组织与外界组织的界限越来越呈现相关性和依赖性，政府组织与外界组织的界限也越来越模糊，政府组织必须改变权力不断扩大化的倾向。

在分权式组织结构中，政府组织将被分解在一个政府组织总部尽可能直接领导之下的、由数量相对较大而规模相对较小的政府组织单元构成的政府组织系统。这种组织权力结构类似于原子结构或恒星结构，政府组织总部充当原子核，其下属的各个政府组织充当着电子、行星及卫星的角色。原子核或行星决定着政府组织系统的运行方式和轨迹，但电子或行星及卫星也有自身的运行规律和自主权。从权力的运用方式上看，现代政府权力体系变革主要呈现以下两种趋势。

（1）政府逐步由单纯的直线型权力关系转向直线关系与参谋关系相交织的状态，参谋型权力关系的作用日益加强，表现为需要增加一些横向联系的机构或增设一些起协调作用的助理职位，这样既减少了权力过分集中于高层管理者的问题，减轻了高层管理者的决策压力，也克服了权力运用中过多的人为因素，从而使政府组织结构更加科学、规范。

（2）政府将不可避免地从集权走向授权。授权不同于分权，授权会增加权力总量，使下层有更多的权力，使政府内部更多的成员参与管理工作，会增加下层管理者的工作动力。上、下级管理者思想统一、步调一致，权力运用适当，会弥补政府组织结构上的不足，从而实现政府组织结构的高度整合。可见，传统政府与电子政务应该是相辅相成、相得益彰的关系。传统政府从电子化发展趋势中获取创新的动力，电子政务依托现有的组织结构模式推进公共行政的责任化、民主化、高效化。

■ 五、信息网络化

信息是组织决策、组织运行和组织管理的基础。对一个管理组织而言，获取组织所需要的信息是一个复杂的过程，它涉及政府组织各部门、各层次甚至全体成员的活动。政府组织的信息结构是一个政府组织收集、处理、储存、传递信息的渠道和方式。信息结构往往是与组织形态、权力结构相一致的。

在集权和等级制的金字塔型组织结构下，信息结构是纵向层式的。整个信息的收集、处理、储存、传递是树形的。电子政务使行政信息的传播方式发生改变，即由过去的阶梯型、层级式转换为水平型、矩阵式或网络式。在这种网络结构形态下，各信息点或信息中心的联系既有垂直方向的，即上下级之间的横向联系，也有水平方向的，即同等级层次之间的横向联系，还有不同等级层次、不同隶属关系的斜向联系，共同组成纵横交错的信息沟通网络,信息呈现交互化。信息联系的多重渠道和多种方式,能克服单一纵向信息结构中信息封锁、信息渠道易于堵塞、信息传递迟缓等弊端。网络信息结构与纵向等级层次信息结构显著不同的另一方面,是它有多个信息中心,每一个信息中心既能了解各职能信息、层次信息,也能了解全局信息。电子政务可以使任何个人可能既是信息的提供者,又是信息资源的使用者,并且有信息使用自主选择的自由。

在这种信息结构中,没有明确的信息中心,信息的收集和处理是分散式的,会形成多个信息中心;信息传递渠道纵横交错,不再按照行政隶属关系传递,等级权威在信息传递中不再起决定作用,信息结构与等级结构脱钩;政府组织与外界的信息交流与沟通是开放性的、多层次的、交互式的,信息不再单独为政府组织系统自我服务,也便于政府组织系统更好地利用外部信息资源;信息结构的散射性和交错性,可以使信息跨层级、跨专业、跨部门流动,消除了信息割据的危害,提高了信息的完整性和可靠性。

六、管理民主化

组织的动力结构是指为确保组织成员为实现组织目标而做出最大努力所采取的各种有效激励方法和措施。有效的激励方法与措施是以对人的认识为基础的。组织的动力结构分为3种:控制型动力结构、参与型动力结构和自主型动力结构。

传统工业社会集权等级制组织采用的是控制型动力结构。控制型动力结构看重对政府组织成员的行为进行监控,以迫使他们服务于政府组织的目标和使命。这种控制方法主张采用物质刺激,利益分配平衡,操作标准化、制度化,统一指挥、统一领导,严格纪律、严格惩罚,来保证分散的个人目标与组织目标相一致,把政府组织成员视为政府组织这台运行机器的一个组成部分,限制他们的个性,迫使他们循规蹈矩。

参与型动力结构和自主型动力结构看重对政府组织成员行为的引导和支持,相信政府组织成员在参与管理中能够自我管理、自我控制,并创造条件让政府组织成员自我实现。鼓励和创造条件,让政府组织成员尽可能参与政府组织的管理和决策;不赞成严格规定下属"怎样做",而是对行为后果进行评价,在行为的过程中组织成员有较大的自由;在刺激手段上,强调物质利益与精神利益并重,满足组织成员的多种需要;建立责任感和使命感,赋予自主性,使被管理者意识到自己也是管理者的一员,进而发挥自己的自觉性、主动性和创造性;尽量创造条件,包括组织学习和培训,让组织成员的能力不断提高,使组织成员能够做到自我价值的实现。

显然,在电子政务时代,政府组织成员教育程度的提高,知识和能力的增进,自主意识的觉醒,自我实现愿望的增强,参与型动力结构和自主型动力结构会更有活力,它也符合灵活、快捷、不断创新、非程序化管理的实际需要。更多的行政成员不再像严格等级制中的一台机器那样是必须啮合在一起的齿轮牙,而是电子政务中的知识贡献者、决策点或节点。这就需要各层级领导者在对组织资源的控制和分配上适当放权,在对决策前提和信息的控制上适当放权,在对组织的控制上适当放权。

七、学习终身化

随着电子政务的深入推进,政府组织的角色、工作方式都在发生着转变。作为政府组织成员,为了更有效率地进行信息综合和应对环境的变化,不断提高自己作为一个管理者的反应速度和应变能力,使自己的组织处于不断发展中,最终能较好地实现目标,就要进行终身学习,不断地获取知识和增进能力。

与传统政府组织往往以物质资源为中心的管理相比,电子政务更强调以知识和人才为中心的管理,更强调发挥政府组织内专家的智囊作用。这是因为,一方面由于信息大量增加后带来的技术复杂性,原始资料往往必须经整理后,才能使高层官员了解,从而使他们不可避免地要依赖专家。另一方面为发挥政府组织或团队的整合效应,政府组织本身应成为"学习型组织"。学习型组织是知识经济时代的"金矿"。学习的真正目的是拓展创造力,而学习型组织就是一个具有持续创新能力,能不断创造未来的组织。

总之,电子政务的最终目标之一就是将传统组织模型转变为电子化组织模式。表5-1列出了这两种组织模式之间的主要区别。

表 5-1　传统政府组织模式与电子化政府组织模式的比较

比较项	传统组织模式	电子化组织模式
主要特点	执行或生产	解决问题或创新
总体导向	内部导向,主要精力放在内部管理上	外部导向,主要精力放在捕捉环境信息和对外部信息做出反应上
设计特征	狭长结构,管理人员众多,基于职能分类	扁平结构,管理人员较少,基于任务的分类
沟通、协调	主要是纵向式	主要是横向的相互整合
主要目标	减少成本,提高效率	提高组织解决问题的能力
权力分布	集中在组织上端	由所有组织成员共享
思考与行动方式	分散	集中
控制机制	清晰的直接控制,广泛的规则	非强制的间接控制,依靠组织文化提高组织能力,广泛使用绩效评估
人员特征	从事简单劳动的员工	知识员工
组织成功的因素	非人因素	人
结构形态	科层制	网络化

第四节　电子政务推动政府运行创新

政府职能直接影响政府组织,政府组织又决定了政府运行,有什么样的政府组织,就会产生什么样的政府运行。概括而言,电子政务从以下6个方面推动政府运行创新。

一、促进决策民主化和科学化

决策科学化是一个有着明确内涵的概念,它要求决策过程必须建立在制度的基础上,经过科学的程序,广泛发扬民主,大量收集信息,充分研究论证,采用集体决策的方式,利用现代化的技术手段,把静态的典型研究与动态的系统分析结合起来,把定性分析与定量分析结合起来,以期最大限度地提高决策精度。

政府决策是政府面对需要解决的一些社会重大问题做出某种政策或行动的选择。政府决策最初多是经验决策。随着工业社会和信息经济的到来,这种依靠个人的素养和经验进行的过程简单、信息量很小的经验决策已无法适应社会的要求。以信息为基础的决策方式成为信息社会的政府决策的重要特征。电子政务的发展,为政府提供了大量高质量的、及时的信息,从而为科学决策奠定了基础。不仅如此,由电子政务带来的政府组织形态的变革,以及通过政务公开实现和扩大的公众的知情权和参与权,使政府决策以集体决策的方式开展成为可能。

决策科学化首先要求民主化,没有充分的民主,就不能广开言路,集思广益,就不能最大限度地发挥创造力。传统政府的决策者常常犯"倾向性过于明显"的错误。随着电子政务的发展,人类的社会化、组织化和信息化程度不断提高,决策主体也在逐步壮大。过去决策只是政府的事情,甚至只是政府某个负责人或某几个人的事情,很少有外界的参与。现在则是由政府决策层、各类智囊机构和专家系统,以至各种组织、社会公众共同组成决策主体,社会对决策的参与程度大大提高了。政府决策层作为决策的支持系统,虽然在决策过程中仍居主导地位,拥有对各种决策方案的最终裁定权,但是政府决策层在整个决策系统中的地位已经由"唯一"变成了"部分"。

电子政务的实施,直接或间接地促进了政府决策技术、决策方式、决策体制的变革,推动了政府决策向着科学化、民主化的方向发展,这主要体现在以下四个方面。

1. 电子政务的实施促进了政府决策过程的公开化

政府决策的公开化,要求政府在进行决策的过程中,从提出目标、拟定方案、评估论证到最终确定都要公开、透明。电子政务的实施有力推动了政府上网和政务信息公开,打破了政府对信息的垄断,改变了政府与公众之间信息占有的严重不对等情况。按照电子政务的要求,除涉及对国家机密和高敏感度核心政务信息的保护,或涉及公民的个人隐私以及商业机密的政务信息外,都必须公开,这成为对政府决策信息公开的制度约束,而决策信息作为政务信息的重要构成内容,其公开化也成为必然趋势。

2. 电子政务的实施促进了政府决策过程的程序化

规范的决策过程是遵循从目标提出、调查研究、方案拟定、评估论证直至方案抉择的一整套必经程序。要实现决策过程的程序化,政府要通过一定的方式固化科学、规范的决策程序,对决策组织的不同组成部分在决策程序中的职权和发生作用的范围设定硬性的约束。电子政务的实施,将促使政府在技术的支持下,确立计算机程序化的决策流程,计算机化的程序操作为政府决策程序提供了一种技术规制,固化了政府决策程序,因而,决策过程在无形中已经被技术设计的程序规范化和科学化了,从而有利于保证决策过程的客观性和非人格化。

3. 电子政务的实施有利于扩大政府决策过程中的民主参与

决策过程中的民主参与不仅是政府做出科学、准确的决策的重要保证,也是民主政治的必然要求。决策过程中的民主参与除了指向政府组织内部以外,还包括广大的公众群体。一方面,公共组织中的基层官员是整个组织有效运作的核心,作为一个普通的现实存在的群体,基层官员的作用需要承认;另一方面,公众参与有助于增强公共决策与公众需求之间的相互适应性,而且如果没有公众的积极参与,则政府很难使其行动合法化。政府只有扩大内部的民主参与,才能制定合理的决策。电子政务的实施,政府内部、政府之间建立起网络化的信息传输通道,来自基层的信息,可以即时地传送到决策层,进行现实操作的第一线政府基层官员的意见可以直接反映到决策层,这在一定程度上减少了信息源与决策层之间的人为阻隔。电子政务的实施,还直接推动了信息的快速扩展和传播,增加了公众获取信息资源的可能性,为公众参与政府决策提供了技术化基础。

4. 电子政务的实施强化了对政府决策的监督

决策监督应该贯穿于政府决策过程的始终。电子政务的实施强化了对政府决策的监督。完备的决策信息系统、监督系统的建立,为政府决策过程设立了一套可供参照的规范和指导标准,设定了监督的依据。计算机程序化的监督体系具有理性化的设计、非人格化的特性,较少受到外界环境的影响,从而避免政府官员对决策监督的不合理的干预。监督过程的网络化实现,使得决策监督的现实操作具有了技术上的不可否认性,这有助于明确监督责任。而且,网络技术能够以"秘密投票"的方式确保监督者特别是公众敢于监督,这更能保障监督者的利益,打消他们对监督的顾虑。

二、提高政策执行的水平

公共政策制定出来之后,执行就是非常关键的一环了。除了政策本身外,影响政策执行水平的因素主要有三种:环境、执行机构和目标群体。电子政务可以通过影响这三种因素来提高政策执行水平。

影响政策执行的环境因素包括政治、经济、社会文化等多方面的内容,正因为环境的复杂性和多样性,它对政策执行的影响也具有多样性、交叉性、动态性和突发性。一方面,政府通过电子政务直接面对公众,用电子邮件、网上咨询以及网上投票、留言等方式收集到大量的、直接来自社会的反馈信息,以加快政府内部信息的增容、流转、协调与共享,提高政府对环境变化的反应能力。另一方面,政府通过网络更及时地将出台的政策、法令、公务的执行情况、提案的审核情况等传达给下级和广大公众,增进他们对公共政策及其执行的了解,从而减少政策变相、走样的几率,同时也为公共政策营造一个更加顺畅的执行环境。

政策执行离不开政策执行主体,政策执行主体包括组织机构和执行人员。公共政策目标必须通过政策执行来实现,而政策执行必须依靠执行主体,它是实现政策效果的重要途径。没有政策执行主体的积极参与,再好的政策也只能束之高阁。由此可见,执行主体在政策执行过程中扮演着极为重要的角色。电子政务对组织机构的创新和执行人员能力的提高都有极其重要的推动作用。

目标群体是影响公共政策执行的又一个重要因素。在电子政务环境下,政府能够对其制定的政策做大量的、广泛的宣传,并与公众进行充分的互动和彻底的沟通。随着电子政务的不断发展,互联网这一融合平面、视频、音频等多种生动形式的新型媒介开始为越来越多的公众所接受和依赖。通过网络,公众可以很方便地了解正在施行或者即将施行的各项政策的具体内容及进度,以及这些政策将会给他们带来的影响等。政策内容和政务活动的公开,改变了以往那种政策层层传达、层层过滤而使处于信息传递末端的公众因为不了解政策内容而产生不必要的误解和敌视的状况。电子政务的出现和发展,使公众能够更方便地了解既定政策,并实现自己正当的利益诉求,政策执行将会更加顺利。

三、增加政府运作透明度

政务公开指政府按照法律法规要求,向公众提供非保密政府信息的检索。政务公开是电子政务的内在要求,电子政务为政务公开提供了方便、有效、快捷的载体。政府既掌握着大量的公共信息,又是法律法规、规章和制度的制定者,相对于公众,它处于强势地位。在农业社会和工业社会,由于信息传递手段的局限性,政府信息常常为少数人或利益团体所掌握,政府和公民之间存在着严重的信息不对称,制度运作成为暗箱操作,公民对涉及公共利益和切身利益的信息情报知之甚少,因而无法维护自己的合法权益。

随着电子政务的深入发展,根据相关法律和制度规定,政府不仅要通过一切服务渠道向社会公布政府组成部门的名称、职能、组织结构和办事流程,更要及时对外公布招标信息、招考信息、审批条件、审批流程和结果公示等。这不仅有力地规范了政府的管理和服务行为,促进依法行政,而且也使得政府的运作成为阳光作业。在"公开是惯例,不公开是特例"的基本原则下,政府运作的透明度得到空前提高。

案例 5-2

电子采购

电子政务能够增加政府运作透明度,促进政府廉政建设,目前很典型的例子就是政府电子采购。政府本身是个很大的集团消费者,因为它既要为社会提供大量的公共产品,又需要用以维持自身机构运作的人、财、物。电子政务的政府采购运用电子化操作,其中的重要环节是电子招标,即通过网络向企业公开招标来购买商品。首先,由基层政府机构和公共部门提出申请书,由政府采购中心对各个部门需要添置的物质设备进行统一筹划,确定需要购买的产品数量、价格等条件;接下来就开始进行电子招标,由政府在网上公开产品需求信息,欢迎企业前来投标,有意投标的企业将提供产品的详尽信息,报送到政府招标的专门网站上;政府有关人员对其投标项目进行审核,初步做出筛选;到规定的公开招标时间,被初步选中的企业通过网络同时向政府部门公开竞价,由政府在网上接受报价,当一个企业报价最低时,即可确定该企业中标,此时竞价停止,并在屏幕上显示"某某企业中标"字样,宣告此次招标结束。在整个交易过程中,政府所购买的商品仍然留在生产企业中;然后政府机构和该企业进行网上联系,通过电子数据交换技术订立电子合同;数字签名生效后,就可以由生产企业负责与需要该产品的基层部门所在地的分销处联系,由其实现产品的配送;此时凭收货单,政府通过电子支付系统向该企业划拨款项,整个政府采购行为完毕。

电子采购有如下特点和优势。首先,政府采购行为以集中性为特征,单位时间内交易量大,对市场竞争主体很有吸引力。多个社会竞争主体在同一个操作平台上,有利于公开透明、有利于廉政建设,防止私下个别交易可能产生的暗箱作业、权钱交易、中饱私囊。其次,政府将采购需求在网上公布,发出要约,进行公开招投标,这有利于投标方(厂商)对政府所需产品和服务提供的快速承诺,而招标方（政府）也可以通过网络，对各种市场行情一览无遗，从而提高了购销过程的能见度。再次，买卖双方在网上结算，一切以电子化方式自动完成，使卖方可以及时、准确地收到支付和汇款的信息，能保证在电子交易下的购买和支付规则被一致地理解和执行。最后，电子采购减少了采购报告等文牍工作，降低了采购成本，缩短了采购时间，提高了工作效率。更重要的是，电子采购使采购过程合理化，采购由政府代表（人）—厂商代表（人）转化为政府代表（人）—网络（机）—厂商代表（人）的互动过程，人-人界面改为人-机界面，所有过程都有电子记录。而且，商家在规模竞争的效应和竞买竞卖的压力下，只能走薄利多销的路子，竞争的结果显然有利于降低行政成本；同时，公开透明的过程树立了政府的美好形象。采购电子化是增强工作透明度、提高行政效率、杜绝相关领域腐败的强有力的办法。

> **思考与提示**
>
> 电子采购如何有效增加政府运作透明度？

四、增强政府监督力度

电子政务的建设能强化对行政权力的监督，推行廉政、勤政建设，使政府利用信息化手段更好地为公众服务。电子政务对强化政府监督的作用主要表现在如下方面。

1. 电子政务强化了政府机关的内部约束

传统的行政监督建立在"以一种权力制约另一种权力"的理念之上，注重其他国家权力机关对行政机关的监督。电子政务以公开、透明、服务、民主为宗旨，为加强行政机关内部约束机制提供了一种新的运作模式。电子政务的开放性和行政流程的可视性，使政府行政活动始终置于政府内部及公众的监督之下，促使行政机关必须改变原有的监控模式，进一步强化自律式的管理机制。

2. 电子政务促进了外部监督的发展

电子政务拓展了公众参政议政的渠道，扩大了公众参政议政的范围。政府可以通过政府网站，就政策问题确定、政策方案、政策评估、政策选择、政策执行与监督等政策过程的各个阶段，与公众进行便捷、及时的沟通，鼓励公众参与政府活动，形成对政府的有效监督和制约，促使政府管理与服务更加简便、务实、高效和廉洁，使政府更好地代表人民的利益。就监督渠道而言，网络将在很大程度上取代传统的监督渠道，成为重要的、首选的渠道，它将使监督更加向社会化、及时化和知识化的方向发展。

3. 电子政务使全程监督的实现成为可能

传统行政监督模式偏重于事后的追惩性监督，忽视了事前预防性监督及事中的过程性监督。行政监督活动是一项经常性、连续性的活动。根据监督主体对监督客体进行监督的不同发展阶段，电子政务利用现代信息技术，将政府机构的信息放在网络上，将大量频繁的行政管理和日常事务都通过设定好的程序在网上实施完成，使得行政行为开始之前，监督主体就能提前介入，对行政机关做出的决策、制定的工作规划、计划，以及为此而制定的实施方案等进行审查、监督,防患于未然。同时,对正在进行的行政行为也能借助网络的直观性进行监控,及时发现问题,及早采取对策,避免造成重大损失和不良后果。电子政务为监督主体对政府活动的全方位监督提供了便利和可能。

4. 电子政务节约了行政监督的成本,提高了监督的效率

传统行政监督方式中监督主体为了获得监督对象的具体工作情况,往往需要耗费大量的人力、物力、财力、精力进行调查、检查、视察、听取报告,即使如此,还有可能因为监督对象的"提前准备"而得不到真实的第一手材料。电子政务利用网络的低成本以及运作的方便、快捷、直观,能够迅速、准确地为监督主体提供所需的资料,节约了监督成本。借助网络建立起来的监督机关与公众之间的绿色通道,摆脱了传统信访、舆论监督上传下达环节中迟缓、冗繁、力度打折等不足,提高了监督的效率。

五、降低成本和提高效率

电子政务带来的管理现代化对于降低成本和提高效率而言是革命性的飞跃。具体表现在如下方面。

1. 提高政府利用信息的效率

一个政府的信息化水平和信息处理能力是衡量这个政府综合实力,特别是工作效率的重要尺度。电子政务的建立,将克服各种物流阻碍和组织阻碍,为政府管理提供了方便、快捷的信息处理工具,使政府面对纷繁复杂的知识和信息,能够快速、灵活地做出反应,有效地驾驭信息,从而提高了政府利用信息的效率。

2. 行政成本的降低和内部效率的提高

行政成本可以定义为政府组织在为社会提供公共服务、生产公共产品的活动过程中投入的人力、财力和物力资源。尽管信息技术的投资巨大,但从长期而言,电子政务建设可降低公务开支。办公自动化和网络化改变了政府内部事务处理手工作业和文山会海的状态,使政府的日常办公、人事、财务、后勤等一系列内部事务的很多管理工作都可以通过计算机自动、高效、高质量地完成,简化了工作程序,从而节省了大量的人力、物力和财力,降低了行政成本,同时提高了内部工作效率,政府能够以更少的投入,生产更高质量、更丰富的公共产品。政府的信息化,特别是组织结构和工作流程的优化,使得人力成本、管理成本和物力成本降低为最合理的有效值。

3. 社会成本的降低和服务效率提高

电子政务为社会带来的效率是不可估量的,它的影响要远高于内部效率。在传统政务模式下,公众与政府打交道的成本非常高,而且效果差。在电子政务环境下,政府职能通过网络的整合做到"一站式服务",公众面对的将是一个虚拟化、一体化的政府。公众能够足不出户地同政府的各个部门进行信息交流,很轻易、快速地享受到政府提供的优质服务。电子政务为公民节省了大量的时间、精力和金钱。政府的形象得到了提升。

六、促进政府绩效评估的完善

政府绩效评估就是对政府公共部门管理过程中投入、产出、中期成果和最终成果所反映的绩效进行评定和划分等级,以期改善政府行为绩效和增强控制的活动。从 20 世纪 70 年代起,随着新公共管理运动的广泛开展,政府绩效评估在美国等西方国家迅速兴起。

在现代政府管理中,评估的重要性愈来愈被人们所认识,目前,政府绩效评估已经在世界许多国家发展起来。

电子政务的实施给政府绩效评估带来了巨大的变化。首先,它的开放性大大加强了政府行政的透明度和民主程度,为公共部门绩效评估提供了可以利用的载体,为政府绩效评估提供了所需信息、技术上的支持。另一方面,电子政务通过优化流程、整合政务资源,为政府绩效评估活动的开展创造了良好的制度环境。电子政务建设使政府绩效评估具有以下特点:①更加注重公共组织绩效,而非公务员绩效评估;②更加注重政府公共服务绩效的评估;③政府绩效评估更加规范化、制度化;④公众有机会参与绩效评估;⑤电子政务使政府绩效评估更加复杂化。从整体和长远来看,电子政务会促进政府绩效评估方法的不断改进和绩效评估机制的不断完善。

案例 5-3

新西兰电子政务推动新政府职能转变

新西兰政府电子政务的兴起源于对公民与政府间沟通和交往方式的变革。长期以来,新西兰公民与政府沟通主要依靠电话或面对面的交流。进入 20 世纪 90 年代后,世界各国传统的政府管理方式在信息化浪潮下受到了强烈的冲击。随着网络时代和网络经济的来临,管理正由传统的金字塔模式走向网络模式。政府的组织形态也逐步由金字塔式的垂直结构向错综复杂的、水平的网络结构转变,减少管理层次,以各种形式通过网络与公民建立起一种新型的伙伴关系。

概括起来讲,新西兰电子政务兴起的主要原因有以下 3 个方面。

1. 发展电子政务是促进新经济发展的需要

政府是推动信息技术发展的主体之一,也是信息技术的主要使用者。作为国家管理部门,政府上网开展电子政务,一方面有利于本国互联网和信息产业的发展,赶上新经济浪潮;另一方面政府作为社会中最大的信息拥有者,只要有效地利用这些信息,就可以极大地提高政府工作效率,从而在整体上促进社会经济发展。

2. 发展电子政务是推动新政府职能转变的需要

新公共管理思潮在新西兰是主流思潮。近几年来,新西兰大力倡导并积极推进公共行政改革,大幅削减政府雇员(在西方国家)和公共支出,迫切需要转变政府职能和管理方式。通过信息技术的应用,来改进政府组织,重组公共管理,最终实现办公自动化和信息资源的共享,有利于提高工作效率,增加工作透明度,建立政府与人民群众直接沟通的渠道,为社会提供更广泛、更便捷的信息与服务。实现政府办公电子化、自动化、网络化,促进信息资源共享,这是社会现代化的要求。发展电子政务,有利于改革传统的行政管理模式,转变政府职能,使政府内部及各部门之间最终通过互联网进行联系和交流工作。

3. 发展电子政务是完善新民主政治体制的需要

随着政府职能从严格控制向宏观指导的转变,社会越来越需要咨询服务、政策指导。发展电子政务使政府在网上宣传政策法规,实行政务公开,开展政策咨询,提供信息服务,与民众进行信息交流,听取群众的意见和呼声,在网上建立起与公众之间相互交流的桥梁,为公众与政府部门打交道提供方便,增加政府对社会的亲和力,提高公民的政治参与度,实现政府与服务对象的瞬时沟通,特别是老百姓可以从网上行使对政府的民主监督权利,监督政府工作,推进民主政治。

新西兰政府电子政务是一个由政务各部门集成的综合性政务管理系统。新政府电子政务项目从2000年7月开始实施,采取边建设边运行的原则进行开发,计划到2004年在新西兰政府中央和地方各部门全部实现以现代计算机网络、通信技术为媒介的高效政务管理,简化公众与政府间的联系沟通方式,大大提高政府的办公效率,密切政府与公民的合作关系,让公众更加信任政府。

新西兰政府对电子政务具有明确的定位,主要体现在以下方面:

(1) 政府要全方位地为公众、公司、企业提供全天候的服务,包括政策咨询等;

(2) 电子政务能够使广大公民更多地参与政府的事物,让公民随时可以了解或知道政府在做什么,怎么做;

(3) 通过政府的电子政务网络系统,让公众与政府保持更直接的、更多的联系,从而信任政府,更好地与政府合作;

(4) 政府实施电子政务网络,可以减少行政管理人员,提高工作效率和工作质量,并且更有效地降低政府行为的经济成本。

新西兰政府电子政务,是将一般的政府事务变成电子政务,他们认为,这是信息时代赋予政府的重要任务,是新西兰人重视与政府沟通的一种变革方式。它结束了过去公民与政府沟通只能通过电话和面对面谈话的模式。

政府实施电子政务,银行结算、货币支付、公司注册、机构查询以及人事机构雇员的招聘、录用,皇家委员会的命令、政策、信息发布,都建立在政府部门的电子网络架构上并直接与公众见面,国家统计、政府征税、纳税等也都通过网络来实施。国家的教育部门、人事机构、健康部门等都有自己独立的网页,部门相互之间都有连接的端口,电子政务大大简化了公众与政府沟通的方式。

政府通过电子政务发挥领导作用,注重各部门之间的政府行为协调。政府的决策、新政策的发布及调整,全都通过电子政务,并得到及时快速的更新,随时公布于众;对政策实施追踪检测,收集公众的反馈信息,完善决策。其作用具体体现在以下几个方面:①与政府保持经常性联系、协调;②政策、标准、办法的调整、更新,均通过电子政务体现出来;③各个部门在机构调整时,一定要保证部门政策电子化;④电子政务部门自己管理自己的系统,自己更新自己的信息;⑤电子政务在新西兰已经实现的政务如政府各部门的职能机构设置,联系方式;⑥教育机构的招生信息、人事机构雇员的申请、录用信息查询等,均可以实现网上查询办理。政府的每一个部门都有自己的网址,通过登陆新西兰政府的电子网站,均可找到任何工作部门及其沟通连接方式。

由于新政府致力于发展电子政务,新西兰人从因特网上找到了世界,并且走向世界,把自己置于世界的中心,与世界交流沟通,传播新西兰的经验和技术;同时,电子政务的发展又使新西兰受到世界的关注,融入世界,与世界共享。

  本章重要概念

管理模式(management model)　　虚拟组织(virtual organization)

  本章思考题

1. 阐述电子政务与政府管理模式创新之间的关系。
2. 政府职能转变的目标是什么?电子政务如何促进政府职能转变?
3. 电子政务可以在哪些方面促进传统政府组织创新?

本章推荐阅读书目

1. B 盖伊·彼得斯. 政府未来的治理模式[M]. 吴爱明,等,译. 北京:中国人民大学出版社,2001.
2. 杜治洲. 电子政务与政府管理模式的互动[M]. 北京:中国经济出版社,2006.
3. 李习斌. 电子政务与政府管理创新[M]. 北京:科学出版社,2004.
4. 于施洋,王璟璇. 电子政务顶层设计:信息化条件下的政府业务规划[M]. 北京:社会科学文献出版社,2014.
5. 徐如志,杨峰. 基于本体的虚拟组织知识共享[M]. 北京:中国财政经济出版社,2010.
6. 齐冬梅. 电子政务与管理创新[M]. 天津:天津人民出版社,2006.
7. 吴国英."越位"、"缺位"、"错位"与"弱化"、"强化"、"转化"——关于政府职能转化和依法行政的思考[J]. 上海青年管理干部学院学报,2003(4):42-45.
8. 朱坤. 浅谈电子政务对政府职能转变的作用及发展方向[J]. 网络财富,2009(14):133-134.
9. 陈涛,赖敏. 电子政务促进政府决策科学化民主化的机制研究[J]. 赣南医学院学报,2010,30(5):804-805.

第六章 政府信息资源管理

——本章导言——

政府信息资源的开发和利用是电子政务建设的核心任务,是促进政府体制改革和职能转变的一个有效手段,也是国家信息化水平的一个重要标志。信息资源的开发和利用离不开信息资源管理的指导。信息资源整合就是根据信息资源管理思想,针对信息资源建设中存在的一些弊端,从实际出发采取的治理办法。信息资源政务信息目录体系和交换体系是打破部门之间条块分割、消除信息孤岛、促进信息资源整合和应用,进而实现信息资源共享和服务的业务核心。知识管理是电子政务信息资源管理的高级阶段和最终目标。本章将重点介绍电子政务环境下政府信息资源管理的相关内容。

第一节 政府信息资源概述

政府是信息资源最大的生产者、消费者、发布者,也是最大的拥有者。统计资料表明,80%以上的重要信息资源掌握在政府手中。政府信息资源比一般的信息资源更有价值,质量和可信度更高,直接关系到国民经济与社会发展的状况和水平。电子政务与政府信息资源密切相关。一方面,电子政务的各种应用系统都离不开庞大的后台电子信息资源库支持,数字化、网络化的信息资源数据库是整个电子政务的基础,是实现电子政务的前提。换句话说,没有政府信息资源,电子政务将是无源之水、空中楼阁。另一方面,在电子政务的实现过程中,只有投入力量加强对各类海量信息资源的管理,特别是信息资源的开发和利用,建立信息共享机制,消除"信息孤岛",才能真正发挥信息资源的作用,达到利用信息技术实现政府再造的目标。本节以信息资源为基础,重点介绍政府信息资源的定义、构成、分级、分类和特点,为更好地理解政府信息资源管理的任务和目标奠定基础。

一、信息资源的基本概念

(一)信息资源的定义

信息资源的定义,一般可以概括为狭义信息资源和广义信息资源。狭义信息资源是指记录在载体上的信息内容,它构成了信息资源的核心。广义信息资源是指与信息内容产生、利用相关的一切资源。除了信息内容外,还包括用于开发信息内容的各种信息技术资源,如各种开发工具、应用软件系统以及各种信息设备资源。其中信息设备是信息技术资源的物理体现,这些信息技术构成了信息资源的基础。

(二) 信息资源的分类

目前,理论界对于信息资源的分类,没有统一标准,角度不同,分类就不同。根据对信息资源广义和狭义的理解,信息资源的分类也存在两种不同的表述。

1. 广义信息资源的分类

按广义信息资源的组成关系,可以将广义信息资源划分为元信息资源、本信息资源和表信息资源。

1) 元信息资源

元信息资源是指信息生产者和信息产生者的集合。它是信息产生的源泉,是信息资源的基础。信息生产者是指创造并生产信息知识的人员或机构。信息产生者,指无意识向人类社会发出各种信息的大自然。

2) 本信息资源

本信息资源是信息内容本身,是信息的集合。它构成信息资源的核心,是信息资源的根本,也是信息资源管理的重要内容。

3) 表信息资源

表信息资源是指为信息的收集、存储、加工、处理、传递、开发和利用而运用的一切技术和设备的集合。表信息资源是信息开发利用的必要条件,也是非物质形态存在的信息得以显现的重要基础。它包括以计算机技术和通信技术为核心的信息技术、网络技术,也包括计算机与通信设备以及纸张、光盘、胶片、软盘、磁带等各种介质,甚至包括人脑。

2. 狭义信息资源的分类

按信息加工程度,可以将狭义信息资源划分为:零次信息资源、一次信息资源、二次信息资源、三次信息资源和高次信息资源。

1) 零次信息资源

零次信息资源是指直接用以观察客观事物活动的人、事、物。它们是各类信息系统中的信息产品形成的原始材料,尤其是大量实地调查类的信息产品。

2) 一次信息资源

一次信息资源是指记录有原始的全文信息的文献载体,如原始的报刊、会议论文、政府出版物、技术报告、专利说明书、标准文件、会议记录、统计报表、财务报表、人事档案、公司年度计划等。这些文献可以是印刷型的,也可是电子型的。

3) 二次信息资源

二次信息资源是指在原始信息基础上加工整理而成的信息产品。如各种文摘、索引、目录、因特网上的搜索引擎等。

4) 三次信息资源

三次信息资源是指通过对一、二次信息进行高度浓缩、提炼加工而成的信息,包括年度总结、综述、数据手册、名录、各种经济大记事、统计年鉴、辞典、百科全书等。对于政府来说,其中的各种年鉴类、统计类资源是非常重要的。

高次信息资源是在前一次信息资源上的再加工和处理,以便更好地予以利用。

(三) 信息资源的独有特征

信息资源作为经济资源,除与物质资源和能源资源一样,具有经济资源的一般特性,如需求性、稀缺性和可选择性以外，还具有许多特殊之处。这些特殊之处使信息资源具有许多其他经济资源无法替代的经济功能，主要包括以下方面。

1. 转化性

与一般物质资源相比，信息资源是一种具有开发、利用和价值转化性的资源。信息资源首先对作为社会主体的人产生直接影响作用，通过人对信息资源的理解、消化、运用，提高人自身的素质，甚至改变某种传统与习惯，从而有利于启发人的主观能动性，并转化为现实生产力的要素或变革生产方式及生活方式的动力。而一般物质资源，比如矿山、河流、气候、土地等，则不具有这种对人的主体作用产生直接影响的功能。信息资源的这种特性，要求人们必须以战略眼光认识信息资源，自觉地运用信息资源，立足有利于经济社会战略性发展的高度积极促进信息资源的开发与转化。

2. 可传播性

信息资源借助于各类媒介，比如网络、电视、电话、印刷品、声像、电子信息、数据库等，可以广泛向社会传播，从而经常、深入地影响社会，对社会成员产生潜移默化的作用。正是在这种传播过程中，信息资源的价值得以实现。信息资源不断传播的过程，也就是其价值不断得到实现的过程。信息资源的可传播性，要求人们必须高度重视信息传播渠道的开拓与畅通。信息传播渠道建设，是现代经济社会发展的重要组成部分。在经济发达国家，信息传播经济占有相对突出的位置，甚至已经成为国民经济的支柱产业，成为新经济的一个重要生长点。这一点十分值得借鉴。

3. 可增长性

信息资源是人的智慧与才能的结晶，是无形资产，因而具有可增长性，是在不断开发、利用中不断丰富、增长的过程，取之不尽，用之不竭。而一般的物质资源，比如矿产资源，只会越开发、利用资源越少，有些稀缺资源甚至会发生枯竭。信息资源的可增长性，要求人们不仅要注重信息资源的利用，而且更要注重信息资源的研制与开发。在现代信息化社会，对信息资源研制与开发的力度大小与水平高低，成为社会生产力发展水平高低的一个突出标志，甚至成为衡量社会进步与否的一个重要尺度。事实上，人们正是在不断地开发、利用信息资源的过程中不断地提升自己认识世界与改造世界的能力的。信息量的不断增加及信息水平的不断提高，不仅是推动社会发展的强大动力，而且是引领社会进步的"火车头"。

4. 综合性

信息资源不仅是社会生产力的反映，而且任何一类信息资源，都不是孤立存在的，而是与其他类信息资源密切联系的。由一种信息源引发生成另一种信息源，这是信息资源发展中的一种普遍现象。尤其是在现代社会，科技发展正在呈现出一种"大科学"趋势，自然科学各门类之间相互交融，自然科学与人文科学、社会科学之间相互影响和交融，人们观察世界、分析问题的视角，不仅注重技术层面，而且注重社会及人文层面，由此及彼，举一反三。这是现代人类对客观世界的认识日益深入的必然结果。信息资源的综合性，要求人们不仅要注重自然科学信息资源的开发与利用，而且要注重社会科学、人文科学信息资源的开发与利用，善于在各类信息资源的相互影响和渗透中发现、挖掘信息资源的巨大社会价值。

（四）信息资源开发和利用

信息资源已经成为生产力、竞争力和社会经济发展成就的决定因素。信息资源不等同于信息，信息无时不在、无处不有，但它不会自然成为信息资源。只有那些有应用价值的、有共享可能的信息，才构成资源化了的信息。信息资源的有效开发和充分利用已经成为发挥信息的战略价值，推动现代社会经济发展和取得经济成就的关键任务。在激烈的国际竞争中，谁能更多更快地占有信息资源并能有效地开发和充分利用，谁就能做出正确的决策，取得竞争的优势，创造经济起飞的奇迹。

广义的信息资源开发包括信息本体开发、信息技术研究、信息系统建设、信息设备制造及信息机构建立、信息规则设定、信息环境维护、信息人员培养等活动。信息资源利用是信息使用者根据用户的需求，结合信息资源的开发状况及经济运行状况，制定科学、合理的信息资源分配与使用方案，使现实的信息资源充分发挥作用和产生效益的过程。

不言而喻，信息资源的开发与信息系统、信息机构等关系密切，信息资源的利用则与信息用户紧紧联系在一起。事实上，信息资源的价值只有通过利用才能体现，才能实现信息资源的增值和效用。信息资源的利用比信息资源开发困难。信息资源的利用主要是一种用户行为，相比而言，用户对信息资源的重要性的认识远没有信息部门和政府部门深刻。

尽管信息资源的开发和利用二者之间存在着一些区别，然而人们应该认识到开发和利用也并非孤立的，而是相辅相成、互相促进的。开发是利用的前提，是为了更好地利用；利用是开发的延续，为开发提供动力和方向。用户强烈的利用欲望和行动，必将促进开发工作的进展，任何开发行为的最终目标都是在其利用过程中产生社会价值和经济效益。

二、政府信息资源概述

（一）政府信息资源的定义

如果说网络基础设施是电子政务的物质基础，政府信息资源就是电子政务的内容基础。政府信息资源（government information resource，GIR），是一切产生于政府内部或虽然产生于政府外部但对政府活动有影响的信息资源的统称。产生于政府内部的，例如各种条例、规定、章程、命令、指示、批复、议案、通告、公函、会议纪要、合同、协议书等；产生于政府外部的，例如新闻报道、消息资料、群众信访、提议议案、社会调研等。政府信息资源是一种重要的国家资源，它向公众提供政府、社会和经济的过去、现在与未来的情况，是政府科学、高效地履行社会、经济行为的可靠保证，也是政府进行日常信息化管理的基础。

世界各国，特别是发达国家，都高度重视政府信息资源的开发和利用。例如，美国在2003年7月召开的国家信息化领导小组第三次会议提出电子政务发展要"以政府信息资源开发利用为突破口，带动全社会信息资源的开发利用"。党中央、国务院也明确指出，政务信息资源开发利用是推进电子政务建设的主线，是深化电子政务应用取得实效的关键，并要求各级政府部门"充分发挥信息资源开发利用在信息化建设中的重要作用，推进经济结构调整和经济增长方式转变，实现经济社会全面协调可持续发展"。

（二）政府信息资源的构成

政府信息资源是信息资源的一个子集，对于它的理解也有狭义和广义之分。狭义的政府信息资源是指在政府行政工作中产生和利用的信息资源,即政府信息资源本身。而广义政府信息资源则是指在政府行政工作中所产生和利用的信息资源及其相关的人员、设备、技术、环境和资金等要素的集合。根据这种理解,可以把广义政府信息资源划分为政府信息资源本身、信息技术设施资源和其他资源。

1. 政府信息资源本身

政府信息资源本身,指由政府产生和通过收集、处理、储存、传输、发布和使用的信息。它包括社会、经济、军事等各方面的信息,有文字的、口头的或以数据库、纸质和缩微品等介质保存的任何消息、数字、图形和知识等。

2. 信息技术设施资源

信息技术设施资源是有组织的人员、硬件、软件环境和物理设备的集合,用于政府进行信息资源的收集、处理、储存、传输、发布和使用。

3. 其他资源

其他资源包括环境和资金等。

(三) 政府信息资源分级和分类

具体界定政府信息公开与保密的范畴,对政府信息资源进行总体规划,界定政府内部信息、保密信息、公共信息、公益信息、增值信息资源的范畴,根据信息的不同性质制定不同的公开与保密级别。在信息保障安全的情况下加强信息资源的公开,让公众更好地利用政府大量的信息资源,发挥政府信息资源的效益。

根据政府信息资源的特性,政府信息资源可分为三级:社会公开类信息、部门共享类信息和依法专用类信息。社会公开类信息应当向社会公开,部门共享类信息根据各单位工作需要只能在政府部门之间进行共享,依法专用类信息依据法律法规由一个部门专用。

政府信息资源分类是指把具有某种共同属性或特征的信息归并在一起,通过其类别的属性或特征来对信息进行区别。根据不同的划分方法,将信息资源进行归类、整理、存储,以便对信息资源进行管理和应用。政府信息资源分类是进行信息交换和实现信息资源共享的重要前提,是实现政府管理工作现代化的必要条件。搞好政府信息资源分类工作,能够带来巨大的经济效益和社会效益。

政府信息资源可按以下方法进行分类。

(1) 按信息公开级别划分:内部用信息资源,外部用信息资源;

(2) 按内容划分:政治信息(情报),军事信息(情报),科技信息,经济信息,文化信息等;

(3) 按政府信息的组织机构来源划分:上级信息,平行信息,内部信息,历史信息;

(4) 按信息流划分:政府对政府之间的信息流,政府对企业之间的信息流,政府对居民之间的信息流;

(5) 按信息种类划分:政策法规信息,行业管理信息,统计信息,日常事务信息等。

政府信息资源的分类划分还有很多种,如按信息运行状态划分,可以分为连续性信息、间隔性信息、常规性信息和突发性信息;按信息表现形式可以分为语音信息、文字信息、数据信息、图形图像信息等;按政府利用信息的目的划分,可以分为宣传类信息、服务类信息、日常办公信息、行情摸底类信息;按信息功能划分,可以分为政府决策信息、社会各界服务信息、反馈信息、政府间交流信息。

(四) 政府信息资源的特点

政府部门不同于一般的社会组织,政府信息资源也不同于一般的信息资源。它除了具备一般信息资源的基本特性外,还具有政府信息资源本身的独有特性。从当前政府部门的现实情况来看,政府信息资源具有权威性、共享性、综合性、时效性、机密性等特点。

1. 权威性

政府部门是法律法规发布机构,是重大事务的决策机构,其产生的信息势必具有强烈的权威性和严肃性。

2. 共享性

政府信息资源应该为国家所有、全民所有,而不能为部门所有、个人所有。在不危害国家利益和社会公众利益的前提下,部分政府信息要与公众共享,部分信息在政府内部各个部门之间共享。政府公务员有义务将可以共享和应该共享的信息提供出来,推动和促进信息资源的流动和传播。政府部门对外提供信息,可能会与部门利益和个人利益发生冲突,这时,应该通过国家法律和政府的政策规定来协调该利益冲突。在信息流通和共享的同时,还要注意信息安全和信息隐私保护。

3. 综合性

政府管理着全社会众多事务,各级政府构成一个巨大的、不停运转的大系统。政府的多头职能也决定了政府信息资源的多样性和多维性,导致政府信息资源必然具有综合性。

4. 时效性

政府职能决定了它的决策权威。同时也表现出政府信息的强烈时效性。这主要表现在高度的政治敏锐性、决策的超前性和发布的及时性。例如,对一些突发事件,政府部门必须迅速决策、果断处理,因而需要敏捷而准确的政府信息资源,否则必然会错失良机,造成损失。

5. 机密性

政府信息资源有相当一部分涉及国家重大方针政策、政府活动、工作部署和社会动态等机密性信息,其机密程度高,意义重大,稍有不慎,则会给国家造成重大损失。

(五) 政府信息资源共享服务

在政府信息资源的5个特性中,共享性是最重要和最突出的特性。政府信息资源的充分共享是政府信息资源开发和利用的重要目标,也是维护公众信息利益的必要举措。

简要地讲,政府信息资源共享的途径主要有以下4个方面。

1. 政府信息公开

政府信息公开是实现电子政务信息资源整合的前提,是促进社会经济发展的重要方式。政府信息公开是政府以信息资源的社会效益为主导,面向全体社会组织和公众提供的免费开放式信息服务。这是政府信息资源共享体系中最为权威也最为基础的内容,是政府所能做的最大限度的信息共享方式。政府所公开的信息内容主要包括以下方面。

1) 公告性内容

公告性内容是指根据国家有关政府信息公开的法规制度应当让公众了解的规范化信息,如政府公告、法律、规章、统计数据、工作规划、司法解释等各种需要告知全社会的信息。

2）服务性内容

服务性内容是指政府提供的有关公共管理和公共服务职能的具体程序性、事务性信息,如政府机构设置、办事指南、教科文卫以及社会保障、交通、安全等各类生活性信息,囊括公众与政府打交道时需了解和掌握的各种信息。

3）透明性内容

透明性内容是指为便于社会监督,政府应依法公开的各类政务信息,如政府工作流程、重大项目的工作进展、行政决策的相关背景资料以及人员任免、财务收支的公示等。

4）经营性内容

尽管公共性原则要求政府信息公开及服务不以赢利为目的,但并不意味着政府信息服务不收费,利用政府强大的信用优势和社会影响力为经济建设服务已经成为现代政府的重要职责。发布商业信息、进行网上采购以及在线销售等其他电子商务行为已经成为国外政府网站新的发展趋势。

2. 政府信息资源的增值服务

政府信息资源的增值服务是指政府对信息的价值进行深入挖掘,以增加信息的资产价值含量,实现信息资源的充分利用,其本质是实现信息从量到质的转变,使政府手中静态的信息变成对社会有用的物品,这是政府信息资源开发建设的重点。"实际上,在一个信息资源爆炸的世界里,依赖原始数据量的优势来作为核心竞争力已经变得越来越没有意义。"这不仅是因为提供公共信息服务、加强信息引导是政府的重要职责,而且也是满足社会信息需求、打造以顾客为中心的服务型政府的体现。从实践的角度看,开展政府信息资源增值服务的方式可采取建立特色数据库和优化公共信息咨询服务等,通过对政府现有信息资源的去伪存真、拆分重组,根据目标要求将分散的信息加工合成,实现信息资源的浓缩、转换和创新,为社会提供高附加值的信息服务。

3. 政策咨询信息共享

这是供政府行政系统内部及相关组织和人员使用的信息共享服务,其服务对象为各级行政领导、政策研究人员、决策参与人员以及咨询人员,如专家智囊团等。人们使用此服务的目的在于了解决策的背景知识、开展有针对性的专题研究以及进行工具性资料查询等。随着互联网的出现,决策资料的稀缺性已被信息的易获得性所替代,与此同时,信息的丰富却造成了人们注意力的贫乏,这就要求政策研究信息共享服务以节省时间、提高针对性为目标而不是以资料为核心,提供大量细节。

4. 政府业务信息管理

政府业务信息管理主要指政府业务智能管理,是政府业务流程与信息流程的统一,如在税收、工商登记、出入境管理、户籍管理等政府事务性工作中采用的各行业内部的自动化管理,通过内部工作人员的信息共享和简单的信息综合,最大限度地发挥信息流对公共管理的驱动,提高政府工作效率,规范政府管理,堵塞滋生腐败的各种可能。政府业务信息管理面对的是具体的服务对象,强调微观性、流程性和精确性。其主要管理难度在于服务对象的复杂多变和数据资料的琐碎、浩大,这给信息的核对、更新以及管理和维护都带来了一定的困难。

第二节 政府信息资源管理

信息资源管理(information resource management,IRM),作为一种社会实践,起源于20世纪中期。作为一种学科理论,形成于20世纪70年代后期,并成熟于80年代中后期和90年代。信息资源管理是现代社会多种因素的综合产物,是一种管理思想,是一种基于信息技术的、用以满足组织机构的信息需求的有效管理信息资源的方法和活动。它包括对信息活动要素(信息、人员、设备、资金等)的规划、组织、控制和协调,以实现资源的最佳配置。

政府信息资源管理是信息资源管理的子集,我们可以基于信息资源管理思想来认识和探讨政府这一特定领域的信息资源管理。

一、政府信息资源管理的定义

政府信息资源管理的历史从国家的产生沿袭到现在已经有几千年了,在不同的历史发展阶段,政府信息资源管理的内容和侧重点也各不相同。美国著名信息资源管理专家马尔香认为,政府部门的信息资源管理职能经历了4个阶段:信息的物质控制、自动化技术的管理、信息资源管理和知识管理。在信息资源管理阶段,政府信息不再仅仅是行政活动的支持性工具,人们开始运用管理的原理、方法对政府信息活动所涉及的各种资源包括信息本身和相关资源进行控制,以确保政府目标的实现。

所谓政府信息资源管理(GIRM)是指与政府信息资源开发和利用有关的决策、计划、预算、组织、指导、培训和控制活动,特别是对信息内容及其有关的资源如人员、设备、资金和技术等的管理。

1. 决策

决策是为了使政府信息资源的开发与利用取得预期的结果和达到预定目标,在对信息资源管理规律认识与对管理对象有关信息进行分析和预测的基础上,制定和采取行动方案的过程。决策是政府信息资源管理的起点,是政府信息资源管理活动的最重要内容和管理者的最基本职责。

2. 计划

计划是政府信息资源管理决策的具体化,它预先决定做什么、如何做和谁去做。政府信息资源管理计划所涉及的问题是要在未来的各种行动过程中做出相应的抉择,在政府信息资源开发和利用的现状与未来所要达到的目标之间"铺路搭桥",这是政府信息资源管理不可缺少的职能。

3. 预算

预算是实现政府信息资源管理决策和计划的重要手段。它反映了国家的政府信息资源开发和利用政策,规定了政府信息资源开发和利用方向,为政府信息资源开发和利用活动提供了资金保证。

4. 组织

组织是保证实现计划所需活动的连贯性、协调性和一致性的工作步骤。它的职能是设计一种组织结构,使参与政府信息资源开发和利用活动的人员明确自己在集体活动中的位置,了解自己在相互协调的系统中的作用,自觉地为实现政府信息资源管理的目标而有效地工作。

5. 指导

指导是指挥与引导政府信息资源开发和利用活动并使之实现政府信息资源管理目标的过程。它直接涉及政府信息资源管理者和管理对象之间人与人的关系,涉及对政府信息资源开发和利用活动的指导、沟通和有效的激励,引导参与政府信息资源开发和利用的工作者有效领会和出色实现有关目标。

6. 培训

培训是指通过各种方法和途径对所有参与政府信息资源开发和利用活动的人员进行教育、训练,使其掌握政府信息资源开发和利用的技术、方法,提高其素质和工作效率。

7. 控制

控制是对政府信息资源开发与利用活动进行评估和调节,以确保政府信息资源开发和利用目标的实现。在政府信息资源开发和利用活动中,一旦决策方案、活动计划通过组织付诸实施的时候,就需要对活动进行控制。它通过监督,检查计划的执行进度,揭示计划执行的偏差,找出出现偏差的地方、性质和原因,并采取积极措施予以调节,或把不符合要求的政府信息资源开发和利用活动纠正到正确的轨道上来,使之符合原来的决策和计划发展,或重新制定符合实际情况的决策方案,修正计划。

从政府信息资源管理的定义可以看出,政府信息资源管理不再是单纯的政府信息管理,而是贯穿信息收集、整理、储存、发布和服务等全过程,是管理信息资源的全过程,业务内容包括信息网络、应用系统、信息的采集和发布以及相关的管理体制、程序、实施模式和项目管理。

■ 二、政府信息资源管理的特点

与一般的信息资源管理所不同的是,政府信息资源管理在对象、方法、手段等各方面都有自己的特点。

1. 管理目标的全方位性

政府自诞生之日起,就具有作为公共管理机关的属性和作为组织统治工具的双重属性。其信息资源管理的目的也必然是围绕上述职能目标而展开,涵盖社会各个领域,体现在对整个社会信息资源的宏观管理和控制上。同时,其具体的管理目标又可分解为两个层次,一是政府信息资源管理的基本目标,主要包括对社会信息资源的宏观调控与战略规划,实现信息资源的社会效用;二是政府信息资源管理的具体目标,指政府在职能履行过程中对相关信息的收集、加工、存储等不同方面的业务性工作。当然,不同政府工作部门基于不同的出发点,其具体的信息资源管理目标也不尽相同。如政府综合办事机构的信息资源以为政府决策当好参谋为出发点,政府职能机构的信息资源管理则往往从提高办事效率、实现办公自动化角度考虑,而政府信息部门由于担负着政府信息传递与公开等责任,其主管的网站会把树立政府形象、提升政府信息影响力作为基本工作职责。

2. 管理效果的权威性

政府代表国家依法行使信息资源管理职能,它与其他社会组织的最大区别就在于因公共性而先天具有的权威性,这种权威性对社会具有普遍约束力,给政府信息资源管理带来了许多得天独厚的便利条件,可以打破诸如地域、部门、行业乃至所有制结构的限制,无障碍地获取与政府工作相关的任何信息资源并对其进行有效整合,使之成为宝贵的国家资源;同时,政府权威也使政府信息资源管理行为带有一定的强制力,具有广泛的社会动员能力,任何集团和个人的信息资源管理行为在作用的广度和深度上均无法与之相比。

3. 管理手段的多样性

相对于其他组织而言,政府既可以运用行政管理手段,采用层级节制的方法逐级管理政府信息资源,也可以运用宏观政策引导以及法律、技术、经济等多种手段开发利用政府信息资源。当然,政府信息资源管理对象的复杂性也导致单一的管理手段很难对所有组织或个人奏效,需要有针对不同部门职能特点的灵活信息资源管理方法来应对。

4. 管理内容的层次性

政府管理社会的职能决定了政府信息资源管理内容异常丰富,不仅包括了政府内部行使职权时产生的信息,也包括了国民经济和公众生活的方方面面,涉及的对象上自中央政府,下至普通公民,从国家大政方针到卫生保健、社区服务、市场信息等基层信息,凡是与公共利益相关的任何信息资源,都属政府管理的范围。

5. 管理要求的严肃性

政府信息资源管理的目的是实现公共利益、满足公众需求,公共性特点决定了其信息资源管理波及范围广、适应面大,无论对技术的稳定性还是内容的连续性、影响的正面导向性等都有明确的政治要求和技术标准,其信息资源建设也必须要有统一的规划和长远的工作考虑。

■ 三、政府信息资源管理的内涵

政府信息资源管理的内涵包括如下几个方面。

1. 覆盖信息资源开发和利用的系列过程

政府信息资源的有效利用是政府信息资源管理的目的,而政府信息资源的有效利用离不开政府信息资源的开发。政府信息资源管理覆盖着信息资源开发和信息资源利用的系列过程。

政府开展信息资源管理,从事信息资源的开发与利用,在政府活动中的意义主要体现在以下3个方面。①提升组织的工作效率。信息维持组织正常运作,而开发出有价值的信息产品无疑会极大地推进政府工作的开展,提高工作效率,改善组织的运作绩效。②增强组织的应变能力。信息社会,任何组织机构都要面对时刻变化的环境,利用信息资源,可以增加组织的灵活性和适应性,特别是对时局的应变能力。③提高组织的创新能力。信息资源的有效利用促成组织创新、知识创新。

2. 信息内容是政府信息资源管理的核心对象

政府信息资源管理的对象,包括信息内容及其有关的资源如人员、设备、资金和技术等。信息资源、技术资源与组织和人员资源是3种重点资源。技术资源是基础,组织和人员资源是关键,而信息资源内容是其中的核心和重点,是重中之重。从国外信息化进程的成功经验看,在投资比重上,信息技术占15%,信息设备占30%,信息资源开发占55%。

相比之下,我国的数据库建设和信息资源的数字化工作要落后许多。长期以来我国政府信息部门的大量建设资金投入到硬件设备上,对软件和信息资源开发利用的投资严重不足,缺乏信息录入、信息更新、信息深加工的专项资金和技术。

3. 技术、经济和人文是政府信息资源管理的架构

技术、经济和人文构成了信息资源管理的三维架构。所谓技术,是指与信息资源相关的技术水平、技术结构、技术理论、技术手段、技术措施、技术过程、技术设施以及相关的信息资源管理机构、职能机构等的开发和管理。所谓经济,是指信息资源的经济管理,即信息资源的商品化过程、信息资源市场和信息资源产业的管理,以及与之相关的资金、财务等经济活动的管理。所谓人文,是指信息资源管理中的社会环境、人力资源以及相关政策、法律法规等的管理。政府信息资源管理就是从技术、经济和人文三位一体的角度综合管理政府信息资源,科学、合理地选用与调配技术、经济和人文,以保证政府信息资源的合理运行和最大限度的利用。

四、政府信息资源管理原则

政府信息资源管理贯穿了信息资源需求调查、采集与加工、组织与检索、传播与利用等整个信息生命周期。它的成功直接关系到政府信息化与国家信息化任务的完成和目标的实现。政府在进行信息资源管理的过程中,一般遵循如下几项原则。

1. 科学规划,高效管理

信息资源管理涉及从中央到地方各个政府部门,以及部门内部的各个处室与下属单位,关系到政府的各项工作,因此各级领导必须高度重视,统筹规划,科学决策,及时协调和解决出现的各种问题。

2. 理顺体制,搞活机制

理顺政府信息资源管理体制,合理设置政府信息资源管理机构,明确其职能定位,保障资金,是解决目前管理中存在的问题的关键之一。同时,可以通过各种灵活的运作机制,调动各方力量,形成合力,共同管理好政府信息资源。

3. 制定政策,完善法规

为使政府对信息资源采用一体化的方式进行管理,政府必须制定和施行严格、统一、贯彻始终的信息资源管理政策,并监督该政策的执行过程,促进信息资源管理原则、方针和标准的实施,评估政府机构的信息管理活动并确定其适用性、有效性和是否符合国家颁布的政策、原则、标准与方针。依法行政是政府信息资源管理的重要手段。对于政府信息资源管理的最核心的"管什么"、"谁来管"和"怎么管"等问题,必须以国家法律和政府法规的形式予以回答并固定下来形成制度。加快推进法制建设,适时提出比较成熟的立法建议,推动相关配套法律法规的制定和完善。

4. 需求主导,突出重点

政府信息资源的管理是一个漫长、持续的过程。为满足社会对政府信息资源的迫切需求,应首先规划和开发重要政府信息资源。政府要组织编制政府信息资源建设专项规划,设计电子政务信息资源目录体系与交换体系,启动基础信息库,如人口基础信息库、法人单位基础信息库、自然资源和空间地理基础信息库、宏观经济数据库等的建设。

5. 统一标准，整合资源

信息资源的标准化主要包括数据格式的标准化、描述语言的标准化、标引语言的标准化、通信协议的标准化、安全保障技术的标准化，以及数据管理软件、硬件的标准化，以保证信息资源的共建共享。通过对已有的网络基础、业务系统和信息资源的利用和整合，促进互联互通、信息共享，提高资源的整体利用率，使有限的资源发挥最大的效益。

6. 保障安全，充分共享

信息安全是国家安全和经济安全的核心，信息共享是信息利用的前提。在信息共享的过程中，各类计算机病毒、黑客、软件炸弹、信息垃圾、存储设备故障等方面的问题会随时给信息资源带来致命的安全威胁。因此，在信息资源管理的过程中，既要充分认识信息安全的重要性，严格按照信息分级、分类的管理原则，采取必要的安全策略和保障措施来保护信息资源的安全，又要尽一切可能，实现信息的共享，使信息在最广范围内得到最大限度的利用。

五、政府信息资源管理过程

根据信息资源管理过程描述，政府信息资源管理过程可以分为广义的政府信息资源管理过程和狭义的政府信息资源管理过程。

（一）广义的政府信息资源管理过程

广义的政府信息资源管理过程，包括政府信息资源本身的管理，以及政府进行信息资源的采集、组织、检索、传递和利用所需的技术、设备、网络和人力资源等方面的管理。

（二）狭义的政府信息资源管理过程

狭义的政府信息资源管理过程是面向政府机构的信息用户（政府部门或公务员），以满足政府信息用户需求为目的而产生的一系列相关、有序的政务活动集合。它包括了政府信息资源需求分析、采集、组织以及政府信息资源的检索、传递、利用和评估等。政府知识资源管理是政府信息资源管理的高级形式，它包括在政府信息资源基础上所进行的政府知识资源的挖掘、存储和利用等。

下面简要说明狭义的政府信息资源管理过程各个环节的具体内容。

1. 政府信息资源需求

政府信息资源需求是指政府在其政务行为中，对目标活动所涉及和利用的信息资源集合的期望。而政府信息资源需求分析则是通过对目标活动的问题和环境的理解，使政府信息资源需求完全化、精确化的一系列活动。政府信息资源需求分析过程可以分为问题分析、需求描述和需求配置 3 个阶段。

在政府信息资源需求分析基础上，首先要进行的是政府信息资源采集。所谓信息采集是指为更好地掌握和使用信息而对其进行的吸收和集中活动。政府信息资源采集，是政府信息资源得以充分开发和有效利用的基础，是指根据政府信息用户的需求，寻找、选择、提取相关信息并加以聚合和集中的过程，即在"需求驱动"下，根据目的和要求将蕴涵、分布在不同时空域的政治、经济、社会、文化信息采掘和积聚起来。

2. 政府信息资源组织

政府信息资源组织是指政府信息资源的加工与存储。所谓政府信息资源的加工，是对所采集的政府信息资源进行筛选和判别、分类和排序、计算和研究、著录和标引、编目和组织而使之成为二次信息的活动。所谓政府信息资源的存储,是指将经过加工处理后的信息资源(包括文件、图像、数据、报表、档案等),按照一定的规定记录在相应的信息载体上,并按照一定的特征和内容性质将其组织成系统化的检索体系。

3. 信息资源检索

信息资源检索是对信息的查找和调取过程。如果说信息存储是信息库的"输入"和"存放",那么信息检索则是信息库的"输出"和"使用"。信息检索和信息存储是事物的两个方面:存储是为了检索,检索则依赖于存储。政府信息检索,是指政府针对在政务活动中所产生的对相关数据、信息或者知识的需求而进行查询、检索的行为过程。

4. 政府信息资源传递

政府信息资源传递是指把政府信息资源从一方传到另一方的过程。信息传递要遵循快速、低耗、量大、质高的原则。如果说信息检索是信息传递的前提,那么信息传递则是信息利用的基础。没有信息的传递,信息的使用价值将会丧失,人类的信息活动将会停止。有信息资源传递,就有信息资源反馈。政府信息资源传递的反馈在政府活动中具有十分重大的意义,特别是在科学决策中,连续的反馈有助于深化领导层的认识及完善决策;使得在决策过程中出现的矛盾和问题得到及时解决,纠正实施过程中出现的偏差;总结经验教训,分析得失,为新的科学决策奠定基础。

5. 信息资源利用

信息资源利用,是指信息资源利用部门根据用户的需求,结合信息资源开发状况及经济运行状况,制定科学、合理的信息资源分配与使用方案,使现实的信息资源充分发挥作用和产生效益,并在科学技术不断发展的情况下,制定信息资源发展的战略和策略。

信息的采集、组织、检索、传递、开发等,目的是为了利用信息。信息利用,包括了技术和信息价值的提升两个方面的问题:前者解决如何高速、高质地把信息传递到使用者手里,而后者通过提高效率、提升价值以实现组织的全面增值。信息评估就是从这两个方面对信息资源的效率、价值以及信息资源管理过程进行评估。

政府信息资源的高级形式是政府知识资源,也是政府信息资源的未来发展方向。政府的知识资源管理也将成为未来政府组织的主要管理活动之一。政府知识资源管理过程包括政府知识资源的挖掘、政府知识资源的存储和政府知识资源的利用。

案例 6-1

加拿大政府信息资源管理

加拿大政府将信息资源作为重要的战略资源,并将信息资源管理作为政府管理的重要组成部分。早在 1987 年,加拿大政府就发布了主要面向纸介质的信息管理政策文件,并在 1994 年公布了政府信息管理指导性文件。2002 年 7 月,加拿大政府制定了信息管理框架,勾画出政府信息管理的方向和前景。该框架为各级政府、部门、机构及人员（包括政府雇员、管理人员和信息管理专业人员）进行信息管理提供了一个全面的、权威的、集成的并且可以实施的指导性架构，它由3个层次构成，即基础层、标准与指导原则层和信息管理指南层。基础层包括政府信息管理的范围、前景、目标和原则，以及相关法律政策等。标准与指导原则层包括3个方面的内容：与管理相关的内容，包括治理与职责、管理功能、资格与培训、计划/服务交付、技术考虑及信息、质量等方面的内容；与信息生命周期相关的内容，包括信息的规划、收集、创建、接收、获取、组织、使用、传播、维护、保护与处置等过程中的标准与指导原则；与法律政策要求相关的内容，包括信息存取、隐私与保密、知识产权、信息安全、官方语言及通信等方面的内容。信息管理指南层是面向特定信息管理任务和人员的一系列指南。

2003年5月加拿大政府发布了新的政府信息管理政策，制定该政策的主要目的是确保在政府的控制下，在信息管理的整个生命周期中，信息被有效且高效地管理和利用。新政策对政府在进行信息资源管理时提出了更明确和严格的要求。其中包括：根据法律与政策规定的职责管理信息，以促进存取平等，增强社会公信度，优化信息共享与重用，减少冗余；确保创建、获取或维护的信息是相关、可靠和完整的，并能满足计划、政策和职责的要求；管理信息要确保无论何种媒介或格式的信息都要具有真实性、准确性、完整性、条理性和完全性；在提供协作式服务或与联邦政府其他机构、其他政府或非政府组织进行信息共享时，实行信息管理和职责结构化；将电子系统作为创建、使用和管理信息的首选方法；保存对加拿大政府和公民有持久价值的信息；营造信息管理的支持环境，确保雇员承担信息管理的责任；对信息管理工作效能及效率的评估贯穿信息管理的整个生命周期等。

新的政府资源管理政策规定了各级信息管理部门及各类人员的主要职能。根据新政策，加拿大政府信息资源管理的职能部门主要有财政部秘书处、国家档案馆、国家图书馆和统计局等。财政部秘书处是财政部下属的一个中央政府机构，统一领导政府的人力、财力、信息和技术资源管理。在财政部秘书处设有信息主管及其办公机构，负责制定政府信息管理与信息技术应用的相关政策。财政部秘书处的职责包括为政府信息管理政策提供解释性的建议；帮助联邦政府机构将信息管理需求与商业、信息技术战略和计划融为一体；与国家图书馆、国家档案馆及其他联邦政府机构合作，制定和改进信息管理框架，包括标准、指导原则、工具和最优方法；代表信息管理职能团体并促进其发展，该职能团体根据要求来开发和维护具有支持政府信息管理政策和服务的信息管理专业能力的相关系统。此外，该政策也对国家档案馆、国家图书馆和统计局等信息资源管理相关部门的职责做出了明确界定。

另外，加拿大政府还相当重视信息资源管理的立法，制定了较为完善的促进政府信息资源管理的各种法律，例如，《加拿大信息访问法》《加拿大国家档案馆法》、《加拿大国家图书馆法》、《加拿大统计法》、《加拿大官方语言法》、《加拿大官方保密法》、《加拿大隐私法》、《加拿大个人信息保护与电子文档法》、《加拿大版权法》和《加拿大犯罪记录法》等。

> **思考与提示**
>
> 为了加强政府信息资源管理，加拿大政府从哪些方面采取了哪些措施？

第三节 政府信息资源整合

信息孤岛(information isolated island)是各国在发展电子政务过程中普遍存在的现象。我国政府曾明确指出"当前电子政务的重点是解决'信息孤岛'问题，有计划、有步骤地建设和整合统一的电子政务平台，为在网络环境下实现各业务系统的互联交换和资源共享，以及规范政府管理和服务创造必要条件"。政府信息资源整合是消除信息孤岛的一种有效方法。

一、电子政务中的信息孤岛现象

信息孤岛是美国著名信息资源管理专家马尔香和克雷斯莱因在论述公共机构的信息资源管理功能时提出的概念，它是电子政务发展到一定阶段的必然现象。"信息孤岛"，顾名思义，是指一个个相对独立的、分散的、不同类型的信息资源系统，由于各系统间相互封闭，只能在一个部门或行业内部共享信息，而无法与其他部门或行业"互动"。

信息孤岛较为普遍的类型有"数据孤岛"、"系统孤岛"、"业务孤岛"、"管控孤岛"等。"数据孤岛"是最普遍的形式，存在于所有需要进行数据共享和交换的系统之间；"系统孤岛"是指在一定范围内，需要集成的系统之间相互孤立的现象；"业务孤岛"是指由于信息孤岛导致一个业务不能通过网络系统进行完整、顺利的执行和处理；"管控孤岛"是指智能控制设备和控制系统与管理系统之间相脱离的现象，会影响控制系统作用的发挥。当然"信息孤岛"的种类远不止这些，这里只是列举一些具有代表性的类型加以研究。

显然，信息孤岛并不只是与软、硬件产品有关，也与实施、应用水平有着紧密的关系。形成信息孤岛的原因来自多个方面，既有技术层面的，也有管理层面的，还有经济、法律、安全等层面的。就管理层面而言，主要体现在思想观念及认识的落后以及行政体制的局限上。

在思想观念和认识方面，一些人把占有信息当成是一种权力而不愿意和其他人共享，不愿放弃手中的资源和权力，导致信息共享出现脱节。当面对一项涉及几个部门的业务工作时，大多数人考虑的只是本部门的事情，缺乏合作精神，导致网络的互联互通缺乏人文基础。在建设电子政务的过程中，政府员工普遍重视具体可见的硬件设施，而那些同样起着关键作用的软件建设、制度建设、流程建设却往往被忽视。在电子政务发展过程中，特别是在初级阶段，由于政府管理者对电子政务是什么样子、要实现到什么程度，实施后对政府产生什么影响等还缺乏清醒的认识，所以很难明确信息资源管理的具体规划和目标，常常容易围绕一项项具体业务工作，开发或引进一个个应用系统来开展工作。这些分散开发或引进的应用系统,一般不会统一考虑数据标准或信息共享问题,追求"实用至上"的目标导致了"信息孤岛"的不断产生。由于电子政务发展的阶段性规律带来的认识上的局限性是导致电子政务中产生信息孤岛现象的最主要的原因。

在行政体制方面,部门之间的条块分割是导致信息孤岛的主要原因。这一原因在我国表现得尤为突出。新中国成立以后,我国长期实行高度集中的政治、经济管理体制。政府各部门的工作直接受中央的统一管辖,各部门之间缺乏稳定、规范的横向联系;必要的职能与工作的交叉也由中央来进行协调,如此呈现出一种相互分割的格局。改革开放以后,国家虽然采取了许多调控措施力图扭转这种局面,但总体框架并没有得到根本转变。各单位早已习惯于各自为政的传统模式,在资源建设上没有一个统一的规划和标准可遵循,各自为政,自我封闭,条块分割,信息隔绝,可以说,有多少个委、办、局就有多少个信息系统,每个信息系统都由自己的信息中心管着,有自己建立的数据库、自己选择的操作系统、自己开发的应用软件和自己设置的用户界面,完全是独立的体系。因此,各级政府和部门经过多年的信息化建设,虽然拥有了大量的信息资源,但它们往往只适用于本部门或局部范围的信息化;政府的信息资源长期以来大都处于初级、自发的管理状态,信息之间不能彼此交流,从而形成了跨部门、跨地区、跨行业的信息壁垒,成为信息资源有效利用的"瓶颈"。标准的不统一是导致行政体制方面产生信息孤岛的根源。

上述原因导致信息孤岛是政府信息化进程中的必然结果。当电子政务发展处于初级阶段时,信息孤岛现象并不存在或不明显。随着电子政务规模的不断增大,信息积累日益庞大,信息关联性日益深化,信息孤岛的影响越来越大,使电子政务建设的成效大打折扣。信息孤岛带来的不良影响大致可以分为以下几个方面。①数据的一致性无法保证。由于信息定义与采集过程彼此独立,同一数据可能在不同的应用中不一致。②信息及时共享、反馈难。信息不能及时充分共享的矛盾突出,信息孤岛林立。③信息多次采集、重复输入。对信息的多次采集不仅仅是额外的劳动,数据失真也是重复输入的恶果之一。由此可见,信息孤岛是导致大量信息资源不能充分发挥应有作用、效率低下的根源,因此,在建设电子政务的过程中,必须高度重视并采取有效的技术手段和管理办法消除信息孤岛。

■ 二、政府信息资源整合的概念

政府信息资源整合是指在政府信息由信源通过信道向信宿传播的过程中,信息系统内部各构件集成在一起,相互渗透、相互协同、有效控制,不断从周围环境获取信息、能量和物资,从而发挥最大效益的创新过程。整合是一种理念,一种创新,它有多种称谓,如"整合"、"集成"、"一体"、"综合"等。从管理的角度来说,整合是一种创造性的融合过程,只有当构成系统的要素经过主动优化、选择搭配,相互之间以最合理的结构形式结合在一起,形成一个由适宜要素组成的、优势互补的有机体,才能被称为整合。

政府信息资源整合以打破信息孤岛、增加系统连接、提高信息共享程度、增强系统自动化程度、减少人工重复劳动和资金浪费为目标,以标准化、模块化、通用化为手段,通过采取二次开发或者系统接口,实现各类系统间最大的兼容和数据交换,最终实现各类系统的互联互通和信息共享。

政府信息资源整合是信息科学研究中的一个崭新的领域,它是根据信息资源管理的基本思想,针对当前电子政务建设中的弊端,从实际出发采取的治理办法。经过整合后信息资源表现出以下4个方面的突出特点：①信息资源来自不同部门或应用的数据库，能够提供系统的服务和决策知识；②数据对象间具有统一性和有机关联性，体现了资源的系统性，反映了知识间的内在联系；③信息资源具有相同的组织结构和组织功能，提供统一的用户界面和共同的检索方法；④信息资源在结构功能上的统一性便于数据的更新和扩充。

三、政府信息资源整合的内容

政府信息资源整合不是信息资源的堆积或信息载体的物理堆积，而是一个非线性的系统优化的问题，是一个系统工程，涉及技术、经济、人文等多方面的因素。整合内容不仅仅限于技术或物理层面，还包括对信息资源整体架构体系、信息资源管理组织体系、信息管理技术、信息资源管理环境以及信息服务内容和方式等方面的整合。通过统筹和全面的整合，可实现政府信息资源的合理配置及有效利用，从而产生各构件都不具有的新性质、新功能、新效果和新效益。

按整合的深度，从易到难，可以对政府信息资源整合的内容具体描述如下。

1. 数据整合

数据整合是实现其他整合的前提和基础。整合之前，必须首先对数据进行标示并编目，另外还要确定元数据模型。通过数据整合，实现对各类业务数据访问的标准和接口，同时可最大限度地减少数据的冗余，消除数据不一致的隐患。

2. 应用系统整合

通过构建能够充分利用多个应用系统资源的综合应用平台，实现两个或多个应用系统数据的实时交换和对外提供统一的服务功能。

3. 业务过程的整合

业务过程整合包括业务管理、进程模拟以及综合任务、流程、组织和进出信息的工作流。还包括业务处理中每一步都需要的工具。当对业务过程进行整合的时候，政府各业务领域必须在各种业务系统中定义、授权和管理各种业务信息的交换，以便改进操作、减少成本、提高响应速度。

4. 人的整合

人是系统知识源的一个组成部分，而这部分知识是最具创造性的，它可以通过利用系统中的数据、信息和知识等产生新的知识。对涉及有关决策的整合，人的作用尤为突出。把有人参与的业务过程进行成功的整合，对整个过程最为关键，难度也最大。

四、政府信息资源整合机制

政府信息资源整合机制主要包括信息交换机制、信息发布模式、信息共享模式。

1. 信息交换机制

信息交换机制包括数据交换方式、数据交换格式和数据传输机制等3个方面的内容。数据交换方式是交换各方进行数据交换时可以选取的途径。数据交换格式是交换各方都能认同和处理的用于数据交换的格式，如XML格式等。数据的传输机制是交换各方选择的，用以保障交换数据成功传输的机制，如异步传输机制和同步传输机制。

数据交换可以有三种方式，即数据库互访方式、文件方式和服务方式。数据库互访方式即通过系统之间访问对方的数据库来获取需要的数据。数据库互访方式实现简单,但是极不安全。一般来说,只要在高度信任的机构之间,或同一个机构内部的不同应用系统数据库之间才采取这种方式。基于文件交换的方式是最主要的数据交换方式,交换的双方通过定义发送和接收任务来进行数据文件的交换。该方式很好地隔离了交换双方的应用系统,发送方无须知道接收方的应用系统情况,也不关注接收方收到文件后如何处理。这种方式很好地降低了应用系统之间的耦合度。基于文件方式也很容易扩展,对于新增、减少或改变一种文件,或调整文件内容,处理交换的软件不需做出更改,只需双方应用软件对数据进行业务上的处理。基于服务的数据交换方式主要用于业务部门间或业务部门与数据中心间实时的数据查询。数据提供方定义公开数据服务,以服务的形式封装数据交换的内容。数据使用方定义本地数据服务,调用数据提供方的公开数据服务以获取所需的数据,并且按照一定的数据转换和数据更新规则,把数据更新到本地数据源。通过本地数据服务和公开数据服务的交互实现数据提供方和数据使用方之间的数据交换。对于接收数据一方,调用数据服务和调用内部数据是一样的,应用软件不会认为调用来自其他应用软件,而是将其看成是自身内部的请求。

2. 信息发布模式

信息发布模式通常可以分为广播方式和订阅方式两种。广播方式是一个部门实时为多个应用部门提供信息。例如政府公告的下发以及网站的信息发布。订阅方式是按需进行的信息发布。例如政府中各部门间的信息交换和联合。

3. 信息共享模式

政府信息资源共享的模式归纳起来主要有以下两种。一种是点对点信息交换模式。各系统间各自独立地建立连接,进行对应的数据交换。这种方式结构简单,实施方便;两点相通即可交换,不依赖于第三方;一个节点的错误不会对其他节点造成影响。然而,这种模式的连接数会随交换点个数呈几何数级增长,不能提供订阅方式的数据交换;并且,参与交换的双方必须同时在线。另一种是数据中心的数据交换模式。通过建立统一的数据中心,各系统的数据都集中到数据中心数据库中,各系统根据需要从数据中心调用数据。这种方式的连接数呈线性增长;这种方式支持点对点和订阅方式数据交换;发送方和接收方不需同时在线,只要在工作时与数据交换中心相连即可;该方式对交换中心过于依赖,性能要求很高。以上两种方式各有利弊,虽然第二种方式比第一种方式可操作性强些,但以往这种模式都是基于先规划数据中心,后建立分系统的建设方式;而政府的现状是各业务系统已经先建立运行,需要在此基础上进行整合。另外,第二种方式由数据中心完成全部数据的交换工作,数据中心负载过重,安全性较差。

五、政务信息资源目录体系和交换体系

1. 政务信息资源目录体系

为了实现政务信息资源整合的目标,完成政务信息资源的共享和交换,需要一种可分可合的工具来管理中央和地方信息资源;需要依据信息属性对信息资源进行采集、分类、加工和存储,实现信息资源的有序组织;需要提供一种支持公众检索、定位、获取和使用政府公开信息资源的工具,满足人们在大量信息资源中准确、全面、迅速、方便、经济地获取所需信息内容的各种要求。政府信息资源目录体系就是满足以上需求的一种工具。

(1) 政务信息资源目录体系是实现部门间政务信息资源共享的基础。它是按照统一的标准规范，对分散在各级政务部门、各领域、各地区的政务信息资源进行整合和组织，形成逻辑上集中、物理上分散，可统一管理和服务的政务信息资源目录，为使用者提供统一的政务信息资源发现和定位服务，实现政务部门间信息资源共享和信息服务的政务信息资源管理体系。

(2) 政务信息资源目录体系是信息组织的一种方式。信息资源目录借鉴了图书目录的概念，是以元数据(metadata)为核心，以政务分类表和主题词表为控制词表，对政府信息资源进行网状组织，从分类、主题、应用等多个角度对政府信息资源进行管理、识别、定位、发现、评估与选择的工具。元数据是数据的数据，它从信息内容、载体形态、信息资源集合及其组织体系、管理与服务机制以及过程与系统等方面描述信息资源的特征和属性。借助元数据，人们可以采集、组织、识别、定位、发现、评估和选择信息资源，简单、高效地检索、交换、管理海量数字化信息资源。通过元数据与分类表、主题词表的结合，可以方便地按应用需要组织信息资源分类目录、主题目录和其他目录，实现对数字资源的导航、检索、定位和交换服务。

(3) 政务信息资源目录体系也是管理信息资源，实现共享和服务的一种工具。通过规范的元数据与政务分类表和主题词表，将政务信息资源进行嵌套组织，可以方便地根据应用需要按行业、部门、地域、应用主题和其他使用目的变换出政务信息资源的各种目录。通过政务信息资源目录体系可以解决政务信息资源管理的基本问题，即有什么政务信息资源(what)，需要的信息在哪里(where)，谁提供，谁使用(who)，如何发布，如何查找，如何使用(how)。

(4) 政务信息资源目录一般由政务信息资源分类目录和信息资源目录组成。政务信息资源分类目录由按不同应用主题建立的信息分类体系组成。政务信息资源目录有基础信息资源目录、部门信息资源目录、应用共享信息资源目录等，通常由描述信息资源的名称、主题、摘要或数据元素、分类、来源、提供部门等元数据组成。政务信息资源包括业务职责、政策法规、规章制度、业务流程、业务系统信息资源、业务数据库信息资源和其他信息资源等。政务信息资源目录遵循相应的信息资源描述标准规范编制，如描述网络资源的都柏林核心元数据、美国政府信息资源元数据、《政务信息资源目录体系》国家标准等标准规范，主要包括政务信息资源分类标准、唯一标志符编码、核心元数据等。

2. 政务信息资源交换体系

政务信息资源交换体系是建立在目录体系上的，用以实现不同业务应用对数据的透明传输，支持异地、异型、异构应用系统以及数据的交换和访问。它的建立有利于打破部门之间"条块分割"的现状，推动政府部门提高数据共享意识。政务信息资源交换体系由一系列交换节点组成。它们依托统一的电子政务网络，通过采用一致的信息交换协议实现跨地区、跨部门业务应用系统之间的信息资源交换。

政务信息资源目录体系与交换体系是一个根据信息资源的语法、语义、应用等规则对信息资源进行分级、分节点、分布式组织和管理，体现各种政务资源内在关联的有机整体，政务信息资源目录体系是基础，交换体系是目的，两者密不可分。政务信息资源目录体系与交换体系是电子政务网络、信息安全基础设施之外的第三大基础设施，是根据需求实现信息共享和业务协同的重要支撑。建立政务信息资源目录体系与交换体系的目的就是通过建立一个分布的、可扩展的、可集成的、有统一数据模型、有多种用户视角的、可交换的和安全可靠的系统，对各类政务资源（信息、服务、模型、人力）进行组织和管理，以统一的规范和方式对其进行分类描述和引用，从而促进分散的各类信息资源的共享、集成、整合和互操作。

六、基于目录体系的政务信息资源整合

政务信息资源与业务密切相关的特点要求政务信息资源整合方法应适应政务业务和信息的动态产生和变化。政务信息资源目录体系就是从业务应用出发，梳理业务办理的流程、职责、依据等，编制信息资源目录。这样的整合方法为政务信息资源的动态有机整合建立了基础，可以适应政务信息随业务处理而动态变化的特点，同时通过目录编制明确了资源提供者和共享部门，为政务信息资源的整合和共享建立长效机制提供了依据。

基于目录体系的政务信息资源整合可以根据业务需要，依靠政务信息资源目录以各种方式整合政务信息资源。政务信息资源目录描述和记录了政务信息资源的名称、业务属性、主题、分类、来源、提供部门等各种属性，即信息资源的元数据，通过元数据描述协同政务流程的上下环节关系和信息资源共享的需求。据此，既可以通过信息资源目录直接查询和定位政务信息资源；也可以在业务运行的过程中通过交换服务目录由交换体系实现政务信息的动态交换和整合，保证共享的信息资源是最新的和准确的。两种方式都可以避免信息资源机械集中时产生的过时数据。

根据协同政务信息共享的需要，基于目录体系的政务信息资源整合还可以在政务部门内部进行全面的业务梳理和信息资源调查，编制部门政务信息资源目录，对部门信息资源进行全面整合，同时可以根据某个应用主题，站在跨部门的角度进行业务梳理和信息资源调查，根据业务需要明确部门间的信息共享需求，建立政务应用信息资源共享目录，为实现跨部门的按需整合和政务信息资源的共享提供依据和基础。

由此可见，基于目录体系的政务信息资源整合具有业务驱动、按需整合，满足信息整合整体性原则及标准化的优势，可以支持在协同政务中的政务信息资源整合和共享需求，同时可以适应政务信息资源随业务动态变化的特点，保证整合的政务信息资源及时准确，是实现政务信息资源整合和共享的先进手段，是政务协同建设的基础设施。

第四节 电子政务中的知识管理

随着电子政务深入发展，政府的信息化必将跨越初期的办公自动化阶段，进入流程的重组和整合的新阶段。此时，电子政务的核心不再是技术，而是技术进步所带来的知识管理和知识流的优化以及在此基础上的组织和业务变革。知识管理是一种以人为中心，以数据、信息为基础，以知识利用和创新为目标，将知识看作是一种可开发资源的管理思想。简单地说，知识管理就是人在机构管理中对其集体的知识与技能的捕获与运用的过程。建立在知识管理中的公共管理，适应了正在来临的知识经济时代的要求，是电子政务发展的必然趋势和最高层次。

一、数据、信息和知识

知识管理的对象是知识。知识是人类古老的话题,各个年代的哲学家、科学家都对知识表达了自己的看法,但现代的信息科学赋予知识以新的内容,对于知识的研究也是现代信息科学、计算机科学、人工智能等许多领域的热点。

知识、数据和信息密切相关,它们三者之间的关系可以描述如下。

1. 数据

数据(data)是以陈述性语句表达的、未经处理的事实和概念,包括事实和数字。它的一般特征是关于事件和关于世界的一组独立的事实,是构成信息和知识的最基本元素。数据的核心价值在于分析、组织,并把这些数据转化成信息和知识。

2. 信息

信息(information)是捕捉了来龙去脉的内容并把它们提供成经验和想法以后的产出物,是相关数据的集合。信息典型的是以半结构化的内容存储的,像文件资料、电子邮件、声音邮件以及多媒体等。围绕信息建立活动,其核心价值在于管理内容的方法,这种方法要易于找到内容,反复使用它们,并易于从经验中学习。

3. 知识

知识(knowledge)是信息构成的复杂有机体,是人类进行活动、决策和计划能力的体现。知识的复杂度与它所存在的地点息息相关。

数据、信息、知识三者之间的联系如图 6-1 所示。

图 6-1 数据、信息、知识关系图

根据认知领域和社会学的观点,知识分为隐性知识和显性知识两种类型。所谓显性知识(explicit knowledge),是指可以通过正常的语言方式传播的知识,典型的显性知识主要是指以专利、科学发明和特殊技术等形式存在的知识,存在于书本、计算机数据库、CD-ROM等中。显性知识是可以表达的、有物质载体的、可确知的。在 OECD 对于知识的 4 类划分中,关于 know-what 和 know-why 的知识基本属于显性知识。所谓隐性知识(tacit knowledge),往往是指个人或组织经过长期积累而拥有的知识,通常不易用言语表达,也不可能传播给别人或传播起来非常困难。例如,技术高超的厨师或艺术家可能达到世界水平,却很难将自己的技术或技巧表达出来从而将其传播给别人或与别人共享。隐性知识所对应的是 OECD 分类中关于 know-how 和 know-who 的知识,其特点是不易被认识到、不易衡量其价值、不易被其他人所理解和掌握。显性知识和隐性知识的划分突破了过去人们对知识的认识,将还未经系统化处理的经验类知识予以承认。如果说显性知识是"冰山的尖端",那么隐性知识则是隐藏在水面以下的大部分,它们虽然比显性知识难发觉,却是社会财富的最主要源泉。

二、知识管理的概念

知识管理(knowledge management,KM)的概念可以从狭义和广义两个角度理解:狭义的知识管理主要是针对知识本身的管理,包括对知识的创造、获取、加工、存储、传播和应用的管理;广义的知识管理则不仅包括对知识本身的管理,还包括对与知识有关的各种资源和无形资产的管理,涉及知识组织、知识设施、知识资产、知识活动、知识人员等的全方位、全过程的管理。

对于知识管理的概念,不同学者的着眼点有所不同,所以对其理解也存在一定的差异,这种差异的存在也使得人们可以更为全面和系统地对知识管理进行理解。

(1) 从狭义上讲,知识管理是挖掘并组织个人及相关知识以提高整体效益的一种目标管理流程,是将组织知识系统动态化、有序化的过程;实现知识网络化是组织实施知识管理的基本方法。知识管理可以为组织实现显性知识和隐性知识共享提供途径,通过对知识的识别、获取和利用,充分发挥其价值,从而提高组织的竞争力。可以说,这种基于过程的知识管理理论正在被广大知识管理者所接受,它更加强调对组织知识的获取、传递、共享、学习和创新等一系列过程的管理。

(2) 从广义上讲,知识管理是使人、过程以及技术完美地结合起来,以使组织机构中与信息相关的成分变成能为组织带来价值、优势和利益的直观动态的知识财富集合。从这个观点来看,知识管理更趋向于一种文化、生活方式,或者说是一种做事的方式。在这种方式下,是对知识的管理和对人的管理的统一,以人为中心,以信息资源为基础,以技术为手段,以创新为目的,系统化、组织化地管理知识并将其转化为提高核心竞争力的思想和活动。

上述关于知识管理的各种理解,反映了人们从各个侧面对知识管理的不倦探索,而综观各个侧面的研究,不难看出,这些定义有一个共同点,那就是都强调以知识为核心和充分发挥知识的作用,是以知识为核心的管理,是对知识进行管理和运用知识进行管理,通过知识共享和运用集体智慧提高应变和创新能力的行为。

三、知识管理与信息管理的关系

应该说知识管理与信息管理具有相同的作用,都是社会技术系统,都是对信息和信息技术、管理科学的综合运用,并能相互促进。但两者在产生背景、内涵、研究内容范围上又有一定的区别。

首先,信息管理是知识管理的基础,知识管理是信息管理的新发展。知识管理是在信息管理的基础上发展的,它的产生和发展都离不开信息管理的理论。信息管理通常是知识管理重要的组成部分。可以说知识管理是在知识经济的环境下对信息管理的新发展。

其次,与信息管理相比,知识管理在管理对象、管理方式和技术以及管理目的上有所拓展、改进和深化。信息管理局限于可编码知识的外在信息的管理,而知识管理则关注知识本质内容的表达、交流,尤其是有目的的应用,它不但涉及可编码知识的管理,更重视人脑知识的挖掘、引导、共享并服务于组织的目标。

知识管理是一个内涵极其丰富的管理领域,不仅管理对象多样化,而且管理角度也是多面的。概括而言,知识管理具备以下 4 个基本特点。

(1) 知识管理是基于对"知识具有价值、知识能够创造价值"的认识而产生的,其目的是通过知识的更有效利用来提高个人或组织创造价值的能力。知识管理的基础活动是对知识的识别、获取、开发、使用和存储。

(2) 对于企业而言,知识管理是一种全新的经营管理模式,其出发点是将知识视为企业最重要的战略资源,把最大限度地掌握和利用知识作为提高企业竞争力的关键;对于政府而言,知识管理也是一种全新的管理和服务模式,是提高政府工作效率和服务质量的关键。

(3) 知识管理不仅是最新的管理方式,而且代表了理解和探索知识在管理和工作中的作用的新发展。本质上,它涵盖了组织的发展进程,并寻求将信息技术所提供的对数据和信息的处理能力以及人的发明和创新能力这两者进行有机的结合。

(4) 知识管理产生的根本原因是科技进步在社会经济中的作用日益增大。随着知识经济的到来,知识管理将遍及社会各个领域,它将使大到一国,小到企业、机构和个人摆脱传统资源或资本的限制,获得新的竞争优势,因而具有强大的生命力和广阔的发展前途。

四、知识管理在电子政务中的应用

知识管理作为一种新的管理理念和方法,已成为各行业不可或缺的重要手段和工具。它是将获取的各种信息转化为知识,并通过网络与信息技术实现知识发现和使用的流程。电子政务是政府行政管理的一个崭新领域,它需要政府能创新行政管理,而知识管理正是创新的基础。只有最大限度地发挥知识管理的优越性,只有不断地探索知识管理的方法,研究和开发知识管理的技术,政府才能更好地掌握网络社会的自然资源、社会资源、基础设施、人文、经济等各方面较为详细的信息,电子政务才能有效地对信息进行综合分析,并从中提取有用的、能够转化为具有经济价值和管理效应的知识。具体来说,电子政务中实施知识管理的必要性表现在:首先,通过知识管理充分挖掘政府的知识与信息的内在潜力,提高政府的竞争力;其次,通过知识管理充分利用和共享政府以往的经验和知识,提高决策的科学性;再次,通过知识管理对政府业务流程中的无序知识进行系统化的有效管理,实现知识共享和再利用;最后,利用知识管理工具,从公众的角度重新梳理政府职能,设计具有全新逻辑的电子政务应用系统。

知识管理作为鉴别、管理和共享政府所拥有的信息资源集成系统的方法,其目标是快速而方便地找到所需要的信息,使最恰当的知识在最恰当的时间传递给最合适的行政人员和公民,以实现最佳的行政决策和服务。由此可见,随着知识经济的发展,知识管理必将代替传统的信息资源管理思想而成为电子政务中的主流管理手段。

在电子政务中应用知识管理思想,可以带来以下 6 个方面的创新成果。

1. 新的价值取向

知识与人才是政府最大的资产和推动力,在知识社会,新财富越来越来源于知识,政府所要管理的主要是无形知识资产。对于隐性知识,政府除了重视自身人员的潜能以外,更应重视组织内外专家学者及领导层的知识作用。总之,21 世纪的政府管理必须是基于知识的,对知识重视,使得政府将被看作"学习型组织"。

2. 新的合作分享机制

注重政府机构内部的知识共享与创新,重复性工作让位于创新。未来知识经济下的成功政府取决于它的整体创新能力,即运用政府工作人员集体的知识与智慧,提高应变力和创新力,增强政府的竞争能力。集体知识共享和创新带来的知识效益取决于政府工作人员吸收、分享和利用知识的能力。这样的政府才可能是富有革新精神、不带官僚习气的政府,才能在知识经济中扮演一种有创造能力的、关键性的角色。

3. 新的领导方式

同知识经济的时代特征相适应,政府有必要提高收集、分析、传播知识的能力,但只有新型政府才能竭尽全力去未雨绸缪,高度重视知识管理。未来的领导应是集体领导,是集中政府工作人员智慧、统一政府工作人员行为的领导。领导者必须以身作则,领导层必须不断进行学习。

4. 新的精神激励

政府知识管理机构的目标应该是帮助政府内部工作人员和外部其他人对知识进行创造、分配和利用。在知识经济时代,政府管理尤其应注重精神激励,赋予政府创新主体更大的权力和责任。这种政府是知识政府。

5. 新的分配方式

按"知"分配,知识职权化并动态分配形成政府独特的干部政策,是保证政府可持续发展的人才动力源泉。按"知"分配突破了传统资本主义和传统经济学那种"财富使人获得权力,权力又使人获得财富"的固定模式,创造了"知识使人获得权力,权力又使人获得知识"的全新的思维模式。

6. 新的发展观

在知识管理时代,政府更加追求整个社会的发展目标,社会环境的改善有利于政府的发展。政府应按知识管理的需要,改革政府机构,转变政府职能,创造一个良好、公平、健康发展的社会环境。

五、电子政务中的知识管理过程

在电子政务运作过程中有一条知识链,从知识的生命周期来看,这一条知识链通常包括知识的识别、获取、分类、存储、传递、共享以及所产生价值的评价等环节。它为电子政务中的知识管理提供了一条清晰的思路,政府要围绕知识链的各个节点来进行知识管理。

1. 知识的识别

知识的识别是知道"是什么"的知识(know-what),即关于政府事务方面的知识,例如政府的管理和服务范围、行政规程、行政法律等;知道"为什么"的知识(know-why),即关于政府运用电子政务的原理和规律的知识,例如为什么选用电子化申请和注册、为什么制定电子化政策;知道"怎样做"的知识(know-how),即在行政决策、行政执行、行政活动中的技艺和能力,例如行政领导针对网络环境及时决策的技能;知道"谁在做"的知识(know-who),即在行政管理实践中,知道如果出现了问题应该请教谁。

2. 知识的获取

知识的获取是通过数据库、上网等方法去收集"为什么"的知识与"是什么"的知识;通过网上讨论、远程教育向专家、领导及同行学习去获取"怎样做"的知识;通过搜索引擎、网络数据挖掘去获取"谁在做"的知识。且不论这些知识和技能是存在于计算机的数据库中、流动在网络上或者是存在于服务器里。

3. 知识的分类

知识的分类是将案例分析、工作体会、经验介绍、方案论证、热点跟踪等集成到一个知识库中,以供给政府机关的公务员共享和交流。可想而知,对于政府组织来说,知识是海量的、纷繁复杂的。因此,公务员要在行政工作中快速地检索到自己所需要的知识,减少由于查找而浪费的时间,就需要对政府管理的相关范畴按其内容、用途进行科学的分类,方便统计、储存、检索以及通过合并和分解去研究、发现有用的知识。

4. 知识的储存

以往,公务员通过文件、数据库、E-mail、Web 页面等获得大量的信息,但却没有有效的工具将这些信息转化为知识并传递到公务员手中,结果造成政府虽然拥有大量的社会资源信息,但是当需要查找某些信息资料时,却如大海捞针一般无从下手。所以,实施电子政务需要整合政府信息资源管理,运用知识管理的技术发现有用信息,挖掘出能够创新管理的关键知识,按照统一标准的结构化文档形式,把公共管理知识信息存储到知识仓库中。例如,各级政府部门把各种行政管理的实践经验都输入到行政管理案例库,公务员在网上行政时遇见了问题,只要联机一查,即可发现问题所在及解决方法,不但工作效率会提高,民众和企业的满意度也会提高,当然政府的威信和形象也就增强了。

5. 知识的传递

网络将研究机构、高校、企业等知识机构与广大知识劳动者紧密联结在一起,并且通过网络中的协同和互动,使知识得以生产、传播、扩散、应用,政府在行政活动的各个环节中可以较容易地获得和应用所需要的知识,电子政务的实施使得政府与企业和民众能够广泛、灵活地交流。此时,空间、时间已不再是交流、合作的障碍。数字化为电子政务铺平了道路,也为基于知识管理的电子政务系统带来了整理、归类、检索、统计的方便,带来了获取专家教授的研究成果和产品的方便,最大限度地实现了知识资源的共享和交流。

6. 知识的共享

知识的共享是将管理的创新理论、专家的研究成果、成功的行政经验等进行数字化、网络化,并对其进行有序的组织和规范整合,使之成为部门协作、人员沟通、领导决策可共享的知识资源。以知识共享、团队精神和创新精神为特征的行政文化是电子政务中知识管理的基石,电子政务系统能帮助知识工作者建立虚拟团队,互相沟通和激励,充分发表意见和共享知识,使之成为知识的创造者和共享者。随着电子政务的推进,政府管理流程再造以及组织扁平化等管理思潮的引入,服务管理型政府组织的着重点已不是部门或个体能力的凸显,而是依靠政府部门间的协作、学习、交流和沟通,而这种部门间学习不仅包括日常的信息发布、共享和讲座等静态的相互学习,而且包括电子政务中动态的相互支持和相互协作。

7. 知识产生价值的评价

如果公务员可以及时得到能够帮助他们看清趋势和掌握机会所必需的知识和技能的话,那么政府在管理和服务方面就会拥有得天独厚的优势。当然,这些知识和技能产生的社会效益和经济效益是通过政府行政决策来产生的,是通过网络社会文明、网络经济活力来呈现的。

案例 6-2

政务信息以共享为常态 江苏分 3 步打破信息孤岛

随着"放管服"改革向纵深推进,行政审批和便民服务事项已基本集中到政务服务中心,阻碍企业和群众办事的"有形之门"正逐步消除,但一个个孤立的信息系统仍在影响服务效能、消解改革红利。相比"有形之门","无形之门"的负效应更大,政务信息资源各自为政、自成体系,重复投资、重复建设,形成"数据壁垒"、"数据烟囱"。

按国务院部署要求,江苏省政府办公厅日前出台《江苏省政务信息系统整合共享工作实施方案》,这是江苏省第一份关于政务信息资源共享的政策性文件,以最大限度地便企利民,让企业和群众少跑腿、好办事、不添堵为目标,以数据集中和共享为途径,加快建设全省统一的"大平台、大数据、大系统"。按照路线图,江苏省将分三步打破"信息孤岛"。

一、整合部门内信息系统

时间节点:2017 年 12 月底前。

纳入整合共享范畴的政务信息系统包括由政府投资建设、政府与企业联合建设、政府向社会购买服务或需要政府资金运行维护的,用于支撑政府业务应用的各类信息系统。按"先联通、后提升"的原则,最先一步是各部门的内部政务信息系统的清理、整合。

10 月底前,由江苏省发改委牵头,审计、网信、经信、财政等部门配合,省级各部门全面自查内部信息系统建设应用情况,主要包括信息系统的数量、名称、功能、使用范围、使用频率、审批部门、审批时间、经费来源等,提出本部门清理整合和接入共享平台的信息系统清单。

11 月底前,由江苏省审计厅牵头,相关部门配合,对各部门政务信息系统审计全覆盖,全面查清具体数据,为系统整合共享打好基础。

12 月底前,各部门清理完成"僵尸"信息系统,包括与实际业务流程长期脱节、功能可被其他系统替代、所占用资源长期处于空闲状态、运行维护停止更新服务,以及使用范围小、使用频率低的信息系统。省级各部门原则上将分散、独立的信息系统整合为一个互联互通、信息共享、业务协同的"大系统",杜绝以处室等内设机构名义存在的独立信息系统。

在此期间,江苏省发改委将牵头开展全省政务信息资源大普查,梳理明确可共享的信息资源,逐步构建全省政务信息资源目录体系。

二、接入省级共享交换平台

时间节点:2018 年 6 月底前。

省级各部门整合后的政务信息系统要及时接入省级数据共享交换平台,2018 年 6 月底前实现与国家数据共享交换平台对接。

在此过程中,重点建设完善"一网络、一平台、两网站"。由江苏省政府办公厅牵头,继续深化省电子政务内外网建设,提升网络支撑能力,推动各部门涉密、非涉密政务信息系统分别向省电子政务内网、外网迁移整合;由江苏省发改委牵头,省大数据管理中心负责,依托省电子政务外网,建设省政务信息共享网站,作为省级数据共享交换平台的门户,支撑政府部门间跨地区、跨层级的信息共享与业务协同应用。

"推动政务信息共享,不是简单的系统对接,也不是政府部门间的'体内循环',而是坚持以群众需求为导向,让企业和群众享受到更加优质高效的数据服务。"江苏省政府副秘书长、省政务服务管理办公室主任方伟介绍说。人口信息、法人单位信息、自然资源和空间地理信息、电子证照信息、社会信用信息等基础信息,首先在部门间实现无条件共享;健康保障、社会保障、食品药品安全、社区治理、生态环保等重点领域信息,作为重点优先实施共享。

三、推进信息共享与业务协同

时间节点:2018 年 12 月底前。

信息共享是手段,业务协同是目的。2018 年 12 月底前,完成市级数据共享交换平台建设,并与省级平台对接,形成国家、省、市三级数据交换体系互联互通,政务信息资源共享与业务协同,大数据汇聚整合和关联分析取得阶段性成果,真正实现"网络通、数据通、应用通"。

充分发挥"江苏政务服务网"的作用,围绕"互联网+政务服务"的主要内容和关键环节,推动政府部门在协同联动、流程再造、系统整合等方面的改革,提高跨地区、跨部门、跨层级政务服务便利化水平。江苏省将建立、完善信息共享与交换的标准、规范,包括数据采集、共享交换接口、多级共享平台对接、网络安全保障等。

为形成倒逼约束机制,从 2018 年起,凡明确必须接入而实际未接入共享平台的部门政务信息系统,财政部门原则上不安排运维经费。同时,推动政务信息化建设投资、运维和项目建设模式改革,推广应用云计算、大数据等新技术,提高集约化水平,避免重复投资。

(资料来源:《新华日报》,2017 年 9 月)

  本章重要概念

政府信息资源(government information resource,GIR)
政府信息资源管理(government information resource management,GIRM)
信息孤岛(information isolated island)
知识管理(knowledge management,KM)

本章思考题

1. 简述政府信息资源的构成和特点。
2. 狭义的政府信息资源管理过程包含哪些内容?
3. 什么是政务信息资源目录体系和交换体系?它们如何协作完成政府资源整合目标?
4. 简述电子政务中的知识管理过程。

本章推荐阅读书目

1. 麦迪·克斯罗篷. 信息资源管理的前沿领域[M]. 沙勇忠,等,译. 北京:科学出版社,2005.
2. 成卫. 信息资源组织与管理[M]. 北京:清华大学出版社,2005.
3. 李绪蓉,徐焕良. 政府信息资源开发与管理[M]. 北京:北京大学出版社,2005.
4. 吴忠,等. 信息资源管理[M]. 北京:清华大学出版社,2011.
5. 周毅. 政府信息资源管理研究:视域及主题深化[M]. 上海:复旦大学出版社,2015.

第七章
电子政务环境下的政府流程变革

——本章导言——

政府流程变革是政府管理创新和发展电子政务的核心任务,电子政务与政府流程之间存在着密切的联系。建立在分工理论基础上的传统政府流程是阻碍当前电子政务发展的最主要的障碍之一。推行电子政务,首要的任务就是通过信息技术的充分应用,完成对传统政府流程的变革。政府流程再造是指导流程变革的重要管理思想,它提倡彻底抛弃原有流程,进行全新设计,是一种激进做法。作为一种温和方式,政府流程优化也是实现流程变革的重要方式。它提倡以原有流程为基础,进行优化改造,是一种改良做法。政府流程变革的两种方式体现了政府流程变革在深度方面的差异性,同时并存,相互补充。政府流程变革的成功实施最终导致职能化、层级化的传统组织形态向流程化、扁平化的电子政务组织形态转变。

第一节 政府流程与电子政务

在新公共管理思想的推动下,特别是随着电子政务的全球盛行,政府流程越来越成为政府改革和创新中的焦点。很多学者和研究人员在对企业业务流程的研究逐渐增加的同时,也开始关注和重视政府流程的相关问题,并采用与研究企业业务流程类似的方法来对之进行研究。如何设计出以公民为中心的政府流程以及如何将现有的政府流程进行优化,提高政府的效率和效能是政府再造运动以来一直都十分重要的管理问题。

一、流程和企业业务流程

(一)流程

流程(process)一词在《朗文当代英语词典》中有以下两种解释。第一种解释为,流程是一系列相关的、有内在联系的活动或事件,可以产生持续的、渐变的、人类难以控制的结果。如沉陷的森林经过长期而缓慢的化学变化而形成煤就是此类流程。第二种解释为,流程是一系列相关的人类活动或操作,有意识地产生一种特定的结果。流程实质上就是工作的详细过程和具体方法。本书对流程的定义采纳上述解释的第二种。

流程广泛地存在于人类的生产、生活当中,是一种相当普遍的活动,可以说人类所有的改造自然的活动都可以划分成流程的组合。但流程一词的普遍使用则是在近代,在大规模制造即流水线生产被普遍应用后,流程(工艺流程)才逐渐为工业制造企业所重视。

流程具有以下4种特性。①目标性。流程必然服务于特定的目标和任务。②事务性。对于任何流程都可以概括为：输入了什么资源，输出了什么结果，中间的一系列活动是怎样的，输出为谁创造了怎样的价值。③整体性。流程既然要"流转"，必然至少包含两个具有协同关系的活动，才能建立结构和关系。④动态性。流程是按照一定的顺序徐徐展开的。

流程是由活动构成的，活动的5个要素是流程的核心内容：①活动的主体（who）；②活动的实施对象（what）；③活动实施的方法和手段（how）；④活动发生的环境和场所（where）；⑤活动执行的时间（when）。这些要素从多个角度对流程进行逐层分解和细化。流程中活动的分解应该关注活动步骤的协同性，如果一系列活动步骤完全依靠单个岗位的人员技能就能完成的话，那么这就是人力资源管理问题，而不属于流程问题。

大型公共部门和私营企业中存在着成百上千条流程，然而它们并非处于相同的地位。从宏观层次划分，可分解为战略流程、操作流程和保障流程。战略流程也就是决策流程，主要是组织完成一系列分析和认定现有内外部利益格局、制定战略规划和相关政策的活动步骤，解决"做什么"的问题；操作流程是执行决策的过程，通过它们维持组织的日常运作，实现主要的职能，解决"怎样做"的问题；保障流程则为战略流程和操作流程的顺利实施提供必要的条件，如人力资源管理、信息系统管理等，对组织的顺利运转同样不可或缺。根据流程是否跨越组织边界，可分为组织内流程和组织间流程。组织内流程仅在组织内部运作，如组织内部计划、人事管理等；组织间流程则跨越组织边界，与多个外部机构直接发生联系。

(二) 企业业务流程

随着管理学的发展，人们不仅仅只是希望对工艺流程进行优化，而且逐渐将视野转移到企业整体管理以及企业与外部联系的方式上，将整个企业活动视为由一系列业务流程组成的活动，这样就产生了企业业务流程。

企业业务流程（business process），简称业务流程，其定义迄今还没有一个统一的标准，以下是一些有代表性的定义。

(1) 业务流程是把一个或多个输入转化为对顾客有价值的输出的活动。

(2) 业务流程是跨越时间和地点的、有序的工作活动，有始点，有终点，有明确的输入和输出。

(3) 业务流程是一系列结构化的可测量的活动集合，并为特定的市场或特定的顾客产生特定的输出。

(4) 业务流程是在特定时间产生特定输出的一系列客户、供应商关系。

(5) 业务流程是把输入转化为输出的一系列相关活动的结合，它增加输入的价值并创造出对接受者更为有效的输出。

(6) 业务流程是一组将输入转化为输出的相互关联或相互作用的活动。

无论对企业流程的定义如何不同，它的本质却是不变的，即为了某一目的，使事务由一种状态转化、加工成另一种状态，这种转化过程会造成价值的增加，这个过程是由很多种活动相互作用而达到的。对业务流程的优化即形成了对组织结构的优化。

企业对于提高自身效率和效果的业务流程的改进是在不断进行着的，但是由于方方面面的限制，整体上的改动并不显著。在20世纪末，信息技术的突破性发展，给企业的业

第七章　电子政务环境下的政府流程变革

务流程改进提供了有效方法和强大工具,应用信息技术改进业务流程的做法,给传统企业的组织、运行模式提出了巨大挑战,形成了以信息技术为基础、以业务流为主线的一系列商务创新活动,如电子商务、组织流程再造等,对企业的运作产生了巨大而深远的影响。

二、政府流程

(一) 政府流程的概念

在政府管理领域,流程的存在是客观现实。正是构成流程的一系列相互关联的活动,使政府的各种输入转化为输出,使政府实现着自己的价值。然而,传统政府中普遍存在政府流程不清晰、办事程序不明确,甚至根本就没有流程的现象。即使是政府工作人员自身,也都搞不清楚政府流程中具体涉及几个环节、先后次序怎样,由此造成依靠服务对象自己去发现政府流程、了解政府流程的尴尬局面。

政府流程(government process)的概念于1908年由 Fisher 在《政府流程:社会压力研究》一书中首先提出。20世纪30年代,Edward 和 Dwight 给出了政府流程的明确定义:政府流程是对政府活动的行为、运转、程序以及各构成要素,特别是社会各利益团体之间以及他们和政府之间的交互关系的研究。政府流程的功能就是完成信息的流转和处理过程,按照政策及上级要求对信息进行处理,提出处理结果、处理理由和相关建议、意见,并将这些信息及时传递到下一个部门中或者对外发布。政府流程的目的就是政府的目的,如维护社会秩序、经济秩序、国家利益等。但从政府流程的角度研究政府机构之间的关系的目的则是如何对这些流程进行优化,以提高工作效率、降低成本和增加公众满意程度及参与程度。

政府流程对于现代政府管理具有十分重要的意义,现代世界各国的政府无不注重流程或管理程序的建设。一方面,政府流程是依法治国特别是依法行政的基础,它用法定程序制约政府的行为和过程,以此保障政府管理是真正有价值的,是社会发展进步所需要的。另一方面,政府流程是对工作经验的总结,对政府管理自身的效率和质量都具有不可替代的重要作用:它的存在可优化政务处理过程,减少政务处理中的"多余"过程,减少了不必要的协调和尝试,减少工作中因责任不清、关系不明、去向不定、时限不确、标准不细、方法不合理而造成的时间延误及其他各种错漏,减少政务处理中政府工作人员对自由裁量权的滥用;政府流程还有利于实现决策的程序化,提高科学决策的水平;建立稳定的工作秩序,规范政府的行为;接受来自各方面的监督,保证程序上的公平;保证公共事务在情况相同、条件相同时能得到相同的处理,有相同的处理结果。

(二) 政府流程的属性

政府流程具有一系列特殊的属性。了解这些特性有助于我们更好地理解和掌握客观规律性,充分发挥它的有利作用。

1. 约束性

政府的行为必须符合国家利益,必须维护社会公众的合法权益,也就是说,政府必须依法行政。因此,规定政府行为与过程的流程本身必然受到来自社会诸多方面的约束,特别是来自法律法规的约束。这种约束与企业和其他社会组织流程所受到的约束相比,强度和广度都要大得多。企业和其他社会组织的流程只要不与法律规定相违背即可,只要是法律不禁止的,就是合法的;而政府的流程则不然,政府流程必须严格以法律规定为依据,不能给政府机关创设法律规定以外的权力,也不能给行政相对人创设法律规定以外的义务。

2. 确定性

政府流程必须由政府机关甚至由立法机构制定,体现国家和政府机关的意志,不能是随意的,更不能是约定俗成的,而要有明确的规定,以书面形式予以确定,甚至成为法定程序,立足在这种意义上的政府流程通常被称为政府管理程序,或者行政程序。政府机关要明确并严密地规定流程;机关工作人员必须严格执行流程,接受其约束,违者将受到处罚;机关工作人员违反法定程序,或者流程不当,都要承担由此而引起的相应的法律或者行政后果。

3. 稳定性

政府流程是政府工作规律、郑重意志的反映,它必须在相当长的时间范围内保持稳定、有效率,不得朝令夕改。制定政府流程必须慎重,必须在具备一定条件时才能进行,不得轻易更动、废止。

4. 可操作性

政府流程必须明确、具体、可行;政府流程是用来"做"的,而不是仅仅给人"看"的,不明确、不具体是不可行的。制定政府流程时必须遵循客观规律,使其合法合理,行得通,确有效果;流程本身必须明晰具体,毫不含糊,能真正做得起来。

(三) 政府流程的分类

依据不同的标准,政府流程可以被划分为若干种类。

(1) 依照法定效用,政府流程可分为强制性流程与选择性流程两种。强制性流程是在实施工作行为时不可以自主选择的流程,必须不折不扣地执行,不得增减改易,违者将构成违法,有关行为将被视为无效并予以制裁。选择性流程即任意性流程,是在实施工作行为时具有一定选择余地的流程。机关可根据实际情况选择是否实施,在何范围内实施。一旦确定实施,有关工作人员必须执行。

(2) 依照效力范围,政府流程可分为内部流程与外部流程两种。内部流程是只涉及机关或系统内部的工作行为(处置内部事务)的流程,外部流程是涉及机关或系统外部的工作行为。

(3) 依照工作行为的性质,政府流程可分为立法性流程、执法性流程、司法性流程 3 种。立法性流程是政府机关针对法规规章和其他规范性文件的制定而建立和实施的流程。执法性流程是政府机关针对法律法规、规章和其他规范性文件的执行而建立和实施的流程。司法性流程是政府机关针对特定司法权的行使而建立和实施的流程。

(4) 依照精细程度,政府流程可分为一般流程、作业流程、动作流程 3 种。一般流程是针对工作活动过程的环节构成制定的流程,其主要特点是相对概括,用以规范有关的关系、位置、次序等;作业流程是针对工作活动过程中的各项操作制定的流程,除一般流程规范的内容外,还涉及具体步骤、手续、方法等;动作流程是针对工作活动中工作人员的有关动作制定的流程。这种流程最为精细,甚至细致到操作者手、脚、眼的每一种变化,这种流程主要适用于体力劳动占较大比重的工作过程。

（5）依照工作内容性质，政府流程可分为文件流程、档案流程、会议流程、信访流程、基建管理流程、物料采购与供应流程、服务流程等。

（6）依照各步骤运行的路线形式，政府流程可分为串联型流程、并联型流程、复合型流程3种。串联型流程又称连续型流程，是步骤间依时间顺序直线递进的流程；并联型流程又称平行型流程，是可同时完成若干个步骤的流程；复合型流程又称平行连续型流程，是一部分步骤依时序递进而另一部分步骤同时完成的流程。

三、流程管理模式

传统政府普遍采用职能管理模式，它的基本特征是：①以职能为建立组织的依据；②主要以职能目标为管理目标；③组织主要按职能实行纵向和横向的分解，从而划分出不同层级和各个不同层级的职能部门，各个层级的组织和部门实际分割了整个组织的职能；④以控制、协调为主要职能形式，实行层级节制，管理体系基本上是一个层级节制下一层级的控制命令体系；⑤信息沟通以逐级传递为主。

职能管理模式具有权力完整、指挥灵便的特点，易于统筹兼顾；分级治事，分层负责，有利于发挥各层级的积极性。但职能管理模式也存在着明显的弊端，例如：对整个组织职能的分割，使管理职能的整体性受到损害，各个职能部门的职能行为往往缺少完整有机的联系，职能部门之间经常出现职能重叠、管理空白；各个不同的职能部门之间经常出现失去共同目标的现象；部门职能是相对独立的，他们之间的工作衔接一般要通过上一层级来安排、协调，因而管理成本较高，费时、费力，工作效能比较低；重叠、交叉的层级体系容易导致信息流通不畅，信息失真严重；管理者最关注的是不出现自己必须承担责任的结果，而对决定着结果的过程往往视而不见，或者根本无力顾及。针对这些不足，人们尝试了以各种方式对这种模式进行完善，但收效均十分有限。这主要是由于，在职能管理模式下，管理体系实际上是一套层级森严的命令控制系统，核心职能是控制和协调，因此，不论我们怎样改革管理，比如调整部门、重新划分部门职能、下放权力等，都很难从根本上解决问题。相反，往往是职能分割越彻底，管理层级就越多，权力下放越多，管理就越混乱。

为了从根本上解决传统政府在职能管理模式下的种种弊病，现代政府管理者借助流程管理的思想，重视职能型组织向流程型组织的转变。所谓业务流程管理（business process management, BPM）是一种以规范化的业务流程为中心、以持续提高组织业务绩效为目的的系统化方法。流程管理的核心是流程，流程管理的本质是构造卓越的业务流程。流程管理要求流程必须是面向顾客的流程，流程中的活动都应该是增值的活动。流程型组织的目标在于某一项政府业务效能和效率的最大化，也即公共服务全过程体现出的满足企业和公民期望的水平，而不在于其中涉及的某个条块分割的职能部门的高绩效。

概括而言，流程管理模式与职能管理模式相比，具有如下突出特点。

1. 组织结构优化

流程管理模式突出流程的作用，强调以流程为导向设置机构，而不再是单纯按照职能设置机构，组织结构层次大幅度减少，由金字塔型逐渐转变为扁平化的网络型。毋庸置疑，这种组织结构可以通过简化管理层次、减少内耗、降低成本、消除多余的交叉重复过程而获得管理的优质和高效，特别有利于避免人为切断流程、割裂事物发展内在联系而造成的种种弊端。

2. 注重过程效率

流程包含对时间的规定性，因此流程管理模式在对每一个事件、过程的分解和控制过程中，时间是其关注的重要对象，它非常注重全面提高时间的利用效率。

3. 注重过程控制

在职能管理模式下，管理者主要关注的是结果，由于结果能令自己的上级满意，因此管理者主要是对结果进行控制，忽视创造和规定着结果的过程的决定性作用。最终的效果当然可想而知，只控制结果而不管过程，往往无法取得好的结果。在流程管理模式下，管理者把被颠倒了的关系再颠倒过来，强调通过对过程的控制实现对结果的追求，这需要管理者把主要力量放在过程能力建设方面，以过程能力保障过程切实能够创造出优化的结果。

4. 突出管理的服务本质

流程管理强调从结果入手，倒推其过程，管理者所关注的重点就是产生这个结果的过程，这当然就意味着管理的重心必须转变到为自己的"顾客"（也就是公众）服务上来。在实施管理时，再也不能仅仅考虑方便内部管理人员，而必须处处事事为外部顾客着想，争取使他们获得更加便利的服务。

5. 建立新型内部关系

流程管理将所有的业务、管理活动都视为一个动态的持续不断的流程，要求人们以全流程的观点来认识和处理各种问题，摈弃仅仅从个别部门或个别活动的狭隘观点出发认识和处理问题。同时，流程管理还强调追求全流程的整体绩效，而不是仅仅重视个别部门或个别活动的绩效。如此，就彻底打破了职能部门本位主义的思考方式。每个部门，只能将流程中涉及的下一个部门视为顾客，视为必须全心全意提供优质服务的内部顾客，各职能部门也就建立起目标真正高度一致的合作关系。

6. 强调明确管理目标

流程管理强调对流程目标的确定化，使各流程的方向和组织管理的目标需要保持更密切的配合。每个部门、每个管理者都对管理目标高度明确，从而使其工作更加主动和自觉，减少不必要的协调过程，将职能交叉和管理空白压缩至最低限度。

7. 强调信息工具的重要性

流程管理使人们对"任何管理过程都是信息处理过程"的管理过程本质认识得更加清楚，从而推动人们充分认识运用信息工具的重要性，以信息工具推动信息流通，全面提升流程的效率。

四、电子政务对政府流程的特殊依赖性

电子政务的存在和健康发展离不开政府流程，没有优化的政府流程也就没有电子政务。推行电子政务的过程，实际上就是一个梳理、优化传统政府流程的过程，一个使优化了的流程电子化、组织虚拟化的过程。电子政务从流程管理的角度讲就是一种基于流程的政府管理模式，电子政务环境下的政府组织是一个流程型组织。

电子政务之所以对政府流程有这种特殊依赖性，主要是由于以下原因。

1. 信息技术应用需要明确的流程

信息技术在政府管理中的应用需要政府工作的高度流程化，也就是形成非常系统而

精细的管理程序。如果没有这样的管理程序,计算机软件程序的设计也就失去了根据。试想,连我们自己都不知道在什么时候、为什么、根据什么、具体做什么、怎么做,计算机软件设计者又如何能设计程序,让计算机代替我们完成任务呢?

2. 信息技术的潜能体现在对流程的变革

电子政务不是信息技术在政府中的简单应用,而是要充分利用信息技术,发挥信息技术的潜力,实现政府流程和组织变革。作为工具的信息技术,只有实现了对传统政府流程的变革,才能真正体现其价值,实现利用信息技术进行政府再造的目标。因此,利用信息技术对政府内部原有的业务过程进行改造,以一种全新的方法和程序去实现政府的服务功能,是电子政务的核心内容和关键任务。信息技术与管理变革本来就是相互依存的,如果旧有的管理方式不加改变,只能固化传统、落后的体制,在信息技术方面,也必然会阻碍某些先进技术发挥作用。一般来说,信息技术的使用只能加快业务流程的速度,为业务流程的变革提供条件,但它本身并不能改变业务流程。业务流程的改变只能通过决策层和管理层的重新设计来实现。重新设计后的业务流程辅之以信息技术方可达到降低成本、提高效率和提升服务水平的目的。从信息技术在政府管理领域应用的发展过程不难发现,20世纪80年代利用现代信息技术去"计算机化"政府原有的业务过程,虽然可以提高现有的业务流程的效率和劳动生产率,但是,并没有将现代信息技术的潜力充分发挥出来,而且在实行计算机化的过程中,信息技术将现存业务操作中的矛盾、混乱、不一致也同时进行了计算机化。"一个自动化了的混乱并不是一个更好的混乱,而是一个更快的混乱"。今天,在发达国家已经实现了从"计算机化"原有的业务过程向如何对原有的业务过程进行重新设计的转变,从而使政府的业务活动更精简、有效、合理,更能充分发挥现代信息技术的潜力。

3. 电子政务的效益来源于优化了的流程

现代化的信息系统几乎没有例外,都是面向流程的,而不是面向职能部门的。信息系统是通过对信息流的控制来实现对工作流的控制,进而实现对价值流的控制,从而实现管理目标的。建立信息系统以后,有了统一的数据库,数据可以共享,信息传递和处理的速度加快,传统需要经过几个职能部门完成的工作,可能一次就同时完成了。如果不尊重流程的存在,不在科学分析的基础上对流程进行设计并予以确定化,继续人为地按职能部门对信息流进行分割,电子政务应当带来的效益很可能会因此被抵消掉。

第二节 政府流程再造

传统的政府流程以劳动分工论为基础,职能化是其主要的组织和管理模式。消除传统政府流程的种种弊端,建立具有前台无缝连接、后台协调一致、整体运行高效特征的电子政务流程是建设电子政务的核心内容和重要目标。实现这一目标,离不开政府流程再造这一重要管理思想的指导。

一、传统政府流程的弊端

无论是18世纪亚当·斯密提出的"劳动分工原理",还是19世纪弗雷德里克·泰勒提出的"制度化管理理论",以及马克斯·韦伯提出的"官僚体系"学说,都强调按专业把业务分割成最简单、最基本的工序,并安排员工各自负责一种工序。在当时劳动力和技术水平有限的情况下,业务分工和流程理论有效地提高了劳动生产率,得到了迅速推广。然而,在政府进行电子政务建设的过程中,建立在分工理论上的传统政府流程给组织的持续发展套上了一道无形的枷锁,成为电子政务发展中的最主要障碍之一。

传统政府流程的弊端主要表现在以下几个方面。

1. 缺乏整体协调

政务工作的各个流程部门按照职能进行划分、垂直管理,每个部门只关心和考虑自己管辖的任务和利益,由于部门和个人的绩效在整体政务工作中很难较好地进行衡量,各个部门不可避免地存在本位主义和相互推诿的现象,单纯以完成上级指派的任务为目标,各个子单位往往会精心构思自己的行为,使自身利益最大化,这样很容易导致部门的目标重要程度高于整个组织的目标重要程度,从而造成组织局部最优而整体组织绩效较差的情况。职能部门间的利益分歧往往会促使个体利益凌驾于组织整体利益之上,产生"只见树木,不见森林"的管理盲点,僵化的本位主义,以及管理的"真空地带",从而弱化了整个组织的效能。在这种情况下,提高服务质量和有效满足公众需求在很大程度上成为空谈,并且往往在出现问题后,也无法找到其根源所在。部门与部门之间的博弈造成政务工作的运行成本巨大、效果欠佳。

2. 业务分工过细

基于分工的思想,必然造成政府机构和人员的数量同步增加。一项政务活动如申请营业执照,常常要经过众多部门和环节的配合,社会公众和交接部门经常处在等待处理的状态,而分工的微小不当或现实情况的波动会很容易造成政务瓶颈的产生。由于与瓶颈部门有联系的部门不希望改变瓶颈部门的状况(改变就意味着有增加自身部门负担的可能),瓶颈部门自身又很难改变这种情况(需要上级部门的协调及相关部门的配合),因此瓶颈产生后在短期内很难消除,这就造成整个政务处理过程运作时间长、成本高、效率低而且谁都对此不满意的结果。过细的专业分工还使得人们把工作重心放在个别作业的效率提升上,而忽视整个组织的使命。另外,政务传递的环节多、路线长,信息传导和沟通的效应递减,导致数据失真,腐败和失误也会随之产生。

3. 组织机构臃肿

在分工理论的影响下,科层制成为传统组织的主要形态。科层制的等级结构决定了它受有效管理幅度的限制,当组织规模扩大到一定程度时,必须通过增加管理层级来保证有效领导,由此导致政府机构体系由一个个越来越多的专业部门组成。随着政府管理服务范围的拓展,专业部门不断扩大,这势必导致机构膨胀臃肿,造成浪费。随着管理层级的增多、指挥路线的延长,信息传导与沟通的成本会急剧上升,这会造成信息在传递过程中失真,导致管理层次重叠、冗余多、成本高、浪费大、对公众反应迟缓等缺陷的产生。

4. 信息共享困难

传统政府流程形成了条块分割的政府管理体制,未能达到整个业务条块的整合和集成,信息资源重复建设严重。在这种条块分割的体制下,政府员工通常只对自己的信息负责,各业务组成部门只对本部门的信息负责,而无人对整个业务流程的信息负责,从而导致部门内部和部门之间的信息重复采集,冗余严重,一致性差,并最终导致业务信息共享能力受限,共享成本居高不下。

□ 5. 员工能动性差

过细的分工增加了公务员工作的单调性,简单重复的专业化劳动限制了人的创造性的发展,破坏了工作的趣味性,导致公务员技能单一,适应性差,同时缺乏积极性、能动性、责任感差,直接影响到工作质量与服务质量。

□ 6. 办事效率低

在传统政府中,企业和公众对政府提供的公共服务常常处于一种被动的状态。庞大的政府机构组织各有自己的规章、行为方式与办事要求,它们常常以这种或那种方式影响公众和企业的活动。在传统政府中,一项服务或业务很难由一个政府部门受理或完成,而是通过层级传递信息和书面审核的工作方式进行层层审批。服务对象在此过程中必须填写若干个分属于不同相关职能部门的、具有众多重复信息项的表格,盖上若干个相关职能部门的公章才能完成。为了办理一项政府业务,服务对象常常是在各个职能部门中疲于奔波,耗费大量的时间和精力。以房地产建设项目前期审批为例,传统政府流程包括项目建议书、可行性报告、规划方案设计、用地审批、初步设计方案审查、施工图审查、施工许可等7个步骤20多个审批环节,服务流程涉及发改委、规划委、房地局、国土局、环保局等多个职能交叉的政府部门。公民只有完成全部表格的填写、申报,跑遍全部的相关部门,并经过漫长的等待才有可能最终审批通过。

■ 二、政府流程再造概述

政府流程再造是在业务流程再造基础上提出的政府流程再造模式,其基本理念仍是以业务流程为关注对象,并根据政府流程管理的特点进行具体的应用,是业务流程再造在政府管理中的延伸。理解和掌握业务流程再造理论是成功实施政府流程再造的前提。

■ (一) 业务流程再造

业务流程再造(business process reengineering,BPR)是由美国著名企业管理大师、原麻省理工学院教授迈克尔·汉默(Michael Hammer)先生于1990年首先提出的。1993年,迈克尔·汉默与咨询专家詹姆斯·钱皮(James Champy)合著并出版了《企业重构——经营管理革命的宣言书》。在该书中,作者阐述了BPR的基本概念,即对企业的业务流程做了根本性的重新思考和彻底翻新,以便使企业在成本、质量、服务、速度等方面取得显著的改善,使企业能最大限度地适应以顾客、竞争、变化为特征的现代企业经营环境。

迄今为止,人类历史上还没有任何一种管理思想、方法,能够像BPR那样,在短短10多年时间内,就被全球各国企业家、理论家们一致肯定并迅速应用。BPR风潮被称作是"恢复美国竞争力的唯一途径",并将"取代工业革命,使之进入重建革命的时代"。美国哈佛商学院以及各国的MBA工商管理硕士的核心课程,都以BPR的思想为指导进行重新修订。各国企业,尤其是全球500强企业,无不着手进行BPR。BPR之所以能够在这么短的时间内被全球企业界和理论界一致肯定和应用,就因为它不像以往的一些管理思想或方法,只照顾到某些关系人,而忽视乃至牺牲另一些关系人,它是一种能照顾到股东、经理人、消费者、供应者等关系人的管理思想和方法。

BPR的本质就是以业务流程为核心,对业务流程进行根本反思并彻底重新设计企业业务流程,使企业的绩效发生飞跃。这种基于信息技术的、为更好地满足顾客需要服务的、系统化的、企业组织的工作流程改进使业务流程再造摆脱传统组织分工理论的束缚,提倡顾客导向、组织变通、员工授权及正确地运用信息技术,达到适应快速变动的环境的目的。该理论的核心是"流程"观点和"再造"观点。

"流程"观点,即集成从订单到交货或提供服务的一连串作业活动,使其建立在"超职能"基础上,跨越不同职能与部门分界线,用以进行管理和作业过程再造。组成企业活动的要素是一件件业务、一项项作业,而非一个个部门。重新检查每一项作业活动,识别不具有价值增值的作业活动,将其剔除,并将所有具有价值增值的作业活动重新组合,优化作业过程,缩短交货周期。

"再造"观点,即打破旧有管理规范,再造新的管理程序,以回归原点和从头做起等零基新观念和思考方式,获取管理理论的重大突破和管理方式的革命性变化。"再造"要求摆脱现行系统,从零开始,展开功能分析,将企业系统所欲达到的理论功能逐一列出,再经过综合评价和统筹考虑筛选出最基本的、关键的功能并将其优化组合,形成企业新的运行系统。

根据流程范围和再造特征,可以将 BPR 分为 3 类:企业部门内部的 BPR、企业内部部门之间的 BPR 和企业之间的 BPR。

流程再造主要有 3 个方面,即幅度、广度和深度。幅度指流程再造手段的激烈程度。变动的幅度因组织而不同,有的采用渐进方式,进行局部的流程改进、优化,有的则重新设计作业流程。采取何种方式,需视组织内部结构与各部门关系而定,因此,在评估流程再造成果时,需同时考虑整个组织环境及组织本身应变的能力。广度是指再造的范围,包括部门内、部门间及企业之间。这里要特别强调 1990 年以前运用信息技术进行流程再造多局限于某个部门之内。1990 年后扩大至部门之间,但仍在同一企业内部。1995 年之后,电子商务盛行,促使流程再造的范围进一步扩展至企业之间。所谓深度有两个层面,其中之一是流程再造仅涉及技术与步骤的改变,更深一层是指企业结构与文化的改变与适应。过去的观点认为,只要引进适当的技术即能增进企业整体运营的效率。但由许多个案可以发现,以技术为导向的流程再造不足以达到目标。业界与学界都认为若要成功地实施企业再造,两项要素必不可缺。首先,企业流程再造需要组织高层的支持。组织高层需要意识到,为了组织的生存发展,策略上有重新设计作业管理流程的必要。其次,因为作业管理流程改变,组织环境也需连带进行调整。这里的组织环境除指组织架构外,也指企业文化。企业组织内的个人在思想、观念及行为上都要改变。有许多方法可以塑造有利于改变的环境,信息技术只是其中的一项。要达到企业再造的目标,除了引进信息技术外,尚需整个组织环境的配合,以使整个组织能顺利转型,例如不同的心态和价值观以及企业的考核制度等。改革若不能触及这些深层结构,整个流程再造通常会以失败收场。所以深度也是流程再造很重要的一个方面。

与传统的基于分工理论的管理思想相比,哈默提出的业务流程再造思想具有以下 5 个显著的特征。

□1. 以客户为中心,强调客户满意,而不是上司的满意

过去客户只是被动的产品使用者,厂家生产什么,客户就接受什么,但随着卖方市场向买方市场的转变,工业化时代大规模生产的企业模式宣告结束,顾客的选择范围日益扩大,期望值随之提高。如何满足客户的需求,解决"个性化提高"和"交货期缩短"之间的矛盾,已成为围绕企业发展的主要问题。企业必须全面考虑并满足客户的个性化需求,及时

响应市场变化,才能赢得市场竞争。业务流程再造如同"白纸作画",这张白纸应是为顾客准备的,首先顾客提出自己的需求,然后企业围绕顾客的意愿开展重建工作。因此,客户需求是实施流程再造的最原始的驱动力。

2. 强调以"流程导向"替代原有"职能导向"

流程由一系列相关的、连续的行为或活动构成,是整个生产经营过程中通过消耗一定的资源,提供一定的产品或服务,以满足客户需要的一系列经营管理、作业活动的集合体。在传统的劳动分工原则下,企业的组织结构按职能进行划分,各职能部门再对流程进行细分。过细的分工需要不同部门之间大量的合作与协调,即便运用先进的信息技术最优地完成每步工作,也很难保证企业的流程在整体性能上达到最优;同时,部门间大量的合作与协调使流程人为地变得更复杂,工作效率低下。因此,流程再造的理论就是要彻底打破劳动分工理论的约束,跨越职能部门的条条框框,以流程为核心重建企业的运行机制和组织结构,将传统组织中的纵向职能控制转变为流程中各项活动的横向协调,实现企业对流程的有效管理和控制,使企业真正地直接面对客户。

3. 作业方式的重新思考及重新设计

作业方式的重新思考及重新设计,即对现有的作业方式,排除理所当然的心理,经常反省一些根本性的问题,通过思考这些问题找出企业经营的最佳策略及方法,彻底根除现有的架构及流程,重新设计和建构新的流程,而不是在原有的组织架构上作改进或修补。

4. 力求企业绩效的跳跃式提高

从经典组织理论来看,大的突变会给组织带来很大的风险,但是只有高风险才有高回报。流程再造追求的不是企业性能的渐进式提高或局部改善,而是从根本上重新思考并彻底设计企业流程,以提高客户的满意度为主要方向,创造出跳跃式的组织绩效。鉴于此,有人把流程再造称为"现代企业管理的一场革命"。

5. 信息技术的运用

有效运用信息技术是流程改造的重要一环。信息技术的一项重要的功能是可以突破时间及空间限制,使得企业的信息流能够通达。信息技术为业务流程再造提供了一个良好的操作平台,起着催化剂的作用,是业务流程再造的使能器和实现器,加快了流程的再造速度,也提高了改造后的流程运行效率。

(二) 政府流程再造

政府流程再造(government process reengineering,GPR)是指运用现代管理学思想、市场机制原理和现代化的技术,把政府部门的工作流程进行根本性的、彻底的重新思考和重新设计,以使政府的行为成本、政府的公共物品与支出、政府的服务质量、政府效能与效率都具有可量化的苛刻标准,最终达到政府行为、业务流程的巨大变化。

1. 政府流程再造的属性

政府流程再造尽管源于企业流程再造,但由于再造主体、客体和环境的不同,导致政府流程再造不可能是对企业流程再造的简单模仿和移植,必须在"公共性"的基础上呈现特有的属性。

1) 再造主体和目标的公共性

政府流程再造的主体是行使公共权力,掌握公共资源,实施公共管理,提供公共服务和公共产品的公共组织。这与企业流程再造有本质的不同。主体的公共性提出了再造行为的合法要件与形式要件,同时也决定了在价值追求上的不同选择:政府流程再造不仅是降低成本、提高效率,更要最大限度地满足公共需求、维护公共利益,使效率与效益有机结合,提供公平、公正、公开的政府服务。

2) 对象需求与绩效评价的多样性

政府流程的对象具有普遍性,它是指受公共政策和公共管理行为影响,享受公共产品和公共服务的社会公众。同时政府流程的对象也具有特殊性,他们不是公共产品和服务的被动接受者,而是公共权力的"所有者或主人",政府的角色是"服务而非掌舵",政府流程必须以满足公共需求为前提。然而,对象的多元化导致公众诉求的多样性和满意度的多样性,他们不仅期望政府流程的高效、便捷,更期待政府流程的透明、公平与公民参与。

3) 再造环境的复杂性与再造过程的长期性

政府流程再造的本质是对政府在政治环境中的任务、产品与服务流程进行彻底的变革与改善,必然与政治环境的变化息息相关。在政府流程再造的过程中,各种利益集团的博弈将影响和制约流程再造的深度和广度,传统的以部门职能为核心的流程将被围绕过程与结果进行系统设计的流程取代,这势必会引起政府部门功能定位、权力配置、职位分类、绩效评估、薪酬体系等敏感因素的变化,因此在政府部门实施流程再造会遭遇更大的阻力和障碍。

政府流程再造的复杂性决定了政府流程再造过程的长期性。政府流程再造既不是简单的组织结构重组或机构减肥,也不是单一的全面品质管理或电子政务的实现,需要一个不断改善、验证、持续跟进的过程。再造的流程必须用于实践检验,在实践中持续修正、改善,以保证新的流程全面达成改造的预定目标,使组织的核心能力有所增强。应通过检测流程运作状态、与预定改造目标进行比较分析、对不妥之处进行修正改善等方式,始终关注并实现流程再造的持续跟进。因此短期的效应和简单的满足并不意味着政府流程再造使命的完成。

2. 政府流程再造的目标

政府流程再造的目标可以概括为以下方面。

1) 流程便捷化

流程再造的直接目的就是在分解和诊断原有流程的基础上,实施流程优化,使之达到便捷化和自动化,从而降低时间成本,提高服务效率。必须指出的是,流程便捷化不仅仅指的是精简机构或者是单一职能部门内部的变革活动,而是众多部门的联动;它不是单纯的技术变革,而是把行政业务流程系统化为战略决策。

2) 行为规范化

流程再造首先是一种管理工具,其技术性的内涵要求它是准确地描述并形成标准作业的一系列过程,因而,必然要求其目标和结构的科学、系统、严密和可行;同时,作为公共行政运行系统的战略性革新,它必须追求再造过程中的法治化、制度化、程序化。总之,不管是对流程再造的过程本身,还是对承担过程顺利运行的制度和人,规范化都是基本要求。

3) 过程人性化

在整个流程再造过程中,要始终树立"以人为本"的服务理念,要始终以服务对象需求为导向,进行快速回应、周到的服务;同时必须明确,流程再造的过程不仅仅是全程信息、全面技术的革新,其落实与运行最终要靠广大公务员的全面参与,因而必须通过人性化管理,注重组织文化再造,激励和发挥行政人员的创造力,建立一种知识化、团队化、网络化的工作平台和相互协调、相互监督、相互合作的工作关系。

4)品质标准化

公共服务和公共产品的供给应体现无差别服务,公平与效率兼顾。再造流程的标准化与评价指标体系设计是达成政府部门业务流程彻底重构的基本前提。

从政府流程再造的属性和目标可以看出,尽管政府流程再造不是组织再造,但由于流程再造打破了以部门职能和分工为导向的流程设计模式,要求按照"公众需求"和围绕"结果"进行政府流程设计,必然涉及组织内部分工、职务、工作能力需求、薪酬、绩效评量、管理者角色及策略等因素,导致原有政府组织的重构。同时,对现有政府流程的问题诊断也表明,部门职能交叉与职能设置不够清晰、部门利益驱动、工作人员的职责分工意识不强、协调沟通不充分等是导致政府流程弊端的主要因素。流程再造要求突破部门间的界限,实现部门与部门之间的互动与协作,以部门联动代替按部门顺序操作。其结果自然会因流程的调整或整合凸显原有组织结构的不合理之处,引发组织再造。图7-1 显示了传统政务组织结构与电子政务组织结构的对比。

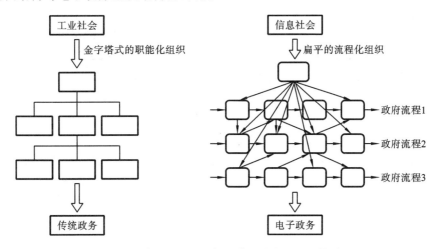

图7-1 传统政务组织结构和电子政务组织结构对比

三、政府流程再造与电子政务的互动

电子政务与政府流程再造之间存在着密切的互动关系。这种互动表现在以下方面。

1. 政府流程再造是发展电子政务的核心内容

实现电子政务不是要把现有的政府流程照搬到互联网上,更不是利用信息技术适应和维护落后的流程。传统的政府流程的前提和假设,以及运行中存在的种种弊端显然严重阻碍了电子政务的发展,必须依据电子政务的建设理念,对其进行彻底的、根本性的再造,才能体现电子政务效益,最终实现"无缝政府"、"一站式"政府的目标。

2. 电子政务是实现政府流程再造的重要形式

如前所述,业务流程再造的一个显著特征就是信息技术的应用。电子政务是政府充分应用信息技术进行改革和创新的重要管理方式。政府流程再造是政府再造的重要组成部分。政府再造是电子政务的本质属性。因此,从政府流程变革和创新的角度而言,电子政务和政府流程再造殊途同归。在政府普遍应用信息技术进行信息时代的政府流程再造时,实质上也是在深入发展电子政务。传统政府通过发展电子政务,达到政府流程再造的目标。因此,电子政务始终与政府流程再造密切联系、相互促进。

电子政务促进政府流程再造主要表现在以下3个方面。

1)缩小流程的规模

流程的规模取决于业务内容,代表了流程的复杂程度,也就是流程包含的活动步骤的多少。有些流程仅由一个或几个非常简单的环节组成,而有的则可能包含许多个复杂的、相互关联的环节。由于信息技术的使用,原来需要经历多个环节的流程可以大大缩减,甚至缩短成一个环节。

2)扩大流程的范围

流程的范围指流程穿越的职能部门或专业岗位的数量。电子政务促进了政府部门间的信息共享、政务协同和工作流整合,削弱了部门之间严格划分的职能界限,使更多的部门和岗位能够在同一条连贯的流程链条上开展工作,使分工协作更加默契、更有效率。

3)降低流程的中介度

流程的中介度反映了组成流程的各活动的序列化程度,中介度高的流程有许多顺序化的活动步骤,中介度低的流程中活动没有固定的次序,可以直接作用于最后结果。电子政务使流程中不同活动的并列进行成为可能,在组成活动不变的情况下,表现为流程中输入和输出的活动减少,活动的序列化程度降低,中介度降低。

第三节 政府流程再造的实施

政府流程再造是一项全局化的改革行动,它包括四个方面的内容,即组织结构的改革、管理系统的改革、人事管理的改革、信息技术的应用。掌握政府流程再造实施的指导思想、原则、方法、策略、实施步骤等,对于将政府流程再造付诸实践并达到既定目标至关重要。

一、政府流程再造实施的指导思想

政府流程再造是一场革命,与流程自动化有本质的区别。首先,流程自动化并没有质疑这些流程是否必要。而流程再造则是重新设计流程,其设计是根据其所定的目标来决定的。在某些极端情况下,甚至可能将原来的流程完全推翻,采用全新的流程。其次,自动化多半着眼于某个部门内部系统的改进,而流程再造则多半牵涉不同部门间的流程。传统的信息系统研发以信息流动分析信息流向,然后根据使用的需求设计信息系统,以支持现有的作业流程。因此,这些信息系统大致上比较偏向自动化,而不是革命性再造。

为了达到革命性再造的目标,在实施政府流程再造时,首先必须遵循以下指导思想。

1. 以满足公众需求为导向

政府工作人员建立以公众为服务中心的指导思想。每个人的工作业绩主要由公众做出评价,政府流程再造旨在塑造一个具有公共服务精神的政府,政府要给予公众更多的选择并聆听其意见。

2. 以流程为中心

流程的再造不以一个专业职能部门为中心进行,注重整体流程优化的系统性。一个流程是由一系列相关职能部门配合完成的,目的是为公众创造有益的服务。因此,再造时必须铲除流程运行不利的障碍,整合破碎的流程,削弱部门分割,消除或合并冗余的部门及重叠的流程和活动。

3. 注重节约成本和提高效能

削减不必要的开支,裁并不必要的部门,创建一个"具有企业家精神的政府"。企业型政府是那种非官僚化的、富有创新精神和生机活力的、具有较高组织绩效的政府。政府必须在市场导向的观念下,把竞争引入公共服务,使政府更具活力。政府则更好地起到导航的作用,鼓励社区精神和公民的参与。

二、政府流程再造实施的原则

实施政府流程再造的基本原则包括以下方面。

1. 合法性原则

政府流程再造必须以依法行政为前提,无论是对原有流程的梳理还是对新流程的设计,都需要对前置条件、程序等进行合法要件的审查。在实施政府服务流程再造中应特邀法律顾问参加工作小组,具体负责流程再造的合法性咨询和审查。

2. 创新性原则

流程再造追求的是一种彻底的重构,而不是追加式的改进或修修补补的改良,它要求转变习惯性的思维方式,发挥组织的创新能力,突破现存的结构与流程,重新发明完成工作的另类方法。故政府部门流程再造不能够简单地依靠减少几张申报表、缩短个别环节,提高办事效率,更要根据相对独立、相互制约的组织管理原则,对政府部门内部职能进行整合,实行决策、执行、监督三职能的相互区隔与协调。

3. 绩效原则

政府流程再造的目的是实现绩效的飞跃,即非常显著地减少作业时间、降低作业成本、提高生产力、提升产品质量和服务品质。这就要求政府流程再造过程应着重搞好规划、程序建设和行为监管,尽量减少部门摩擦,实现便捷互动。

4. 便民原则

政府流程再造的根本目的是"便民、利民"。在流程设计中应尽量实现"全程代理"和"并联式"服务,以部门职能整合或通过授权组建跨职能的联动团队,压缩决策——执行间的传递过程,减少公众往来于各职能部门间的消耗,为公众提供公平、公正、公开的服务。

三、政府流程再造实施的方法

实施政府流程再造可以采取以下几种方法。

1. 分开管理、决策与事务性工作

要强化政府管理与决策的作用,政府的作用中很重要的一个方面是引导与催化,它要站在全局的高度,引导并帮助企业和公众的思想与行为向富国利民的方向发展。缠身于

事务性工作,试图成为所有领域专家的做法必须改变,政府要扮演更明确的引导与催化的角色,可以引入第三方(如社会中介等部门),并充分发挥专家的作用。

2. 清理、整合流程

清理是指消除现有流程内对满足社会需求没有贡献的非增值的环节,比如不必要的文牍及信息传递、重复的活动、反复的审核等。整合是对清理后非增值的流程予以简化,并对这些清理后的流程进行整合,以首尾相接的、完整连贯的整合性业务流程来取代过去被各种职能部门割裂的破碎性流程,以便更好地满足公众的需求。

3. 简化中间管理层,扩大授权,追求成果

流程再造鼓励向管理者充分授权,发挥每个人在业务流程中的作用。再造后的业务流程要求最大限度地发挥每个人的工作潜能与责任心,同时加大事后监督的力度,由政府公务员承担相应的管理责任。

4. 按自然顺序排列流程步骤

流程步骤不应是人为的线形序列,而是按流程的自然先后次序排列。在我们的传统流程中,有很多人为的硬性的直线顺序,比如,按传统做法,第一步骤未完成前,下一步骤就不能开始,但实际上这并非总是必要的。负责第一步骤的工作人员收集的信息对第二、第三步骤也许并无作用,但它们可能对第四、第五步骤才有价值。按流程的自然顺序,不同的步骤可以同时进行,这可大大提高工作的效率。

5. 从源头一次性捕获信息,实现信息共享

在传统的业务流程中,相同的信息往往在不同的部门都要进行收集、存储、加工和管理,这其中存在很多重复性的劳动,很多单位甚至建立专门的部门,收集和处理其他部门产生的信息。随着信息技术的发展和应用,信息处理完全可以由处在不同业务处理流程中的人员完成,通过业务流程再造确定每个流程应该采集的信息,并通过信息系统的应用,实现信息在整个流程上的共享使用。

6. 使流程柔性化

公众的需求是不同的,因此对所有公众都采取单一标准化的流程是不适宜的。在当今的环境需求下,需要使同一流程有多种变化形式,每一种变化只处理相应的事项,因而简单明了,且不存在特殊事项和例外事项,事情的处理更加规范化,处理速度也会大大加快。

7. 再造人力资源,创建学习型组织

人力资源越来越成为组织竞争优势的核心要素,要正确引导政府公务员不断学习,借以提升政府竞争力,以建立一个学习型的政府组织和人力资源环境。

8. 注重技术,特别是信息技术应用

技术的真正力量在于能帮助打破陈规,创造新的工作方法,并不是更好地发挥原有的工作流程的作用。因此,在政府流程再造时尤其要正确认识信息技术所起的作用,站在新技术的高度,坚持不懈地努力学习技术,认识技术,并将其融入流程之中,实现其真正的价值。

四、政府流程再造实施的策略

政府流程再造的方法尽管千差万别,但其最终目的是一致的,即破除原有的政府职能

分工,将流水线式的连续作业扁平化,建立效率高、适应性强的政府体系。正是基于这一点,政府流程再造应采取如下实施策略。

1. 电子政务的发展应与政府再造同步进行

在推进电子政务的过程中,不可将现有的政府管理、运作的框架简单地网络化,或者将电子手段加入传统的政府管理方式中,不进行根本的变革。而应该按照电子政务的要求,特别是电子政务"简明、透明、高效"的要求,对现行的政府管理职能、组织以及业务流程进行必要的调整和改革,从而为电子政务的推进创造良好的体制条件。

2. 合理选择再造的政府业务关键流程

再造政府流程是一个系统工程。钱皮曾说过:"业务流程再造这场革命,就我看来至多成功了一半。"20世纪90年代,美国的企业业务流程再造有1/3没有成功,政府流程再造和企业业务流程再造一样,不可能轻易成功。因此,选择的试点应在目前机能障碍最深刻的流程上。一般不宜同时对政府所有的业务流程进行再造,而应从政府所面临的危机、问题出发,考虑政府的承受能力,优先选择简单的、易于获得成功的关键业务流程。否则,会导致业务流程再造的失败。

3. 打造复合型的专业人才队伍

再造业务流程需要复合型的人才,他们既要熟练掌握自己的职能业务,又要熟悉其他业务,并能高瞻远瞩、顾全大局,熟练地使用计算机等现代信息技术,具备良好的人际协调能力并对政府的服务对象具有强烈的责任感。再造政府流程并不是修修补补,而是一个彻底的工程,因此一支强有力的改造队伍是必需的,他们要从政府中障碍最深刻的流程开刀,重新设计政府的业务流程,进行新的集成化。若没有彻底改造政府的精神和勇气,政府流程再造终将流于形式或以失败告终。此外,再造政府流程需要先进的信息技术手段,如计算机网络等,这是毋庸置疑的。

4. 基于"服务链",再造政府流程

在企业流程再造中,企业有"价值链",可以以此为依据实现流程再造。政府再造流程是否也存在一个链条呢?实质上,政府再造流程中的链条就是"服务链",政府流程再造的核心是形成"服务链"。以这种基于"服务链"的思想再造政府流程,要求政府之间相互协作,为公众提供良好的服务,公众是其最终客户。要将公众的每一次服务请求,看作是客户对政府部门下的一次"订单",将政府部门提供服务的过程看作是执行一次"订单"。要求政府内部的各服务部门和个人根据自身的职能分工,对"订单"进行分解,从而形成以"订单"为工作中心,各部门和岗位之间相互配合和协作的政府内部"服务链",为公众提供以"服务链"为纽带的"一站式"服务。

总之,政府流程再造是一个渐进的,逐步优化的过程,任何试图一步到位的想法都是不切实际的。应该从流程再造的迫切程度和流程再造所涉及的利益调整两个角度设计出政府流程再造的最优策略。

五、政府流程再造实施的基本步骤

政府流程再造是一项复杂的系统工程,涉及方方面面,必须按照合理的程序逐步执行,才能顺利进行。实施政府流程再造一般可遵循以下7个基本步骤。

1. 规划愿景

在政府流程再造中,政府高层主管应当从战略的高度来考虑政府流程再造,对现有流程要有整体的把握和对未来新流程有清晰的目标。如果不能从战略的高度来设计政府流程的愿景,则很难使这项工作取得实际成效。为此,首先,需要高层领导认识到流程再造的重要性,并给予支持。流程再造需要投入资源及经费,若高层领导无此共识,则流程再造无从实施。其次,挖掘流程再造的机会,确认各项作业流程亟待改进之处。有两种方法可以用于确定再造流程:一个是综合法,另一个是预定法。综合法首先是要找出政府的全部流程,然后根据战略意义一次排序,最终得到候选流程。预定法是通过和高层领导的磋商会谈,从而找出最关注的流程。再次,确认使用信息技术的机会。信息技术是实施流程再造的关键,因此对识别政府应有的信息技术环境应予以足够的重视。应该拟定应用信息技术的规划,从当前可能提供的技术出发,重点考虑哪些可以提高政府的运作效率,提高服务能力和水平。同时还要确认组织的战略目标与信息技术结构之间的关系。最后,对提出的备选流程进行评估,指出每项流程再造存在的难点。按照组织战略目标、信息技术可行性、风险大小等指标对各个备选流程进行排序,选出进行流程再造的候选流程。

2. 启动再造

启动再造标志着流程再造工程的正式开始。该阶段任务包括成立再造工作小组,设立再造工程目标和进行员工动员。因为流程改造通常会牵涉不同的部门,因此应当由各部门选出一、两位重要代表组成再造小组。再造小组拟定和执行改革计划。再造小组依据管理和服务对象的需求,以及高层领导所拟定的目标,制定新流程再造目标和评估标准。为让组织成员对即将发生的改变有心理准备,负责改造的单位需与受影响的相关人员沟通,使其了解并认同改变的必要性。由于组织成员的创新观念十分关键,所以,宣传动员是再造过程的重要环节。

3. 诊断分析现有流程

此阶段包括两部分:一是调查了解现有的工作流程,二是加以分析。为了发现流程中阻碍、破坏机构整体效率的机制、活动环节,必须对现有流程进行分析批判。主要包括:①确定那些将带来不良后果的行为、瓶颈和不必要的步骤;②确定把职能信息系统分为几个系统,再合并成一个大流程系统;③确定正式、非正式的机能失调政策、规则,它们导致了无价值的附加活动;④确定所有不必要的办公公文,并对所需的表格、报告提出质疑。

4. 重新设计

分析原有流程之后,接下来就是重新设计流程,重点包括以下方面的内容。

1) 设计新流程

流程再造需要不断地提出下列问题:为什么要做这件事?做这件事更好的方法是什么?谁来负责?什么信息技术能对流程再造给以有力支持?设计新流程时,有下面的一些基本要素必须加以考虑。①与最终目标相结合。要确保早期制定的最终目标与流程结果结合起来,始终想着满足公众需求,将长期目标与短期利益相结合。②分配工作。要紧紧围绕目标和流程目的来设计人的工作。③取消层级体制。④去除确认的组织病症。对信息进行有效处理,但对那些仅仅用于传播信息的行为和角色要提出质疑。⑤提高工作效率。将注意力从间断工序转向一体化。⑥评价信息技术。确定一种合适的信息技术结构,使之能支持再造后的流程。重新设计把焦点集中在对时间的影响上。通过流程再造和信息技术的应用,消除多种评判标准和非关键性监控,将一线产生的数据用到工作中,加工、传输、等待时间都可能大幅缩减。重新设计的可能性在于将一系列活动同时用几个活动来代替,这样就节省了流程的等待时间。成功地运用网上基础数据和信息网络工程,使同时产生的信息可以同时达到每个节点,从而节省了时间。处在一个流程内的几项分隔的任务应尽量合并,通过一个工作岗位来描述,这样能防止重要信息的丢失。通过使用信息技术平台对政务信息流程进行技术支持。每个人的工作可设计为并行任务,使得工作人员对信息做出更多的决策。

2) 设计新人事及组织结构

新流程可能会对原有的组织结构造成冲击,使原本讲求分层负责、部门壁垒分明的传统组织结构被横向整合的新组织形态所取代。新的人事及组织设计,应考虑组织内部的沟通及如何有助于组织进行有效的决策,同时还应兼顾部门及个人的工作运行。新的人事及组织结构要授权,让实际参与作业的工作人员控制作业流程,有一定的决策权,即允许事后控制,并且控制力度要大,确保新流程不会出现失控。新的人事及组织结构的目标是保障新流程顺畅运行。

3) 设计新的信息系统

新信息系统的设计要考虑具有弹性及经济适用。新信息系统若设计得当,则可对业务流程的创新有很大帮助。

4) 推出新流程原型

让机构高层领导了解新流程的特征、作业过程、工作设计、信息系统架构及设备标准,同时让部分政府工作人员使用并收集使用后的反应。这个过程可以反复不断地进行,即收集使用者的反馈信息,细致修改新流程,然后让使用者评估修改后的流程,再依据反应进行下一次修改。修改过程一直进行到使用者感到满意为止。

5. 实施新流程

此步骤包括两个方面的内容。

1) 开发及建设新信息系统以有效实现新流程的目标

改造小组与信息部门人员确定流程所需要的信息,并依此作系统分析,修改软件设计,使原有的硬件更有效地运作;或者,在必要的情况下,新系统将取代原有的信息系统。

2) 重建人事与组织,重点在于如何顺利组建新的组织架构

由于新组织架构强调横向整合,为让工作人员有能力胜任新的职务与挑战,机构需安排培训,使工作人员获取知识与技能。需要注意的是,整个过程要尽量减少阻力、鼓舞士气。

6. 流程评估

业务流程再造结束后,就可以根据流程再造开始时设定的目标对当前流程进行评估,看新的流程是否达到了预期目标。评估的内容包括新流程表现、信息系统表现及工作效率。流程表现的评价指标主要有:提供服务的时间、成本,公众满意度,协调与决策的质量等。

7. 持续改善

一次政府流程再造的实施并不代表政府改革任务已永远完成,提高政府的绩效需要持续改善,这种持续改善实际上就是不断对流程进行分析、改进、完善的过程,并且这是一

个长期的、持续的过程。

六、电子政务环境下政府流程再造的模式

政府网站是电子政务环境中政府同公民和企业进行沟通和交互的重要媒介，是虚拟政府的表现形式。政府网站将传统政府的业务流程从逻辑上分成了前台和后台，前台即政府网页，后台即政府内部信息系统和业务流程。后台的能力和效率直接影响到前台功能的发挥。如何实现后台的流程优化和信息共享从而支持"一站式"的前台服务，是传统政府流程向电子政务流程转变的关键。

根据政府流程再造的广度和深度以及政府信息资源整合效果，电子政务环境下的政府流程再造可以采取以下8种模式进行。

1. 信息共享型再造

在这种模式下，电子政务的后台不发生变动，仅仅通过虚拟前台将不同部门连接起来。在最简单的情况下，只要把某些现存的流程自动化，通过一个虚拟前台建立组织之间的网络链接，设立共享数据库就可以办到。这种模式适用于公共部门原有的组织结构较为简单或者已经整合得很好的情形，可以节省流程变革的费用，避免不必要的政治动荡。只要赋予虚拟前台较强的信息共享能力，对存储在电子政务后台的公民和企业数据进行搜集、处理、定位，就可以实现政府流程再造。

2. 后台的深度再造

这种再造模式需要信息技术的强大支持，电子政务后台的工作流发生了显著变革。这一般出现在电子服务的能力明显无法满足用户需要，后台供给能力严重不足的情况下，并且往往伴随着组织结构与其他部门协作方式的调整。深度再造的困难较大，面临技术和管理上的许多难题，但长期效益比较显著。

3. 缩小的后台与扩张的前台

在信息集成、数据挖掘、交互操作技术的支持下，电子政务的后台日趋集中，政府的工作效率更高、作业更趋专业化。这种情况也面临部门利益冲突的挑战，但挑战性比后台的深度再造模式小。与此相反，由于信息沟通的渠道增加，前台不断扩张，扩张的形式由业务的特定需求决定。缩小的后台尤其指隶属于不同地区的同一行政级别的公共组织，可以无障碍地实现公共服务信息的交换。

4. 跨政府部门的协调机构

数据库虽然实现了各部门原始数据的集中存放，但在数据交换机制和不同部门的互操作协议上较为复杂，需要达成很多技术标准和管理上的共识。协调机构的建立使来自各部门的信息能够更好地兼容、智能化地分配，从而降低了流程协同和整合的成本。协调机构是为了实现更加良好的再造而专门设立的，没有特定的政府功能。例如政府采购中心将不同部门的采购要求集中处理，但本身不具备行政职能。

5. 建立通用业务模型

不同种类的电子服务虽然内容差异很大，在原理上却存在诸多共通之处。比如都包括使用者提供个人身份信息，下载和返还政府部门的表格，提出需求、在线支付账单等，而后台工作人员提供服务的作业过程也非常类似。可考虑提供一套通用的业务模式，同时

适当保证不同部门使用的灵活性,以实现规模经济效应。

6. 建立单一入口的网站

单一入口一般表现为提供一站式综合服务的政府网站,服务之间存在逻辑联系,可以互相交换信息,并按照便利使用者的方式组织起来。单一入口网站消除了政府后台的组织与流程同网站前台的服务功能之间的物理映射关系,以一种全新的政府服务方式,即虚拟政府,为社会提供"无缝"服务。

7. 主动型服务的提供

在传统状况下,电子服务起始于公民向政府提交服务请求,主动式服务在电子政务后台强大的数据仓库、联机分析处理、决策支持、数据挖掘技术的基础上,能够在恰当的时间和地点向最需要该项服务的公民提供准确的电子服务,为使用者带来极大的方便。

8. 用户的自助式服务

在某些预先设定的情境下,用户对电子政务后台存储的数据有较大的操纵权,可以自由控制服务的进程,选择最适合的服务提供方式。对政府部门来说,则大大节省了人力、时间和成本。

以上8种模式是政府流程再造和信息资源整合不同层次、不同深度的组合。它们的实施难度依次递进,政府在发展电子政务的过程中,可以选择当前最合适的再造模式,按照政府流程再造实施的思想、原则和步骤逐步实现。

第四节 政府流程优化

"再造"是业务流程再造思想中的重要观点。它意味着打破旧的管理规范,再造新的管理程序,获得管理理论的重大突破和管理方式的革命性变化。它要求摒弃现行系统,从零开始,展开功能分析,将系统所欲达到的理论功能逐一列出,再经过综合评价筛选出最基本的、关键的功能并将其优化组合,形成新的组织运行系统。这种"激进性"、"彻底性"的做法,对于许多组织来说,是一种理想化的状态,尽管存在着可能,但必须面对相当大的风险。更进一步地讲,政府组织的强大惯性和政府部门的特殊性使得实践中一些"革命化"的做法变得更加艰难,甚至不现实。这也正是政府流程再造在实践中实施较困难、效果不明显的主要原因之一。在此背景下,一些学者在业务流程再造思想的启发和指导下,提出了"改良化"的温和做法,即通过对政府现有流程的梳理和分析进行系统改造,达到政府流程优化的目的。

一、政府流程优化概述

政府流程优化充分借鉴和吸收了业务流程优化的思想。业务流程优化(business process improvement)是针对企业管理中的问题,为了改善企业的成本、质量、服务及速度,提升企业管理水平,对影响效率的关键流程进行分析、思考、改进和完善,而不作整体流程更新。企业作业流程是长时间积累形成的一套员工作业习惯,想快速、彻底地更换企业所有人的作业习惯和流程是非常困难的事,它已超出了流程的技术范畴,是对员工习惯的再造,不可能一蹴而就,大幅度变革不如局部改进,因此,针对关键问题的局部流程优化是一种震动小、逐步改变员工习惯、容易见效的管理改进方法。

与流程优化概念类似的还有流程梳理。纯粹的业务流程梳理就是只对现有的流程进行综合、分类、描述、整理和分析,指出下一步的改进措施和方向,但不做具体流程的优化。这种流程梳理对于全面掌握和分析组织现有的流程状况十分有益,但它不能替代真正的流程优化。

流程优化意味着对既有流程的改变,能不能进行改变,怎样改变,其前提和基础是流程有无必要存在,这个流程和其他流程之间的流转关系是否正确,需不需要改变,有没有必要改变。流程的集合代表一个组织的运作体系,而运作是服务于业务模式的,业务模式是实现组织愿景的方向。因此,归根结底,流程的正确与否,首先取决于为达到战略目标所设计的组织结构和各个组织职能、岗位职能的合理性;其次,流程的长短和路线与组织职能明确后的绩效具有直接相关性。作任何流程的优化都必须解决组织、绩效的相关问题。

流程的优化方式有 3 种:水平工作整合、垂直工作整合和工作次序最佳化。水平工作整合是指将原来分散在不同部门的相关工作,整合或压缩成为一个完整的工作,或将分散的资源集中,由一个人、一个小组或一个组织负责运作,这样可以减少不必要的沟通协商,并能为顾客提供单一的接触点。垂直工作整合是指适当地给予员工决策权及必要的信息,减少不必要的监督和控制,使工作现场的事情能当场解决,提高工作效率,而不必经过层层汇报。工作次序最佳化是指利用工作步骤的调整,达到流程次序最佳化。

根据上述业务流程优化的思想,政府流程优化是指结合当前的政治环境和社会发展方向以及公众不断变化的需求,按照一定的标准,对政府流程进行审视、再思考和再设计。它是一种方法,强调为了达到最佳政务作业效果而进行持续改善和优化流程,是一个动态的不断完善的过程。

政府流程优化提倡赋予政府公务人员足够的权限,发挥每个人在流程中的作用,信息化手段的应用使得这样做成为可能和必要;优化后的流程简化了中间管理层,可以最大限度地发挥每个人的工作潜能与责任心,同时加大事后监督的力度,强化管理责任;通过网络技术将业务流程的串联模式变为并联模式,按流程的自然顺序,不同的步骤可以同时进行,大大提高了工作的速度。

政府流程优化的目标是多样化的,其中比较普遍的目标主要有:进一步维护公众或者公务员的权益;实现时间优化,即减少时间消耗,提高时间的有效利用价值;实现资源的优化,即充分利用好人力、财力、物力,发挥其潜在的能力;实现成果的优化,即提高工作质量和人们的满意度;实现空间优化,即减少人员或文件等物品的运送、传递距离。

政府流程优化的效果可以体现在为公众提供服务或产品的成本、质量、服务和速度等指标上,它给工作流、规章制度、工作内容、工作技能、决策制定、组织结构、信息系统等方面带来巨大变化,并通过这些变化带来成本、质量、服务和速度等作业指标上的较大提高,从而提高了政府流程的效率和公众的满意度。

■ 二、政府流程优化与再造的区别

在理论上,政府流程优化与再造存在着显著的区别:优化立足于现有流程,是对现有流程的改进和提高;再造则抛开现有流程,完全面向未来重新设计一个新流程。表 7-1 给出了它们的不同之处。

表 7-1　政府流程再造和政府流程优化的比较

比较内容	政府流程再造	政府流程优化
一般定义	从根本上重新考虑产品或服务的提供方式,是零起点重新设计流程	首先辨析、理解现有流程,然后系统地在现有流程基础上创建所需要的新流程
原有流程取舍	彻底抛弃原有流程,进行全新设计	以原有流程为基础,进行流程改造
时效及用途	主要用于中长期的发展战略	常用于短期绩效的改进
改革程度	强调激进改革,新流程往往和原有流程差异很大,甚至没有关系	初期虽然也会有显著的改变,但是更强调随着时间推移不断地进行渐进式改革
风险	大	小
优点	抛开现有流程中存在的所有假设,从根本上重新思考政府的业务运作方式,从而可能带来绩效的飞跃式提高	逐渐地、一点点地、累积式地实现流程再造,因而也就能够迅速取得成效,并且风险较低,对正常的政务运作干扰较小
缺点	需要进行政府组织变革,这一点,短时间内非常困难。总体来说,风险大,对政府组织的正常政务干扰大,工作人员常常会有抵触与拒绝的态度和行为	仍然以现有流程为基础,创新流程虽然可能出现,但与全新设计方式比较而言,不容易实现政府流程本质上的创新

然而,在实践中,政府流程优化和再造并没有十分严格的执行界限。尽管它们之间存在着上述诸多区别,但它们都是实现政府流程变革的有效方式。一方面,当人们优化现有流程,发现某个流程已经没有存在的价值或者改进的必要时,往往会重新设计一个新流程;另一方面,从政府流程再造的实施步骤可以看出,当再造一个新流程时,首先必须对现有流程进行分析和判断,新设计的流程最终可能就是对已有流程的优化和改进。因此,从实践的角度看,流程优化和流程再造不是完全割裂的,它们的真正区别只是变革的"深度"不同而已。

在政府实现业务流程变革的过程中,既要保持政策的稳定性、管理服务活动的持续性,又要大胆废弃一些旧流程,改造一些僵化的流程;既要实现突破,又要注意整体推进。这是一个相当困难的问题。因此,政府管理者在选取流程变革方式时,必须针对具体环境和流程的可塑程度,科学决策,稳妥推进。

案例 7-1

昆明市政务服务中心的流程优化

作为服务型政府理念下政府改革的前沿阵地和必然产物,政务服务中心走的是一条依托电子政务平台、以流程优化为核心、以公众为服务终端、以提升公共服务品质为目的、以公众满意度为评价标准的服务型政府流程优化之路。

2001年1月18日,昆明市政府在"昆明市外商投资服务中心"的基础上,建立了"昆明市人民政府便民服务中心",为国内外公民和各类组织提供政务、政策咨询;办理各类行政审批手续和水、电、气等配套社会服务项目手续。2008年5月,为适应实际职能和减少歧义,昆明市人民政府便民服务中心正式更名为昆明市行政审批服务中心。通过行政审批服务中心这样的窗口服务形式,原来分散在政府各部门的权与事都得到相应的集中,将集中办公的优势最大化,将政务公开与行政服务融为一体,寓公开于服务之中,不断以公开促进服务,在服务中体现公开,从源头上提高政府部门的办事效率和水平,预防和治理腐败。2010年1月,为适应建设服务型政府的需要,昆明市行政审批服务中心更名为现在的昆明市政务服务中心(以下简称"中心")。昆明市政务服务中心的发展历程其实就是不断满足公众需求和适应环境需要的具体体现。

昆明市政务服务中心的基本职能:"政务服务中心是集信息与咨询、审批与收费、管理与协调、投诉与监察为一体的综合服务体系,也是政府依法行政、规范运行、廉洁高效、勤政为民的载体。"依托这项基本职能,为加强对便民服务工作的领导,昆明市政府专门成立了便民服务领导小组,领导小组的组长先后由市政府市长、常务副市长担任,副组长由分管副市长担任,领导小组成员由市政府办公厅、市监察局、市政府法制办等部门组成;领导小组下设办公室(简称"市便民办"),负责管理中心的日常事务以及对县(市)区便民服务中心和市级分中心的工作进行指导。2009年11月,市便民办正式更名为"昆明市人民政府政务服务管理局",按照"依法高效、文明廉洁、公开公正"的要求,集中办公,简化审批办事程序,集成部门职能,为国内外投资者和办事群众提供"一站式"服务。它的主要职责是为企业和办事群众提供政策政务咨询,办理各类行政审批手续。

在此基础上,昆明市政府实行各类行政事务由政务服务中心统一受理,各职能部门分头办理的运行机制。考虑到我国市场经济正处于转型时期,且政府机构改革亟待进行,所以运行机制分两个阶段进行:第一阶段,在不改变部门与人员隶属关系、各单位收费标准及入库办法的基础上,各部门自行清理市级行政审批事项,力争减少审批项目、简化审批手续,相对独立运行,参与联合办公;第二阶段,结合政府机构改革,以公众需求为服务导向,以服务公众为最终目的,转变政府职能,推进行政体制改革,全面清理行政审批制度,简化和规范审批项目的手续,为推行电子化政府工作奠定基础。这一分步推进的运行机制充分体现了昆明市政务服务中心在流程优化过程中整体把握、循序渐进、逐步推进的整体性和渐进性特点,充分体现了政府"公众服务第一"、"顾客至上"理念的树立,体现了政府组织机构设置、工作业务流程的优化,体现了政府工作方式、服务公众形式的转变与创新。

目前,中心设有服务窗口的行政部门有 44 家(含市监察局投诉窗口),职工共有 160 余人,对社会、企业和公众实行"一站式服务"。2009 年,中心各窗口共接件 14.8 万件,办结率为 99.96%;共受理各类业务咨询 12.8 万件,答复率为 100%。中心各窗口在办理行政审批事项工作中,着眼规范行政审批程序,从满足办事企业和群众的需要出发,不断精简优化办事程序,不断压缩办事时限,得到了办事企业和群众的一致称赞和肯定。

通过昆明市政务服务中心十年来的不断改造和完善,政务流程已得到明显优化,政府行政审批项目逐年减少,投资和发展环境逐年提升,取得了理想成绩和良好效果,也朝着服务型政府建设迈进了一大步。

(资料来源:刘星.政府流程再造的路径选择[D].昆明:云南大学,2010.)

思考与提示

政府流程优化为什么可以有力推进服务型政府建设?

三、识别流程的方法

政府流程优化的对象是政府中的流程,尤其是关键流程。因此,全面、准确地识别出各个流程并掌握其特点是实施政府流程优化的前提。

流程是一系列活动的集合,活动的识别必然涉及和它相关的实体以及政府的基本结构单元——岗位,而任何岗位的设定都应该具有一定的行政职能依据。所以岗位、职能和流程的识别实际上是一个一体化的分解过程。岗位具有与其指代对象的若干职能相一致的一整套权利、义务的规范,并且由此约定了处于该岗位人员的特定行为模式。在行政组织目标、理念、权力的制约下,不同的岗位之间通过协作,实现了对职能要求完成的业务的程序化运作,即政府流程。识别政府流程主要有 3 种方法。

1. 按功能确定

从流程的观点来重新审视现有的组织结构,很重要的一点就是抓住流程必定贡献于某项政府使命和功能这个特点,通过分析当前各部门的功能来识别流程。具体可用"流程结构表"来表示,表中列出流程涉及的所有部门、岗位和主要职能的名称。这种方法的优点是可以非常明确地确定每个流程的责任主体,并且很容易把各部门从事的活动都涵盖进来,不会有所遗漏;缺点是不同部门列出的流程与活动之间的层次有时会不一致(由于划分的细致程度不同),流程和活动之间缺乏逻辑性,难以把二者有机地联系起来。

2. 通过"工序分析表"分析

"工序分析表"列出完成某项业务所需要的全部工序及其责任主体,并附上辅助部门。其优点是所描述的流程完全按照活动的实际顺序进行记录,有非常强的逻辑性;缺点是在流程描述层次较为简单的情况下,某些辅助流程以及责任主体很难在流程中体现。

3. 按服务对象识别

政府流程往往极为繁杂,流程的路径和范围都有一定的伸缩性,弄清楚业务主线非常不易。可以从弄清服务对象以及流程的输入条件和输出结果入手,然后围绕这些因素寻找相关的活动,并且进一步确定活动之间的关系,进而识别出整条流程。需要注意的是,流程的服务对象可能是物理对象也可能是信息对象,对流程服务对象的操作行为包括管理行为、运行行为、传递行为等。流程的实体主要指组织中的相关部门和岗位。

四、分析流程的方法

流程优化就是要发现和解决既有流程中存在的弊端,并且有效地消除它们。要做到这一点,观察分析是关键。观察分析既有流程的关键是对流程进行全面的功能和效益分析,发现其存在的问题。

我们可以根据现行的流程,绘制细致、明了的流程图。一般地说,原来的流程是与过去的社会需求及客观条件相适应的,并由一定的组织结构、管理规范作为保证。当社会需求、环境条件发生变化时,这些流程可能会难以适应,管理效率、管理效能就会降低。因此,必须从以下方面分析既有流程中存在的问题。

1. 流程的功能

随着社会需求和环境条件的变化,会使原来的流程或者因交叉、重复严重而增加管理成本,或者因权、责、利脱节而失去对管理工作质量与效率的保证作用,并会造成政府机关组织结构设计不合理,形成政府管理职能实现与职能发展的桎梏。

2. 实际价值及其变化

不同的流程对政府管理的影响是不同的。随着社会的不断进步,以及社会公众需求的不断变化,整个流程体系的组成部分及其重要性也在发生变化。因此,应当从整体上把握具体流程的实际价值及其变化。

3. 流程的可行性

要根据变化了的现实情况和实际效果,对流程是否有效、是否行得通进行分析。实际上,流程优化中的分析方法主要就是在经过细致的调查和实地考察的基础上,不断就下面的问题提出疑问并寻找答案。

(1) 这一流程的功能是什么?实现了吗?如果取消它,后果会怎样?它的功能是否已经被其他流程包含?如果与其合并将会怎样?

(2) 构成流程的步骤有遗漏吗?每一步都做些什么?存在重复的、交叉的、矛盾的步骤吗?如果取消或合并会怎样?

(3) 每个步骤的工作任务是由谁承担的?让别人(特别是下属)做会更好吗?与别人的工作重复吗?合并起来会干得更快、更好吗?能经济、合理地用机器代替人做一些工作吗?

(4) 每个步骤为什么要安排在此地来进行?人员、设备工具、文件等变更一下位置是否更方便、更省时、更省力?是否能缩短传输文件和其他物品的距离?

(5) 每个步骤为什么要在此时进行?提早一点,拖后一点,与其他步骤互换一下次序是否更能节约时间、更能减少工作量,更能把工作做得更好?

(6)每个步骤所采用的方法,各步骤间建立联系的方式与手续是否过于复杂?能不能在有效的前提下,用更简便、更省时、更省力、更便捷的方法、方式和手续代替它们?

五、优化流程的方法

解决既有流程中存在的问题的办法,实际上就来自上述的不断提问和回答中。这需要我们在认真分析问题的基础上,明确在构成流程的因素(步骤、次序、时限、方法、位置、距离、人员、设备工具、制度标准等)中应取消什么,增加什么,压缩什么,扩展什么,合并什么,分开什么,均衡什么,侧重什么,以什么替代什么,在哪里换位,在哪里变序。

1. 取消

取消就是在流程中彻底清除那些没有存在价值的过程、环节、岗位、设备工具、制度标准、方法、操作等。在流程中,那些多余的、无用的,功能已被其他事物完全包含的,也就是没有存在必要的因素应当一律坚决予以取消。

2. 增加

增加就是增添具有必要价值的过程、环节、岗位、人员配备、资金投入、设备工具、空间、时间、制度标准、操作等。在既有流程中缺乏的,同时又是保证流程合法、有效所必不可少的因素,一定要增加。这种"加法",主要就是"填补"增值的活动。

3. 压缩

压缩就是降低、减少事物的规模和数量。压缩的对象主要是那些确有存在价值,但现有规模、数量、形式等超过实际需要的过程、环节、岗位、设备工具、制度标准、方法、操作等。

4. 扩展

扩展就是扩大事物的规模和数量。扩展的对象主要是那些现有规模、数量、形式等还达不到实际需要的过程、环节、岗位、设备工具、制度标准、方法、操作等。

5. 合并

合并就是将若干事物按照一定的内在联系归并为一个整体。合并的对象主要是那些实际上不具备独立存在理由的过程、环节、岗位、制度标准、方法、操作等。在流程优化中,只要若干部分归并为一个整体后能扩展功能的,甚至与原来同样有效的,都应当坚决合并。

6. 分开

分开与合并相对,是指让构成一个整体的部分分解开来,各自获得独立存在的条件。分开的对象主要是那些规模过于庞大、组成部分分解开来独立存在更有利的过程、环节、岗位等。

7. 均衡

均衡是指让构成流程的因素之间建立一种和谐关系,消除各种有碍整体优化的"局部优化"和"局部劣化"现象,实现事物的均衡发展。

8. 侧重

侧重就是有意打破既有流程中的平衡,以对构成流程的某一部分或者某几部分因素加以强化，提高流程的整体效能。

9. 替代

替代就是用更加简便有效、更加经济的事物代替既有的事物。在流程优化过程中，只要存在这种替代的必要和可能条件，就用新事物（或部分）去替代旧事物，以使流程足够简便、足够经济，更有生命力。

10. 换位

换位就是对构成流程的因素的存在空间位置进行变换。在流程优化中，只要改变构成因素空间位置后，流程能够更加流畅、经济、合理，就应当进行换位。换位所针对的主要是：办公空间布局，工作岗位、设备工具所处的具体位置等。

11. 变序

变序就是改变既有流程中构成因素之间的时间顺序。时序应当是对客观规律性的正确反映，如果既有流程中的时序安排不合理，流程的功能将大大下降。因此，变序就成为流程优化的重要方法之一。

实际上，上述流程优化的方法是需要根据具体情况，特别是根据实现流程具体目标的需要结合运用的。

如果我们的目标主要是进一步维护权益，则要删去不合法的、侵权的、给多数人带来严重不便的步骤、方法和要求，增加有利于维护权益、弥补漏洞、能带来方便的步骤、方法和要求，强化对机关工作人员的约束。

如果我们的目标主要是实现时间优化，即减少时间消耗，提高时间的有效利用价值，这时就需要以取消（如取消无效或低效的步骤方法）、缩短（如压缩程序过程、减少等待时间）、替代（如以高速高效的代替低速低效的，以机器代替手工）、合并（如合并功能被包含的）、变序（如改变次序、交叉作业、串联改并联）等方式尽量节约时间，有效利用时间。

如果我们的目标主要是实现资源的优化，即充分利用好人力、物力、财力，发挥其潜在的能力，这时就需要以取消（如取消一切无效的过程）、替代（如低耗的代替高耗的、更新设备工具、更新方法）、压缩（如简化方法、压缩过程）、均衡（如均衡工作量分担、均衡工作量的时间分布）、换位（如更新办公布局）、侧重（如将松弛线上的资源集中使用于紧急线）、扩展（如扩展标准化应用领域，采用标准操作方法）等方式减少浪费，降低消耗，发掘潜力。

如果我们的目标主要是实现成果的优化，即提高工作质量，增加人们的满意度，这时就需要以压缩（如压缩一部分不必要的和严重不便的过程，压缩服务对象的等待时间，压缩对服务对象的条件限制）、增加（如增加对服务对象起保护作用的环节，增设辅助服务点，增加对质量隐患的防范措施，增加"多重保险"措施，增加质量控制点）、均衡（如均衡工作量分担，以标准方法和标准的判断条件规定，降低对工作人员素质的要求，使质量均衡）等方式确立质量保障，给服务对象带来更多的便利。

如果我们的目标主要是实现空间优化，即减少人员或文件等物品的运送传递距离，这时就要以取消（如取消无效、低效的过程或步骤）、变序（如改变运动次序）、压缩（如压缩过程于最简状态）、合并（如合并相同或相近的步骤，发展"一次性"作业和并联作业）、替代（如以工作人员的运动代替服务对象的运动，以机器代替人的活动，更新方法，更新设备工具）等方式缩短运动距离。

案例 7-2

新加坡住房发展改革委员会的流程再造

新加坡住房发展委员会(Housing Development Board, HDB)是新加坡公共住宅管理当局,成立于1960年,受国家发展部管辖。它的使命是提供国民可以承担的高质量住宅,并协助建造街区。当时,新加坡只有9%的人口居住于公共住宅中,很多人的住宿条件非常拥挤,且缺乏卫生条件保障。为了适应新加坡有限的土地和逐渐增加的人口的现状,HDB专注于包括超高层公寓的大规模建筑项目,以克服住宅的短缺。到1998年,新加坡的300万人口中有86%居住在由HDB提供的公寓中。现在,HDB致力于通过更好的规划和设计、有效的房地产管理以及对老旧的HDB房地产的改造来提高公共住宅的质量。

HDB每年建造30 000套公寓,并且管理730 000套住宅设施,大约50 000处工商业区及500 000多个停车位。HDB向住户提供的服务包括:一是金融服务,例如抵押贷款的管理和房租的收取,每月的停车费和管理费;二是出租和租用服务,例如所有权的转让,公寓的归还和重新租用;三是维护服务,例如对缺陷的纠正和修葺工作的批准。为了提供更加方便的服务,服务点以21个分支机构的形式分布于全国。

一、流程再造之前

1. 再造前HDB的工作状况

再造之前,分支机构是有着拥有多个权力层次的矩阵式组织结构。一个分支机构内部的各部门必须向其各自的总部汇报。分支机构的主任向住房管理处汇报,财务部门向财务处汇报,而停车场和维护部门则向房地产管理处汇报。在总部不同直接责任的约束之内,分支机构的主任在分支机构的运转方面有着相当的自主权。

分支机构通过5个专柜向住户提供服务,即金融、停车场、修葺、维护、出租和租用。不同的专柜位于不同的楼层,住户不得不从一个专柜到另一个专柜以获得相关的服务。例如:住户在修葺柜台申请修葺许可,然后在金融柜台排队支付相关费用,最后返回修葺柜台领取许可证。在金融柜台的平均等候时间达到40分钟。一些服务,例如公寓所有权的转让,要花将近9个月的时间来处理,主要原因是在一些分支机构中造成严重积压。由于不得不经常加班,职员的士气总是很低,来电中的四分之一没有人应答,呼叫者被从一个职员转给另一个职员。在每一个队伍中排队的多达200人,一些住户的排队时间长达4至5个小时。

2. 示范分支机构的再造研究

管理服务(the management service, MS)小组以示范分支机构为基础进行为期一年的、深入透彻的现场研究。现有流程中的每一个步骤和程序都被仔细审查,冗余的步骤和程序被摒弃,其他步骤和程序则依据公众的观点进行分解和理顺。MS小组经常会见来自示范分支机构、相关部门和信息服务部门的职员,以检验所提出的新业务流程,并确定新的信息系统的需求。提出新的组织结构,以支持新的工作职责,推动新的工作流。在18个月中,其余20个分支机构成功地引用示范分支机构的观念,做出了实施新的系统和程序的计划。

二、流程再造的实施

1. 愿景

由于社会和政治环境的变化,HDB必须进行根本性的改变。新加坡更加富足和经过教育的人就更好的服务质量提出了新的要求,这是影响HDB的主要社会变化。HDB意识到了变化的需要,HDB的主席指出,"HDB正在为建筑和重新定居活动的有序化和逐渐缩减规模做准备",并"推动更好的服务和公共关系"。然而,公共组织比私人组织面临更少的市场风险。与此同时,公共组织常常面临公共服务和产品的强制性消费。这些不同使得公共组织采用了逐渐变化的规划。但是,导致市议会形成的政治变革将HDB系统的能力和流程推至极限,而服务质量对公众来说却变得不可接受。现存的系统和流程不能提供人们可以接受的服务,因此增加了再造HDB的推动力。HDB的经验表明,大多数公共组织对变革有着很强的抵触。社会和政治变革是促使其再造流程的主要压力。

一旦做出进行BPR的决定之后,首先就需要定义流程再造研究的广阔范围和边界。在没有危机的时候,正式评估和优化其需求是再造的必需步骤。在HDB的案例中,明确定义是迫切需要解决的问题。服务质量的明显特征使得定义HDB的愿景变得比较简单,明确企业愿景的发展得到了由国家发展部长新任命的HDB的CEO的帮助。以服务为导向的CEO制定了明确的目标,那就是由分支机构"提供更快更友好的服务"。BPR项目由CEO和不同部门的领导组成的指导委员会监督。CEO成为再造工作的领导者,而流程的执行者则是住宅管理处(housing and administration department,HAD)的处长。再造小组包含管理服务官员,还有负责提供IT支持的信息系统部门(ISD)。在项目进行期间,由于需要与总部不同的部门进行沟通,一名来自HAD的公务员被长期分配到小组中,以帮助小组与不同的总部之间进行联络。依照MS部门领导的说法:"由于最高管理层做出了改善服务的许诺,所有的部门都给予BPR以最高的优先权。"

HDB的职员通过不同的沟通渠道,被告知企业愿景和BPR的必要性。在HDB的内部通讯中发表了一项通告,再造小组的组长向示范分支机构的所有员工作了流程再造的简要介绍,在介绍中强调了BPR和每一个员工参与的重要性。示范分支机构的主任也指示全体职员给予再造小组全面的配合。这些是帮助BPR获得最初支持的关键活动。但最为重要的是,在研究的早期阶段,CEO就HDB提供快速、友好和有效的服务,以及重建其分支机构的目标发表了新闻声明,这将高级管理层改变现有系统的强烈决心表达给了HDB的所有成员。这个新闻声明,并不是令人震惊的公开表演,而是颇具代表性地表明了就一些计划和活动做出的承诺。对其组织而言,在报纸上进行宣传是一种吸引员工对BPR给予充分重视和使他们相信项目重要性的有效方式。

2. 流程诊断

MS部门的所有成员被分配到再造小组之中做全职工作。这就强调了最高管理层的承诺,即从项目的开始就为BPR准备充分的资源。在为期一年的研究中,再造小组的工作方式在示范分支机构中进行了调整。通过将再造小组尽可能紧密地与要再造的流程结合在一起,增加了他们观察和理解工作流程的机会。这也使得再造小组能够与将要再造的工作流程中的员工一起建立和睦的关系。一位MS成员说:"到了项目中期,MS人员和分支机构成员的关系变得非常友好。"一位房管员说:"在日复一日的工作中有着非正式的反馈。"这就证明在再造过程的实施中克服执行者的抵触情绪是非常关键的。最初,示范分支机构的成员对积极参与再造项目有所保留,因为他们总是有很多积压的工作要做,经常超时工作。为了让他们克服这种情绪,MS的成员向他们逐个解释BPR如何能够帮助他们解决积压的工作。此外,MS的成员通过与他们在现有流程和设计新的流程上进行紧密合作,树立了良好的典范。一位房管员说:"开放性和倾听意见克服了任何成员的抵触情绪。"

3. 流程小组的组成与工作

MS成员被选中组成再造小组有以下3个原因:①MS成员在管理科学和作业研究方面受过良好教育和训练;②作为内部管理服务的提供者,MS成员管理不同部门的工作流和程序审查。因此,他们非常熟悉其他部门的工作程序审查方法和职能;③MS成员熟悉信息技术,因为他们是HDB办公自动化项目和HDB文件档案系统的"先知先觉者"。应当记住:熟悉不同部门职能并经过管理科学和作业研究训练的员工对BPR而言是非常有用的资源。

虽然再造小组主要由MS成员组成,但实际上还有一个"事实上的再造小组",它包括来自示范分支机构的职员和总部不同部门的官员。来自示范分支机构的职员每天都和MS成员一同工作。再造小组经常向他们寻求来自总部各部门的反馈,将计划中的重新设计提交给他们审阅和评论。另外,一位来自总部的房管员被分配到MS小组,用来与总部不同的部门进行联系。由MS成员组成再造小组的核心来推动大多数工作的方式是有用的。这些MS成员被认为是中立的。一位房管员认为:"有第三方的存在是件好事,因为他们可以更客观地看问题。"因此,用中立的职员组成核心再造小组,吸收其他部门的专业知识是一种有吸引力的安排。

再造小组采取了观察、实地体验、访谈和文件分析等方式了解工作流程。工作流程用有计时信息的流程图记录下来。然后再造小组与负责相关工作流的部门负责人或工作协作人对记录的工作流程进行验证。一位MS成员说:"在我们改善现有的流程之前必须了解它。"应该注意:与作业人员一起验证现有的工作流程的准确性是很重要的。

再造小组检查并记录示范分支机构的工作流程。使用特定的分支机构的方法有一个潜在的问题,那就是不能作为其他分支机构的代表。在选择示范分支机构用来研究再造的流程并进行试点时采用了"超集"的标准。被选中的示范分支机构应该是综合性的,并且正面临着最大的问题。这就确保大多数问题在试点单位中得以体现出来,并在进行再造时提出。再造小组在设计新的流程时,也将影响其他分支机构的现有流程的其他问题考虑在内。采取试点研究方法必须在试点的选择上给予充分的注意,这样才能确保试点能够成为其他场所的代表。

HDB改进服务质量的愿景在实施中被具体确定为"缩短排队时间和服务时间,尽可能减少周转程序"。在重新设计的工作流的基础上,优化的周转时间被作为衡量绩效的指标。

4. 流程设计

在公共组织中,每一个流程都包含很多的权利层级和多个部门。由于流程再造影响到所有的权利层级和不同的部门,受到影响的个人和部门会抵制变革。因此,要减少对变革的抵制并获得每个部门对经过修改的程序的认可,必须建立一定的机构。在HDB的案例中,一个不可缺少的机构就是由所有部门的领导组成并由CEO任重要职位的指导委员会。在公共组织中,一个类似指导委员会的机构在获得新程序的认可上是至关重要的。

为了支持新的流程,IT构架上的并行变化是必需的。在这里采用的是对支持新的系统开发的软件工具只作有限的改变,同时对支持新的工作流程的主要硬件进行升级的策略。这是一种明智的策略,因为MS成员自己需要时间和精力对新的开发工具和环境进行学习和熟悉。进行BPR的公共组织很难对付全新的IT架构和应用失败所带来的风险。因此,公共组织在选择新的IT架构时的主要标准是能够支持新设计的流程,而不必承担不适当的风险。

在新的HDB中,个案工作这个被广为提倡的概念得到了贯彻。分支机构从职能机构转变为房管员对房地产管理各方面和街区管理进行支持的机构。房管员成为个案工作者,负责处理街区所有方面的问题,而不是只专注于特定的事务。在重新设计的柜台工作的事务员也成为个案工作者,他们必须处理各种类型的事务。一位房管员说:"虽然有新的程序要学习,但由于工作有了更多的变化,我们比从前更加满意。"工作职责的转变要求对员工进行广泛的培训,因为他们必须理解为众多的事务重新设计的程序。

绩效标准也进行了简化。原先,这是一份涵盖所有职能,包括多达431个考核指标的复杂列表。这造成了很多混乱,一些标准之间甚至存在冲突。一个包含34个以顾客为导向的考核指标的新列表——主要包括顾客在柜台的等候时间、各种业务的周转时间和欠款的百分比——取代了原有的列表。例如,平均柜台等候时间必须在5分钟之内,归还公寓的平均处理时间必须在两个半月之内。此外,为了便于监控,这些指标还成为不同的信息系统应用程序的一部分。例如,电子排队系统和自动电话监控系统,可以提供柜台等候时间和电话应答率的统计表。公共组织中绩效的衡量指标和方法应该简单,并高度集中于最终的结果。

流程再造的结果一般包括重新定义工作责任、合并职责、创造新的职位、剔除旧职位等。这些结果要求对现有人力资源和奖励结构进行适当的调整。由于公共组织中严格的组织结构,对人力资源和奖励结构的改进包含与相关政府当局进行无数次的谈判和细化。因此,用于支持重新设计的流程并经过修改的奖励结构,对再造中公共组织的成功是十分关键的。

再造小组引导示范分支机构实施经过重新设计的系统和流程。新的 IS 应用程序得到相应的发展和实施。在实施新的流程之后,再造小组调查了示范分支机构的排队时间和周转时间,随之也展开了顾客满意度的调查。绩效测量使得再造小组能够判断重新设计的流程在实际环境中如何运行,以及其满足绩效目标的能力。在其余分支机构大规模实施之前,再造小组对重新设计的流程进行充分的调整,直至满足绩效标准。

5. 实施与监控

在示范分支机构,对员工的培训被定型为一系列的基本核心课程。再造小组的成员必须为平稳地将培训工作交给合适的部门做出努力。进行 BPR 的公共组织应该提供充分的时间和资源用于员工的再培训。

依据示范分支机构实施 BPR 的效果,HDB 制定了为期一年的计划,在其余的分支机构实施经过重新设计的流程。充分的时间使得 HDB 能够在大规模实施 BPR 时避免资源利用的突然波动。

HDB 预见到,再造流程绩效的持续监控是必要的,要求分支机构的主任每月递交一次 34 个指标的评测情况。再造小组的组长和 IS 部门的主任被任命为 HDB 的生产力指导委员会和质量改进协会成员。对政策、系统和流程的考察以及业务的计算机化是实现目标的关键策略,它帮助 HDB 成为提供高标准住房和优质服务的高效组织。

三、流程再造之后

为了明确分支机构的工作并建立明确的命令和控制路线,HDB 的 CEO 批准对 HDB 的分支机构和总部进行重组。分支机构业务的各个方面(包括停车场、维护以及金融等)被置于分支机构主任的管辖之内。为了适应增加的责任,分支机构主任的岗位被提升到一个很高的等级。分支机构内部不同部门的重组随之展开。维护工作与出租/租用工作按照地理分布划分,房管员掌管特定区域的房地产管理工作的每一个方面。职员成了多面手或个案工作者,被分配到具体的房地产项目。专注于资金收取(例如停车费和抵押贷款)的部门被置于财务部的管辖之下。

再造之后,5 种类型的专柜合并成为住宅金融柜台和住宅服务柜台,提供"一站式"服务。7 种新的信息系统被发展起来以支持新的工作流程。再造之后的绩效产生了显著的提升,在住宅金融柜台的等候时间减少了97%,而未接电话的数量减少了85%。在线信息使得职员们能够直接应答电话而不用将电话转给别人。公寓所有权的转让大约花费4个月的时间,在此之前则是9个月。

在新的流程实施后进行的一项顾客满意度调查中,89%的回答认为服务有所改善,而84%的人认为服务更加迅速。HDB和它的公众都从再造后的工作流程和支持的信息系统中获得了很大的好处。积压的个案减少了85%,平均时间为两周,改善了78%。HDB估计,通过消除不必要的工作流程,每年可节约费用超过100万美元,员工的士气也将有所提高。

四、经验和启示

从这个流程再造的案例中,可以得到如下政府部门实施BPR的宝贵经验和启示。

(1) 公共部门不轻言改变,改变的压力并非来自营运成效,而是社会政治变革的需要。

(2) 对公共部门而言,利用媒体公布BPR的计划及其目的对吸引和说服员工而言是极为有效的方式。

(3) BPR执行单位如果能参与实地营运的话,有助于建立与员工之间的良好关系,并缓解员工的不合作态度。

(4) 应该充分利用有经验的或接受过管理课程教育及培训的员工,并尽可能留用这些员工,因为他们是公共部门极为重要的人力资源。

(5) 公共部门内部进行BPR,其核心成员应选自立场超然的部门,同时吸纳来自相关单位的人员。这样做的结果既能在执行中不偏袒左右,还能避免实施方案与现实状况脱节的弊病。

(6) BPR实施前,所建立的档案、记录等文件应再三查证,力求准确无误。

(7) 运用定点试点方式进行BPR时,应注意选择的试点单位一定要有广泛的代表性。

(8) 因为非市场导向的原因,公营部门可以参考私人企业的业绩标准作为BPR绩效考核的标准,标准力求简单但是要着重于效果。

(9) 指导委员会的地位十分重要,它对于提高组织内部的凝聚力和对BPR的支持将扮演重要角色。

(10) 在信息系统的选择上,首先要评估其风险大小及是否能真正支持BPR的实施。换言之,IT的设计应该视BPR的实际需要而定,只要能支持BPR的顺利进行,不一定要更新信息系统,因为,通常情况下,信息系统的更新换代会带来一定的风险。

(11) 在进行BPR的过程中,要同时考虑为员工提供再教育的机会。

(12) 建立奖励制度是公共部门实施BPR成功的关键因素。

(13) 定点试验,而非一次全面实施BPR,有利于提供修改计划的机会,其失

第七章 电子政务环境下的政府流程变革

败成本也不至于太高。而且,若试验成功,不仅可以减少其他员工的疑虑,而且有助于BPR的全面开展和实施。

(14) 对于如何全面实施BPR应事先有详尽和完善的计划。

(15) 应开展有计划的宣传和教育工作,以便使员工了解BPR对工作带来的影响,以此达到减少抵触心理的效果。

◆ 本章重要概念

流程(process)　　流程管理(business process management,BPM)
业务流程再造(business process reengineering,BPR)
政府流程再造(government process reengineering,GPR)
业务流程优化(business process improvement)

◆ 本章思考题

1. 简述流程在电子政务中的作用。
2. 什么是业务流程再造?它的内涵和特征是什么?
3. 电子政务环境下政府流程再造的模式有哪些?
4. 为什么要进行政府流程再造?如何实施政府流程再造?
5. 如何认识和理解政府流程再造与政府流程优化?

本章推荐阅读书目

1. James T. 流程再造——理论、方法和技术[M]. 梅绍祖,译. 北京:清华大学出版社,2004.
2. 金竹青. 政府流程再造——现代公共服务路径创新[M]. 北京:国家行政学院出版社,2008.
3. 颜海. 电子政务原理、建设与应用[M]. 武汉:武汉大学出版社,2010.

第八章 电子政务公共服务

——本章导言——

电子政务的核心任务之一是提供高品质的公共服务,打造服务型政府。高品质的公共服务代表着以用户为中心,无处不在、无缝整合的服务理念。在实现这一现代服务理念的过程中,离不开客户管理思想的指导。一站式服务是电子政务环境下公共服务的显著特征和建设目标。政府门户网站是电子政务提供一站式服务的主要形式,它打破了传统政府的部门阻隔,通过对政府网站信息和服务的整合,实现虚拟政府的目标。本章对电子政务公共服务的理念和特点,客户管理思想,一站式服务的概念、渠道和实现模式,以及政府门户网站的功能和管理机制等进行重点介绍。

第一节 电子政务与公共服务

服务型政府是现代化的政府管理和运作模式,电子政务与服务型政府有着天然的渊源。尽管服务型政府并非是行政管理学中旧有的概念,但它真正成为公共行政管理的理论热点和实践重心是在国际电子政务建设大潮出现之后。

一、服务型政府的概念

服务型政府的概念是由德国行政法学者厄斯特·福斯多夫首先提出来的。随着资本主义国家社会经济的发展,公民对政府提供的公共产品的质和量都提出了更高的要求,他们要求政府不仅仅要管理好社会公共事务,还要求政府提供更多、更好的服务。

服务型政府是与传统的管制型政府相对而言的。建立在传统的科层制组织形式上的传统政府就是管制型政府的典型代表。管制型政府建立在对人、对下级机构的严格控制、监督之上,控制了整个社会的所有资源,拥有无限的权力,对社会的所有领域和所有资源进行强制性的调配和安排。在管理上,它讲求计划、控制和监督,把广大的公民和社会组织都看作是它们管制的对象和客体,管理的主要方式就是惩办主义的方式。在这样的政府时代,政府似乎成为社会财富的生产者和创造者,广大公民似乎只是国家财富的消耗者。服务型政府就是为了改革管制型政府而提出的新的政府管理模式。服务是建设服务型政府的核心,它具有以下几个方面的重要特征。

1. 服务型政府是"有限政府"

与"全能型政府"不同,服务型政府改变政府直接控制生产、交换、分配的每一个环节,几乎垄断资源配置、收入分配等所有职能的状况,将政府职能定位于政策制定、秩序维持、体制创新、社会整合等方面,坚持弥补"市场失灵"的补充性原则,从而实现市场职能与政府职能的协调。根据公共选择理论的主张,政府应当是最低限度的政府,政府存在的目的只是为人们进行成本和利益的竞争制定规则。在市场经济体制下,政府提供的制度性基础设施对实现市场经济体制的良好运行发挥着重要作用。政府的这一作用被称为"治理的质量",政府治理的主要内容应包括法律和秩序的维持、宏观经济的稳定、基础设施的有效提供以及公平公开的税收管理体制和规制管理的制度框架。其中用于测度政府治理质量高低的指标之一,就是从企业的角度判断政府能否高效提供这些服务。

2. 服务型政府是以人为本位的政府

服务型政府是以人为本位的政府,是把服务作为根本使命的政府。洛克提出:"人们联合成为国家并受制于政府的一个重大目的,是保护他们的财产(同样的,还有他们的自然权利)。"密尔认为:"政府既是对人类精神作用的巨大力量,又是为了公共事务而作的一套有组织的安排。"

3. 服务型政府是以提供公共产品和公共服务为使命的政府

服务型政府为全社会提供基本而有保障的公共产品和有效的公共服务,以不断满足广大社会成员日益增长的公共需求和公共利益诉求,在此基础上形成政府治理的制度安排。服务型政府所提供的服务,主要是公共产品和公共服务。公共产品和公共服务的一个核心内容是规则的提供和基础设施的提供,以及规制管理的制度框架。世界银行1997年的发展报告指出,政府应至少有5个方面的任务:建立法律基础;保持非扭曲型的政策环境,包括宏观经济的稳定;投资于基本的社会服务与基础设施;保护承受力差的阶层;保护环境。

4. 服务型政府是透明政府

政府权力的行使及运行的过程、结果应当公开,使每一个公民都享有获得与自己利益相关的信息,它内在地要求信息公开、程序透明。政府的各项政策措施,特别是与人民群众利益密切相关的行政决策,除涉及国家机密、经济安全和社会稳定的以外,都应向社会公开,给人民群众以更多的知情权和监督权,增强透明度和公众参与度。只有建立起政务公开的制度,才能把政府和政府官员置于公众的监督之下。

5. 服务型政府是责任政府

民主政治理论是责任政府的理论基础。政府的一切施政措施及其工作人员的一切行为都必须以民意为依据,政府必须对民意负责,进而对民选的代议机构负责。在国家治理中,政府是主体,它和其他公共机构直接或间接地共同行使社会公共权力,提供公共服务,同时也要承担应负的责任。政府的责任和权力不是无限的,应通过分权、放权、授权,处理好政企关系、政事关系、政社关系、政府与市场的关系、中央与地方的关系,并处理好权力与责任的关系。

6. 服务型政府是参与性政府

这里的参与首先是指公民的政治参与。公民的参与过程实质上是善治的组成部分,善治实际上是国家权力向社会的回归,善治的过程就是一个还政于民的过程。善治可表现国家与社会或政府与公民之间的良好合作,从全社会的范围看,善治离不开政府,更离不开人民。善治有赖于公民自愿的合作和对国家权威的自觉认同,没有公民的积极参与和合作,至多只能有善政,而不会有善治。

现代化的服务型政府从出发点、工作过程、职能定位、衡量标准等多个方面与传统的管制型政府存在着本质的区别,主要表现在以下方面。

1. 出发点不同

在传统的行政管理观念支配下的管制型政府是为了实现统制而行使权力。它主张官本位、权力本位。而现代政府理念支配下的服务型政府则是从公民需要出发,主张人本位、社会本位,以为公民谋福祉为宗旨。

2. 政府工作的实现过程不同

在传统行政管理观念支配下的管制型政府的管理是一种居高临下的"恩赐"过程,是一种自上而下的统治;而在现代政府理念支配下的服务型政府的管理则是公民与服务者互动的过程,双方可以交流信息,相互协商,达成一致。

3. 工作对象的选择权利不同

在传统行政管理观念支配下的管制型政府面前,被服务者也是被统治对象。因此,一切服务都不排斥强制性(包括出于好心的服务);而在现代政府理念支配下的服务型政府的管理模式下,服务的成立条件则是被服务者的自愿与要求。因此,杜绝非法不合理强制是对服务型政府的基本要求。

4. 对政府职能定位不同

传统的行政管理观念认为,政府的核心职责是发展经济,要建立管制型政府以便管理经济和社会。现代政府理念则认为,政府的核心职能是公共服务,即为社会提供公共产品和公共服务,包括加强城乡公共设施建设,发展社会就业、社会保障服务和教育、科技、文化、卫生、体育等公共事业,以及发布公共信息等。

5. 对政府工作衡量的标准不同

传统理念把行政效率作为衡量政府工作的标准。现代理念则以绩效作为衡量政府工作的标准。

二、服务型政府的建设途径

离开了服务,建设服务型政府就是一句空话。因此,建设服务型政府的根本就是要牢牢抓住服务这一核心环节,为社会、为广大人民群众提供全面、优质的服务。服务创新是提升服务能力和水平,推进服务型政府建设的主要途径,是建设服务型政府不竭的动力源泉。通过服务创新,政府可以不断提高服务供给能力、提高服务水平和服务质量、改善服务供给结构,保证服务的有效性。只有进行全面的服务创新,才能不断丰富服务型政府建设的新内涵,从根本上摈弃管制型政府的束缚和影响,开创服务型政府建设的新局面。

服务创新有着丰富的内涵,主要包括以下8个方面的内容。

1. 服务理念创新

服务理念是建设服务型政府的灵魂。服务理念的创新,是建设服务型政府的首要的、根本性创新。要确立以人为本、以民为本的服务理念,并使之贯穿于服务型政府建设的全过程。

2. 服务体制创新

按照精简、统一、高效能和权责一致的原则，深入开展政府改革，建立"小政府、大服务"的理念。加强统筹协调，理顺部门与部门之间以及部门内部之间的关系，明确职责，杜绝交叉重叠，取消不适宜的审批事项，完善配套政策，形成服务合力。

3. 服务职能创新

强化社会管理和公共服务职能。通过加强公共事业管理，发布公共信息，向群众提供公共产品和服务，为群众生活以及参与社会经济、政治、文化活动提供保障和创造条件。

4. 服务制度创新

通过建立有效的制度，形成政府服务运行机制，并真正落实到位。

5. 服务方式创新

着重实现4个转变：传统的管制型向现代服务型转变，行政主导型向社会需要型转变，发号指令型向调查研究型转变，沉闷保守型向服务活力型转变。

6. 服务技术创新

充分利用信息化成果，提高服务型政府的服务效率。通过建设电子政务，促进政府组织结构扁平化，减少政府层级，简化办事流程，节约行政成本，从而提高政府行政管理效率和效能。

7. 服务规范创新

制定统一的服务标准，规范服务流程，完善服务功能，提供优质、快捷、高效的规范化服务。

8. 服务队伍创新

着力建设一支和服务型政府建设相适应的高素质工作人员队伍。要努力加强继续教育培训，提升服务意识、能力和水平。加强考核，制定科学的考评体系，把服务质量水平、群众的满意度列入考核范围。

三、电子政务与服务型政府的关系

电子政务是政府公共服务创新的首选模式。电子政务的建设为公共服务的改革提供了新的机遇和平台，它顺应了政府由管制型向治理-服务型的改变，体现了这一改变，并且促进了这一改变。正是由于电子政务建设，政府利用信息网络技术，整合政府资源，形成跨部门的"一站式"服务，使公众在任何时间、地点均可获得政府的公共服务，形成了"无时不在、无处不在"的"全天候"政府。政府利用信息网络技术，与公众越来越广泛而深入地实现互动，工作透明度和公众参与度空前提高，政府对公众的服务质量和效率大幅度提升，政府管理从刚性的管制型政府迈向公众广泛参与的治理型政府。

没有公共服务就没有电子政务，如果进行一番认真细致的考察，我们不难发现电子政务的主要目标、最主要和最积极的意义、主要功能，以及最佳状态都与公共服务有关。电子政务的主要目标就是顺应信息化社会对政府管理的需要和要求，建立起以为公众服务为导向的政府。电子政务最主要和最积极的意义就在于：克服传统政务容易疏远公众、容易在中间环节发生腐败和"梗阻"的弊端。电子政务强调提高服务质量，要求政府更好、更直接地服务于社会。政府可以通过电子化，直接与人民群众沟通，收集群众意见，传达政府信息,从而高效率、低耗费地实现为公众服务。电子政务使社会公众可以获得更多的公共信息资源,使他们对于公共政策也从简单的服从和接受变成直接的参与和索取。电子政务的最佳状态将表现为政府对公众服务需求做出更快捷的反应,公众更直接和广泛地获得由政府提供的各种服务。

在电子政务环境下,公众获得政府服务的权利得到尊重,在信息技术和先进信息管理方法的保证下,政府所提供的服务需要具备如下特征:

(1) 全面真切地了解公众的服务需求;
(2) 对公众的服务需求能快速做出回应;
(3) 为公众提供容易获得的、快捷方便的、可在一定范围内自由选择的服务通道;
(4) 资源充分,使服务真正具备可取得性;
(5) 服务标准确定、一致;
(6) 服务提供过程与结果公平、公开;
(7) 各种服务更直接,可以打破地域和部门限制;
(8) 服务具有必要的互动性;
(9) 各种服务更有质量保证。

四、电子化公共服务的特点

电子化公共服务是指政府以现代计算机和网络技术为手段和平台提供公共服务的形式。电子化公共服务是电子政务中最体现其本质的关键内容之一,它的水平与效果,就是电子政务的水平与效果。

尽管电子化公共服务是以信息技术为载体的现代化政府服务形式,但在本质上仍然属于公共服务,仍然具备传统公共服务的共性,包括以下方面。

(1) 就其对象而言,公共服务是大众化的服务。其服务对象不是政府机关自己,也不仅仅是社会上特定的少数人和少数组织,而是社会上的各类人群和组织。

(2) 就其内容而言,公共服务是公益性服务。它提供的是带有公益性质的物质产品和非物质产品,前者如水、电、气、路、通信、交通工具等,后者如安全、医疗、教育、娱乐等,内容相当广泛。这些服务多是商业组织无法提供、难以提供或不便于提供的。随着社会的发展,政府公共服务的项目也在不断增多。

(3) 就其目的而言,公共服务是非营利性服务。这并不是说政府提供服务一律不收任何费用,而是说政府提供服务的目的并不在于赢利,为公民和各种社会组织提供服务是其本职工作,财力上可以获得国家财政的支持。当然,在某些情况下,公民和组织也需要为政府的服务付出一定的费用,相对于商业服务而言,政府服务是低价位的。

电子化公共服务发生在电子环境中,依赖于信息技术手段,新的技术环境、新的服务手段给公共服务注入了很多新的元素,这些元素也同时导致其与传统方式的公共服务发生明显的变化,具有自身鲜明的特点,这些特点表现在以下几个方面。

1. 网络系统成为主要的服务平台

这是最为明显的变化。传统的公共服务是建立在手工平台之上的,包括办公室、窗口、柜台,而电子化公共服务则需要建立在网络平台之上,包括政府网站、政府内部的公务处理系统等,公共服务项目的申请、受理、传递都可以在网络上进行。政府公共服务的平台由手工向网络迁移,为下述诸多特点的产生提供了基础和可能。

2. 无限制的服务时间

传统公共服务的时间受政府机关工作人员作息时间的限制,一般为一周5天,每天8小时。电子化公共服务打破了时间的限制,可以做到每周7天,每天24小时不间断提供服务。

3. 无限制的服务地点、地域

在传统的公共服务中,公众必须亲自到政府部门所在地点办事,对于路途遥远的个人或组织来讲,需要花费很多时间,跨地区、跨国家地享受服务就更加困难,而且代价高昂。电子化的服务方式不但打破了时间上的限制,更打破了空间上的限制,接受服务的人员只需通过鼠标、键盘登录政府网站就可以得到相应的服务,免去了路途劳顿、排队等候的辛苦,也无须花费很高的费用。

4. 以公众需求为导向的服务理念

服务理念的进一步更新是政府电子化公共服务较传统的公共服务最根本的不同。在电子政务环境中,政府和公民不再是一种对立的关系,政府及其工作人员真正成为社会公仆,以公众需求为导向成为政府开展电子化公共服务的指导原则和最高宗旨,公众满意度大小成为衡量政府公共服务水平高低以及政府工作人员是否称职的一个主要依据。

5. 服务内容的高度整合

在以公共需求为导向的服务理念的指导下,政府以公众为中心来重新组织政府的公共服务项目,将过去由各职能部门分割承担的公共服务项目,按照主题整合,努力构建"一站式"网站,使公众从一个网站进入后,就能够获得所需的所有服务,而不是分别去访问多个政府网站。这样,关注的焦点在于服务种类与服务流程上,而非职能部门上,由此增强了政府的整体性,优化了服务的种类与服务流程,给服务对象带来了便利。

6. 服务流程得到优化

服务流程的优化体现在以下两个方面。①简化。由于从公众的需求而非个别职能部门的角度出发考虑服务流程的设置,因而去掉了重复的、无效的工作环节。②规范化。在电子政务环境中,所有流程都是在计算机系统中实现的,流程以程序的方式固定下来,减少了随意性,增加了服务的科学性。

7. 双向、互动、多样化的服务方式

在传统的公共服务中,政府几乎是服务内容、方式、过程、方法的唯一决定者,公众则基本上处于被动地位。电子化公共服务则改变了这个关系格局,通过网络,公众既可以将服务申请上传,也可以发表对服务内容、过程、方法的意见,政府必须对这些意见做出相应的处理,而且处理的过程和结果都是公开化的。此外,公众还可以根据需要选择适用的服务方法(如电子邮件、电话、传真),而不是无可选择地接受单一形式的服务。因此,电子化公共服务的服务方式由"政府—公众"变为"政府—公众,公众—政府",即由单向变为双向,由一方主动变为双方互动,由单一化变为多样化。

8. 服务成本较低

电子化公共服务成本的降低表现在两个方面:①公众获取公共服务成本的降低,包括办理时间减少、空间地点不受限制等;②政府提供服务成本的降低,虽然为了提供电子化服务,政府需要建设信息基础设施,开发网站和电子化公务处理系统,从短时间内看成本可能高于传统服务方式,但是从长远来看,工作流程的简化、决策质量的提高、服务周期的缩短都可以持续地降低成本。

9. 服务效能提高

服务效能提高是一个由上述多种因素综合作用的结果。其具体表现包括:政府网站能够同时容纳多用户访问,而实地接待则必须逐个进行;工作繁忙的用户可在8小时法定工作时间之外办理相关事宜,将获取政府公共服务改在其他时间进行;将政府保有的信息资源在网站上发布,实现政府信息资源的增值等。其中最为突出的就是用户从申请到获得处理结果的时间大为缩短。

五、电子政务公共服务的理念

电子政务公共服务具备四大理念,即"以公众为中心"、"惠及所有人"、"无处不在"和"无缝整合"。

1. 以公众为中心

谈到电子政务公共服务,"以公众为中心"是一个使用率极高的词,这一理念在许多国家开始建设电子政务时就被提出并一直得以延续。"以公众为中心"是电子政务公共服务建设的首要原则。

"以公众为中心"这一理念的重要程度和主要内容可以概括为以下5点。①"以公众为中心"是电子政务公共服务的核心理念;②重视公众利益,一切"以公众为中心"是21世纪政府管理创新的基本理念;③联合国报告显示,越重视公众服务的国家,其电子政务水平越高;④以公众为中心,而非以政府机构为中心;⑤公众(企业)就是政府的客户,以公众为中心就是以客户为中心,引入客户关系管理是许多政府的做法。

2. 惠及所有人

"惠及所有人"与"为所有人服务"这一目标相对应的。信息化时代面临着"数字鸿沟"的挑战,而且,随着信息化建设的不断推进,"数字鸿沟"有加大的趋势。电子政务公共服务不应扩大和加剧"数字鸿沟",而应通过政府的努力来使所有人受益。

惠及所有人理念的主要内涵是:电子政务公共服务的提供应面向包括老年人、残疾人、边远地区居民、少数民族居民等在内的所有群体;电子政务公共服务应通过多种渠道提供,这些渠道能够被大多数人承担、选择和使用;电子政务公共服务应能促进电子包容(e-Inclusion)。

3. 无处不在

"无处不在"或"泛在"是近两年来出现的又一个热门词语。最先倡导这一理念的是日本,日本在"e-Japan"战略后提出了"u-Japan"的理念,主旨是建造无处不在的网络环境,进而提供无处不在的公共服务。

u-Japan的理念可以概括为1个大"u"和3个小"u"。大"u",即无处不在(ubiquitous),其核心是基础设施建设,通过技术发展引导和带动基础设施建设,使任何人在任何时间、任何地点都可以方便地办理任何事务。第一个小"u",即大众普及(universal),主张通过推广普及性的设计理念,实现普遍服务。第二个小"u",即用户导向(user-oriented),主张通过贯彻"用户至上"的观点,实现"用户导向融合型社会"。第三个小"u",即独具特色(unique),主张通过充分发挥信息技术的潜力,培育充满个性与活力的社会。

4. 无缝整合

联合国和欧盟在其文件中曾经这样描绘电子政务的理想境界:资源实现无缝整合,基于信息技术的高度智能化使得政府趋于零成本运作,为每个用户提供个性化的服务,并且对用户需求进行即时响应。这一理想境界被命名为"无缝"。

这一理念描绘的正是未来电子政务公共服务的终极理想。目前"无缝"被定义为"政府职能和服务实现超越行政和部门界限的完全电子化整合"。

第二节 客户关系管理思想在电子政务中的应用

为了在电子政务中更好地体现"以用户为中心"的根本宗旨,很多学者和国家政府在电子政务的研究和实现过程中,引入了在企业中取得成功的客户管理思想,即客户关系管理(customer relationship management,CRM)。CRM 维系与特定客户的长期关系以提高企业利润的业务战略,其目标是一方面通过提供更快速、周到、准确的服务,吸引和保持更多的客户,达到个性化的服务;另一方面通过对业务流程的全面管理来降低企业的成本。把 CRM 的这些管理思想应用到电子政务中,对于转变政府职能,提高服务水平,增强公民的满意度具有十分重要的指导意义。

一、客户关系管理思想概述

早在 20 世纪 60 年代,管理大师彼得·德鲁克就曾说过:"公司真正的业务就是争取客户、维系客户并尽可能提高客户带给公司的利润。"研究发现,客户维系率提高 5% 会使企业的利润提高 25% 到 95%。1995 年著名的咨询公司 Gartner 最早提出了客户关系管理的概念,并从企业战略、业务流程和信息系统的角度阐述了客户关系管理系统的组成。它认为 CRM 是迄今为止规模最大的信息技术概念,它并不等同于单纯的信息技术或管理技术,而是一种"以客户为中心"的企业商务战略,为企业提供全方位的管理视角,赋予企业更完善的客户交互能力,在使客户收益最大化的同时实现企业与客户的双赢。其特点是:注重客户份额,强调个性化定制,实现"一对一"营销和服务,推行外视型管理。客户关系管理为企业提供了全方位的客户视角,赋予企业完善的客户交流能力和最大化客户收益所采取的方法。这一概念包含了企业为赢得竞争优势,同客户及销售伙伴通过多种渠道建立良好关系的全部内容。

CRM 的内涵可以从以下 3 个层面来理解。

1. CRM 是一种管理理念

CRM 就是把客户视为企业最重要的资产,在企业文化同业务流程结合的同时,形成以客户为中心的经营理念,通过完善的客户服务和深入的客户分析来满足客户的个性化需求,实现客户的终身价值。

CRM 的核心思想就是倡导从"以产品为中心"转向"以客户为中心"的企业经营理念和运作模式,宗旨是改善企业与客户之间的关系,目标是通过提供更快速、更周到和更准确的优质服务来吸引和保持更多的客户。在实现个性化服务的同时,通过对业务流程的全面管理来降低企业的成本,最终实现企业赢利最大化的目标。

2. CRM是一种管理机制

CRM是一种以"客户关系一对一理论"为基础,旨在改善企业与客户之间关系的新型管理机制,它主要实施于企业的市场营销、销售、服务、技术支持等与客户相关的领域。CRM的实施,要求以客户为中心来构架企业的业务流程,完善对客户的快速反应机制以及管理者的决策组织形式,要求整合以客户驱动的产品、服务设计,在企业内部实现信息和资源的共享,通过提供快速、周到的优质服务来提高客户的满意度和忠诚度,不断争取新客户和新商机,最终为企业带来持续的利润增长。

CRM同时也包括一个组织机构判断、选择、争取、发展和保持客户所要实施的全部商业过程。"客户关系一对一理论"认为,每个客户的需求是不同的,只有尽可能地满足每个客户的特殊需求,进行"一对一"个性化服务,企业才能提高竞争力。每个客户对企业的价值也是不同的,通过满足每个客户的特殊需求,特别是满足重要客户的特殊需求,企业可与每个客户建立起长期稳定的关系,客户同企业之间的每一次交易都使得这种关系更加稳固,从而使企业在同客户的长期交往中获得更多的利润。

3. CRM是一种管理软件和技术

CRM作为一种管理系统,一方面,它将最佳的商业实践与数据仓库、数据挖掘、销售自动化以及呼叫中心等信息网络技术紧密结合起来,为企业提供一个基于电子商务的现代企业模式和一个业务自动化的解决方案。另一方面,客户关系管理系统的实施,使企业有了一个以电子商务为基础的电子客户中心,从而成功地实现从传统企业模式到以电子商务为基础的现代企业模式的转化。

客户关系管理技术可以分为运营型客户关系管理、分析型客户关系管理及协作型客户关系管理。运营型客户关系管理(operational CRM)是指客户数据采集、查询和报表生成系统,应用在与客户接触的部门,其功能包括营销自动化、销售自动化、服务自动化、呼叫中心和电子商务网站。分析型客户关系管理(analytic CRM)是将运营型客户关系管理采集的客户数据转换成用于指导经营活动的客户信息,主要技术包括数据采掘和数据仓库。协作型客户关系管理(collaborative CRM)是公司内部、公司与业务伙伴、公司与客户的沟通与信息共享中心,包括传统沟通工具与在线沟通工具。

总之,CRM的核心思想是"以客户为中心",核心方法是"个性化"的营销管理和服务,核心技术是工作流管理、系统集成和个性化推荐技术。这些理念、方法和技术都值得电子政务借鉴。

二、电子政务中客户关系管理的引入

尽管政府和企业存在着本质的区别,但这并没有否定客户关系管理在电子政务中的应用价值。相反,客户关系管理的许多管理思想、理念和技术都可以应用于电子政务,指导电子政务的发展。

客户关系管理思想在电子政务中的应用,具体体现在以下8条原则上。

1. 以客户为中心的根本原则

企业实施以客户为中心的战略已经成为业界共识。传统的政府工作模式是以政府的机构和职能为中心,企业和公众围绕政府部门转。企业和社会公众要办一件事,常常必须

了解各政府部门的职能分工,然后一个个部门跑,反复报批。这就造成了政府部门办事难、办事效率低的现象。基于CRM思想的电子政务运行模式以客户为中心,就是要把企业和公众真正作为客户,以客户需求为出发点,围绕企业和公众的需求来提供服务。电子政务只有实施了以客户为中心的战略,用户才能真正体会到周到的政府服务,才能得到最大的实惠和便利。

2. "按客户类别服务"的原则

电子政务要体现客户关系管理思想,首先要了解客户并进行客户细分。电子政务的客户可以分为政府工作人员、社会公众、企业单位、其他政府机构、非营利性组织等。有的政府网站把客户分为本地客户和外地客户、本国客户和外国客户等。这些网站可以说初步具备了客户细分的理念。为了把握客户的真正需求和偏好,客户细分应该说是做得越细越好。可以借鉴统计学的分类方式,把企业按照行业、投资规模、经营范围、产品等进行分类,把社会公众按性别、年龄段、职业、所属地域、偏好等进行分类。然后有针对性地为不同的客户群提供个性化服务,甚至提供"一对一"服务。

3. "个性化服务"的策略

个性化的信息和服务是客户关系管理的核心思想。在互联网迅速发展的今天,企业和社会公众在网上获得了越来越多的信息和服务,同时对政府提出了更高的期望,他们需要更快、更高质量的公共服务。对市民来说,他们既然可以通过网络书店得到高质量的个性化服务,为什么不能从政府那里获得呢?而且,客户的需求是多层次、多方面的,因此很有必要对每一个客户的特殊需求进行有针对性的服务。这就要求政府网站在完成客户细分工作的基础上,把信息和服务项目也进行细分,把个性化的信息内容及时提供给需要的客户。例如,新加坡的电子政府网站,在"我的教育"栏目下登记入学、参加全国统考、预订学生宿舍床位、申请助学金等信息,在"我的就业"栏目下了解招聘、培训和退休等信息,在"我的交通"栏目下登记驾照考试、通知政府要出国旅游、申请出境许可、预约出租车等信息。

4. "按生活事件服务"的原则

如同企业的产品有生命周期一样,客户同样也有生命周期。比如,企业从新设立到经营,再到歇业,其生命周期的不同阶段所需要的政府的信息服务和办事服务是不同的。同时,社会中的每一个人在一生中的不同阶段也需要不同的政府服务,比如出生、生病、婚姻、户口迁移、社会救助、死亡等不同的人生阶段。所以,电子政务系统要考虑其用户的整个生命周期,要按照客户的"生活事件"来动态地组织信息和服务内容,并且按照用户所处的不同时期及时调整服务内容。这就要求电子政务及时维护一个用户信息库,跟踪用户的生命周期的不同阶段,提供不同的个性化信息和服务。例如,在新加坡的电子政府网站,市民可以选择从领取出生证明、上学、海外留学、找工作直到退休等一系列事件相关的服务。

5. "多渠道服务"的原则

传统政府环境下,公众与政府机构联系的方式主要是打电话、写信或者上门拜访。在电子政务环境下,电子邮件和政府网站将逐步成为公众与政府接触的重要步骤,而且是最便利、最便宜的沟通方式。然而,不是所有人都能够利用这种方式与政府接触,这时就需要政府利用客户关系管理分析不同公众群体对不同渠道的态度、偏好、使用能力,根据实际情况向相关的公众提供适宜的沟通渠道。另外,即使大多数公众偏好传统的电话联系方式,接线员在接电话时,也能在自己面前的计算机上找到住址、婚姻、子女抚养等相关资料,了解打进电话人的状况,理解他们的需要,从而更好地为其提供服务。也就是说,不论公众采用电话、电子邮件、网站还是面对面的交流,都能保证一致、标准的服务。这就是协作型客户关系管理在电子政务中的应用,它提高了政府对公众的服务质量。对政府来说也可以降低服务的成本,同时使政府工作人员可以从繁忙的接待任务中解脱出来。比如,伦敦 Newham 镇的税务局在实施客户关系管理后不到半年,光顾税务局的人数就从每天数百人次降至 60 人次。这个项目的成功让镇政府信心百倍,将其推广到所有市政事务处理中。

6."主动服务"的原则

电子政务所提供的服务有以下两种形式:一是根据客户请求而提供的被动服务,另一种是主动为客户提供服务、提供价值。政府网站把所有公开的信息分门别类放在网上,让客户去找自己感兴趣的内容,这种常见方式也属于被动服务,这些信息是政府自己认为重要的信息,还没有按照客户的需求来发布信息,而且由于网络信息量的极度膨胀,在网上寻找有价值的信息越来越难。这就要求电子政务能主动提供有针对性的信息增值服务,这样才能体现"以公民为中心"的服务理念。这也对政府和电子政务建设提出了更高的要求。可以采用手机短信、电子邮件、频道推送、网络广告、网页预留、网络寻呼机等多种手段和途径积极向用户进行信息推介服务。

7."一站式服务"的原则

市民要解决某项具体事务,往往不知道应该找哪个级别、哪个部门的哪位官员处理;政府部门提供的某项服务又常常涉及多个部门,需要填写各种表格,而且这些部门都希望和公众直接沟通,不愿意在部门之间进行沟通。这就需要政府从公众的角度而不是官僚机构的角度来提供"无缝服务"。例如,失业人员要在社会福利部门填写各种表格以领取失业救济金,还要去职业介绍所填写一大堆内容差不多的表格。这些服务都是相互关联的,却由不同的部门负责处理。应该将这些职能集中起来,为公众提供唯一的服务窗口,以简捷的方式提供一套综合服务,不需要公众去了解各种复杂机构的职能。这也是发展电子政务必须进行政府组织机构重组的主要原因之一。一种临时性的解决办法就是实现政府的不同部门之间的资源共享,使得电子政务可以从政府的不同部门提取完成一项涉及多个部门的服务时所需要的信息。例如加拿大政府的"联邦技术基础设施",政府各部门在这个基础设施上共享信息,为公众提供综合服务。这就是运营型客户关系管理的应用,它以公众为中心来组织政府的公共服务,而不是让公众去适应官僚机构,使公众觉得政府各部门是一个整体,无疑提高了政府服务的质量。

8."安全服务"的原则

基于 CRM 思想的电子政务的最核心的功能和特征是个性化服务,要提供优质的个性化服务,就必须深入地了解客户的基本信息和其他个性化信息(如偏好、习惯等)。由于这些信息很可能会涉及客户的个人隐私,所以要充分重视和妥善解决个人隐私保护问题。

在把客户关系管理的思想应用到电子政务建设中时,应将以上原则结合在一起进行考虑。电子政务要借鉴电子商务的成功经验,积极主动地实施客户关系管理战略,抛弃官本位思想,树立"以客户为中心"和"服务无止境"的服务理念,逐步建成"一站式"的"政务超市",使社会公众可以根据自己的需要,随时随地以不同的交互渠道来选择政府提供的公共产品和服务。

案例 8-1

新加坡"一站式"政府门户网站建设

著名咨询公司埃森哲对全球 22 个国家(地区)的电子政务发展状况进行了研究和评价,并依据这些国家电子政务发展的成熟程度,把这些国家(地区)分成四个类别,新加坡属于其中的第一类——创新和领先的国家(地区)。这充分说明新加坡在电子政务建设方面有其独到之处,其政府门户网站的功能建设更是别具特色。主要体现在以下几个方面。

1. 功能提供:体现出以公民为本、整合服务的强大的在线服务能力

新加坡政府门户网站的一大特色是内容充实、服务项目众多,涵盖了政务、医疗、学习、购物等诸多方面。国际上公认的创新和领先的新加坡政府门户网站,实现了高度化的双向互动,网站上集中了 2600 多项网上服务项目,包括公民从出生到死亡、企业从注册到生产经营乃至消失所涉及的政府各种相应服务。其首页右上角标注的"Integration"(整合)充分说明新加坡政府对资源整合的重视程度。其政府网站从 1999 年开始出现整合趋势,根据公民的需要调整流程,而不是让公民围着政府的流程转。一些业务不再按照部门来设置,而是按照流程做打包处理,即公民或企业在办理网上业务时,在单一的网站上完成所有相关业务手续的办理,实现了"一站式"网上办公。例如,著名的"电子公民中心",即面向"公民"标签内的"e-Citizen"子频道,是全世界迄今为止发展最为成熟的 G2C 模式,被公认为设计最好的、最充分考虑到居民要求的政府门户网站,在全球享有极高的评价。面向个人的服务有所得税缴纳、职业介绍、社会安全与福利业务办理、出生证办理、驾照办理、汽车注册、建筑许可申请、培训学习、医院挂号、献血预约、住址更改等。在"e-Citizen"子频道中,人们可以完成自己的虚拟人生。政府把每一个公民从出生到死亡整个生命过程需要跟政府打交道的事情全部归纳出来,然后将其分类并细化。2600 多项电子在线服务中,电子公民中心可以将其中的 1700 多项服务传送到每个人的家里。

G2B 模式的典范是"政府电子商务中心"(www.gebiz.gov.sg)与"中心商务站点"(www.business.gov.sg)。"政府电子商务中心"于 2000 年 12 月正式开通,它实际上就是新加坡政府的采购系统,它把新加坡政府各部门和机构的财务系统及采购软件整合到一起进行工作。政府电子商务中心网站是一站式综合入口网站,对象是有意投标政府工程的供应商和投标者,他们能直接从网上获得订购单和下载电子账单。"中心商务站点"通过网络在线提供面对企业的一整套商务服务,具体包括商务协助和财政服务、法律咨询、政府网上采购与招标、电子事务所、商务注册、电子证照办理和电子税务等。例如,企业要完成注册登记,只需登录新加坡政府门户网站的企业标签,进入注册登记服务主题,即可在网上办理所有与注册登记有关的政府服务业务。新加坡总人口为 561 万人,但政府门户网站每月的点击率超过 1400 万人次,这说明公众办事基本上都通过网络

完成。电子政务的突飞猛进,突显出服务集成与服务整合的重要性和迫切性。为使每个人随时从一个窗口就能更方便、快捷地获取所有的政府网上服务,新加坡政府本着"众多机构、一个门户"的核心理念,进行了网上服务整合与集成。实施政府网络资源整合,提供相互关联的一体化电子服务,处处体现"以客户为中心"的根本宗旨。

2. 功能调用:以快速、准确为原则

信息功能明确,减少重复点击和确认,以及提高网页链接的速度和准确性,是非常重要的,也是衡量一个网站建设得较好的重要依据。新加坡政府门户网站在这方面做得相当出色。当人们登录新加坡政府门户网站并点击相关链接时,网页显示速度快且所需信息也能准确找到。多数链接信息都采用层层递进式的设置,而不是尽可能多地拥塞在一个页面里。笔者经过反复多次验证,新加坡政府门户网站所提供的所有链接都是可用的,而且点击不多于四个链接就能够找到所需的网站内容。点击后网页出现的时间平均为3秒钟(网速、机器性能等造成的影响除外),实现了每个链接的唯一性、真实性、便捷性等特色。这些便民的设置无疑给网站的进一步发展提供了基本保障。

3. 功能分类:以简明清晰、规划明确为特色

新加坡政府门户网站针对具有不同使用目的的人群,将网站划分为面向政务、商务、新加坡居民、非新加坡居民等四类对象,并以此进行了标签分类式的首页设计。这样的设计抓住了不同用户的需求,让用户各取所需,同时也简化了首页页面(无须将大量信息都罗列在首页)。其首页默认为"政务(Government)"标签,所列栏目均是关于政务信息公开以及领导人简介等政务方面的信息,其他相关内容都要到另外的网页搜寻。首页色彩不像美国和加拿大政府门户网站那样艳丽,柔和的颜色透着朴素和淡雅,加上简洁、凝练的布局,更显得井然有序。首页长度也只有一个屏幕多一点,不需要滚动屏幕就可以将全部信息尽收眼底。这说明在信息规划上新加坡政府做了大量的努力,才使得政府的"门户"既简明清晰又涵盖全面。有关公民、企业、非本地居民的服务均设在其他三个标签里(并没体现在首页),并且页面内容也都分类清晰、简明扼要、概括全面。这种设计使访问者一目了然并且能够很便捷地找到自己所需的服务。例如企业或公司点击"商务(Business)"标签就可以看到新加坡电子商务概况、电子商务资源、电子商务税收、电子商务鼓励措施等有关信息。这种功能设计也是以方便用户为指导思想的。

从以上分类不难看出,新加坡政府门户网站功能建设已经达到了科学规划、服务便捷、简明高效的基本要求,给我国政府门户网站建设提供了参考和依据。然而,由于具体国情不同,我国政府门户网站的建设不能照抄照搬,只能"取其精华,去其糟粕",逐步加以改进和完善。

思考与提示

新加坡政府门户网站建设体现了什么样的服务理念?

最后需要进一步指出的是，客户关系管理起源于营利性组织，把它应用到电子政务中，其实就是将政府类比为企业，将公民类比为客户，把政府工作看成服务机构为客户提供服务的过程。然而，政府毕竟不是企业，它不是以赢利为目的，而且其服务对象也没有高低贵贱之分。政府在为任何种族、社会阶层、经济背景的公民提供服务时，都必须公平对待，没有权力选择服务对象。同时，公民也不能等同为客户，一方面公民没有太多的机会选择为其提供服务的政府；另一方面公民是政府的真正拥有者，有权参与政府的决策和公共产品的提供。因此，CRM的所有应用不能完全照搬到政府服务领域，而必须根据政府的自身特点，加以改造和适应。

第三节 电子政务一站式服务

一站式服务是电子政务的核心之一。它是政府成功应用信息，使用创新的交互模式为公民提供服务的方式。通过对传统政府服务方式和内容的改造和创新，一站式服务使服务的响应度、满意度等方面得到实质性提升。可以说，电子政务之所以是一个以客户为中心，随时、随地、为人服务的公共服务方式，很大程度上在于一站式服务的实施，或者说政府"电子化"的最终目标就是更好地为公众和社会提供一站式服务。

一、政府公共服务形式的演变

服务的实现过程从本质上看是前台受理渠道和后台业务处理的结合。前台直接面向服务对象承接服务请求和返回服务结果，后台则是任务的实际执行部门。前台的性能决定了服务递送的方便性、快捷性和公平性，后台的性能则决定了服务的质量、能力和效果。从政府提供公共服务的组织形式来看，经历了从早期的独立分散式到集中式，再到集中分散式的变化。

早期政府部门在各自办公场所为公众提供不同的服务，办事者往往要跑多个部门，属于独立的分散式办公方式；而大多数市民会把政府视作单一的整体，对政府的整体印象会因某一部门的服务失误而大打折扣，只要有一项服务欠佳，该部门以至所有其他部门的所有其他服务均会蒙上污点。

为了解决办公地点分散、企业和群众办事不便的问题，各级政府把与企业和群众密切相关的各职能部门的办事窗口集中设置在一个大厅提供服务，"一厅式办公"应运而生。集中办公虽然减少了以往在各部门之间的奔波与耗时，但是办事的程序基本没有简化，需要填的表格也没有减少，而且大厅与各个部门间相对独立，致使一厅式只能办理简单业务，没有一个政府部门或途径能够提供全面的公众服务。这种服务模式对于转变政府职能，建立和完善服务型政府具有促进作用，但由于存在诸多缺陷和问题，亟须改进。

随着网络技术的进步和应用软件的广泛运用，整合各政府机构的公共服务成为现实。这种整合不仅仅表现为服务的集中，更体现在服务的集成上。在服务集中的同时，服务渠道得到了分散。借助于多种服务渠道，特别是政府网站，政府实现了跨部门的、无缝的、全天候的服务，即"一站式"的服务模式。

政府公共服务形式的演进反映了政府公共服务前台不断扩大、后台不断缩小的发展要求和趋势，体现了传统政府从以自我职责为中心转向以客户为中心，从"大政府小服务"

到"小政府大服务"的服务转变过程。

图 8-1 形象地描述了政府公共服务的演变过程。(a)为传统公共服务情形,政府各部门分别面对公众提供服务。(b)为建立了统一前台(窗口集中)的服务状态,这是行政服务大厅服务模式。这时公众只需与政府前台进行交互,避免了对政府组织结构、内部流程的理解要求。(c)为完全再造的公共服务情形。这时前台扩张,基于信息技术应用的后台则呈现缩小趋势,整个社会的公共服务进入一个客户至上的新阶段。

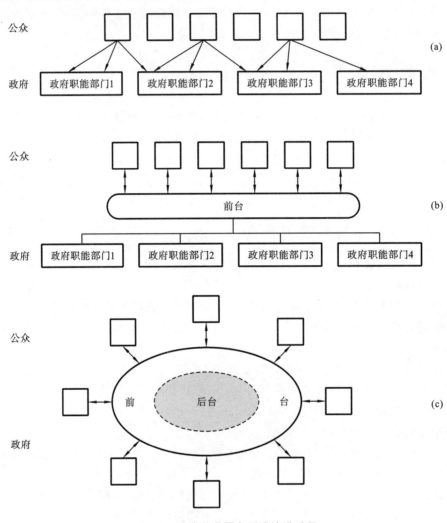

图 8-1　政府公共服务形式演进过程

■ 二、一站式服务的概念及特点

一站式(one stop)服务是指客户所需要的服务在一次的接触过程中(通过面对面或电话、传真、互联网及其他方式)即可完成的服务方式。一站式服务的实质就是服务的集成、整合,既是服务渠道、内容的整合,也是服务部门、流程的整合。对政府而言,一站式服务就是通过部门精简和数据整合,将分属于政府不同部门的业务受理网点集成到一个统一的政务平台上,向服务对象提供包括咨询、申报、交费、注册、审批、报关、投诉等在内的一整套服务项目的方式。

与传统的公众服务模式相比,一站式服务模式同样在追求效率,但关注的焦点从供给面转向了需求面,即从以政府为中心转向以公众为中心。这时一站式服务的管理理论基础也从传统的职能分工科学管理思想,转向功能集合的过程再造理论。因此它具有更高的顾客满意度、更大的服务灵活性和更个性化、人性化的界面。除此以外,政府也将获得传统服务不能提供的收益,如低成本、高产出和更快捷的服务速度,高质量和创新的收益,以及对于公众和政府来说,信息技术的应用将服务时间扩展到24小时,提升了边远地区的公众服务水平,增强了政府的紧急支援能力等。

具体地说,一站式服务的特点表现为以下方面。

1. 以用户为中心

以用户为中心不仅是服务型政府的根本要求,也是一站式服务的核心内容。一站式服务打破了政府部门之间的界限,最大限度地从用户的需要出发,以用户利益为中心设计服务和流程,一处受理,全程服务,为用户提供方便、快捷、低成本、高品质的服务。一站式服务不仅仅是服务方式的改变,更是政府服务意识的提升和服务观念的创新。

2. 集成化和自动化

一站式服务有很强的集成性,它把众多政府部门的不同政府职能集成在一起,让公众享受"打包"的服务,以有效地节省服务时间、提高服务效率。集成性的服务要求政府不同部门打破各自为政的传统做法,进一步理顺关系,建立快捷、顺畅的业务流程,让公众获得无缝的、完整的政府服务。同时一站式服务也提供部门综合利用网络技术、计算机技术以及现代通信技术,为公众提供高水平的自动化服务。自动化服务有效减少了政府服务过程中的人为干预,使政府服务更为规范、科学,并对提升政府形象、提高政府工作效率、节省服务成本有很大帮助。

3. 随时随地提供服务

一站式服务借助现代计算机技术、网络技术和通信技术,使政府服务突破了时间、空间的限制,可以做到让社会公众随时随地地接受政府服务。随时是指每周7天、每天24小时,即168小时;随地是指不管社会公众身在何处,都能通过政府提供的服务渠道获取政府服务。对政府来说,要做到这一点必须完善公共服务的基础设施和服务渠道建设。除了建设高水平的服务网站外,还要通过建设公共信息服务站(kiosk)、呼叫中心等多种方式保证公众方便地接受政府服务,并且还要考虑到特殊群体的服务需求,如缺乏信息技术应用能力的群体、不同语言的外地访问者等。

4. 个性化和自助化

在传统的条件下,政府由于受人力、物力的限制,所提供的服务只能是"粗放型"的,不可能按照个体的服务需求主动提供个性化的服务。一站式服务下,政府的服务能力有了显著提高,使得面向公众提供"一对一"的服务成为可能。借助智能化技术,一站式服务具备记忆功能,能够及时地识别服务对象,从而提供有针对性的服务。此外,由于Internet使得公众能更加主动地获取政府服务,并能充分按照个人意愿选择服务项目,这样可以充分提升顾客满意度。

三、电子政务一站式服务渠道

一站式服务并非信息时代专有的,早在电子政务出现以前,就出现了具备一站式服务功能的服务渠道。最早的一站式服务方式出现在 20 世纪 70 年代,由瑞士的圣加尔市和美国的 IBM 公司联合开发的市民办公室。根据欧洲学者库彼克和哈根的解释,"在'一站式'服务模式下,所有客户的事情都能通过一个简单的接触完成,无论它是通过面对面的方式,还是通过电话、传真、网络或其他方式"。随着信息社会的日益发展和电子政务的不断推进,一些传统的服务渠道的功能和效率得到了极大的提升,同时还出现了一些新的电子化的服务渠道。

根据一站式服务的载体,可以将服务渠道分为实体式和电子化两种形式。相对于实体式的形式,电子化的形式具有更多的优势,例如更及时的信息更新和共享、更密切的政府和服务对象之间的互动,更低的办公成本和社会成本,更高的工作效率和服务水平,以及更方便的获取服务的方式(服务对象不必亲自造访,即可享受到服务)。

行政服务大厅是实体式一站式服务渠道的主要形式。所谓行政服务大厅是指公众到大厅办事,只需通过一个实体窗口,经由该窗口接待和受理,即按照既定流程,分发工作,协同办公,并联审批,最后反馈结果给公众的服务形式。面对面提供服务是行政服务大厅服务渠道的显著特征。与整个"一站式"服务模式相一致,行政服务大厅也强调在公共服务过程中,以公民或顾客为中心,通过对政府业务流程的重组,为社会提供全方位的、一体化和无缝隙的公共服务。行政服务大厅对于破除传统官僚体制下的部门分裂思想和改变公民在不同政府部门之间来回奔波的办事局面有着显著的效果。在这种方式下,服务对象无须和各个职能部门或窗口都打交道,受理窗口可以对办理事项负责到底。一般而言,行政服务大厅有两种组建模式,即"受理—处理—反馈"模式(PPR)和"受理—反馈"模式(PR)。在 PPR 模式中,行政服务大厅与既有的行政组织之间是一个矩阵结构,其工作人员要受到来自原主管职能部门和行政服务大厅的双重管辖;而在 PR 模式中,行政服务大厅只是一个独立的实体机构,其工作人员不受任何其他职能部门的管辖。

行政服务大厅同传统的"一厅式办公"、"咨询中心"等有着本质的区别。尽管从物理环境上,它们都是集中式的办公形式,但后者仅仅实现了服务窗口的集中,缓解了办公地点分散的矛盾,并不是真正意义上的"一站式"服务模式。要将"一厅式办公"改造成为行政服务大厅这种真正的一站式服务模式,要从两方面努力:既需要作为服务前台的大厅内的窗口整合,还需要后台政务办理的信息化和业务整合。通过实体窗口的整合,实现从咨询、受理、资料录入、行政审批、过程交流、结果反馈等全部业务环节的自动化,达到"一处收件,全程服务"的目标。通过对业务办理过程的信息化,建设连接各政府机关的网络平台、管理系统、统一审批平台等,从而实现窗口到各部门的网络和应用系统的互联,满足并联审批和协同办公的需求,达到跨部门的信息共享和业务办理目标。

政府网站是电子化一站式服务渠道的主要形式。它是电子政务一站式服务的首选渠道,也是电子政务的重点建设内容。政府网站是政府在互联网上建立的一个虚拟政府服务平台,用户通过访问网站即可得到全程服务,比如有关的行政申请、查询、获取结果等。网络化和虚拟化是政府网站服务渠道的显著特征。在这种方式下,服务对象可以足不出户,即可享受到政府为其提供的全天候的、个性化的、无缝的服务。在各种各样的政府网站中,政府门户网站是最重要的并发挥支撑作用的服务渠道,一站式服务是其最显著的特征之一。

政务呼叫中心(call center)是伴随政府网站出现的,也是电子政务一站式服务的一个重要渠道。在由传统社会向信息社会转化的过程中,不同公民在选择沟通、交流方式上可能存在不同的习惯和偏好;公众在同一服务过程中也存在改换交互途径的可能和需要;由于数字鸿沟的存在,还有许多公民无法享受电子服务带来的好处而不得不继续采用非电子化的手段接受政府服务。电话和互联网是当前常见的沟通渠道,而且电话具有更悠久的历史、更高的普及率和使用上的方便性,在承担政府公共服务载体的过程中优势更明显。美国于2003年进行的一项对2 925位成年人的调查显示,在同政府联系时,38%的人最喜爱使用电话,17%的人最喜爱使用网站(此时美国的互联网用户已经达到63%)。在我国,电话具有更大的受众面。据国家统计局统计,2015年末,我国移动电话用户总数突破12亿;2016年,我国网民总人数达7.31亿。因此,充分利用电话这一沟通渠道,对于普及政府服务具有十分重要的现实意义。呼叫中心,又称客户服务中心,起源于发达国家对服务质量的需求,其主旨是通过电话、传真等形式为客户提供迅速、准确的咨询信息以及业务受理和投诉等服务,通过程控交换机的智能呼叫分配、计算机电话集成、自动应答系统等高效的手段和有经验的人工座席,最大限度地提高客户的满意度,同时自然也使企业与客户的关系更加紧密,是提高企业竞争力的重要手段。随着近年来通信和计算机技术的发展和融合,呼叫中心已被赋予了新的内容:分布式技术的引入使人工座席代表不必再集中于一个地方工作;自动语音应答设备的出现不仅在很大程度上替代了人工座席代表的工作,而且使呼叫中心能24小时不间断运行;Internet和通信方式的革命更使呼叫中心不仅能处理电话,还能处理传真、电子函件、Web访问,甚至进行基于Internet的电话和视频会议。因此,现在的呼叫中心已远远超出了过去的定义范围,成为以信息技术为核心,通过多种现代通信手段为客户提供交互式服务的重要形式。由此可见,政务呼叫中心结合了行政服务大厅和网站的优势,突出体现了"惠及所有人"的服务理念和缩小数字鸿沟的目标,为公民提供了随时随地、无处不在、方便易用的政府服务,最大限度地提高了使用范围。

新媒体逐渐发展演变成当今社会电子化一站式服务渠道的主要形式。在新媒体时代,政府与社会大众之间的互动得到强化,因此也带来了电子政务发展模式的改变。新媒体的发展使得信息的传播与交流完全打破了地域、时空的局限,它传播信息的最大特点就是开放、自由、平等、灵活。在新媒体环境下,因其在机器面对机器、键盘面对键盘的拟态环境中,使得每个人既是信息的"传播者"又是信息的"接受者",更进一步放大了他们的发言权与参与权,因此开创了一个新的社会舆论平台;同时也具有匿名性、平等性,使人们可以较大自由地发表自己的看法,这也在一定程度上促使一站式服务更加完善。新媒体的发展提升了电子化一站式服务的质量,在凝聚社会共识方面发挥着重要作用,成为现代社会中政府提供一站式服务的一条重要渠道。

除此之外,电子政务的一站式服务渠道还包括手机、掌上电脑(PDA)、公告信息服务站等。随着我国行政管理领域"服务型政府"、"和谐社会"等进步观念深入人心,通过互联网、微博、微信等新技术和通信方式提升服务质量、提高服务效率,已成了各级政府、机构和组织的共识。

四、电子政务一站式服务的实现模式

无论电子政务的服务渠道多么先进、便捷,它都仅仅只是电子政务一站式服务的前台,只能承担政府同服务对象交互的界面功能,都离不开整合的服务后台的支撑。这是因为,尽管以信息网络技术为基础的服务渠道使公众对政府的接触变得不受时间和空间限制,但传统的职能组织边界僵化、面向内部的价值导向的弊端并不会因信息技术的应用而相应改善。如果政府不对内部的运作模式、流程做出相应改变,其处理拖沓等弊端也可能抵消便捷化服务渠道所带来的益处,从而限制了一站式服务整体"随时性"和"随地性"效果的发挥。因此,要实现电子政务一站式服务的目标,政府必须同时进行服务前台和后台的改造。电子政务一站式服务模式将政府分为前台和后台两部分。前台是指政府门户网站,它连接各政府网站,面向公众承接服务请求和返回服务结果;后台是指电子政务系统中基于政务内网和专网的并联审批和协同办公系统。前台改造的核心任务就是不同政府机关、不同业务部门受理窗口的开放、互联以及信息的共享,后台改造的核心任务就是组织的重组和流程的再造。理想的一站式服务是用户通过政府门户网站即可直接进入业务办理程序,后台的处理可能跨越不同政府部门或者同一政府部门的不同处室,对公众是完全透明的。在前台和后台的改造过程中,信息技术的作用举足轻重。

服务的前台和后台并不是一一对应的关系,而是同时对应于同一个服务总后台,即政务协同办公平台。该平台主要提供两大功能,数据交换和并联审批。

信息共享是实现电子政务一站式服务的前提。实现一站式服务,关键在于网上跨部门协同,而网上跨部门协同的实现是建立在业务梳理、资源整合、流程优化再造和信息共享的基础上的。通过信息共享和资源整合,解决部门间信息孤岛、资源浪费等问题。通过流程优化和再造,减少冗余环节,简化程序,借以实现跨部门协同办公,实现真正的"一站式服务"。信息共享的实现依赖于服务总后台的数据交换功能。通过建立统一的数据标准,总后台数据交换提供3个方面的功能,不同服务渠道之间的数据交换、不同业务办理系统之间的数据交换、总平台与遗留系统的数据交换。服务渠道之间的信息共享避免了数据的重复采集,满足了通过对服务对象的识别来提供个性化服务的要求。公民无论从哪一个渠道提出服务请求,都会被集中到总前台予以处理,即使公民在与政府的多次接触时使用了不同的渠道,其前次的相关服务信息也会在总前台被及时找到,从而无障碍地接受连续服务。业务办理系统之间的信息共享使得跨部门、跨单位的串联审批和并联审批成为可能。与遗留系统的数据共享为已有业务系统在不重新开发或改造的前提下接入服务总后台提供了可能,最大限度地保护了已有业务系统的建设投资和信息资源。

并联审批是实现电子政务一站式服务的关键。并联审批是一种适应网络时代、打破部门界限的工作流程,可以大幅度削减协办事项,最大限度地减少业务转办和流程等待。根据用户的服务请求,一站式服务总后台通过服务前台接收用户的申请信息,并将用户申请自动提交到相应的业务处理系统,同时,能根据既定的业务处理流程,完成信息流转,实现数据在不同部门、不同应用系统之间的自动流转,实现了跨部门的审批服务。

需要指出的是,电子政务一站式服务的后台不止一个,除了总后台之外,各政府部门的业务处理系统也是服务后台的重要组成部分,它们通常是真正实现业务处理的系统,因此,可以看作是总后台的"后台"。另外,政府的各级工作人员也是服务后台的组成部分,他们是应用信息系统,为公民提供一站式服务的中流砥柱。

第四节 政府门户网站

2014年12月19日,英国内阁办公室确认将所有的政府网站都迁至GOV.UK,今后英国政府的信息主要由GOV.UK提供。电子政务服务(GDS)花费7个月的时间关闭了658个网站,在GOV.UK上发布了15万多个页面,并推出了180万个网址重新连接到GOV.UK新网页。此举是将政府框架迁移至GOV.UK计划的一部分,旨在整合政府门户网站信息,提供优质的政府门户网站,为公众和企业提供更方便快捷的服务。政府门户网站,它是政府为公众和企业提供服务的统一入口,是"虚拟政府"的运行载体,已成为电子政务建设的主要发展方向。

一、政府网站的定义和功能

政府门户网站以政府网站为基础,没有政府网站,就没有政府门户网站。同时,政府网站是政府门户网站的后台支持,它的功能直接决定了政府门户网站的功能和目标的实现。

政府网站是政府机关面向社会发布信息、提供服务的一种渠道。它是电子政务在网络上的具体应用,是政府机关实现政务信息公开,服务企业和社会公众,以及进行互动交流的重要渠道。政府网站是由政府机关主办的网站,但政府机关主办的网站不一定是政府网站,政府网站是代表本政府机关的官方网站。

政府网站是电子政务建设的龙头,能够综合体现出电子政务的后台应用系统、信息资源、网络基础设施、安全系统及制度保障等各个要素的发展水平,是企业与社会公众感知和获取电子政务服务的平台。

一般而言,政府网站主要有以下几个方面的功能。

(1) 政府网站的基本功能是信息公开。所谓信息公开,是指政府对外发布各类信息,包括各种通知、公告、政策法规、办事流程、政府机构组成、人事、财政、统计数据、行政处罚、考试、劳动就业、医疗、住房、交通等。

(2) 政府网站是政府提供公共服务的平台,为建设服务型政府服务。围绕政府职能、审批业务,为服务对象提供在线事务办理、在线公共服务,这就是政府网站的在线办事服务功能。

(3) 政府网站是社会广泛参与公共事务管理的桥梁,为建设民主型政府服务。征集社会公众对政府工作的意见和建议,接受公民的申诉、意见、建议、投诉等,为公民行使自身权利提供渠道,这就是政府网站的互动交流功能。

政府网站在实现上述相关功能的同时,还可以包括其他一些技术相关功能,如搜索功能、个性化服务功能等。

二、政府门户网站的概念

随着电子政务的发展,政府网站迅速增加,如何使公民能够在网络上更迅速、有效地获取各项信息与公共服务,已成为重要的课题。政府门户网站是整合政府网站资源,为公众、企业和其他社会单位提供一个统一的服务入口,实现"一站式"服务的重要途径。

门户网站(portal site)的概念诞生于网络经济发展初期,又称为大门网站、入门网站,主要是指通过整合各方面的信息和服务,提供信息内容、电子邮箱、搜索等全方位的互联网服务,基本满足网络用户的需求,并能引导访问者进入其他网站的网站。典型的企业门户网站如新浪、雅虎、搜狐等。门户网站是互联网用户通向互联网世界的大门,迈向网络社会获取信息资源及服务的第一步。门户网站通过整合众多内容,以及提供多样服务,成为网络用户的首选网站。门户网站的突出特征是友好的网站界面、清晰的网站导航、合理的信息分类、强大的搜索引擎、个性化的服务、完善的帮助系统等。

政府门户网站是用以整合政府所有机构网站的电子接口,以提供外部公民与政府内部人员在线一站式服务的虚拟平台。政府门户网站是政府在信息时代对社会进行管理和服务的核心窗口,它打破了政府部门之间的界限,将不同部门的服务集中起来,通过一个入口向用户来提供,从而大大提高信息服务的有效性。在公民获取政府服务的过程中,对于那些需要几个政府部门同时介入才能完成的事务处理,政府门户网站为用户提供了最大的方便。通过门户网站形成的用户与政府的互动使政府错综复杂的组织结构透明化。用户只要在网上完成他所需要的与政府互动的事务处理即可,根本不需要知道在这件事情完成的过程中,他与哪些政府部门、哪些政府官员打过交道。

政府门户网站不仅是政务信息发布平台和业务处理平台,而且也是知识加工平台、知识决策平台、知识获取平台的集成,它使政府各部门办公人员之间的信息共享和交流更加流畅,通过数据挖掘、数据加工而使零散的信息成为知识,使相关人员能够在恰当的时间使用恰当的知识,为行政决策提供了充分的信息和知识支持。

整合是政府门户的关键所在,也是其区别于其他政府网站的本质特征。根据政府门户网站的实践特征,整合表现为以下两个层次。第一个层次是基于网站链接的整合,即门户网站作为连接所有政府网站的前台,通过对各政府网站提供信息和服务的链接的分类、整理,并按照相应的主题和一定的逻辑关系在门户网站上排列显示。这个层次的整合只是对网站链接的整合,并不具备直接的网上业务办理功能,其最大的益处在于让公民或企业快速、便捷地找到并进入办理相应业务的政府网站;在此基础上,用户就可以通过具体的政府机构网站完成网上业务办理工作。第二个层次是基于服务功能的整合,即所有的政府部门的业务都按照政务流程进行整合,传统的政府机构成为电子政务系统的业务处理节点,它们进行协同工作,然后通过单一的窗口为企业与公众提供管理和服务。在这种情况下,用户通过政府门户网站即可直接进入业务办理程序,无须访问特定的政府机构网站,也不用知道自己是在与哪个政府机构打交道。此时,用户似乎在通过这个门户网站面对一个"虚拟政府",因为人们通过这个门户网站可以办理包罗万象的所有政府业务。不言而喻,从实现的难度来说,基于功能的整合要比基于内容的整合困难得多。因此,基于网站链接的整合是当前各国政府门户网站的主要形式,而基于服务功能的整合是电子政务的发展方向和目标,特别是在面对跨不同部门的业务事项时,基于功能的整合必不可少,是实现一站式服务的前提。以基于网站链接的整合为主,结合基于服务功能的整合,是今后很长一段时期内电子政务门户网站的发展方向,它既保证了整合的效率和效果,又保证了一站式服务目标的实现。

三、政府门户网站的功能

政府建立门户网站的目的有两个：一是整合政府各机构的信息，使公民可及时、迅速、便捷地取得政府信息；二是整合公共服务，便于公民使用，提升服务质量。尽管政府门户网站是政府网站，但其在功能定位上存在着较大的差别。如果混淆了这些差别，按照政府网站的功能建设门户网站，就会失去"门户"的功能，造成重复建设。

1. 服务导航功能

随着电子政务的不断发展，各类政府网页不计其数，如果没有有效的引导，公民在寻求政府在线服务时就相当于大海捞针，不知所措。服务导航功能是政府门户网站的基础功能，是政府建设门户网站的出发点。服务导航就是通过对所辖政府网站服务项目链接的合理分类与组织，以一种直观的方式，罗列服务项目，引导用户获取在线服务的功能。

政府门户网站应该是面向公众提供综合政务服务的网上"第一入口"，因此公众是政府门户网站的最直接、最主要的服务对象。所有非直接为公众服务的功能都不必放到政府门户网站上，它们可以被放在次级网站、内部网站或专网上，也可以不放到网站上，而仅仅作为功能片段、按照一定的接口标准融合在门户网站的"后台"系统中。如果我们浏览电子政务理念实现得较好的国家的政府门户网站（如加拿大、美国、新加坡等），就可以发现它们都有很强的服务导航功能，对政府门户网站的"综合服务型"定位非常突出，主页结构简洁、实用、重点突出、逻辑结构清晰，使用者往往通过3～5次点击就可以得到所需要的信息和服务。例如，在具有几万个政府网站、几千万个政府页面的美国，其政府门户网站的首页，没有任何一条新闻，也根本没有任何有关新闻的栏目，而是根据服务对象，按公民、企业、政府和外国人对政府所有的服务进行分类，并在每个大类下，再按服务的主题进行更详细的分类。在这种科学的分类方式下，即使是该网站的首次访问者也能即刻进行网上项目办理。新加坡政府门户网站也是按用户对象设置频道，分别是政务频道、市民频道、企业频道和外国人频道等4个频道，针对每个频道的服务对象设置相应的服务栏目，并对这些服务栏目进行归类。同时，新加坡政府门户网站针对不同的用户对象设置有快速通道，并且在用户频道里设置了多种渠道接口用以进入服务栏目，从而能够使用户快速便捷地获取在线服务。

2. "一站式服务"功能

电子政务的核心内涵就是创建"虚拟政府"，即一个跨时间、跨部门、跨地域的全天候政府管理服务体系。政府门户网站是实现跨部门、一站式服务的首选渠道。一站式服务是政府门户网站的重要功能，也是政府门户网站建设的目标。政府门户网站应该按照一站式服务的特征，进行网站的页面设计和功能定位。

在电子政务的早期阶段，各个政府部门的网站都是按照政府的组织结构来设计的，以政府职能为中心。一站式服务必须以公众为中心，针对不同的服务对象，按用户需求设定具体的办事内容。所以，政府门户网站要打破按政府部门职能分工的办事界限，对传统的政务业务流程进行改造和重组，将各部门内部的业务通过政府统一的信息交换与共享平台，与部门间的合作业务流程进行整合，将政府按部门划分的业务提升为面向公众服务的协同功能群。用户通过一个政府门户网站应当可以进入到政府的所有部门，或者可以进入任何一个由政府向用户提供的服务项目。新加坡政府门户网站中最具特色的就是公民频道的电子公民中心。该中心以公民的需求为导向进行设计,打破了传统的按照部门机构划分提供服务的格局,将一个人从摇篮到坟墓的人生过程划分为诸多阶段,在每一个阶段里,公民都可以得到相应的政府服务,政府部门就是公民人生旅途中的一个个驿站。每一个驿站都有一组相互关联的服务包。例如在教育和就业驿站里,分别有教育、图书馆资源、就业和技能提高等四个主题,每个主题下面又有众多子主题。针对众多的服务子主题,按照学生、父母、求职者、雇主和雇员等不同的用户进行归类,使得用户能够通过多种途径快速找到自己所需要的信息和服务。

3. 网站群龙头功能

网站群是指具有统一的数据结构、统一的技术形式、统一的主站点页面而运行主体不同的一组网站的集合。政府门户网站是政府网站群的龙头,政府部门网站及子站是网站群的组成内容。

建设政府网站群是全面提升政府网站水平的有效方法。对分散在各级部门网站系统的信息进行有效的整合、利用,通过统一规划、统一部署、统一管理,建立统一标准、统一规范的政府网站群,可以加快实现"一站式服务"的步伐,实现资源互通共享,提升政府网站的整体水平,降低政府网站的运行维护成本。

除了上述三大功能以外,政府门户网站还应该具备功能完备的搜寻功能、个性化服务功能和帮助系统。

四、政府门户网站管理机制

政府门户网站建设看似简单,但真正实现其目标很不容易,除了要有良好的网页设计和技术支持之外,还必须有持久的机制、持久的机构、持久的经费及持久的职责。政府门户网站建设不仅仅是一项单纯的技术工作,而且与政府各部门的业务工作紧密联系,因此,不仅在技术层面,而且在行政业务层面也需要加强领导,保证服务公众的核心价值的有效落实。良好的管理机制是政府门户网站发展的必备条件之一。

1. 领导机构

政府门户网站需要具有一定经济实力和政治权力的领导机构。政府门户网站的建设和管理不仅涉及信息技术的应用和系统创新,而且跨越多个政府部门,包括政府部门职能、业务分工和利益调整。网站建设和管理的协调工作量大,甚至在未来的发展过程中还会涉及政府改革、机构设置、业务重组、流程再造等体制层面的问题,需要长远的战略眼光和发展策略,得到本级政府最高领导班子的直接推动,在政府系统范围内达成广泛的共识。

领导机构的设置和具体管理工作,有必要区分不同层次的政府管理职能,探索政府门户网站管理的新模式。具体而言,就是需要将高层领导的政府制度创新职能和管理建设职能分开,将流程梳理与机构协调功能和系统技术协调功能区分开,将核心政务管理、非稳态政务管理和支撑政务管理分开,将系统需求分析职能和系统建设行、维护职能分开,将电子政务建设与管理职能和项目过程管理职能区分开,将临时授权和长期授权区分开,将协调职能和领导职能区分开,将机构变动和知识积累区分开,防止一些高度抽象、词义模糊的管理用词混淆网站管理的既定安排。

门户网站的业务协调和工程建设,需要领导机构的支持。在门户网站所辖政府范围内顺利推进门户网站技术规范,规范政务信息发布和办事服务流程,协调和整合跨部门政府服务,在政府垂直和纵向系统内统一规划、设计、建设、应用、管理、升级有关的政府门户网站系统,离不开各层次政府行政首脑的支持和授权,离不开强有力的行政管理体系的支持,离不开政府系统内部所达成的广泛共识,也离不开社会公众的理解和认同。

政府门户网站的建设,还需要政府业务部门的配合。经济实力和政治权力的支持只是为政府门户网站的成功提供了政治保证和资源保障,具体的政务信息和办事服务还需要落实到具体的职能部门和一线政府工作人员身上。政府门户网站的建设不是重新添加额外的政府部门,不是在政府部门传统职能之上叠加电子服务,不是单纯增加政府部门的现有工作量和扩编政府部门编制,而是在业务部门的积极配合和自发参与下将各级各部门的具体"政务"汇聚到接口平台上,向公众提供"一站式"服务,提高政府服务的公众满意度,增强政府部门的公众信心,促进"服务型政府"目标的实现。

2. 内容保障

一整套有效的内容保障制度是政府门户网站信息及时更新的基本保证,是让公众满意的基本保障。政府门户网站需要聚集各级政府门户的政务信息和服务项目,整合部门网站信息和服务。政府门户网站能否为公众认同,关键在于能否提供满足公众需求的高质量的信息服务。信息服务的内容保障就是政府门户网站的生命。网站建设,制度应先行,内容保障需领先。

内容保障制度,包括政务信息的采集、编审、分类、共享、发布、检索、服务等环节。重点在于完善信息采集制度。信息内容采集主要依靠各级政府,同时,要进行机制创新。要逐步建立在政府部门间合理的信息采集分工负责和相互协作制度,明确主要采集部门和协作维护部门;同时要适当放宽采集权限,允许并鼓励非政府机构和社会公众在一定范围内进行信息采集,为政府门户网站服务。在网络信任空间逐步发展到一定水平以后,对于网上公众、提供的信息内容,可以经过验证确定为网站信息来源。不断创新信息采集机制,为网站信息全面开源。逐步完善信息报送、信息抓取、深度链接、栏目共建等信息采集方式,依靠业务处室稳妥推行政务信息上网的分布式审核机制,扩大政务信息的来源,并科学编排政务新闻。

3. 督察考评

政府门户网站的发展,不能单靠资金支持、行政命令、技术驱动,还需要在组织建设、方案实施和项目管理等方面建立督察制度,引入评比激励机制。将网站信息维护和网上服务的开展工作逐步纳入各级政府机关目标考核,加强督促检查,开展评比,以评比促进建设,发挥各级典型政府门户网站的示范、引导作用。督察考评机制的建立是发挥各级政府建设门户网站的创造性和自觉性的有力途径。

政府门户网站应将公众服务结果作为绩效评价体系的主要内容,淡化技术指标。重点放在栏目访问量、用户覆盖面、内容满意度、服务认同度等指标方面,建立起持久改进的激励机制,以此激励各级政府部门的建设自觉性。

可由政府网站主管部门和第三方中介组织联合设立政府门户网站评分表,开展各级政府门户网站的评比,重点关注那些至关重要的公众服务要素指标。各级政府门户网站新上项目都可经由第三方中介组织进行评比,评比结果可以作为各级政府的考评依据。

4. 经费保障

将政府门户网站的运行、维护费用逐步纳入各级政府的经常性支出管理。在早期，政府门户网站建设费用通常是纳入基本建设投资支出，这在当时是比较合理的。但是，政府门户网站已经由一次性的工程建设阶段进入常态化的运行维护阶段，内容保障、软件升级、后台整合和版面调整任务比较繁重，已经逐步成为常态性工作，需要较为稳定的工作经费支持，最好列入经常性支出的行政管理支出子项。政府门户网站如果沿用基本工程建设支出方式加以管理，有可能影响网站的内容更新和有效管理。将网站运行、维护支出纳入基本工程建设预算已经显得不太合适。

案例 8-2

国外推行电子政务公共服务的典型案例

在相关服务理念的指导下，各国采取了各具特色的电子政务公共服务发展道路。

一、美国：三位一体的服务

美国是世界上公认的电子政务发展最早、信息化程度最高的国家。通过推行电子政务，以政府网站的形式为社会提供有针对性的公共服务，大大改进了政府的工作方式，提高了政府的工作效率，减少了政府员工，节约了开支。美国还建设了很多电子政府门户网站，其中美国政府的官方网站（www.usa.gov）集成了联邦政府的众多服务项目，并与许多联邦政府机构、州政府机构和外国政府机构建立了连接，基本上可以提供所有的政府服务。美国电子政务公共服务主要有以下三个特色。

1. 层次分明的门户整合

美国政府网站可以分为联邦、州与市县三级，每一级政府网站的服务内容各不相同、分工明确。联邦级的政府门户网站作为联邦政府唯一的政府服务网站，整合了联邦政府的所有服务项目，与立法、司法和行政部门等许多政府部门建立连接，同时也连接各州政府和市县政府网站。其作为综合性网络门户，用户通过该网站可以通往任何政府网站，包括州和地方政府网站。每个州政府和市（县）政府都建有自己独立的门户网站，企业或公民根据业务内容，通过访问所在地的州或市（县）政府网站，即可获得相应的服务。

2. 三位一体的服务

美国联邦政府门户网站的设计很有特色，它将政府服务分为三类，即对公民的在线服务（Government to Citizens, G2C）、对企业的在线服务（Government to Business, G2B）以及对政府机构的在线服务（Government to Government, G2G）。对公民的在线服务包括申请护照、查询天气预报、查询彩票中奖号码等；对企业的在线服务包括在线申请专利与商标、转包合同、商业法律与法规咨询等；对政府机构的在线服务包括联邦雇员薪水册变化表、联邦雇员远程培训以及联邦政府职位招聘等。这种设计简单明确,任何一个寻求政府在线服务的人都可以很方便地找到所需要的服务。G2C、G2B和G2G构成了美国电子政府三位一体的服务。

二、澳大利亚:以公众为中心

2002年,澳大利亚联邦政府提出了以"更优的服务、更好的政府"为目标的电子政务发展战略,整合联邦、州和地方三级政府部门之间的网上服务,促进信息在不同层级政府部门之间共享,面向公众提供一站式服务。

1. 政府主导

澳大利亚政府认为电子政务成功的关键是政府的主导和政府各部门之间的协调。没有政府的主导,就可能只有电子没有政务。为此,澳大利亚联邦政府建立健全了电子政务建设的战略管理机构、组织协调机构和办事机构,以确保电子政务建设的顺利实施。这些机构分别是在线服务委员会、联邦政府信息管理战略委员会、联邦政府首席信息官委员会和联邦政府信息管理办公室。在线服务委员会是跨联邦、州和地方政府开展咨询和协调工作的组织,主要任务是保障全国电子政务建设的协调一致发展。联邦政府信息管理战略委员会是国家电子政务建设的战略管理机构,负责制定统一的电子政务管理政策,领导政府在信息网络技术领域的投资、研发和建设工作,为内阁提供咨询意见。联邦政府信息管理战略委员会主席由财政和行政管理部部长兼任,成员包括总理内阁部、国防部、通信信息技术和艺术部等11个联邦部门的最高行政首长。联邦政府首席信息官委员会是电子政务建设的组织协调机构,主要负责公布信息管理战略委员会确定的优先项目,指导信息网络技术在政府部门的推广应用,确定发展战略问题。联邦政府首席信息官委员会向联邦政府信息管理战略委员会汇报工作。联邦政府信息管理办公室受联邦政府首席信息官领导,负责提出电子政务发展的意见和建议,落实联邦政府信息管理战略委员会的决定事项。其具体职责包括领导和管理政府部门的信息网络技术项目,管理政府在线和电子政务服务相关事务,促进政府部门信息服务、应用等方面的合作等内容。

2. 服务至上

澳政府将公众视为政府的"客户",除提供及时、权威的信息外,主要是通过建立一系列以用户为导向的门户网站,使公众更易于获取集成的服务。门户网站分为综合性和专业性两类。澳大利亚政府门户网站是综合性门户网站的代表。该网站内连接了700多个澳大利亚政府机构网站,可连接100万个网页,其信息和服务涉及生活的方方面面,包括教育、就业、医疗保健、新闻、法律、文化、经济、旅游、开办企业、投资、移民等。公民通过网站得到的服务主要有以下几种。

(1)网上表格下载。将以往需要到政府机构领取的纸质表格,变成电子表格放在网上,用户下载、打印、填写,然后寄给有关机构即可。

(2) 网上远程服务。用户无须了解政府内部的组织结构和职能分工,就可通过一个"窗口"直接获取所需要的服务内容,如退休金领取、证件申办或更新、修建住房、求职、交税、孩子入托、公司注册等。只要拥有一台联网的计算机,用户就可以在办公室或家里办理电子手续。网上服务有效减少了公众到政府访问的人次,既方便了公众,又节省了政府行政成本。

3. 反"数字鸿沟"

澳大利亚政府提出要使全体澳大利亚公民都能享受信息技术带来的利益,政府服务不应只限于富有的精英阶层或少数科技爱好者,政府应通过服务帮助把澳大利亚建设成一个更加繁荣和公正的社会。为了避免出现地区间、群体间的"信息差",澳大利亚政府开展了反"数字鸿沟"行动。一是重视基础设施建设,提高互联网普及率,尤其是提高偏远地区的网络覆盖率。联邦政府制定了产业投资计划和改善偏远地区通信条件的行动框架,以及有关数字传播的推行计划。二是引入市场竞争机制,降低用户上网成本。通过采用市场机制,实行项目招投标,提高了信息化建设的速度和质量,有效改善了信息资源配置状况。由于引入了竞争机制,企业和公民的网络通信费用得到显著降低。三是面向特殊群体提供专门信息服务。专门建立了农村、偏远地区及老年人信息服务中心,并为残疾人等弱势群体提供特殊信息服务,如建立专门网站、开发盲人专用系统等。

三、新加坡:"从摇篮到坟墓"的服务

新加坡从20世纪80年代起就开始发展电子政务,现在已成为世界上电子政务较发达的国家之一。在新加坡,电子政务被列为"21世纪发展规划"中的一项重要目标。信息化已渗透到新加坡社会的各个层面,在全国范围内已实现各政府部门联网办公,发达的网上管理和服务体系已经建立。

1. "一站式"网上办公

1999年,新加坡的电子政务开始出现整合趋势,一些业务不再按照部门来设置,而是按照流程做打包处理。也就是说,公民或企业在办理网上业务时,不必再考虑登录各个政府站点,分别办理各种相关手续,而是按照业务流程,一步步地在一个单一的网站上完成所有相关业务手续,实现了"一站式"网上办公。目前,所有这些打包服务都可通过新加坡的政府门户网站找到。该政府站点就像一本政府白皮书,完全代表政府,而不是政府的某一个方面。中心站点将政府服务划分为政府信息与电子服务、新闻公告、对企业的信息与电子服务、对非新加坡公民的信息与电子服务以及电子公民服务等几大块,栏目的设置让人一目了然,给公众带来了极大方便。

2. 电子公民中心

始建于1999年4月的电子公民中心,其目的是将政府机构所有能以电子方式提供的服务整合在一起,并以一揽子的方式轻松便捷地提供给全体新加坡公民。电子公民中心将一个人"从摇篮到坟墓"的人生过程划分为诸多阶段,在每

一个阶段,都可以得到相应的政府服务,政府部门就是公民人生旅途中的一个个"驿站"。每一个"驿站"都有一组相互关联的服务包。例如,"就业驿站"的服务包包括"雇佣员工"(专为雇主设计)、"寻找工作"(专为求职者设计)、"退休"、"提高技能"和"在新加坡工作"(专为外国人提供)等。目前电子公民中心网站里共有9个驿站,覆盖范围包括商业贸易、国防、教育、就业、家庭、医疗健康、住房、法律法规和交通运输,这些驿站把不同政府部门的不同服务职能巧妙地联系在一起。例如,在"家庭"驿站里,"老人护理"服务包来自卫生部,而"结婚"服务包则来自社区发展部。

3. "One-Stop;Non-Stop"

新加坡政府推行电子政务公共服务之所以取得成功,与其坚持"One-Stop;Non-Stop"的理念紧密相关。"One-Stop"服务是指"一站式服务",即访问者只要登录政府网站,即可享受到政府跨部门的服务,而不必关心它们之间是如何运作的。这一理念大大简化了政府工作的办事程序,相对于传统的、需要在不同政府部门间来回穿梭才能办理的政府事务来说,是一个革命性的进步。因此,这种电子政务服务方式受到广大民众的热情支持和积极参与。"Non-Stop"是指政府的电子政务服务是不间断的在线实时服务,用户在世界任何一个角落都可以享受到每周7天、每天24小时的服务,打破了传统政府管理和服务中的时间、空间界限,为社会公众带来了最大限度的便利。

四、启示与建议

1. 构建有利于发挥电子政务效能、促进服务型政府建设的宏观环境

以政府为主导,制定清晰明确的电子政务公共服务发展战略和规划。明确国家和各地区强有力的电子政务管理机构,逐步建立政府首席信息官制度,建立跨部门、跨地区的信息共享、业务互动协调机制,为利用电子政务推动服务型政府建设提供强有力的组织和体制保障。研究构建各级电子政务服务体系框架,提出电子政务公共服务参考模型,确定服务提供的优先级。建立国家级电子政务实验室,构建电子政务公共服务的模拟仿真环境。建立服务导向的电子政务绩效评价机制,扩大绩效管理范围,完善评价指标体系,引入社会化专业咨询服务,加强绩效评价的社会监督,建立全过程绩效跟踪制度,引导电子政务建设向集约化、低成本、见实效的方向发展。

2. 依托电子政务,推行职能有机统一的公共服务大部门制

对公共服务实行大部门制管理,是行政体制改革的发展趋势。电子政务在推动公共服务大部门制的机构变革进程中,可以发挥流程协同和技术赋能的作用。电子政务具备信息开放、流程关联等天然特性,在组织间的协调配合、业务间的协同运转等过程中可以充分发挥效用,促进相关机构的整合,加快公共服务大部门制的形成。电子政务的另一个重要功能就是便于实现资源共享,促进政府部门之间的整合,借助电子政务打破信息垄断、业务分割和部门分割,整合原

本各自分散的业务和资源,实现服务的规模效应和协同效应,提高政府的综合公共服务能力。

3. 围绕公众公共服务需求,尽快制定和启动电子政务重点行动计划

(1) 坚持"以需求为导向,以应用促发展"的指导方针,建立和完善电子政务公共服务的需求机制。

(2) 启动"政府服务上网行动计划"。从政务信息公开、在线事务处理、网上参政议政三个方面同步推进政府服务上网,各级政府都应当制定并向社会公开政府网上服务目录,提出服务上网数量和质量承诺,公布服务上线时间表,明确各项服务的提供部门和负责人,建立政府网上服务问责制。

(3) 启动"重大民生工程行动计划",围绕社会热点问题,利用电子政务支撑公共服务。开展电子政务公共服务时,应确定优先次序,选择既关系公众切身利益又适合电子手段实现的服务事项予以优先发展。当前公共服务的重点在公共教育、基础医疗、社区卫生、劳动就业、社会保障、住房、交通出行、农民工权益维护、公共安全和公用事业等领域,有关部门应当有计划、有组织地推出一批重点业务信息系统建设工程,通过这些工程的实施,大幅提高电子政务促进民生改善的水平。

4. 努力消除"数字鸿沟",推进电子公共服务均等化

启动实施"最后一公里"行动计划,重点解决电子政务服务项目向社区、村镇延伸服务的问题,确保广大人民群众用得上、用得起、用得好。把电子政务建设与社区信息化、农村信息化紧密结合,充分利用电话、传真等传统信息手段,大力整合发展各类呼叫服务中心,试点推行移动电子政务。促进电子政务与数字电视相结合,大幅提高电子政务公共服务覆盖面。加大政策和资金引导力度,发展低成本信息终端,加大公共和公益性网络接入场所建设,加强社区、街道、村镇等基层单位的信息基础设施建设和信息化人才培养。设立专项资金,帮助经济落后地区优先发展成本低、效益好的电子政务公共服务项目,重点为包括老年人、残疾人、边远地区居民、少数民族语言群体等弱势群体提供更多、更好的服务,使不同地区、不同社会阶层、不同教育背景以及不同性别和年龄的人群都尽可能跨越"数字鸿沟",成为电子政务的服务对象。

(资料来源:国家发展改革委经济体制与管理研究所,2011年3月17日)

本章重要概念

客户关系管理(CRM)　　一站式(one stop)　　门户网站(portal site)
政府门户网站(government portal site)

本章思考题

1. 简述电子政务公共服务的理念。
2. 为什么要在电子政务建设中引入客户关系管理思想？
3. 电子政务一站式服务包含哪些渠道？在实现"为所有人服务"目标的过程中，它们各自有哪些优、缺点？
4. 与政府网站相比，政府门户网站有哪些独特的功能？

本章推荐阅读书目

1. 肖陆军. 服务型政府概论[M]. 北京：对外经济贸易大学出版社，2007.
2. 刘渊. 政府门户网站建设与管理——理论、方法与实践[M]. 杭州：浙江大学出版社，2007.
3. 李靖华. 电子政府一站式服务——浙江实证[M]. 北京：光明日报出版社，2006.
4. 于干千，等. 服务型政府管理概论[M]. 北京：北京大学出版社，2012.
5. 赵国俊. 电子政务教程[M]. 3版. 北京：中国人民大学出版社，2015.
6. 李靖华. 电子政府一站式服务：浙江实证[M]. 北京：光明日报出版社，2006.
7. 周芒. 新媒体时代下电子政务的发展及策略[J]. 中外企业家，2017(15)：70，72.

第九章
电子政务绩效评估

——本章导言——

管理学认为,不可衡量,则无法管理,评估电子政务是管理电子政务的重要内容。尽管许多国际知名机构和组织所提出的电子政务评估体系在目的、视角、指标,标准等方面存在着较大的差异,但它们的总体目标都是试图借助评估来提高电子政务整体的或某一个方面的绩效水平,进而引导电子政务的持续发展。目前还没有一个成熟的、公认的电子政务绩效评估体系,电子政务的高投资、高风险、高失败率特点,增强了电子政务绩效评估的紧迫性和重要意义,使其成为当前电子政务发展中的重点、热点和难点问题。本章作为电子政务绩效评估理论的尝试,在全面阐述电子政务绩效评估的概念、内涵、现状和趋势的基础上,提出了电子政务绩效评估的依据,并给出了评价的方法和工具。

第一节 电子政务绩效评估概述

绩效管理是现代政府管理的目标,电子政务绩效评估和政府绩效评估密切相关,政府绩效是政府绩效评估的核心内容。正确认识绩效、政府绩效和政府绩效评估这3个重要概念,对于掌握和理解电子政务绩效评估的内涵、任务和目标有着至关重要的意义。

一、政府绩效评估的概念

绩效(performance)本身并不是一个新的概念。它在英文中是一个相当宽泛的名词,原意为"履行"、"执行"、"表现"、"行为"、"完成"等,现在也可引申为"性能"、"成绩"、"成就"、"成果"等。一般认为,绩效包含经济(economy)、效率(efficiency)和效益(effectiveness)三个方面,即"3E"。就政府而言,"3E"涉及政府管理活动的4个方面:成本、投入、产出、效果。政府部门从事管理活动耗费的人力、物力、办公设施和设备等是投入;获得和维持这些人力、物力、设备所花的资金就是成本;产出既可以是决策活动的产出,如出台的政策、法规、制度等,又包括政府向社会提供的服务,如登记、注册、审批等;效益则主要体现为社会、经济等方面环境的改善,企业和公民满意程度,人民生活的舒适程度等。自新公共行政产生以来,公平(equity)问题更加得到重视,并成为衡量政府绩效的重要指标,与前三者合称"4E"。

绩效评估的主流指导原则有4种。①投入产出比最优化原则。根据投入的成本和产出的收益(benefits-costs)评估绩效。②帕累托最优。即一定范围内,在所有人的利益不受损害,甚至能够改善的情况下,有人能够获益的利益格局。这在经济界被称为"只能让蛋糕越做越大"的理念。③效率优先,兼顾公平。保证获取收益,兼顾公平、公正,先进带动后进。④注重社会效益,关注公平、公正,优先考虑弱势群体的利益。

政府绩效,在西方又称"公共生产力"、"政府业绩"等,通常是指政府行使各项职能的绩效表现,最直观地表现为政府提供公共服务和社会管理的优劣好坏。政府作为凌驾于社会之上的公共事务管理者,它也需要受到制约和控制。因此,政府绩效在公共管理中日益受到重视和推崇。同时,它也是当代全球化和民主化发展趋势的产物。自20世纪70年代后,西方国家政府都不同程度地出现了服务效率低下、公共支出攀升等问题,预算赤字和财政压力使政府管理的合法性和公信力不断下降;各国公民权的实质性扩充,也要求进一步提高政府绩效,并进行有效监督与互动。在此背景下,西方各国的政府改革,均以改善绩效为重要主题,展开大规模的绩效管理与评估运动。

政府绩效评估是指运用科学的方法、标准和程序,对政府机关的业绩、成就和实际工作做出尽可能准确的评价,在此基础上对政府绩效进行改善和提高。它是一种有效管理与控制政府的方式和手段,是一种国际化的改革潮流,对于提高政府绩效管理有直接的促进功能,是整个绩效管理体系的基础环节和核心功能。通过真实有效的评估过程,可以全面客观地把握管理信息,为落实其他绩效环节、全面提高绩效水平提供依据。不管人们愿不愿意,不管评估结果是否令人满意,对管理活动的结果都必须能够进行恰当评估。如果无法衡量,就无法改善,除非能在绩效目标实现程度的衡量方法上取得共识,一切确定绩效目标或标准的努力都是徒劳无益的。

二、政府绩效评估的现状和趋势

尽管政府绩效评估对于政府管理有着十分重要的意义和作用,但大量研究表明,传统的政府绩效评估在理念、方法、技术及实践中存在着诸多问题,主要表现在以下方面。

1. 认识上的偏差和理论上的滞后

政府及整个社会在相当长的一段时间内对政府绩效评估缺乏理性认识,定位不合理且重视程度不够,甚至将政府绩效评估等同于公共部门以"德、能、勤、绩"为基本考核内容的国家公务员考绩。

2. 规范化、法治化不足

这表现在评估以政府审计、经济性评介、人事组织考核为主,不仅缺乏强有力的法律支持、司法保障,且评估的内容不具备相对科学性和稳定性,评估程序和方法有很大的随意性,评估手段以定性为主,评估主体的独立性受到严重干预和影响。这是制约与阻碍政府绩效评估改善和发展的重要原因。

3. "效率中心主义"影响过大

虽然政府绩效评估指标在经济、效率、效果和公平方面得到了公认,但在政府绩效评估实践中都不由自主地把效率作为基本的价值取向和判断准则,往往强调经济等一些"硬"指标,而忽视了公共服务这样一些最本质的"软"指标,产生政府行为的"短期效应"。

4. 公众参与性不足

长期以来,在传统政府组织结构下,受到集权性和非自主性的影响,造成了公众对政府的依赖心理和冷漠心理。一方面,政治生活似乎淹没了公众社会生活的各个方面;另一方面，人民似乎又远离了政治，成为政治边缘人。传统政府组织结构的高度正式化、自上而下、严格层级节制的金字塔型组织模式将公众排斥在政府组织之外，严重限制和阻碍了公众的政治参与，作为被管理者的公众不愿也很难通过烦琐的层级来参与和自身利益息息相关的政府绩效评估。

□ 5. 忽视了新的变化

电子政务已经在传统政府中得到了快速发展，它给传统政府造成了深刻的影响。它的实施不仅会使政府的职能、组织、流程、服务的内容、目标、方式等发生改变，而且还会使评估的理念、方法、技术发生较大的改变，而传统的各种政府绩效评估很少能体现这些影响和改变。

综观 20 世纪 70 年代以来新公共管理下的政府绩效评估在西方发达国家的发展，可以总结出政府绩效评估的新趋势。

□ 1. 以结果为本的控制

政府绩效评估作为改革与完善公共部门内部管理的措施，体现了放松规制和市场化的改革取向，是一种以结果为本的控制。政府绩效评估以结果为本，就是要建立一种新的公共责任机制：既要放松具体的规则，又要谋求结果的实现；既要增强公务员的自主性，又要保证公务员对顾客负责；既要提高效率，又要保证效能。

□ 2. 以公民为中心

绩效评估是一种推动公共部门承担责任的有效机制，因此，坚持公民导向成为政府绩效评估实践中的重要发展趋势。政府绩效评估强调以人为本，以公民为中心，以满意为尺度。公民是政府所进行的公共管理和公共服务的最终承接者，对政府绩效最有发言权，公民参与原则是绩效评估的基本原则。

□ 3. 主体多元化

政府绩效评估的主体由传统单一的政府部门扩展为包括公民、企业、政府在内的所有利益相关者，同时由单纯的政府内部评估发展为第三方社会机构评估。

□ 4. 向法制化和制度化转变

这一趋势主要表现在两个方面：一方面，绩效评估成为政府机构的法定要求；另一方面，绩效评估机构得以建立和健全。

■ 三、电子政务绩效评估的概念

通过以上对政府绩效的阐述，可以给电子政务绩效下一个定义，即政府在实施电子政务过程中的业绩、成就和表现，主要包括政府转变效果、政府的服务水平和资源投入情况 3 个方面的内容。电子政务绩效评估就是运用科学的方法、标准和程序，对在电子政务实施过程中，政府在行政职能、业务流程、组织结构、公共服务和信息利用等方面的改进、创新和转变的成果和效果进行尽可能准确的评价，在此基础上对其绩效进行改善和提高。

很明显，电子政务绩效评估是对电子政务建设过程的评价，评价对象是一定时期内政府的各种创新和转变，以及能力的提高，其目的是了解当前电子政务建设绩效的现状，并指导电子政务获得更高效的发展。根据电子政务的组成和特点，电子政务绩效评估内容既包括对前台的评价，也包括对后台的评价。对前台的评价主要是以政府网站为媒介，评价政府服务的有用性、可得性、交互性和响应性,进而评价政府的公共服务能力和公民、企业等利益相关者的满意度;对后台的评价主要是评价政府自身的运作能力,特别是政府通过对信息技术的充分应用,在职能、组织、流程、人力资源、公共服务等方面的改变,以及在效率、效能方面的提高。

从各国电子政务项目绩效考评实践来看,以美国、加拿大和我国为例。美国和加拿大主要采用的考评体系,都将服务成效作为电子政务项目考评的重点。而我国电子政务绩效考评则主要是以政府网站绩效考评为主,基本都是在项目验收后即"事后"进行的考评,难以实现从规划、立项、招标、建设到应用及运维对电子政务全过程进行的绩效管理和评估。因此,如何规范电子政务项目的建设管理,构建起适用于电子政务学、有效、全面的绩效考评机制,是保证电子政务取得预期效果的关键所在,也是各级信息化主管部门一直在探索的问题。电子政务项目生命周期一般分为六个阶段:项目立项决策阶段、项目设计阶段、项目招投标阶段、项目实施阶段、项目运维阶段和项目废弃阶段。

针对电子政务项目生命周期的特点,我们提出一种贯穿电子政务建设运营管理全过程的电子政务工程项目绩效考评方法,该方法将电子政务项目的"建设"和"运维"结合在一起综合评定,以替代现有的针对"运维"的电子政务绩效考评。

为了让绩效考评机制能真正有效实施,我们提出一种贯穿电子政务生命周期的绩效考评机制,该绩效考评机制以绩效考评指标为中心,包括"建设"绩效指标和"运维"绩效指标两个大方面共6项指标。

1. "建设"绩效指标

电子政务项目的"建设"绩效指标需要考虑电子政务发展的实际情况,按照面向绩效的原则,依据需求指标、设计指标和实施与监理指标进行设计。

1) 需求指标

需求指标是整个绩效考评体系中衡量电子政务项目的重要指标之一。建设一个新的电子政务项目之前,电子政务主管部门需要考虑新建设的电子政务项目与已有的电子政务项目的互联互通和信息共享等需求指标。通过需求指标,可以在一定程度上解决电子政务项目信息资源分散问题,提高电子政务项目信息利用率,解决"信息孤岛"问题。同时,考虑到电子政务作为政府职能的一种信息化的表现形式,还必须提供或满足一定的服务要求。需求指标应包括系统技术、信息共享情况、互联互通情况、服务需求、服务群体、服务等级、服务标准等多个方面,其中各种服务需求是首要因素。

2) 设计指标

设计指标决定着政府部门的需求是否能够通过电子政务项目来完全实现,电子政务项目设计的成熟度将直接决定电子政务项目在政府推进信息化和公开化中的作用。电子政务项目设计主要包括网络层技术、信息资源层技术、应用支撑平台层技术、应用系统开发技术、网站及门户开发技术、访问渠道技术、信息安全体系和标准规范与管理体系等,如果在初步设计后有新政策、新需求产生,就应经充分论述相关内容、理由后添加进来。

3) 实施与监理指标

实施与监理指标关系到项目是否能够按照设计要求完成。在电子政务项目中,实施与监理指标包括:项目是否按要求完成相关建设任务,即建设任务完成情况;建设过程中,项目监理和项目验收是否合规等。

2. "运维"绩效指标

电子政务工程项目在验收完成后,其绩效考核指标将由"建设"绩效指标进入到下一项指标,既"运维"绩效指标。这里提出的"运维"绩效指标包括系统实际性能指标、系统使用情况指标和系统应用效益指标等。

1) 系统实际性能指标

系统实际性能指标反映系统的实际运行情况,是衡量电子政务关键指标之一。系统实际性能指标包括系统上线前是否由第三方独立检测机构进行安全可靠性检查,电子政务项目设计的功能模块是否能够按计划完成建设等。其中,第三方独立检测机构进行安全可靠性检查是系统实际性能指标中的重点内容。同时,系统实际性能指标还需要考虑电子政务项目对促进部门内部业务发展及跨部门相关业务之间的信息共享等情况。

2) 系统使用情况指标

系统使用情况指标反映的是电子政务项目在实际使用中的情况,应包括系统使用管理的相关手册和用户培训,系统目标用户群对系统的使用比率、系统运行维护等。其中,系统目标用户群对系统的使用比率反映的是真实用户对系统的使用程度。系统运行维护直接反映了系统运维管理、系统安全管理和运维资金投入稳定性等方面。系统使用情况指标能够反映系统是否达到"建设"设计指标里的需求指标的要求。

3) 系统应用效益指标

电子政务项目不仅是政府为公众提供服务的新手段,也是促进其向服务型政府转变的有效手段。系统应用效益指标应考虑到系统对促进政府转型及提高政府服务水平的作用等内容,应包括业务流程优化、提高行政效率、降低行政成本以及直接或间接提升经济、社会效益等方面。

四、电子政务绩效评估的意义

政府绩效评估作为一种新的公共管理理念和实践,已经遍及世界各国,而电子政务作为政务活动的重要形式和政府管理的必然趋势,无疑也应当接受绩效评估,它具有政府绩效评估的所有积极意义和正面价值。

1. 电子政务绩效评估有利于切实改善政府绩效

电子政务是以信息技术优化管理创新,以绩效为导向的绩效再造工程。电子政务的绩效评估能够帮助政府及时发现电子政务建设中存在的问题与不足,有针对性地采取改革措施。通过改善现状,强化管理,可以推动政府更为合理、有效地利用信息技术和网络资源,从而直接提高行政效率。

电子政务绩效评估的特点之一就是将公民作为重要的评估主体,这体现了顾客导向这一新公共管理的基本理念。公民作为电子政务的直接受众参与评估,可以最直观地体现评估的满意特征,了解公民对电子政务发展水平的满意度,以此为基础改善公共服务的质量和水平。同时,公民参与评估有利于按照公民的需求与意见来设计工作流程和工作方式,改变传统的政府本位主义,推行以公民为中心的电子政务。

2. 电子政务绩效评估有利于正确引导电子政务发展

电子政务的绩效评估体系从表面上看是一个检验体系,事实上更是一个指导体系。一方面,有了这样的体系才能及时发现问题,利用先进的信息技术,有针对性地解决现代电子政府运作过程中的效率、成本、服务、管理等方面的问题,为电子政务的进一步发展保驾护航;另一方面,通过建立科学的指标体系和确立合理的标准化指标,可以指出国与国之间、国内各级政府和部门之间电子政务建设水平的差距,从而汲取先进经验,修正自身不足,引领正确的方向。

合理设置电子政务绩效目标并配合相应的考核管理制度,可以使政府官员产生内在的改善激励,在深层次上解决一些现实问题。首先,电子政务绩效目标体系是一套实施电子政务的指导纲要,它可以消除决策者许多模糊的、错误的观念,加强其在电子政务实施过程中的领导力;其次,明确的绩效目标约束将成为优化政务流程的原动力,从而有效推动相关的制度建设,以结果为本优化政务流程;再次,明确的电子政务绩效目标可以增强成本意识,保护既有投资。在现实中我们很容易估算出电子政务的投入,但是对其产出和取得的效益往往无法估量。电子政务的绩效评估可以量化这种产出和成效,给出投入产出比,同时成本控制本身也是绩效的组成部分。

3. 电子政务绩效评估有利于有效抵御建设风险

在世界各国推进电子政务的进程中,无论是在信息基础设施较为发达的西方国家,还是刚刚起步的发展中国家或转型国家,电子政务项目失败的案例比比皆是。通常信息化项目都存在高风险,相对于一般信息化项目(如企业信息化)而言,电子政务项目的涉及面更广,关系更复杂,经验更少,不确定性更大,因此,风险也更高。

在此情况下,应该发挥绩效评估在抵御电子政务建设风险、防范项目失败方面的重要作用:在宏观上做好与项目相关的产业发展规划,在微观上完善项目的可行性分析,提前审查影响项目绩效的要素;全程管理项目的关键环节,监控项目的流程绩效,做好全面质量管理;核查项目的结项汇报,审查项目的各项指标,总结经验教训,继续开展新一轮的项目。

4. 电子政务绩效评估有利于培养政府绩效文化

绩效文化是一种以评判政府治理水平和运作效率为核心的价值观,它能够规范、引导和调整政府的绩效管理行为,是政府管理创新与发展的推动力。绩效评估的推行必须伴随组织文化的相应变革。市场经济的发展和日趋浓厚的政府绩效评估氛围,在客观上促成了绩效文化的构建,使其在政府组织文化中日益占据重要地位。

电子政务的产生和发展本身即以提升政府绩效为导向。通过电子政务绩效评估的具体实施及对其内容、标准、程序、形式等的宣传,能够提高政府及其工作人员的绩效意识,在施政过程中更加注重"4E"的实现。同时,有利于进一步提高行政活动中的服务理念和责任意识,将公民满意作为政府工作的使命和宗旨,树立公民取向亦即民本主义的绩效观。反过来,良好的绩效文化也可以促进电子政务绩效评估工作的长期化、规范化和制度化。

■ 五、电子政务绩效评估现状

从已有相关文献来看,现在对电子政务绩效评估指标体系本身的研究虽已有很多,但仍处于不成熟阶段,因此,构建科学的电子政务绩效评估指标体系依然任重道远。电子政务绩效评估指标被作为描述电子政务建设现状的一种工具,其本身的科学、合理性却较少受到关注。这就导致现行的电子政务绩效指标体系存在一些问题,不能适应新公共管理要求下电子政务绩效评估的需要。

当前国际电子政务绩效评估的特点如下。

1. 从发展态势看,电子政务绩效评估实践广泛开展,其发展总体上处于起步阶段

推进电子政务绩效评估是大势所趋,是提高电子政务投入效益的重要手段。但是从绩效评估工作本身的发展水平看,即使是在那些电子政务发展起步较早、发展水平较高的国家和地区,电子政务绩效评估工作也是在 21 世纪初开始的,电子政务绩效评估的理念和指标体系等都随着电子政务的发展而有所变化、完善,并没有形成一个"一统数年"的电子政务绩效评估体系。

电子政务绩效评估的进展主要受制于以下两种因素。一是评估整体构成缺乏统一认识,使得对各种评估结论无法横向比较。从相关文献来看,对于电子政务绩效由哪些方面构成,不同研究者的观点不同,这种偏重性使得对各种评估结论无法进行比较,导致绩效评估方面的重复投入和资源浪费。二是评估指标体系缺少严密的逻辑层次关系,使得指标包含的信息出现重复或遗漏。绩效指标体系是总体绩效目标的层层分解,应体现出指标之间相互支持的逻辑关系,并突出关键指标。在实践中,指标体系内部逻辑关系不明显,使得指标选取出现重复和片面的情况,在权重组织上没有完全体现出指标的重要性分布。

2. 从评估主体看,电子政务绩效评估的关注重点各有不同,内评估与外评估相结合是基本发展趋势

如果以评估主体来划分,电子政务绩效评估可以分为内评估和外评估两种模式。前者是指由政府自身开展的评估,后者是政府以外的第三方组织、咨询机构以及学术机构开展的评估。

目前开展电子政务绩效外评估的主要是咨询公司和高校研究机构两类,埃森哲、TNS、Gartner 等知名咨询公司都开展过类似的评估和研究,美国布朗大学、美国纽约州立大学阿尔巴尼分校政府技术研究中心、世界市场研究中心(WMRC)等高校和研究机构也先后开展过电子政务评估的研究与实践。从评价的投入、产出和效果看,外评估主要是针对产出进行评价,这主要是由于非政府研究和咨询机构无法获得准确、有效的投入数据,也不可能对电子政务项目进行全程、全方面跟踪造成的,因此外评估往往从较容易获取数据的政府网站入手,对各个国家进行综合排名。以联合国、埃森哲、布朗大学为代表,这些第三方机构所做的评估大部分立足于对政府网站的调查,主要是考察政府通过网站向公众或企业提供政府信息和服务的情况。与侧重政府网站分析、横向排名比较的外评估体系相比,内评估体系相对更为复杂,也更为全面。这种评估通常以各个部门的年度电子政务或具体项目为评估对象,由电子政务相关机构对绩效评估部门或上级领导直接负责。它主要立足于电子政务实践的改进和经验的共享。目前美国、加拿大政府开展的电子政务绩效评估以内评估为主,辅之以外评估,这样既能够保证评估的完整、全面和权威性,又能够动员社会力量,增强评估的开放性。

3. 从发展方向上看,强调公共价值和服务效果将成为主流趋势

从电子政务绩效评估起步较早和发展水平较高的美国、加拿大的经验看,电子政务绩效评估总体上朝强调公共价值和服务效果的方向发展。

第一,强调对电子政务"公共价值"的评估。例如,美国纽约州立大学阿尔巴尼分校政

府技术研究中心提出了电子政务绩效评估的"公共价值框架",着重强调以公众的观点而不是政府的观点作为评估的基础。

第二,研究更加强调服务效果。加拿大政府认为,需要从更宽泛的角度来衡量电子政务的实际应用效果,提出了包括"产出"、"结果"和"影响"3 个一级指标和 11 个二级指标的"以结果为基础"的评估体系。美国政府最近也将评估重点从"过程"和"产出"转向"结果"和"收效",并将其电子政务原六大领域的评价指标体系改为三大指标,更加突出实际使用效果和用户满意度。IBM 政府事务研究中心的研究报告《评估电子政务绩效》认为,目前有两种研究趋势值得关注:一是把电子政务绩效评估平行分成 3 个部分,即投入、产出和结果;二是认为服务导向型的评估是今后电子政务绩效评估的发展方向。

六、电子政务绩效评估的发展原则

电子政务绩效评估随着电子政务的发展而不断完善,一般应遵循以下原则。

1. 配合本国的信息化战略,制定符合国情的电子政务绩效评估战略

该项原则主要包括以下两个方面的内容。一是求真务实,按需建设,统筹兼顾。在本国电子政务发展状况和社会需求状况的基础上,结合当前电子政务的建设环境,统筹考虑,制定符合实际情况的战略规划。二是把信息化战略、电子政务绩效评估战略与民族 IT 产业发展战略结合起来。欧美国家的成功经验表明,可以实现政府引导下的企业、市场和社会的良性互动。

2. 借鉴国际经验,符合发展潮流

发达国家在电子政务方面的建设经验很值得参考和借鉴。美国在 2003 年公布的电子政务战略中就提出要建设"以公民为中心"、"以结果为导向"、"以市场为基础"的电子政务。除此之外,加拿大政府所建立的"电子政务绩效评估体系"也着眼于建设提升用户满意度以及政府服务品质的电子政务,并认为应采取更为宽泛的评估方法,而不是仅评测网站服务的可用性,还应同时考虑到效益的提升以及对公民传递的价值。在联合国 2003 年推出的全球电子政务评估报告中,《公共部门报告:十字路口的电子政务》被列为电子政务绩效评估的典范。电子政务的三大主流动态,即力求整合改革的发展趋势、以公民为中心的目标主题、提升到影响层次的目标导向,也正反映了电子政务绩效评估的发展潮流。

3. 与电子政务的任务和目标保持一致,整合政务改革

基于电子政务的核心是"政务"这一考虑,在建立评估指标体系时,一定要把与电子政务紧密关联的管理模式、业务流程、组织结构、人员素质、信息处理以及反映政府综合能力和过程控制状况的相关经济指标等内容包括进来,重点关注电子政务在政府管理和服务方面的地位,发展是否正常,发展方向如何,有哪些改进、提高和创新等。

4. 注重投入产出比,重视效果,关注影响

绩效评估工作要侧重于重点电子政务的业务系统,侧重于有内部控制和内部效率的工程。一方面注重投入产出比,另一方面要重视社会效果,关注社会影响。

第二节 当前电子政务评估模式

在当前开展电子政务研究的国际机构中,OECD、IBM、世界市场研究中心、布朗大

学、爱森哲、联合国与美国行政学会、哈佛大学国际发展中心、欧洲工商管理学院（INSEAD）等机构的研究颇具代表性。这些国际机构从多个方面，提出了不同层次、不同视角的评估指标。根据目前国内外的具体做法，引用上述机构的实践成果和研究思路，我们概括出五种"理想类型"的绩效评估模式。

一、基于政府网站的评估模式

政府网站作为电子政务的最终表现形式，很大程度上代表着政府为公民提供的接触面。如果把电子政务的中间流程假设为难以测评的"黑箱"，那么可以从易于量化的"结果"着手进行考核，并将此项考核视为整个流程的绩效。这是目前一些国际机构进行此类电子政务评估时运用的原理。在具体实施的过程中，一般又分为两类常用的方法：一是罗列出各项指标，进行细化测评；二是以若干关键性的指标为纲，进行重点测评。

1. 分类测评各项指标的方法

此类研究以世界市场研究中心与布朗大学为代表。其在2001年对196个国家和地区的2288个政府网站进行了测评。在进行整体评估时，主要针对联系信息、出版物、数据库、门户网站和网上公共服务的数量五个方面，并具体细化为22个指标：电话联系信息、联系地址、出版物、数据库、联系其他网站的链接、音频剪辑、视频剪辑、外语版面、无广告、不需使用费用、残疾人通道、有保密政策与安全政策、索引、网上公共服务、门户网站链接、办理时允许数字签名、可选择使用信用卡付费、电子信箱联系信息、搜索能力、有上载评论的区域、事件公告、可通过电子邮箱提供更新信息服务。其更深入的政府网站测评还针对具体指标进行了细化研究。

（1）网上服务能力。网上服务指服务过程全部在网上完成，最常见的网上服务有网上订购出版物、网上购买邮票、网上受理投诉等。

（2）网上信息。网上信息包括提供电话号码信息、地址信息、链接其他网站的服务、网上出版物、数据库、目录索引、音频剪辑、视频剪辑等。

（3）保护隐私政策。政府网站应该明确提出有关隐私保护方面的声明，使持怀疑态度的那部分公民重新树立信心。

（4）安全政策。政府网站应该明确提出有关安全方面的声明，为公民提供安全感。

（5）残疾人通道。对于残疾人而言，政府网站上的残疾人通道是至关重要的。它是指网站能够为视力或听力有残疾的公民提供帮助。例如：第一，有TTY（文字电视）或TDD（哑语）电话号码；第二，该残疾人通道是经审核合格的，此类审核通常应由非营利机构来做；第三，这些残疾人通道必须与全球标准一致。

2. 重点测评两大类指标的方法

此类研究以爱森哲为代表。在研究过程中，爱森哲运用服务成熟度与传递成熟度两大类指标来评估政府网站的能力。

服务成熟度指政府上网的程度，分为三个层次：公布信息、交互和政务处理。根据上述标准，政府网站的服务成熟度分为很低、低、较低和适中四个等级。传递成熟度指传递机制的成熟度，如"一网式"的程度，根据顾客意向做设计的程度，顾客关系管理技术，网站链接的能力，以及额外增值服务的程度等，也分为四个等级。

最终，爱森哲根据两种成熟度的情况，将政府网站提供电子服务的能力由高到低划分为 4 种类型：

（1）创新领袖；

（2）有理想的追随者；

（3）稳固成就的取得者；

（4）平台建设类者。

二、基于基础设施技术指标的评估模式

电子政务以 ICT（信息通信技术）在政府部门的运用为导入点，因此，基础设施的技术指标是电子政务建设的保障，也是目前国内外电子政务评估的首选指标体系。为此，IBM 电子政务研究院的电子政务战略和决策小组等部门专门设定了基础设施的技术指标。

1. 灵活，以适应快速变动的信息环境

这要求政府与公民、相关部门、供应商和公务员之间的高度协调，电子政务系统的合理整合，以及高新科技的妥善运用。在基础设施建设阶段，可遵循以下四项原则。

（1）使用统一的标准，并予以公开。政府若希望公民、企业、合作方、供应商、其他部门和各级政府应用其电子政务系统，公开统一的网络标准是关键。例如传送控制协议/网络协议（TCP/IP）、通信的安全配套层级（SSL）、HTML/Java、XML 等必要的标准。

（2）具备重新运用现有软件的能力。这将在新需求不断产生的背景下极大地加速电子政务的新进程。

（3）进行相对独立的基础设计。电子政务的基础设施会随着政府回应力、优先权的分配和具体活动的变动而需要改进。若能在统一标准的前提下，设计相对独立的模块，则可以在不影响全局的情况下进行调试，这对于政府部门的渐进式改革最有利。

（4）整合内部与外部的服务。将部门内外部的多重技术统一协调起来是电子政务的重要因素之一。通过将公民、企业、合作方、供应商、公务员的资料和操作系统整合起来，电子政务能够变得更有效率和效益。

2. 可升级，以此来满足公民和企业不断变动、不可预测的需求

电子政务基础建设的一大挑战是公民对于电子政务预期的需求不断攀升，因此，电子政务基础建设应该具备可升级的能力，在用户量激增的情况下依然能够保持良好的运作效率，即能够随着需求的增长，相应地扩充容量，是"成长型"的电子政务。例如，目前常用多网站同时运行的技术来满足巨大的访问量。在电子政务升级方面，有以下两种方法可供选择。

（1）以共享或免费软件平台为核心设计电子政务的应用软件，这样既不需要额外增加核心软件的开发人员，而且在升级时可以无成本地转移至其他更优越的平台。

（2）建立负载平衡机制，使电子政务的各项服务形成一个逻辑系统，在增减或修复某个具体部件时不需要变更整个操作系统。该机制在实践中很有效，能够避免某个环节的变动破坏整体运行。

3. 可靠，以保障最终用户的安全性、连贯性和实用性

对电子政务进行组合时，灵活、可升级相对而言是内在的特质，而可靠则是外在的表现，用户能够接触和体验到。因此，用户在很大程度上更关心电子政务的可靠性和实用性。但从三者的关系来看，可靠需以灵活和可升级为基础。

三、基于软硬件综合指标体系的评估模式

软硬件综合指标体系能够弥补单维度考察的片面性,比较全面地展示电子政务各方面的状况。在此思维框架下,联合国的公共经济与公共行政署与美国行政学会在 2001 年对联合国成员国的电子政务状况进行了测评,提出了电子政务的指标体系,主要包括以下指标。

1. 政府网站状况

政府网站状况指标用于测评一国政府网站的发展状况,根据具体的标准,可分为以下五个层次。

(1) 起步层次。政府网站开始正式提供服务,但功能有限。一些独立的政府网站能够提供静态的机构或政务信息。网站可能还提供一些如电话号码和办公地址等联系信息,有些还提供常见的问题解答服务。

(2) 提升层次。政府网站的数量扩大,网站的内容也更加动态化和专业化,经常更新。网站提供了与其他官方网页的链接,公布了政府的出版物、法律文件、新闻、电子邮件,以及一定的搜索能力。同时,网站也会有中央政府的网址,供公民访问各部委和部门。

(3) 交互层次。政府网站的能力通过政府机构和服务的广泛上网而显著提高。通过电子邮件、留言区等服务,公民与政府之间的信息交互水平大幅度提高。此时,政府网站已经具备搜索专门数据以及下载和提交表格等能力,网站的内容和信息也定期更新。

(4) 政务处理层次。政府网站具备了完整而安全的网上政务处理能力,例如,通过网络办理签证、护照、出生和死亡证明、驾照、特许等,以及支付交通罚款、机动车登记费用、缴税等。政府网站能够接纳数字签名,进行采购和商务活动。

(5) 无缝隙或完全整合层次。政府网站具备在统一标准下即时提供所有服务的能力。部委、部门或机构的界限已经在电子服务中消失,公共服务能够根据公民的需要随时提供。

2. 基础设施状况

基础设施状况指标用于测评一国在通信基础设施方面的能力,数据来源于 2001 年全球通信联合会的报告和 2001 年 UNDP(联合国开发计划署)的发展报告。主要涉及以下六个关键指标:

(1) 每百人拥有的计算机数量;
(2) 每万人拥有的互联网主机数量;
(3) 公民上网的百分比;
(4) 每百人拥有的电话线数量;
(5) 每百人拥有的移动电话数量;
(6) 每千人拥有的电视机数量。

3. 人力资源状况

人力资源状况指标用于测评公民运用电子政务的能力、意愿与机会。主要包括以下三个关键指标。

(1) UNDP 的人类发展指数。由 UNDP 针对经济、教育、生存状况、医疗等方面进行测评后得出。

(2) 信息通道指数。由透明国际等针对信息通道和政府的廉洁状况进行测评后得出。

(3) 城市公民的百分比。

联合国和美国公共行政学会将以上三方面指标汇总,将全球的电子政务分为四个层级:高等电子政务能力、中等电子政务能力、基本电子政务能力和缺乏电子政务能力。

四、基于全社会网络绩效的评估模式

电子政务本质上需要政府与公民和企业的互动,从全社会的网络绩效出发,能够在社会信息化的环境中真实地考察电子政务的绩效。因此,电子政务的绩效可以在全社会的环境中得到全面的评估。在这方面,当前国际上的电子政务就绪研究为绩效评估研究提供了广阔的思路。

以哈佛大学国际发展中心为例,其 2001 至 2002 年的网络就绪指数研究,提出了具有两大部分的分析框架:第一部分是网络使用情况,考察通信技术使用方面的数量与质量问题;第二部分是"加速"要素,具体包括网络获取(信息的基础设施、软硬件与支持要素)、网络政策(通信技术政策、商务与经济环境)、网络社会(网络学习、机会与社会资本)、网络经济(电子商务、电子政务与相应的基础设施)。以 INSEAD 为例,其 2002 至 2003 年的网络就绪指数研究则相应地提出三部分的分析框架:第一部分为使用状况,指个人、商业和政府的使用状况;第二部分为就绪状况,指个人、商业和政府的就绪状况;第三部分为环境状况,指市场、政策或管制、基础建设等因素。

五、基于基本准则的评估模式

不论是传统的行政管理,还是目前的公共行政、公共管理、政府治理等称谓,其共识的准则可大致归纳为"四E"和"三R":公平(Equity)、效率(Efficiency)、效益(Effectiveness)、经济(Economical)和责任(Responsibility)、回应(Response)、代表性(Representation)。遵循此传统,OECD(经济合作与发展组织)提出电子政务的产出和影响可以用"善治"的评估标准来衡量,检测其结果是否向"善治"进步。相关评估标准如下。

(1) 合法。取得公民的信任,最终依赖于其行为模式符合宪法的要求。民主政体的政府以公民对其合法性的认同为基础,因此可持续发展的社会必需关注公民的需求。

(2) 法治。公开、公平地运用法律,平等地执行制度规章。

(3) 透明、负责、完整。通过公开决策过程来接受公众的监督,确保行为的合法性,提升治理的有效性;建立汇报和反馈机制,要求行为的道德准则和严惩腐败;获取公民的信任。

(4) 效率。合理使用资源,以最少浪费的资源成本获得最大的产出;建立确保服务质量、维持高绩效的机构;通过显示资源的运作流程,尽量避免哪怕是很小的浪费。

(5) 连贯。确保同类机构的政策服务于同一目标。

(6) 适应。不断创新和推出新政策,满足社会的新需求。

(7) 参与、咨询。让公民参与,向公民咨询,是了解和集中民意的有效机制;将公民纳入政策制定过程中,提高其对政策和治理的支持,产生更好的、符合民意的政策。

第三节　电子政务绩效评估的依据和内容

应该以什么为依据来评价电子政务绩效水平,是开展电子政务绩效评估研究和实践首先要思考和确定的问题。评价什么,得到什么,电子政务绩效评估的依据对于电子政务绩效评估至关重要。

电子政务的出发点和最终目标都是为了向社会提供高品质的公共服务,电子政务的所有工作也都是围绕着如何增强政府公共服务职能、如何提供公共服务水平而设计和推进的。因此,可以说,电子政务公共服务的水平体现了服务型政府的建设水平,也体现了电子政务的绩效水平。以电子政务服务质量作为评估依据,可以客观而全面地体现电子政务的根本任务和宗旨,促进电子政务绩效水平的发展和提高。

在服务质量的概念产生之前,人们大多以顾客满意度的高低代表服务的优劣。尽管服务的质量同公民的满意度密切相关,高品质的服务质量代表了公民较高的满意度水平,但服务质量并不等同于顾客满意度。这是因为,服务质量是顾客对于事务的连续性评价,是一种态度,是长期且全面的评估;满意度源自顾客对产品功能特性或结果的知觉与个人对产品的期待,由两者比较后形成,是对事务的一种暂时性的情绪反应,是一种通过经验与评估而产生的结果。对服务质量的评价与对满意度的评价在评价思路和方向上并不存在突出的矛盾,但对服务质量的评价能更客观地反映满意度水平。

一、服务质量的内涵

要了解服务质量的内涵,首先必须了解"服务"与"质量"的定义和内涵。

(一)服务的定义

所谓服务是指一项活动或一项利益,由一方向他方提供,本质上是无形的,也不产生任何物权的转变。无形性、不可分割性、差异性和易逝性是服务的4个根本特性。

1. 无形性

无形性是服务业最基本的特性,也是服务和实体财物最重要的差别。服务是一种行为、绩效而非实体物品,因此购买之前是无法看到、品尝、感觉、听到或闻到的。消费者难以在消费之前预估服务质量的好坏,只能通过经验或参考其他人等因素作为购买决策的参考。

2. 不可分割性

服务的达成需要交易双方以及服务活动同时存在,因此缺少任何一方服务就无法完成,故服务的生产与消费是同时进行的,这是服务的不可分割性。也因为如此,购买者必须与服务提供过程紧密结合,而顾客参与程度也会影响到服务质量。

3. 差异性

在服务的绩效或质量之间,会因为服务提供者的不同或提供服务的时间、地点、项目、顾客、设备的不同而使服务的效果不同。

4. 易逝性

由于服务具有前述的无形性、不可分割性及异质性等特性的影响,致使服务无法如实体货物一般储存。因此当服务业遇到服务需求的高峰时,服务的不可分割性会造成服务业难以事先响应,将促使服务的供需无法平衡。因此服务业对于需求的波动非常敏感,而其相关支持服务也显得格外重要。

(二) 质量的定义

对"质量"的定义自希腊时代即被提出,随着产业的改变,发展至今,共经过 5 个阶段的改变,先后出现了以下 5 个有代表性的解释。①质量即是杰出,意义为"臻于最完美的境界"。这是希腊时代对质量的最初定义,提倡者为希腊哲学家苏格拉底、柏拉图与亚里士多德等人。②质量即是"价值",顾客除了要求较低的商品价格外,还要求较高的质量。此时"创造价值"的观念已略见雏形。③质量即是"符合规格",而质量定义的焦点也从价值的创造移转至产品的制造过程。④质量即是"适合使用",即产品在使用期间,要能满足使用者的需求。适用度愈高,使用者愈满足,质量愈高。至此,质量定义涵盖的层面首次考虑到外部顾客的需求。⑤质量的达成是以"符合或超越顾客的预期"来衡量的,因此质量定义的演变,已转至顾客导向了,这一定义也为服务质量的发展拟定了方向。

由此可见,人们对于"质量"本质的认识是一个随着社会发展而不断深入的过程。1990 年,国际标准化组织综合具体产品和服务的特点,把质量定义为"一种产品或服务满足明确和隐含需要的能力的特性的总和"。质量最重要的决定者是顾客,要提升质量,需符合顾客的需求,同时应在消费者愿意接受的合理的代价之内。

(三) 服务质量的内涵

质量概念最初是用于产品制造业领域的,将质量引入服务领域始于芬兰学者 Gronross 于 1980 年发表的一篇关于服务质量的文章,之后关于服务质量的研究才逐渐展开。到现在为止,西方管理学界对服务质量问题已经进行了长达 20 多年的研究,其在理论探讨和模型体系构建方面取得了不少研究成果。

服务质量的概念是从有形产品的质量概念引进而来。传统上,人们对有形产品的质量的认识大致有 4 种:①无瑕疵;②符合某种规范或标准;③对顾客需求的满足程度;④"内部失败"(指产品离开工厂之前的表现)与"外部失败"(指产品在市场中的表现)的发生率。但是,正如前所述,服务的无形性、差异性和不可分离性等特性使服务质量的概念和有形产品的质量概念在内涵上有很大的不同。

人们常常根据不同的目的来对服务质量进行定义。有学者把服务质量定义为"一种衡量企业服务水平能否满足顾客期望程度的工具";有的学者将服务质量定义为消费者对于组织整体优越程度的衡量,它是一种态度,但不等于满意度,是由消费者对服务的期望与感知比较而来。还有学者把服务质量分为实体质量、相互作用质量和公司质量。实体质量包括产品本身和整个服务过程中的实体支持,相互作用质量是指消费者与公司职员的接触过程,而公司质量是指公司的形象质量。总之,服务质量是一个与顾客紧密相关的概念,反映了顾客对特色产品或服务质量的满意度或认可度。

二、服务质量模型和量表

要对服务质量进行管理,达到改进和提高的目的,首要的任务就是要能对其进行评价和衡量。目前被普遍用于服务质量管理的模型就是 PZB 的服务质量模型。由于其内容的完整性,且在此基础上所开发出的评价量表具有可操作性,使得该模型成为管理和评价服务质量的基础理论和方法。

(一) PZB 服务质量模型

1985 年,英国剑桥大学的 Parasuraman、Zeithaml 和 Berry 三位学者提出了著名的服务质量模型(简称 PZB 服务质量模型),如图 9-1 所示。他们认为,对服务质量的衡量可以通过顾客期望的服务与认知的服务的差距来实现,即

$$Q(服务质量) = P(认知的服务) - E(期望的服务)$$

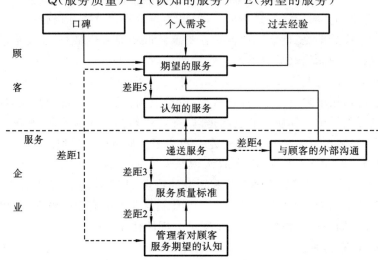

图 9-1 PZB 服务质量模型

质量模型的上半部分与顾客有关,而下半部分与服务提供者有关。期望的服务是顾客过去的经历、个人需要以及口碑共同作用的结果;同时,它还受到服务提供者宣传的影响。顾客认知的服务是服务提供者一系列内部决策和活动的产物。管理层对顾客服务期望的认知决定了组织将要执行的标准,然后员工根据服务标准向顾客传递服务,而顾客则根据自身的服务体验来认知服务的生产和传递过程。

服务质量模型以顾客差距为核心,以弥合期望服务与认知服务的差距为中心思想,概括出了服务提供者在提供服务的过程中需要缩小的 5 个差距:顾客期望服务与管理者认知的差距(差距 1),管理者认知与服务质量标准的差距(差距 2),服务质量标准与服务传递的差距(差距 3),服务传递与外部沟通的差距(差距 4),顾客期望与顾客认知的差距(差距 5)。

1. 差距 1——顾客期望服务与管理者认知的差距

顾客期望服务与管理者认知的差距,是指管理者不能准确地感知顾客的服务预期,造成管理者所提供的服务不符合顾客需求,且服务质量也和顾客的预期有差异。产生这个差距的主要原因有:服务提供者没有搞过需求分析;管理层从市场调研和需求分析中所获得的信息不准确或信息准确但理解有偏差;与顾客接触的一线员工向管理层报告的信息不准确,或根本没有报告;内部机构重叠,妨碍或改变了与顾客接触的一线员工向上级报告市场需求信息。

2. 差距 2——管理者认知与服务质量标准的差距

管理者认知与服务质量标准的差距,其含义是服务提供者所制定的具体质量标准与

管理层对顾客的质量预期的认识之间的差距。这种差距产生的原因有:服务提供者规划过程中产生失误或者缺乏有关的规划过程,整个组织没有明确的奋斗目标,高层管理人士对服务质量的规划工作支持不够。

3. 差距3——服务质量标准与服务传递的差距

服务质量标准与服务传递的差距,其含义是指服务生产与传递过程没有按照服务提供者所设定的标准来进行。造成这种差距的主要原因有:标准定的太复杂僵硬,一线员工没有认可这些具体的质量标准,新的质量标准违背了现行的企业文化,服务运营管理水平低下,缺乏有效的内部营销。

4. 差距4——服务传递与外部沟通的差距

服务传递与外部沟通的差距,其含义是指服务提供者利用媒体,宣传夸大不实的广告,或给予顾客过度的承诺,造成顾客心中期望的服务质量提高,但是实际上的服务质量却无法达到宣称的质量标准或顾客所设定的预期标准,因而造成服务传递和外部沟通的差距。造成这种差距的原因有:服务提供者没能将市场营销传播计划与服务运营活动相结合;没能协调好传统的市场营销和服务运营的关系;存在着力图夸大自己的服务质量招徕顾客的冲动,结果传播出去的信息往往向顾客允诺的质量太高、内容过多。

5. 差距5——顾客期望与顾客认知的差距

顾客期望与顾客认知的差距,其含义指顾客体验或感觉到的服务质量与自己预期到的服务质量不一致。顾客本身需求、过去个人经验、口碑等都会影响顾客对服务的期望,进一步影响到顾客对服务质量的满意程度。这种差距出现的原因有:顾客实际体验到的服务质量低于其预期的服务质量或存在问题;服务提供者口碑较差;服务失败。

为进一步寻找各种差距的产生原因,PZB组合于1990年在该模型的基础上,将组织结构问题考虑了进来,并从组织行为学的角度进行了分析,指出了导致各项差距产生的一系列组织缺陷。差距1主要源于管理者和一线员工之间差的沟通,差距2主要源于管理者决策的不可实施性,差距3主要源于服务实施与标准之间的不匹配,差距4主要源于部门之间差的沟通,这四种差距的存在直接导致了差距5的产生。该模型的提出是诊断和缩小差距、提高服务质量的一个有用开端。

由以上叙述可知,要使达到顾客满意的服务质量,必须缩小差距5。因顾客对服务的期望与认知间的差距,决定了顾客对服务质量的满意程度。因此,PZB也将第5个差距独立出来,单独从顾客的期望与认知间的差距来衡量顾客知觉的服务质量。PZB认为差距5是差距一到差距4的函数,而服务质量就是由差距5而来的。

(二)服务质量度量表

为了能实现对服务质量的评价和衡量,PZB在提出服务质量模型的同时还提出了一般消费者在衡量各种服务的服务质量时共同采用的10个维度,即可靠性、反应性、胜任性、接近性、礼貌性、沟通性、信赖性、安全性、顾客了解性和有形性。这10个维度决定了顾客的期望服务与感知服务,是用来衡量服务质量的依据。在此研究基础之上,1988年PZB提出了一份精简了的、具备可操作性的服务质量量表(SERVQUAL量表),如表9-1所示。

表 9-1 服务质量量表

维　　度	评 估 项 目
有形性	1. 有现代化的服务设施 2. 服务设施具有吸引力 3. 员工有整洁的仪表 4. 公司设施与他们所提供的服务相匹配
可靠性	5. 公司向顾客承诺的事情能及时地完成 6. 在顾客遇到困难时能表现出关心并提供帮助 7. 公司是可靠的 8. 能准确地提供所承诺的服务 9. 正确记录相关的服务
响应性	10. 不能指望他们告诉顾客提供服务的准确时间 11. 期望他们提供及时的服务是不现实的 12. 员工并不总是愿意帮助顾客 13. 员工因为太忙以致无法立即提供服务,满足顾客需求
保证性	14. 员工是值得信赖的 15. 在从事交易时顾客会感到放心 16. 员工是有礼貌的 17. 员工可以从公司得到适当的支持,以提供更好的服务
移情性	18. 公司不会针对不同的顾客提供个别的服务 19. 员工不会给予顾客个别的关怀 20. 不能期望员工了解顾客的需求 21. 公司没有优先考虑顾客的利益 22. 公司提供的服务时间不能符合所有顾客的需求

精简后的服务质量量表包括以下 5 个维度。
(1) 有形性:包括实际设施、设备以及服务人员的列表等。
(2) 可靠性:指可靠、准确地履行服务承诺的能力。
(3) 响应性:指帮助顾客并迅速提高服务水平的意愿。
(4) 保证性:指服务人员的知识、礼貌以及服务执行结果让人值得信赖的能力。
(5) 移情性(empathy):指关心顾客并提供个性化服务。

在实际应用中,SERVQUAL 量表包括两个相对独立的部分,第一部分记录顾客对特定服务行业中优秀公司的期望,第二部分调查消费者对这一行业中特定公司(即被评价的公司)的感受,每个部分都包含 22 个相同的项目,每个项目都有从 7 到 1 的选项,7 表示完全同意,1 表示完全不同意,* 表示分值相反。最后,把这两部分中得到的结果进行比较就得到 5 个维度的每一个"差距分值"。消费者的感受离期望的差距越大,服务质量的评价越低;相反,差距越小,服务质量的评价就越高。

三、电子政务服务质量评价

PZB 服务质量模型和 SERVQUAL 量表在企业特别是服务业领域得到了充分的验证,取得了巨大的成功。尽管 PZB 服务质量模型和 SEVIQUAL 量表主要是针对传统服务业领域的,但它们中的很多内容同样适用于电子政务服务,能为电子政务服务质量评价提供理论依据和实践工具。然而,我们也不能不加修改地将 SEVIQUAL 量表直接应用于电子政务服务质量评价,这是因为:电子政务提供的是公共服务,它同以赢利为目的而提供产品和服务的企业有本质的区别;电子政务的服务对象是公民、政府和企业,它们不能简单地等同于企业中的"顾客";网站是电子政务提供服务的主要渠道,它与传统的面对面提供服务的方式有着显著的区别。因此,必须针对电子政务自身的特点,对 SEVIQUAL 量表进行修正,才能最终实现对电子政务服务质量的评价。

相对于一般的服务业,因特网提供的服务,是人与机器的互动而非人与人之间的互动。服务提供者并不会与使用者面对面直接接触,使用者不会知道服务提供者人员的服装、态度等,因此,网络的虚拟化极大地弱化了服务的有形性,但同时也带来了安全、隐私等方面的问题。随着信息科技的发展与因特网的普遍应用,越来越多的企业和学术研究者都开始概念化地衡量电子服务质量。有些研究重视网页技术质量的操作大于通过网页所提供给顾客的服务质量;有些概念化限于网站本身的互动,有些则包含交易后网页的服务实践以及回馈。2002 年 Zeithaml 等人首次正式提出了电子服务质量的定义,即站点对有效的购买活动与服务和产品传递的促进程度,并提出顾客对电子服务质量主要从以下要素来进行评价:能否成功进入、导航便利性、效率、定制化/个性化、安全性/隐私性、响应性、保证性/信任性、定价知识,以及网页的美观性、可靠性、灵活性。

在充分认识到电子政务服务同传统政府服务存在显著差别的同时,还应清醒地认识到电子政务服务同传统政府服务在内容、目标上的同质性。网站从本质上而言只是服务渠道的扩展,网站服务质量评价不能完全代表电子政务服务质量评价,因此,在确定电子政务服务质量评价量表时必须综合 PZB 提出的服务质量评价要素和 Zeithaml 等人提出的电子服务质量评价要素,构建电子政务服务质量评价的完整维度。

尽管目前还没有一个公认的、成熟的电子政务服务质量评价量表,但国内外一些学者已根据 PZB 理论,在此方面进行了大量的研究和实践,并取得了一些突破,这些都为电子政务服务质量评价奠定了坚实的基础。表 9-2 是一个电子政务服务质量量表的示例。

表 9-2 电子政务服务质量量表

维 度	定 义	评 价 项 目
友善	提供容易操作的接口与特定信息的搜寻,使用方式遵循政府网页设置标准,不论何时皆保持一致	1. 完整的网站导航与业务简介 2. 各项功能操作便利
安全	使用者是否能够消除在资料安全、个人安全及隐私等方面的不安全感	3. 对个人资料及办理事项做好保密工作

续表

维 度	定 义	评 价 项 目
能力	政府网站足以提供所需的信息内容、业务申办项目服务；负责询问与协助的服务人员，其知识及技能足以提供服务	4. 信息内容与服务能满足正常需求 5. 具有单一入口和一站式服务能力
可靠	维持服务的正常、正确运作，且在第一次就能完成使用者所交付的任务	6. 所提供的信息内容与服务值得信任 7. 所有功能和服务项目都能够进行正常操作
沟通	政府网站能为不同顾客群体提供合适的解说语言与文字，并能与使用者进行双向沟通，倾听与了解使用者的需求	8. 可以在网站上发表疑问与进行投诉 9. 有专人处理民众所表达的疑问与投诉
响应	能够快速响应使用者的要求，提供及时的服务、快速的回复	10. 政府网站的服务人员能很快地回复民众的疑问与意见 11. 以电子邮件通知民众所申办案件的处理情况
移情性	政府网站是否能了解使用者的需求并对使用者提供个人化的服务，了解使用者的担心及想法	12. 个性化的服务与信息
系统质量	链接政府的渠道是否快速、便捷，适合提供服务	13. 链接政府网页不拥堵且不会突然断线
信息质量	政府网站服务所提供信息本身的特性	14. 提供的资料结构清晰，不是杂乱无章的 15. 提供最新的政府公告与市政新闻
公平	所有公民是否都有平等的机会获取政府服务	16. 通过各种方式，告知可提供的服务 17. 提供多种可选的服务渠道

第四节 电子政务绩效评估的方法和工具

电子政务绩效评估是一种手段，其目的是通过对绩效的评估，发现问题，找出解决办法。在设计评估体系和实施评估的过程中，借鉴企业管理经验，充分应用现代化的管理方法和管理工具，不仅能够达到评估目的，而且能收到事半功倍的评估效果。标杆管理是被广泛应用于建立绩效标准、设计绩效过程、确定度量方法和管理目标的现代管理方法，平衡计分卡是一个兼有绩效评价及战略执行的有效管理工具。将它们应用于电子政务的绩效评估，具有极其重要的理论研究和实践指导意义。

一、标杆管理简介

标杆管理(benchmarking)又称基准管理或参照管理,由美国施乐公司于1979年首创,是现代西方发达国家企业管理活动中支持企业不断改进和获得竞争优势的最重要的管理方法之一。西方管理学界将标杆管理与企业再造、战略联盟一起并称为20世纪90年代三大管理方法。

1. 标杆管理的概念和思想

帕特里夏·基利等人对标杆管理下了一个比较简明扼要的定义:"标杆管理是一个识别并引进最佳实践以提高绩效的过程。"在这里,"最佳实践"是指能够用量化结果表明一个企业(或单位)的产品或服务绩效居于行业领先位置的管理经验。简单地说,就是指确保某个产品或某项服务居于行业领先位置的先进管理经验。

从标杆管理的定义可以看出,标杆管理由两部分组成:对最佳实践的识别和引进。首先是对最佳实践予以识别,不加甄别就无法引进适合组织的先进经验,识别是引进的前提;引进是识别的目的,光识别不引进对组织自身绩效的提高毫无意义。

标杆管理的基本思想是,以最强的竞争对手或行业中的领先组织或最有名望的组织在产品、服务或流程方面的功绩及实践措施为基准,树立学习与追赶的目标,通过资料搜集、比较分析、跟踪学习、革新设计并付诸实施等一整套规范化程序,将本组织的实际情况与基准进行量化、比较和评价,在此基础上选取改进本组织绩效的最佳策略,争取赶上或超越竞争对手。其核心是向行业内外的最优秀企业学习,通过学习,重新思考和改进经营实践,创造自己的最佳实践。这实际上是一个模仿加创新的过程。

标杆管理之所以能引起各大企业的如此重视并风靡于世界,其根本原因在于它站在全行业甚至全球视野上寻找基准,突破了企业的职能分工界限和企业性质与行业局限,重视实践经验,强调具体的环节、界面和流程,因而更具特色。它能给企业带来巨大的实效,会让企业形成一种持续学习的文化。它的作用主要表现为进行企业绩效评估,持续改进企业经营状况,提高企业经济绩效,制定企业战略,增进企业学习,增长企业潜力,衡量企业工作好坏,实行企业全面质量管理。

实际上标杆就是榜样,这些榜样在业务流程、制造流程、设备、产品和服务方面所取得的成就,就是后进者瞄准和赶超的标杆。中国有句古话:以铜为鉴,可以正衣冠;以史为鉴,可以知兴替;以人为鉴,可以明得失。其实,做企业也是这样。在自己面前树立一面镜子,明得失,找差距,而后才能进步。如今,标杆管理已经在市场营销、成本管理、人力资源管理、新产品开发、教育部门管理等各个方面得到广泛的应用。许多国内外著名企业在日常管理活动中均应用了标杆管理法,并取得了巨大成功。

2. 标杆管理的分类

根据标杆伙伴选择的不同,通常可将标杆管理分为5类。

1) 内部标杆管理

标杆伙伴是组织内部其他单位或部门,主要存在于大型多部门的企业集团或跨国公司。由于不涉及商业秘密的泄露和其他利益冲突等问题,容易取得标杆伙伴的配合,简单易行。另外,通过展开内部标杆管理,还可以促进内部沟通和培养学习气氛。但是标杆管理的缺点在于视野狭隘,不易找到最佳实践,很难实现创新性突破。

2) 竞争性标杆管理

标杆伙伴是行业内部的直接竞争对手。由于同行业竞争者之间的产品结构和产业流程相似,面临的市场机会相当,竞争对手的作业方式会直接影响企业的目标市场,因此竞争对手的信息对于企业在进行策略分析及市场定位方面有很大的帮助,收集的资料具有高度相关性和可比性。但正因为标杆伙伴是直接竞争对手,信息具有高度商业敏感性,所以很难取得竞争对手的积极配合,获得真正有用、准确的数据,从而极有可能使标杆管理流于形式或者失败。

3) 非竞争性标杆管理

标杆伙伴是同行业非直接竞争对手,即那些由于地理位置不同等原因虽处同行业但不存在直接竞争关系的企业。非竞争性标杆管理在一定程度上克服了竞争性标杆管理数据收集和合作困难的弊端,继承了竞争性标杆管理信息相关性强和可比性强的优点,但可能会由于地理位置等原因而造成数据收集成本增大。

4) 功能性标杆管理

标杆伙伴是不同行业但拥有相同或相似功能、流程的企业。其理论基础是任何行业均存在一些相同或相似的功能或流程,如物流、人力资源管理、营销手段等。跨行业选择标杆伙伴,双方没有直接的利害冲突,更加容易取得对方的配合;另外可以跳出行业约束,开阔视野,随时掌握最新经营方式,成为强中之强。但是这种方式投入较大,信息相关性较差,最佳实践需要较为复杂的调整转换过程,实施较为困难。

5) 通用性标杆管理

标杆伙伴是不同行业具有不同功能、流程的不同组织。其理论基础是,即使完全不同的行业、功能、流程也会存在相同或相似的核心思想和共通之处。如多米诺比萨饼公司通过考察研究某医院的急救室来寻求提高送货人员的流动性和工作效率的途径,提高员工的应急能力。从完全不同的组织学习和借鉴会最大限度地开阔视野、突破创新,从而使企业绩效实现跳跃性的增长,大大提高企业的竞争力,这是最具创造性的学习。而其信息相关性更差,企业需要更加复杂的学习、调整和转换过程才能在本企业成功实施学到的最佳实践,因此难度更大。企业最好的选择就是根据需要实施综合标杆管理,即将各种标杆管理方式根据企业自身条件和标杆管理项目的要求相结合,取长补短,以取得高效的标杆管理。

3. 标杆管理的实施步骤

具体说来,一个完整的内外部综合标杆管理的程序通常可分为 5 步。

1) 计划

计划的主要工作步骤有:

(1) 组建项目小组,担当发起和管理整个标杆管理流程的责任;

(2) 明确标杆管理的目标;

(3) 通过对组织的衡量评估,确定标杆项目;

(4) 选择标杆伙伴;

(5) 制订数据收集计划,设置调查问卷,安排参观访问,充分了解标杆伙伴并及时沟通;

(6) 开发测评方案,为标杆管理项目赋值以便进行衡量比较。

2) 内部数据收集与分析

内部数据收集与分析的主要工作有：

（1）收集并分析内部公开发表的信息；

（2）遴选内部标杆管理合作伙伴；

（3）通过内部访谈和调查，收集内部第一手研究资料；

（4）通过内部标杆管理，可以为进一步实施外部标杆管理提供数据和基础。

3) 外部数据收集与分析

外部数据收集与分析的主要工作有：

（1）收集外部公开发表的信息；

（2）通过调查和实地访问收集外部第一手研究资料；

（3）分析收集的有关最佳实践的数据，与自身绩效计量相比较，提出最终标杆管理报告。标杆管理报告揭示标杆管理过程的关键收获，以及对最佳实践调整、转换、创新的见解和建议。

4) 实施与调整

这一步是前几步的归宿和目标之所在。根据标杆管理报告，确认正确的纠正性行动方案，制订详细实施计划，在组织内部实施最佳实践，并不断对实施结果进行监控和评估，及时做出调整，以最终达到增强企业竞争优势的目的。

5) 持续改进

标杆管理是持续的管理过程，不是一次性行为，因此，为便于以后继续实施标杆管理，企业应维护好标杆管理数据库，制订和实施持续的绩效改进计划，以实现不断学习和提高。

■ 二、标杆管理在电子政务绩效评估中的应用

电子政务是在特定政治、经济、人文环境下的政府管理形态。对电子政务绩效进行评价并不是一项简单的任务，没有"一个尺度符合所有阶段"的模型或一套标准适用于所有电子政务的实例。不同国家，不同地区，不同政治体制，不同经济环境，不同社会环境，不同发展阶段，在电子政务的发展战略、目标、优先级上会有很大差异。即使是处在同一地域、同一级别的政府，不同部门之间，由于行政职能、业务流程、组织文化、人力资源等因素，电子政务实践也会存在显著区别。因此，在进行电子政务绩效评估和管理的过程中，如果对电子政务的发展和应用环境不予以充分关注和考虑，则很难保证电子政务绩效评估在实践中具有指导意义，很难实现绩效管理的目标。尽管当前国内外也开展了许多对电子政务的绩效评估活动，但鲜有真正能以不同电子政务发展环境为评估前提的评价项目。不仅如此，许多电子政务绩效评估内容大多数停留在对国家、地区等总体层面的衡量上，很少以单个政府部门为评估对象，结合本部门特点和实践活动，进行持续的观察和评估。

应用标杆管理的思想和方法可以较好地解决上述不足，消除当前评估中存在的盲点，完善评估体系，坚持评估制度，提高评估的针对性。从理论上分析，标杆管理应用在电子政务绩效评估中有如下显著优势。

1. 更有针对性地、自觉地开展绩效评估

标杆管理是识别最优秀实践并予以引进学习的过程。政府管理者在自觉选择最佳实践的过程中,会充分考虑本单位的特点,并根据当时的形势,以实施环境更相似、可比性更强的部门作为"标杆",建立具有自身发展特色的评估指标和标准,实现绩效评估的目标。也许这些评估指标并不完整,甚至有瑕疵,但是符合特定环境和特定阶段,并有助于实现特定的目标。通过对"标杆"单位电子政务实践及具体指标的识别,政府管理者可以认识差距,查找问题,更好地改进绩效水平。标杆管理对于保证绩效评估的针对性、及时性和指导性具有极为重要的现实意义。

2. 增强员工信心,持续改进绩效水平

事实表明,政府员工,特别是政府管理者对电子政务的信心是电子政务得以成功的关键。"标杆"不仅能以榜样的力量,使政府员工提高感性认识,增强成功的信心和决心,而且还能具体地指导实践,提高成功率。标杆管理通过设定争取达到的目标来提高管理效益。这种目标不仅有明确的含义,而且有实现的途径,可以使政府管理者坚信有办法使工作绩效达到最佳。此外,由于标杆管理可以为管理者建立一套动态测量其投入与产出的现状与目标分类的方法,因此可以使评估经常化和制度化,达到对管理的薄弱环节进行持续改进的目的。

3. 促进学习,挖掘潜力

标杆管理的一个重要功能在于通过树立"标杆",与"标杆"进行比较来促进组织的学习,克服组织的不足,从而使本部门、本单位成为学习型组织。通过发展电子政务,任何政府部门都有可能将注意力集中在寻求增长与发展的内部潜力上,形成比较稳定的组织文化。通过与各类"标杆"的比较,不断追踪、把握外部环境的发展变化,更好地满足社会需求。

联合国公共行政与公共经济部发布的《电子政务标杆:全球视角》和 TNS(Taylor Nelson Sofres)发布的《在线政府标杆》可以作为电子政务绩效评估中应用标杆管理的典型例子。TNS 在评估中提供了作为政府各部门自我评估工具的指标,并以此作为改进的参考。它针对 27 个国家 29 077 名受访者进行调查,评估指标主要包括"网络使用度"、"电子政务使用度"、"电子政务安全性"3 项指标。此次电子政务评估的报告也依照 27 个国家的人口比例给予不同的权重分配。TNS 每年都会举办国际研讨会,让电子政务的相关研究人员彼此交换经验。

三、平衡计分卡简介

由哈佛大学教授 Kaplan 与诺顿研究院的执行官 Norton 建立的平衡计分卡(Balanced Scorecard)得到世界无数知名公、私部门及非营利性部门的普遍认可,并在实践中取得了巨大的成功。

1. 平衡计分卡产生的背景

衡量组织运营绩效的传统方法大多是以财务指标(即通过会计制度所呈现的财务报表)作为主要的依据,将其视为诊断组织优劣的重要凭借。若仅通过财务指标作为衡量的依据,将会出现下列问题。

(1) 无法反映组织价值链的变化、组织创新的活动、组织长期成长的动力,以及组织

内部各部门间运作的契合度。这些非财务性的问题,正是全球化下企业必须面对的议题。因此,如何让企业在全球化过程中保有竞争优势、提升应有的竞争力,并非财务指标所能涵盖的。

(2) 财务指标属短期、落后的年度指标,是在年度终了时以简单数据呈现的,无法通过指标的变化窥知其背后的真正意义,也无从预知经营的风险,不利于长期策略和规划的拟定。

(3) 为彰显较佳的财务绩效,管理层往往会以短期决策作为资源配置的依据,美化财务报表,迎合治理层的喜好,久而久之,会弱化企业的竞争力,难以发挥长期经营之效。

为了因应全球化带来的竞争压力,企业开始正视培养新能力的问题,寻求财务性指标与非财务性指标的有机联系,短期目标与长期目标的相融,以及因应外在环境的变迁,使组织内部更具有系统性的调整能力。其中,财务层面的问题固然重要,但不能忽视其他层面的影响力。

为了消除传统企业绩效评估视角上的误区,配合企业创新能力培养的需要,Kaplan与Norton设计出了平衡计分卡。平衡计分卡的设计,不再以单项的财务面向作为衡量的依据,而是在企业的使命与愿景下,建立起4个维度,4个维度间不仅相互联系、相互牵动,同时与企业的使命、愿景发生直接的联系。

2. 平衡计分卡的内容

平衡计分卡要求企业经理人从4个角度来观察企业:

(1) 企业的产出(传统财务指标);

(2) 企业的成长潜力(学习与成长);

(3) 顾客的角度;

(4) 企业内部流程。

这4个维度一方面可以用来考核企业的产出,另一方面可以考核企业未来的成长潜力;再从顾客角度和从内部流程角度考核企业的营运状况,充分把公司的长期策略和短期行动联系起来,把愿景转化为一套系统性的绩效考核指标。而平衡计分卡的设计理念是以平衡为诉求,寻求短期指标和长期指标、财务指标和非财务指标、落后指标和领先指标以及内部绩效与外部绩效间的平衡状态。

平衡计分卡跳出传统绩效评估制度只重财务绩效的狭隘观点,除了财务维度外,还包括顾客维度、内部流程维度及学习与成长维度的绩效评量,而且这4个维度间存在着相互依赖、相互支持及相互平衡的关系,并由组织的愿景及策略衍生出各维度的目标与量度,使组织能将其企业愿景和策略转化为有效的行动方案。

3. 政府平衡计分卡

平衡计分卡在企业中的成功应用,引起了日益重视提高行政绩效和满足公民需求的公共部门的重视。1993年克林顿政府提出了"政府再造"计划,其后发表了《国家绩效回顾》(National Performance Review)报告。在实践这个指导原则的过程中所使用的工具就是平衡计分卡。类似的平衡计分卡成功应用于政府部门的案例比比皆是,如澳洲空军基地各部门和美国联邦政府等。

Kaplan与Norton认为,最初平衡计分卡的应用重点是为了改善对营利性(私营)机构的管理,然而,他们经研究意外发现平衡计分卡用在改善政府和非营利性机构的管理上效果更好。对于追求利润的公司而言，财务层面起码提供了一个清晰的长期目标，可是对政府和非营利性机构来说，财务层面提供的并不是目标，反而是一种约束作用。这些组织必须把开支控制在预算之内，但是衡量这些组织是否成功，不能仅以控制开支为标准，即使开支低于预算也说明不了问题。学者 Wise 甚至提出以战略成果层面取代平衡计分卡原有的财务层面的观点。

Kaplan 与 Norton 深入阐述了平衡计分卡在非营利性部门的内涵并指出，平衡计分卡应用于公共部门，财务绩效并非其最主要的目标，因此平衡计分卡的层面可以重新调整。公共部门与私人企业最明显的不同在于后者是以股东价值最大化为目标，是以利润为导向，而公共部门则必须以实现使命作为其目的。因此，在运用平衡计分卡时，这样的目标就必须列在战略之上，成为平衡计分卡中最上面的一层，而从使命往下，则是组织的顾客，而非私人企业中投入资本的股东，但完成使命并不是完成了财务责任与管理工作，组织必须确定谁是服务对象并满足其需求。在利润至上的世界中，企业对他们的资本提供者（利益相关者）负有责任，并且通过平衡计分卡的财务层面所呈现的成果可以监督企业履行责任；但在公共部门中却不同，公共部门的焦点在于顾客，应当以满足顾客需求为使命。

依据非营利性组织平衡计分卡，Kaplan 对政府平衡计分卡的组成和内容进行了描述。

（1）使命、核心价值观、愿景以及战略。无论是企业组织还是政府组织，平衡计分卡的设计都是从界定组织的使命、核心价值观、愿景以及战略开始的，它们是组织各项工作的基本依据，为平衡计分卡中目标的设计明确了方向。具体而言，使命是指组织存在的根本价值和追求的终极目标，回答了"组织为人类做出什么样的贡献和创造什么样的价值"这一关键问题；核心价值观是指组织中指导决策和行动的永恒原则，回答了"组织长期奉守的坚定信仰是什么"这一基本问题；愿景是指组织的发展蓝图，反映了组织对未来的期望，回答了"组织的中长期目标是什么"这一重要问题；战略是指组织为达成使命和愿景所选择的显著优先权，回答了"组织如何通往未来"这一迫切问题。

（2）顾客层面。对于政府机关而言，经费的"捐赠者"是其重要顾客。政府机构必须致力于满足经费提供者的期望，也就是立法机构、公民和纳税人的期望。而要满足立法机构及纳税义务人等顾客的期望，政府机关必须为纳税义务人创造价值与效益，而此部分也是最难定义与衡量的部分。通过平衡计分卡，可以根据其活动界定并评测出相关输出，以代替难以界定与评测的成果。

（3）财务层面。此层面强调作业效率提升的重要性，而成本的评测不仅应包含部门本身的成本，还应考虑公民及相关组织投入的社会成本。政府机构应该在执行使命、创造社会福利时，将直接成本与社会成本降至最低。衡量政府的效益，应该视其是否能有效满足顾客的要求。必须为顾客界定具体的目标，财务因素通常可以发挥促进或约束的作用，但往往不是主要目标。

（4）内部流程层面。为实现顾客层面的目标，政府机关必须在业务运作流程上表现卓越。Kaplan 与 Norton 建议，在建立平衡计分卡时，先界定一个完整的内部流程价值链。价值链的起端是创新流程，即辨别目前和未来立法机构或公民等顾客的需求并发展新的解决方案来满足这些需求。接下来是运作流程，即提供既有的产品和服务给既有的顾客。价值链的尾端是顾客服务与关系保持,即在提供主要服务产品之后,提供后续服务并维护与顾客的关系,以增加顾客从政府机关的服务中获得的价值。

(5)学习与成长层面。顾客层面和内部流程层面的目标,确立了组织必须在哪些地方表现卓越,才能取得突破性的绩效。学习与成长层面的目标为实现其他两个层面的目标以及创造组织长期的成长与进步提供了基础架构。组织的学习与成长,代表了为加强员工、系统和组织流程的能力而作的投入。

Kaplan 和 Norton 通过实践得出结论,平衡计分卡能为政府部门提供均衡观点,可以防患于未然,而不是事后检讨,最重要的是它以顾客为导向,整合各部门的功能,帮助组织通过自身努力而非上级的命令,成功实现转型的目标。

在政府组织应用平衡计分卡时,要充分考虑到公私部门的差异性,不能照抄照搬企业模式,而要根据政府组织的特点予以修订和调整。当平衡计分卡框架被应用于公共组织时,利益相关者、财务、内部业务流程、学习与成长等层面具体内容的确定要围绕公共组织的特点进行,充分体现公共组织的非营利性。根据现有的研究成果,政府组织平衡计分卡的基本模式如图 9-2(b)和图 9-2(c)所示。从图 9-2 中,我们可以概括出政府组织平衡计分卡的一些基本特征。

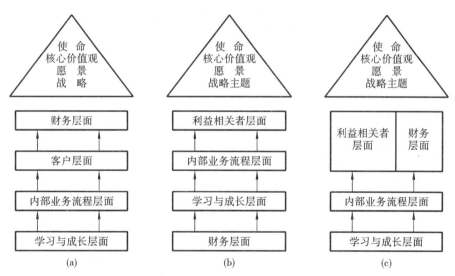

图 9-2 政府组织平衡计分卡的基本模式

(1)使命、核心价值观、愿景、战略仍然位于平衡计分卡的顶端。但是与企业不同的是,政府组织的战略选择在平衡计分卡中是以战略主题的形式体现,它代表了组织在一定时期内所面临的重要挑战或急需解决的关键工作。

(2)客户层面的位置得以提升并被修改为利益相关者层面。政府组织的主要目标追求的不是获得财务上的收益,而是使公共利益最大化,因此客户的诉求才是其最应该关注的内容。此外,政府组织所面临的客户较企业而言要更加广泛,既包括其面对的上下级政府组织,也包括其所辖范围内的广大人民群众,各种企事业单位和社会团体等,因此在政府组织平衡计分卡的基本模式中,客户层面应该被外延更为广泛的利益相关者层面所取代。

（3）财务层面根据不同政府组织的特点有不同的摆放方式。也正是由于政府组织的公共性特点，其财务层面不再只是作为组织的最终绩效结果置于四个层面中的最上方，而应该根据不同类型政府组织在财务职责上的差异加以调整。具体而言：凡是不承担财税创收任务的政府组织，都应将财务层面调整到学习与成长层面的下端，使其作为一种驱动因素，对组织绩效结果形成支撑；凡是承担财税创收任务的政府组织，都应将财务层面调整到与利益相关者层面并列的位置，作为一种预期的绩效目标，为组织业务流程提供牵引。

（4）内部业务流程层面和学习与成长层面仍然是实现组织最终目标的重要支撑。无论是政府组织，还是非营利组织，业务流程和无形资产的作用都十分重要。业务流程的效率和效果直接决定了组织最终目标的实现程度，而无形资产早已被认为是当今社会为组织创造价值的重要源泉，它们对组织战略的实现都具有有效的支撑作用。因此，在政府组织的平衡计分卡中，内部业务流程层面和学习与成长层面仍然是重要的支撑层面，共同驱动着利益相关者目标（也可能包括财务目标）的实现。

（5）各层面间仍然具有显著的战略逻辑和清晰的因果关系。平衡计分卡的特点之一就是通过层面间清晰的因果关系来描述达成战略的逻辑性。尽管在政府组织平衡计分卡的基本模式中有些层面的位置经过调整，并且针对不同类型的组织出现了不同的摆放方式，但是无论对于哪种模式而言，这些层面之间仍然保持着自下而上的因果关系链，并通过层层的支撑关系促进组织目标的实现和战略的达成。

四、平衡计分卡在电子政务绩效评估中的应用

平衡计分卡既能评价内部绩效、又能评价外部的满意度，既能评价当前状态、又能评测未来趋势。平衡计分卡的平衡含义包括财务与非财务、长期与短期、内部与外部、领先与落后等评价标准和指标之间的平衡。它主张将组织的战略主题定义在财务、顾客、学习与成长、内部流程四大视角上，依次展开为具有因果关系的各个战略目标，并进一步发展成为对应的度量和目标以及实现该战略目标的必要行动。

在电子政务绩效评估中引入平衡计分卡的理由主要在于以下两个方面。

1. 平衡计分卡是绩效评价工具

平衡计分卡首先是一种整体分析方法的绩效评价制度。传统的财务会计模式只能衡量过去发生的事项（落后的结果因素），无法评估企业前瞻性的投资（领先的驱动因素）。平衡计分卡能通过将组织的愿景转变为一组由4个视角所组成的绩效指针来实现对组织绩效的全面、科学的评价。

平衡计分卡在实践上的价值，不只是一种绩效评价系统，它还是一个可以传达战略进而把组织与战略链接的评价系统；同时，平衡计分卡是一种战略评价系统，是一项管理制度，而不只是单纯的评价制度。

2. 平衡计分卡是战略执行工具

平衡计分卡具有将战略具体化的特性，使它得以让员工更了解组织的愿景，同时使管理者更容易追踪战略的执行情况。平衡计分卡未来的发展方向将是一种新的战略管理制度，通过4个层面的实施，将战略转化成具体行动，借助整合使得企业所有员工的努力集中于同一个正确的方向。

因此，在电子政务绩效评估的过程中，应用平衡计分卡，既可以达到评价的目的，又可

以达到将电子政务战略转变为政府服务创新与职能转变的终极目标。

保加利亚政府将平衡计分卡作为电子政务战略管理和绩效评估的工具,并在这方面取得了成功。保加利亚对电子政务战略的陈述是"保加利亚将会应用现代信息技术,提供现代化、有效率的治理,从而满足公民与企业在任何时候和任何地方的真正需求"。基于此目标,保加利亚电子政务的使命被分解为3个战略目标,它们通过一系列包含在平衡计分卡中的目的体现出来。保加利亚的电子政务平衡计分卡包括4个层面,它们代表了所有利益相关者的视角。

1) 管理和发展

管理和发展代表员工与部门管理者的视角。它列出了他们职业发展和培训的不同机会,关注建立新的组织文化。这个层面是其他层面的基础,包括各种活动,例如规划、新组织文化的建立、领导支持、员工激励和培训。这个层面有多个目标,包括个人发展和激励、个人技能的增强、新组织文化和处世哲学等。

2) 业务流程

业务流程代表部门管理者必须实施的活动、程序和职能的视角。业务流程的整合和实施是保证计划成功实现的关键。这个层面也提供内部组织合作的标准、规则和程序的制定与实施,以及实际应用的手段和技术。显然,该层面包括信息资源的识别、整合,信息安全,以及机构之间的沟通和协作。

3) 服务和顾客

服务和顾客代表政府为公民与企业提供服务的视角。它集中于对公民与企业公共服务的质量以及可访问性的愿望和要求。目的包括通过利用现代通信技术提供尽可能高质量、多数量的服务。这个层面的目标是顾客的满意、公共服务的提供,以及公民和企业获得公共服务的成本的降低。

4) 透明度和对话

透明度和对话包括将公民与企业的愿景纳入公共对话中,提高透明度,增强民主水平,加强对政府的各项活动和业务的清楚表述。

案例 9-1

欧盟电子政务评估标杆

电子政务在联合国电子政务项目的概念架构下被定义为:电子政务包含着公共部门对部署ICT(信息通信技术)来提高服务公众时的知识和信息的能力和愿望。能力是指支持国家的经济、基础设施、人力资本、规制化、行政管理和系统的能力。愿望是指来自政府的承诺,通过提供信息和知识来赋予公民权利。欧洲委员会把电子政务定义为:电子政务使用数字工具和系统为公众和企业提供更好的公共服务。可见电子政务强调通过ICT为公众和企业提供更好的公共服务,因此不论是联合国对所有成员国的电子政务调查报告还是欧盟委员会对欧盟所有成员国电子政务的评估标杆,都把公共服务的在线提供作为一项重要的考核内容。

一、电子政务评估标杆的意义

电子政务是使公共管理持续发展的重要方法,电子政务可以在公共管理中运用信息技术简化和整合工作流程,有效管理数据和信息,提高公共服务的质量,拓展公众参与的渠道。近年来,在线服务、大数据、社交媒体、移动设备、云计算等的应用改变了人们看待电子政务的方式。电子政务能够提高各国政府公共管理的效能,提供更优质的服务,满足透明化和问责的需要,帮助政府实现绿色办公,有效管理自然资源,刺激经济发展,增强社会包容性。电子政务在各国的发展又很不平衡,通过电子政务发展水平评估,可使评估对象找到自身的差距,明确发展方向,为本国公众和企业提供更好的在线公共服务,提高本国居民的电子参与水平,缩小国家之间的数字鸿沟。

通过政策文件和政策制定者的引用,欧盟电子政务标杆甚至在国家层面上拥有很多用户。例如,在关于电子政务的部长级会议上,波兰总理宣布波兰成功上升到欧洲排名的平均位置以上。部分原因是标杆的成功和国家政策制定者随后的愿望,希望看到他们国家的排名上升;部分原因是明确的政策优先事项使在线服务已成为电子政府政策的旗舰项目。作为旗舰项目,它一直是电子政务全面发展的关键因素,已促成整个政府的大型技术投资的成功,在线服务需要政府在身份管理系统、数据库、支付平台、工作流管理系统和更多方面进行投资。

在欧盟,标杆无处不在,被视为改善性能的手段。标杆不应被看作一种用来显示层级不好表现的工具,它能够使不同的团体找出解决共同问题的办法,相互协作向前,而不是竞争。标杆测试在欧盟已经成功了很长一段时间。在欧洲和联合国,标杆是"公开协调方法"的一个重要组成部分。在政策领域,欧盟委员会和联合国一样是没有权力的,共同政策和目标设置是建立在自愿的基础上,由来自同伴的压力而不是规则来确保政策的执行。标杆作为公开协调的一个重要因素,公开排名有助于那些需要取得更快进展的国家赶上来。根据接受度和曝光度,这些排名可对政策发展产生重大的影响。在信息社会政策这一特定领域,于1999年推出的电子欧洲行动计划的框架内进行了标杆测试。关于电子政务,电子欧洲计划也做出了"使公共在线服务具有可用性"的关键优先事项。

(一)政策指导

欧盟委员会于2000年推出的eEurope举措加速了欧洲向知识型经济的转变,由两项连续的eEurope行动计划(2002年和2005年)支撑,接着是i2010电子政务行动计划。i2010设定了到2010年电子政务的目标:没有公众被落下,提高电子政务的包容性,到2010年所有的公众受益于可信的、创新的服务,并且这些服务对所有人是易于获得的;使得政府提高效率和效能成为现实,到2010年达到较高的用户满意度,减少公共管理的障碍以获得有效性;为公众和企业提供具有较高影响力的核心服务,到2010年实现100%的政府采购电子化,50%的真实使用率,在成员国之间为进一步的在线公共服务的合作达成协议;适当促进核心关键因素起作用,到 2010 年使得公众和企业受益于方便、安全和互动的跨欧洲授权访问公共服务;增强民主和决策支持,到 2010 年,提供有效的公开辩论和民主决策参与工具。同时,在 2009 年的瑞典马尔默部长声明上,提出了四项电子政务迫在眉睫的优先事项:增强公众和企业授权,在单一市场下加强移动性,低的效率和效能得以提升,创建必要的核心关键因素和以上优先权的前提条件。

欧洲国家怎样才能达到这些目标?过去的十年是怎样取得进步的?怎样构建一个学习系统来帮助人们加速改进以适应快速变化、技术驱动的世界?可在 2010 年的电子政务标杆中找到这些问题的答案。2010 年后,以欧洲 2020 战略为指导,旨在通过实现以知识和创新为基础的经济增长,使欧洲经济更具竞争力、包容性和可持续发展。欧洲数字议程是"欧洲 2020 战略"的七项重要举措之一,用来支持数字技术得到更广泛的部署和更有效的利用。议程指出,互操作性可能有助于欧洲经济实现智能化、包容性和可持续增长。这需要跨国界流动的公共服务、电子服务和设备的支持,能够在共同的标准和开放平台的基础上高效地协同工作。"2011—2015 年电子政务计划"产生于马尔默部长宣言。该计划旨在"利用信息技术来提高工作效率和效益,形成开放、灵活和协同的欧洲管理部门,不断改进工作方式以满足用户需求和实现公共价值的最大化。"

(二)指标变迁与继承

欧盟委员会从 2001 年开始致力于电子政务的标杆研究,并对欧盟成员国电子政务的建设和使用情况进行一年一度的评估,至今已经进行了 10 余届。欧盟委员会对电子政务的定义为使用数字工具和系统为公众和企业提供更好的公众服务,因此从 2001 年开始就把指标定为在线服务的可用性。对 20 项基本公共服务(其中面向公众的有 12 项,面向企业的有 8 项)进行调查,分析在线服务的复杂度,根据电子政务成熟度模型,分析公共服务处于什么阶段,包括 stage 0、stage 1、stage 2、stage 3、stage 4 五个阶段。stage 0 表示没有提供在线服务,stage 1 表示提供公共服务的在线信息,stage 2 表示单向服务可以在线下载表格,stage 3 表示公众可以与政府双向互动进行表格处理与身份认证,stage 4 表示完全采用在线交易的形式。对有些最高级别只有 stage 3 的公共服务,在其达到 stage 3 时,分数就是 100%,与其他服务达到 stage 4 时的分数相同。一直到 2010 年,这 20 项公共服务的在线可用性指标从起初的平均 45% 达到平均 82%,其中一些国家的这 20 项公共服务的完全在线可用率已经达到 100%,如意大利、马耳他、奥地利、葡萄牙和瑞典等。欧盟电子政务标杆经过多年的发展,从最初的公共服务的在线可用性发展到在线复杂度、用户体验、完全的在线可用性、门户的复杂度、电子采购的可见性与电子采购的可用性。为适应 2009 年的瑞典马尔默部长声明,以及新的电子政务行动计划,2010 年指标增加了地区分析的功能和合同授予后的电子采购的可用性,主要包括在公共部门的电子采购平台上提供电子预订、电子发票和电子支付等服务。此外,还出现了一些全新的"概念设计"指标,评价公众的"life events"成熟度,如"创办一个企业"和"失业与找工作",关键因素的可用与使用指标主要用于评估组织和技术框架怎样实施来构建如电子身份、可信源、互操作指南、开放标准的采纳和单点登录。到2012年,正式推出"2012—2015电子政务标杆框架",主要与"2011—2015电子政务行动计划"相适应,新的框架如图9-3所示。授权的政府被分解为以用户为中心的政府、透明政府和协同政府与参与三个指标;跨地域无缝的政府包括企业移动性和公众移动性;结果导向的政府主要评估政府的效率和效能;智慧政府的政策先决条件是评估一些关键因素。

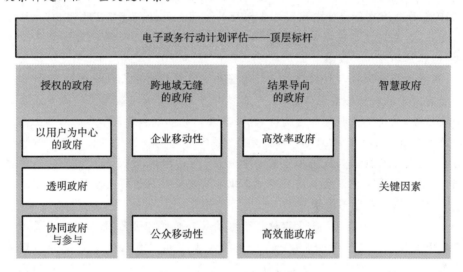

图 9-3　电子政务顶层标杆

1. 以用户为中心的政府评估

对顶层标杆进行分解,形成详细的评价指标,图9-4显示了以用户为中心的政府评估指标。以用户为中心的政府评估,一半来源于调查员扮演的神秘客户的评分,一半来源于对用户的调查问卷的评比。神秘客户主要考察在线服务的可用性和在线服务的使用。在线服务的可用性是指完全在线还是只提供信息,对在线服务可用性的评估分为基本服务(包括核心注册服务和网上交易服务)的可用性和扩展服务(主要包括是否方便使用和使用的容易程度)的可用性;在线服务的使用主要包括在线帮助与反馈功能,以及使用者的个人评价(包括服务的易用性和使用速度等)。神秘客户主要对电子政务的提供方提供的与公众和企业相关的19项"life events"进行调查,这19个事项是办理一项完整的业务,而不是具体的一些步骤,主要包括高等教育注册/申请助学金、残疾人津贴申请、找工作、失业、退休、申请驾照、汽车登记、购买/建造或修缮房屋、在一个国家之内搬家或更新地址、移民到别的国家(学习、工作或退休)、办理护照、出生证/申请出生补助、财产继承、开始新工作等。对"life events"的评估每两年完成一轮,如

2012年评估19项中的一部分,2013年完成剩下的一部分,到2014年就开始新一轮的循环与比较。用户调查是对电子政务的使用方从电子政务信息的使用情况、对电子政务在线服务的满意度、对电子政务的感知度、使用电子政务的障碍等方面进行在线服务调查,以及对在线服务的使用意愿进行评估。目前,2014年发布的报告已完成了一轮对"life events"的评估。

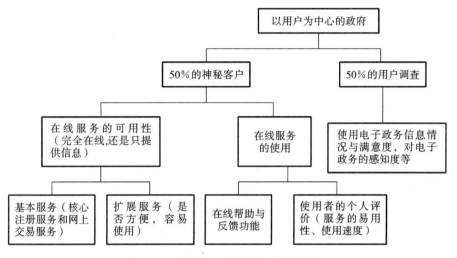

图9-4　以用户为中心的政府评估指标

2. 透明政府的评估

欧盟电子政务标杆指标的设计一直与欧洲电子政务的政策变化相适应。透明政府的评估包括公共机构的透明性、服务交付的透明性和个人数据的透明性。公共机构的透明性是指政府让公众了解财政、法规、法律、组织机构、职责、决策支持的过程。一方面,公众可以参与并就会对他们产生影响的政府决策进行响应,可以保持政策制定者对决定和绩效的负责;另一方面,增加决策支持者的问责制和财政责任,降低产生腐败的可能性,并鼓励公众对机构和政策行动提供反馈、投诉、建议。服务交付的透明性侧重于让公众了解行政管理流程,以及服务是如何提供的,让公众了解服务绩效,使他们对现有的服务提供建议,公众可以设置所期望的服务过程和时间。个人数据的透明性,让公众了解他们的个人数据是如何被处理的,增加数据处理过程的合法性和安全感,提高所保存个人数据的质量,这反过来又增加了公众对政府的信任。

对组织机构透明度的评估,主要考察具体事项所涉及的组织结构的任务与责任、访问信息的过程、用户请求额外信息的可能性、投诉渠道或行政人员没有提供所请求的信息的重新定位、预算与资金来源、年度账目、投资的标准与范围、官方外部财政管理或外部质量保证报告、相关立法与规章、主要政策制定过程、用户参与政策制定过程的能力、所使用的监测与评估行政绩效的方法、用户对公众服务的满意度等。特殊的事项还会增加特殊的问题,如对教育类事项会涉及院系和课程的比较与图例统计、学院和课程的内部质量保证和评估标准、内部质量保证的绩效评估、外部独立的质量保证报告和评审机构、学生对公共服务满意度方面的信息等评估内容。个人数据的透明度评价主要对个人数据的在线可访问性进行评价,如果个人数据不正确,在线通知政府的可能性,评价在线修改数据的可能性,以及个人数据的投诉程序。服务交付的透明度评价主要评估成果完成服务的交割通知、跟踪服务过程、做过的工作保存为草稿、期望完整过程的长度、交付时间轴、服务交付的最大化时间限制和服务绩效信息等。

3. 跨地域无缝政府的评估

单一市场的公众和企业的可移动性是欧洲"2011—2015 电子政务行动计划"列出的四个主要关注领域之一,通过跨国界的流动性与互操作性,电子政务可以减少公共行政的费用。每个国家有两个神秘客户评估跨地域服务的可用性与使用情况,针对具体的服务事项,评估作为外国人不能获得服务的障碍是什么,评估跨地域在线服务的可用性、在线服务的使用速度、使用方便性、跨国界服务的感知度等。

4. 结果导向政府的评估

对结果导向政府主要评估政府的效率和效能。有效政府被定义为政府能够满足公众使用公共服务的需求,并且使公众相信使用电子政务服务能够成功获得这种需求。有效政府的标杆分为有效率的电子政务和电子政务的影响,主要评估用户满意度、用户期望的实现、重用电子政务的可能性和观察到电子政务的八项优点等。对用户使用公共服务满意度的评估主要包括:用电子邮件联系公共部门,从公共部门网站获得信息,为获得公共服务下载官方表格,发送或上传完成的表格,通过电子邮件联系当地、地区、国家或欧盟的政治代表,以及通过完整咨询政策文件、参与在线咨询、参与交互讨论和参与协同平台等方面的满意度。

(三) 评估方法

欧盟电子政务评估标杆除了传统的用户调查、神秘客户方法外,还尝试一些创新的方法,如对实施项目的第三方社交媒体分析、自动收集公共管理数据等。

用户调查法主要对成员国的终端用户使用电子政务的情况进行调查,涉及对以用户为中心的政府和高效政府的评价,就用户使用渠道的偏爱、存在的障碍、对电子政务的满意度等进行评价。

神秘客户法是对调查员进行培训,使之观察、体验电子政务的详细过程,主要涉及服务事项的在线可用性和使用方便性,服务交付、个人数据和行政管理的透明度,公众和企业的跨国界使用公共服务的可用性与方便性等。

社交媒体分析是指收集和分析社交媒体网站(如微博)所产生的结构化和非结构化数据,以帮助用户做出更合理的决策,这些数据可能包括评论、注解、统计信息、微博或评价数量及关注或粉丝数据等,主要对高效政府和协同政府进行评价,此外,还可应用网络爬虫分析用户的使用模式,以及应用社交媒体工具分析用户情感等。

（资料来源：刘密霞，丁艺.欧盟电子政务评估标杆研究与借鉴[J].电子政务，2015(5):67-73.）

本章重要概念

绩效(performance)　　就绪度(readiness)　　标杆管理(benchmarking)
平衡计分卡(balanced scorecard)

本章思考题

1. 为什么要开展电子政务绩效评估？
2. 当前有哪些主流的电子政务评估模式？其主要内容是什么？
3. 从服务质量的角度，你认为应该如何评价电子政务绩效？
4. 标杆管理可以为电子政务绩效评估带来哪些益处？
5. 什么是服务型政府视角的电子政务综合绩效评估？
6. 基于平衡记分卡的电子政务绩效评估模型是什么？

本章推荐阅读书目

1. 崔立新.服务质量评价模型[M].北京：经济日报出版社，2003.
2. 帕特里夏·基利，等.公共部门标杆管理：突破政府绩效的瓶颈[M].张定淮，译.北京：中国人民大学出版社，2002.
3. 王谦.电子政务：战略标准绩效与智能决策[M].重庆：重庆大学出版社，2005.
4. 西奥多·H波伊斯特.公共部门绩效评估[M].肖鸣政，译.北京：中国人民大学出版社，2016.
5. 唐纳德·L，等.绩效评估与训练——柯式绩效经典[M].江玲华，译.2版.北京：中国电力出版社，2015.
6. Joan E Pynes.公共和非营利性组织的人力资源管理[M].王孙禺，达飞，译.北京：清华大学出版社，2002.
7. 杨道玲，于施洋.国际电子政务绩效评估的特点及对我国的启示[J].现代情报，2009，29(2):45-48.
8. 董华.电子政务的绩效评估刍论[J].新西部(理论版)，2012(8):89-90.
9. 周丽婷.电子政务绩效评估：模式借鉴与现状分析[J].电子政务，2008(8):102-107.
10. 于施洋，杨道玲.对电子政务绩效评估的再认识：国际视角[J].电子政务，2007(7):7-14.

主要参考文献

1. 格罗伦德. 电子政府:设计、应用和管理[M]. 北京:清华大学出版社,2006.
2. B. 盖伊·彼得斯. 政府未来的治理模式[M]. 吴爱明,等,译. 北京:中国人民大学出版社,2001.
3. Teng J. T. C. 流程再造:理论、方法和技术[M]. 北京:清华大学出版社,2004.
4. 蔡立辉. 电子政务——信息时代的政府再造[M]. 北京:中国社会科学出版社,2006.
5. 曹凌,耿鹏. 电子政务管理模式探析[J]. 西安电子科技大学学报(社会科学版),2001(3):62-65.
6. 常永华. 电子政务实施的绩效评估模型与案例[J]. 情报杂志,2005(11):17-19.
7. 陈立挺,张裔智. CSCW及其功能特征概括[J]. 计算机应用与软件,2001(6):17-21.
8. 陈明亮. 中国电子政务建设模式和政府流程再造探讨[J]. 浙江大学学报:人文社会科学版,2003,7(4):138-143.
9. 成栋,宋远方. 浅谈客户关系管理在电子政务中的应用[J]. 管理世界,2002(6).
10. 戴维奥斯本,彼德普拉斯特里克. 摒弃官僚制:政府再造的五项战略[M]. 北京:中国人民大学出版社,2002.
11. 戴维·奥斯本,特德·盖布勒. 改革政府——企业精神如何改革着公营部门[M]. 上海市政协编译组,东方编译所,译. 上海:上海译文出版社,1996.
12. 董新宇,苏竣. 电子政务与政府流程重组——兼谈新公共管理[J]. 公共管理学报,2004(4):46-52.
13. 樊博. 电子政务[M]. 上海:上海交通大学出版社,2006.
14. 国家行政学院国际合作交流部. 西方国家行政改革述评[M]. 北京:国家行政学院出版社,2000.
15. 黄何,王琨. PKI构建的安全电子政务[J]. 电子科技,2004(9):56-59.
16. 金江军. 电子政务高级教程[M]. 北京:中国人民大学出版社,2005.
17. 金太军,叶常林. 电子政务与政府管理[M]. 北京:北京大学出版社,2006.
18. 拉塞尔·M.林登. 无缝隙政府:公共部门再造指南[M]. 北京:中国人民大学出版社,2002.
19. 李靖华. 电子政府一站式服务:浙江实证[M]. 北京:光明日报出版社,2006.
20. 李玮,刘永泰. 工作流技术在公文流转中的设计[J]. 科技情报开发与经济,2006(8):232-233.
21. 李习彬. 电子政务与政府管理创新[M]. 北京:科学出版社,2004.
22. 李绪蓉,徐焕良. 政府信息资源开发与管理[M]. 北京:北京大学出版社,2005.
23. 栗斌,刘纪平,石丽红. 基于GIS的电子政务现状分析和展望[J]. 测绘与地理空间信息,2005,28(2):10-14.
24. 刘邦凡. 电子治理引论[M]. 北京:北京大学出版社,2005.
25. 刘寅斌,刘杰. 新公共管理视角下的电子政务信息整合研究[J]. 2000.
26. 马费成. 信息资源开发与管理[M]. 武汉:武汉大学出版社,2004.
27. 齐佳音,韩新民,等. 客户关系管理的管理学探讨[J]. 管理工程学报,2002(3):34-37.
28. 盛南. 中国电子政务绩效评估的现状与对策分析[J]. 技术经济,2006(3).
29. 苏新宁,吴鹏,朱晓峰. 电子政务技术[M]. 北京:国防工业出版社,2003.
30. 孙正兴,戚鲁. 电子政务原理与技术[M]. 北京:人民邮电出版社,2003.
31. 覃正. 电子政务流程变革[M]. 北京:科学出版社,2006.
32. 唐钧. 电子政务绩效评估的要素分析[J]. 电子政务,2005(24):30-33.
33. 王涣尘. 信息技术与电子政务[M]. 北京:北京交通大学出版社,2003.
34. 王康弘,梁军. 基于GIS的电子政务信息资源平台建设[J]. 测绘科学,2005(1):28-30.

35. 王谦.电子政务:战略、标准、绩效与智能决策[M].重庆:重庆大学出版社,2005.
36. 谢一帆.电子政务绩效评估的国际背景研究[J].电子政务,2005(3):8-14.
37. 徐晓日.电子政务概论[M].天津:天津大学出版社,2006.
38. 张成福.信息时代政府治理:理解电子化政府的实质意涵[J].中国行政管理,2003(1):14-17.
39. 张成福,党秀云.公共管理学[M].北京:中国人民大学出版社,2001.
40. 张成福,唐钧.电子政务绩效评估:模式比较与实质分析[J].中国行政管理,2004(5):21-23.
41. 张成福,唐钧.电子政务绩效评估的模式研究[J].电子政务,2005:38-44.
42. 张定安,谭功荣.绩效评估:政府行政改革和再造的新策略[J].中国行政管理,2004(9):75-79.
43. 张立荣.当代中国政府治理范式变革探析——以麦肯锡7-S系统思维模型为框架[J].中国行政管理,2006(6):95-97.
44. 张锐昕.电子政府概论[M].北京:中国人民大学出版社,2004.
45. 赵国俊.电子政务教程[M].北京:中国人民大学出版社,2004.
46. 赵豪迈,白庆华.电子政务悖论与政府管理变革[J].2006,3(1):34-39.
47. 赛迪顾问.2004—2005年中国电子政务市场研究年度报告[R].2005.
48. 国务院信息化工作办公室.2005年中国政府网站绩效评估报告[R].赛迪顾问股份有限公司,2006.
49. 周芒.新媒体时代下电子政务的发展及策略[J].中外企业家,2016(15):70-72.
50. 张望,张毅.基于信息技术推动下的电子政务创新[J].中国行政管理,2016(9):150-152.
51. 刘密霞,丁艺.欧盟电子政务评估标杆研究与借鉴[J].电子政务,2015(5):67-73.
52. 陈海勇.基于公众满意度的电子政务绩效评估指标体系设计[J].财会研究,2014(1):68-70.
53. 陈小梅.论我国电子政务绩效评估体系的基本框架与构建方法——基于服务型政府的视角[J].学理论,2013(4):49-50.
54. 刘伟.我国电子政务绩效评估方案的综合研究[J].中国行政管理,2013(2):11-15.
55. 黄林莉.欧盟电子政务绩效评估[J].电子政务,2009(11):21-27.
56. 孙强.服务型政府电子政务绩效评估探讨[J].电子政务,2009(9):33-37.
57. 吕培超.电子政务绩效评估研究[D].厦门:厦门大学,2009.
58. 黄波,万道濮,张诺.电子政务绩效评估概述[J].电子政务,2008(10):7-13.
59. 郭志峰,石会昌,王彦慧,杨波.电子政务绩效评估方法研究[J].电子政务,2008(10):24-30.
60. 于施洋,杨道玲.电子政务绩效评估的平衡记分卡模型[J].电子政务,2007(7):20-25.
61. 张悦.新媒体时代电子政务发展的三大方向[J].新媒体研究,2017,3(10):109-111.
62. 刘增明,贾一苇.美国政府Data.gov和Apps.gov的经验与启示[J].电子政务,2011(4):90-95.
63. 石怀成,黄鹏,杨志维.国外推行电子政务公共服务的主要理念[J].信息化建设,2007(7):35-38.
64. 付耀华."无缝隙政府"理论视角下我国服务型政府的构建[J].云南行政学院学报,2011,13(3):111-113.
65. 张锐昕,刘红波.一站式政府的逻辑框架与运行模式[J].电子政务,2011(5):2-11.
66. 李一凡.电子政务的组织保障——政府流程再造[J].经济与管理,2004(5):33-35.
67. 邓崧,刘星,张玲.现代公共管理理论下政府流程再造的路径选择[J].社会科学,2011(9):4-12.
68. 万道濮.电子政务绩效集成评估模式研究[J].电子政务,2007(9):35-43.
69. 李靖华.行政服务中心流程再造的影响因素:浙江实证[J].管理科学,2008(2):111-120.
70. 魏武华.电子政务一站服务体系结构研究[J].中国管理信息化,2013,16(15):88-89.
71. 焦宝文.电子政务基础架构讲座之一:建设一站式服务框架系统[J].中国计算机用户,2003(2):35.
72. 周丽婷.电子政务绩效评估:模式借鉴与现状分析[J].电子政务,2008(8):102-107.
73. 彭博,张锐昕.新加坡行政服务中心建设的内容、特点和启示[J].电子政务,2012(11):54-66.

74. 方振邦,鲍春雷. 政府组织基于平衡计分卡的绩效评价体系设计[J]. 甘肃行政学院学报,2009(4):50-55,125.
75. 董华. 电子政务的绩效评估刍论[J]. 新西部(理论版),2012(8):89-90.
76. 焦微玲. 我国电子政务公众满意度测评模型的构建[J]. 情报杂志,2007(10):36-38.
77. 龚莎莎. 电子政务公众满意度模型构建及测评研究[D]. 成都:电子科技大学,2009.
78. 冯松. 电子政务建设模式、建设效果及其障碍因素研究[D]. 浙江大学,2007.
79. 王刚. 基于第三方评价的电子政务绩效评估模式研究[J]. 情报杂志,2009,28(11):100-104.
80. 李文艳. 基于目标分解的电子政务绩效评估模式研究[J]. 电子政务,2008(10):64-68.
81. 王双燕. 中国电子政务建设的效益分析[J]. 兰州学刊,2003(6):36-37.
82. 郑烨,樊蓬. 我国电子政务立法的困境与对策思考[J]. 情报探索,2011(11):22-25.
83. 宋伟东,孙尚宇,耿继原,等. 用大数据思维建构信息时代的电子政务[J]. 测绘科学,2014,39(5):18-22.
84. 王华华. 大数据时代 2.0 服务型政府:内涵、要求与路径[J]. 党政研究,2017(3):92-99.
85. 吴国英. "越位"、"缺位"、"错位"与"弱化"、"强化"、"转化"——关于政府职能转化和依法行政的思考[J]. 上海青年管理干部学院学报,2003(4):42-45.
86. 朱坤. 浅谈电子政务对政府职能转变的作用及发展方向[J]. 网络财富,2009(14):133-134.
87. 陈涛,赖敏. 电子政务促进政府决策科学化民主化的机制研究[J]. 赣南医学院学报,2010,30(5):804-805.
88. Zhi Juan Qi, Gui Ping Sun. A study on public Satisfaction of county electronic government affairs: Taking Linzhang county in Hebei province for example[J]. Applied Mechanics and Materials,2014,3365(602).
89. Xavier Fernández-i-Marín. The Impact of e-Government promotion in Europe: Internet dependence and critical mass[J]. Policy & Internet,2012,3(4).
90. Accenture. E-Government Leadership-Rhetotic Vs Reality: Closing the Gap[R]. 2001.
91. Accenture. E-Government Leadership: High Performance, Maximum[R]. 2004.
92. Andersen K V, Henriksen H Z. E-Government Maturity Models: Extension of the Layne and Lee Model[J]. Government Information Quarterly,2006,23(1).
93. Baker D L. E-Government: Website Usability of the Most Populous Counties[D]. ARIZONA STATE UNIVERSITY,2004.
94. 103. Bertelsmann Foundation. Balanced E-Government: Connecting Efficient Administration and Responsive Democracy[EB]. 2002.
95. Bertin C K. Information and Communication Technologies and Tourism: Information Systems Implementation and IT-Enabled Organizational Change in the Tourism Sector[EB]. 2004.
96. Bittinger S. Customer Relationship Management in E-Government[EB]. Gartner Research,2001.
97. Bretschneider S. Information Technology, E-Government, and Institutional Change[J]. Public Administration Review,2003,63(6):738-744.
98. Caldow J. Seven E-Government Leadership Milestones[R]. Working Paper-Institute of Electronic Government, IBM Corporation. 2001.
99. Carbo T, Williams J G. Models and Metrics for Evaluating Local Electronic Government Systems and Services[J]. Electronic Journal of e-Government,2004,2(2):95-104.
100. Chadwick A, May C. Interaction Between States and Citizens in the Age of the Internet: E-Government in the United States, Britain, and the European Union[J]. Governance,2003,16(2).
101. Chan Y E. Why Haven't we Mastered Alignment? The Importance of the Informal Organization

Structure[J]. MIS Quarterly Executive,2002,1(2):97-112.

102. Chen H. Digital Government: Technologies and Practices[J]. Decision Support Systems,2002,34(3):223-227.

103. Choudrie J,Ghinea G,et al. Evaluating Global E-Government Sites: A View Using Web Diagnostic Tools[J]. Electronic Journal of e-Government,2004,2(2):105-114.

104. CIO. Slow March Towards Online Government[J]. 2004.

105. Corrigan J. The Balanced Scorecard—the New Approach to Performance Measurement[J]. Australian Accountant,1996,66(7):47-48.

106. Council For Excellence In Government. The New E-Government Equation: Ease, Engagement, Privacy and Protection[EB/OL]. http://www. excelgov. org/usermedia/images/uploads/PDFs/egovpoll2003. pdf. 2003.

107. Davenport T H. Process Innovation: Re-Engineering Work through Information Technology[M]. Boston,MA:Harvard Business School Press,1993.

108. Davison R M, Wagner C, et al. From Government to E-Government: A Transition Model[J]. Information Technology & People,2005,18(3):280-299.

109. Di Maio A. How E-Government and IT Strategies Relate to Each Other[EB]. Gartner,2005.

110. Di Maio A,Kreizman G. E-Government Ranking Survey is Meaningless[EB]. Gartner,2001.

111. Ebrahim Z, Irani Z. E-Government Adoption: Architecture and Barriers[J]. Business Process Management Journal,2005,11(5):589-611.

112. EU. Evolution of Egovernment in the European Union[R]. European Union:2002.

113. Executive Office Of The President Of The United States. E-Government Strategy:Implementing the President'S Management Agenda for E-Government[EB/OL]. http://www. whitehouse. gov/omb/inforeg/egovstrategy. pdf,2003.

114. Franklin U. The Real World of Technology[M]. Toronto:House of Anansi Limited Press,1999.

115. Gichoya D. Factors Affecting the Successful Implementation of ICT Projects in Government[J]. Journal of e-Government,2005,3(4):175-184.

116. Gilbert D,Balestrini P,et al. Barriers and Benefits in the Adoption of E-Government[J]. The International Journal of Public,2004,17(4):268-301.

117. Government Technology. E-Government: Making Sense of a Revolution: Inside E-Government Defined Creating Efficiency through E-Government[EB]. 2000.

118. Grant G,Chao D. Developing a Generic Framework for E-Government. [J]. Journal of Global Information Management,2005,13(1):1-30.

119. Gueorguiev I,Dimitrova S,et al. Balanced Scorecard Based Management Information System-a Potential for Public Monitoring and Good Governance Advancement[J]. Electronic Journal of e-Government,2005,3(1):29-38.

120. Hasan H,Tibbits H. Strategic Management of Electronic Commerce:an Adaptation of the Balanced Scorecard[J]. Internet Research:Electronic Networking Applications and Policy,2000,10(5):439-450.

121. Heeks R B. Reinventing Government in the Information Age[A]. Reinventing government in the information age:International practice in IT enabled public sector reform[C]. London,1999:9-21.

122. Heeks R B. Most Egovernment-for-Development Projects Fail:How Can Risks be Reduced？[R]. Institute for Development Policy and Management, 2003.

123. Heeks R B,Davies A. Different Approaches to Information Age Reform[A]. Re-inventing

Government in the Information Age[C]. London:2002. 22-43.

124. Henderson J C, Venkatraman N. Strategic Alignment: Leveraging Information Technology for Transforming Organizations[J]. IBM System Journal,1993,32(1):472-484.

125. Hodgkinson S. Beyond Government Online: Transitioning to a Full E-government Agenda[Z]. National Convention Centre,Canberra:2003.

126. 135. ICMA. Electronic Government Surveys[R]. Washington, DC: International City/County Management Association and Public Technology,2004.

127. Kirlwood B. Quality Over Quantity for E-Government[N]. New Media Age,15 JULY 2004.

128. Koh C E,Prybutok V R. The Three Ring Model and Development of an Instrument for Measuring Dimensions of E-Government Functions[J]. Journal of Computer Information Systems,2003,43(3):34-39.

129. Laynea K,Lee J. Developing Fully Functional E-Government:A Four Stage Model[J]. Government Information Quarterly,2001,18:122-136.

130. Liu S. An E-Government Readiness Model[D]. UNIVERSITY OF NORTH TEXAS,2001.

131. Lockamy A, Smith W I. A Strategic Alignment Approach for Effective Business Process Reengineering: Linking Strategy, Processes and Customers for Competitive Advantage[J]. International Journal of production econometrics,1997(50):141-153.

132. Lowery L M. Developing a Successful E-Government Strategy[EB/OL]. http://unpan1. un. org/intradoc/groups.

133. /public/documents/apcity/unpan000343. pdf.

134. Luftman J N. Assessing IT/Business Alignment[J]. Information Strategy: The Executive's Journal,2003,20(1):7-14.

135. Luftman J N,Brier T. Achieving and Sustaining Business-IT Alignment[J]. California Management Review,1999,42(1):109-122.

136. Luftman J N. Assessing Business-It Alignment Maturity[J]. Communications of AIS,2000,4.

137. Luftman J N. Managing the Information Technology Resource[M]. 2004.

138. Luftman J N, Lewis P R, et al. Transforming the Enterprise: The Alignment of Business and Information Technology Strategies[J]. IBM System Journal,1993,32(1):198-221.

139. Luftman J N. Key Issues for IT Executives 2004[J]. Quarterly Executive,2005.

140. Luftman J N,Papp R, et al. Enablers and Inhibitors of Business-IT Alignment[J]. ABInsight,2002:1-26.

141. Mahler J,Regan P M. Learning to Govern Online[J]. American Review of Public Administration,2002,32(3):326-349.

142. Marche S,Mcniven J D. Egovernment and E-Governance:The Future Isn't What It Used to be[J]. Canadian Journal of Administrative Sciences,2003,20(1):74-86.

143. Martinsons M, Davison R, et al. The Balanced Scorecard: A Foundation for the Strategic Management of Information Systems[J]. Decision Support Systems,1999,25:72-88.

144. Maull R S, Tranfield D R, et al. Factors Characterising the Maturity of Bpr Programmes[J]. International Journal of Operations & Production Management,2003,23(6):596-624.

145. Mcdermott R. Why Information Technology Inspired but Cannot Deliver Knowledge Management? [J]. California Management Review,1999,41(4):103-117.

146. Moon M J, Welch, et al. Same Bed, Different Dreams? A Comparative Analysis of Citizen and Bureaucrat Perspectives On E-Government[J]. Review of Public Personnel Administration,2005,25

(3):243-264.

147. Moon M J. The Evolution of E-Government Among Municipalities: Rhetoric Or Reality? [J]. Public administration review,2002,62(4):424-433.

148. Muid C. Information Systems and New Public Management-a View From the Centre[J]. Public Administration,1994,72(Spring):113-125.

149. Mukhopadhyay T,Lerch F J,et al. Assessing the Impact of Labor Productivity:A Field Study[J]. Decision Support Systems,1997,19(2):109-122.

150. Nicholas G C,IT doesn't Matter [J]. Harvard Business Review,2003,81(5):41-49.

151. OECD. The Hidden Threat to E-Government[EB/OL]. 2001.

152. 161. OECD. The Case for E-Government:Excerpts From the OECD Report-the E-Government Imperative[J]. OECD Journal on Budgeting,2003,3(1):62-96.

153. OECD. OECD Information Technology Outlook:ICTs,E-Commerce and the Information Economy. Paris,2004.

154. 163. Poostchi M. Implementing E-Government:Potential Impact On Organization Structure[D]. Carleton University,2002.

155. Robb D. An International Look at Virtual Citizenship[J]. IEEE IT Professional,2003,5(5).

156. Saxena K B C. Towards Excellence in E-Governance[J]. International Journal of Public Sector Management,2005,18(6):498-513.

157. Schein E H. Coming to a New Awareness of Organisational Culture[J]. Sloan Management Review,Winter,1984:3-16.

158. Scholl H J E-Government:a Special Case of ICT-Enabled Business Process Change[A]. Proceedings of the 36th Hawaii international conference on. Hawaii,USA:2003.

159. Siau K,Long Y. Synthesizing E-Government Stage Models-a Meta-Synthesis Based On Meta-Ethnography Approach[J]. Industrial Management & Data,2005,105(4):443-458.

160. Sledgianowski D,Luftman J N. IT-Business Strategic Alignment Maturity:A Case Study[J]. Journal of Cases on Information Technology,2005,7(2):102-120.

161. Smith J. Editorial[J]. Public Sector Technology & Management,2004.

162. UNDESA. UN Global E-Government Survey 2003[R]. United Nations Department of Economic and Social Affairs,2003.

163. 172. UNDESA. Global E-Government Readiness Report:From E-Government to E-Inclusion[R]. United Nations Department of Economic and Social Affairs,2005.

164. 173. West D M. Global E-Government Survey[R]. Taubman Center for Public Policy Brown University,2001.

165. West D M. Global E-Government[R]. Center for Public Policy,Brown University,2005.

166. White House. The E-Government Act of 2002[R]. 2002.

167. World Bank. A Definition of E-Government[R]. Washington DC,2003.

第二版后记
The Second Edition Postscript

　　电子政务是信息时代的政府再造,是政府管理的一场深刻革命。对于世界各国政府而言,当前的问题不在于是否选择实施、何时实施电子政务,而是如何实施、如何高效实施电子政务。这一国际化的大趋势可以从近年来世界各国在电子政务建设方面所取得的成就和长足发展中得到充分证实。经过"十二五"的快速发展,目前我国各类政务创新应用不断涌现,政府数据开放开始起步,"互联网+"政务服务呈现新趋势,政策保障不断增强,电子政务已成为各级政府平稳运转和高效履职不可或缺的有效手段。在"互联网+"和大数据背景下,如何使我国政府由电子政务1.0时代迈向电子政务2.0时代,不仅是政府管理者要思考的问题,也是众多电子政务教学工作者和科研人员需要深入思考的问题。

　　本书在此次修订过程中充分吸收和借鉴了国内外众多专家、学者的研究成果(已在主要参考文献中注明),我们在此对他们再次表示衷心的感谢。另外,特别感谢华中科技大学公共管理学院硕士生吴涵与罗荧在本书第二版修订过程中承担的资料收集、相关章节撰写、文稿校对等大量细致的工作。与第一版相比,第二版修订的主要工作为:在第二章中增加了电子政务2.0内容,在第五章中增加了如何促进政府观念的转变等内容,在第九章中更新了电子政务评估体系和评估模式等相关内容,并更新了大多数章节的案例及数据。此外,对每章后面的阅读书目和相关思考题也有所更新。

　　电子政务理论在实践中不断丰富和发展,人们对它的认识和理解也在否定和批判过程中不断突破和清晰化,加之时间仓促,书中难免有不足甚至错误之处,恳请读者批评指正。

编　者

2018年2月

与本书配套的二维码资源使用说明

本书部分课程及与纸质教材配套数字资源以二维码链接的形式呈现。利用手机微信扫码成功后提示微信登录,授权后进入注册页面,填写注册信息。按照提示输入手机号码,点击获取手机验证码,稍等片刻收到4位数的验证码短信,在提示位置输入验证码成功,再设置密码,选择相应专业,点击"立即注册",注册成功。(若手机已经注册,则在"注册"页面底部选择"已有账号?立即注册",进入"账号绑定"页面,直接输入手机号和密码登录。)接着提示输入学习码,需刮开教材封面防伪涂层,输入13位学习码(正版图书拥有的一次性使用学习码),输入正确后提示绑定成功,即可查看二维码数字资源。手机第一次登录查看资源成功以后,再次使用二维码资源时,只需在微信端扫码即可登录进入查看。